Ludwig Karl James Aegidi

Die Krisis des Zollvereins urkundlich dargestellt.

Beilage zu dem Staatsarchiv von Ludwig Karl Aegidi und Alfred Klauhold

Ludwig Karl James Aegidi

Die Krisis des Zollvereins urkundlich dargestellt.
Beilage zu dem Staatsarchiv von Ludwig Karl Aegidi und Alfred Klauhold

ISBN/EAN: 9783743685338

Hergestellt in Europa, USA, Kanada, Australien, Japan

Cover: Foto ©Suzi / pixelio.de

Weitere Bücher finden Sie auf **www.hansebooks.com**

Die

Krisis des Zollvereins

urkundlich dargestellt.

Beilage zu dem Staatsarchiv

von

Ludwig Karl Aegidi und Alfred Klauhold.

HAMBURG.
Otto Meissner.
1862.

Inhaltsverzeichniss.

Actenstücke

zur

Zollvereinskrisis.

No. 420. (I.)

PREUSSEN und **FRANKREICH.** — Protokoll über die Paraphirung des Handels- und des Schifffahrtsvertrags und der dazu gehörigen Conventionen.

No. 420. (I.) Preussen u. Frankreich, 29. März 1862.

Am 29. März 1862 sind die unterzeichneten Bevollmächtigten Seiner Majestät des Königs von Preussen und Seiner Majestät des Kaisers der Franzosen zu Berlin im Ministerium der auswärtigen Angelegenheiten zusammengetreten, um den Text des Handels-Vertrages, des Schifffahrts-Vertrages, der Uebereinkunft wegen der Zollabfertigung des internationalen Verkehrs auf den Eisenbahnen und der Uebereinkunft wegen gegenseitigen Schutzes der literarischen Erzeugnisse und der Werke der Kunst, mit deren Unterhandlung und Abschluss einestheils zwischen dem Zollverein und Frankreich, anderentheils zwischen Preussen und Frankreich sie beauftragt gewesen sind, festzustellen.

Nach erfolgter Vorlegung und Vergleichung wurden diese vier Verträge und Uebereinkünfte als vollkommen richtig und in allen Stücken übereinstimmend mit den Grundlagen anerkannt, welche im Laufe der Verhandlung von den unterzeichneten Bevollmächtigten, deren heutige Vereinigung den glücklichen Erfolg bekundet, vereinbart und festgestellt worden sind.

Die Bevollmächtigten Seiner Majestät des Königs von Preussen erklärten darauf, dass ihr erhabener Souverain, indem er für seinen Theil den in den gedachten vier Verträgen und Uebereinkünften und in deren Anlagen enthaltenen gegenseitigen Abreden seine volle Zustimmung ertheile, dennoch, vor der formellen Unterzeichnung derselben durch die beiderseitigen Bevollmächtigten sich vorzubehalten wünsche, sie seinen Zollverbündeten zu vorgängiger Zustimmung vorzulegen. Zu diesem Zwecke haben die Bevollmächtigten Seiner Majestät des Königs von Preussen vorgeschlagen, die vier obengedachten Akte und deren Anlagen zu paraphiren, und haben es übernommen, die Zustimmung der Souveraine, von welcher sie ihre Unterzeichnung der getroffenen Abreden abhängig zu machen haben, sobald als möglich zu erwirken.

Hierauf erklärten die Bevollmächtigten Seiner Majestät des Kaisers der Franzosen, dass ihre Regierung nach genommener Kenntniss von den vier Verträgen und Uebereinkünften nebst deren Anlagen, mit deren Unterhandlung sie beauftragt gewesen, sie ausdrücklich ermächtigt habe, schon heute diese Verträge und Uebereinkünfte sowie deren Anlagen zu unterzeichnen. Sie fügten indess hinzu, dass sie, in Erwägung der von den Bevollmächtigten Seiner Majestät des Königs von Preussen angeführten Beweggründe, damit einverstanden seien, dass man sich für den Augenblick und unter der Voraussetzung, dass eine einmonatliche Frist nicht überschritten werde, darauf beschränke, den definitiven und

Le 29 mars 1862 les Plénipotentiaires soussignés de Sa Majesté le Roi de Prusse et de Sa Majesté l'Empereur des Français se sont réunis à Berlin au Ministère des Affaires Etrangères pour collationner les textes du traité de commerce, du traité de navigation, de la convention sur le service international des chemins de fer et de la convention sur la garantie réciproque des oeuvres d'esprit et d'art qu'ils ont été chargés de négocier et de conclure, d'une part entre le Zollverein et la France, d'autre part entre la Prusse et la France.

Les instruments de ces quatre traités ou conventions, ayant été produits et collationnés, ont été reconnus parfaitement exacts et conformes en tous points aux bases transactionnelles convenues et arrêtées entre les Plénipotentiaires soussignés pendant le cours des négociations dont la réunion de ce jour est destinée à marquer l'heureuse issue.

Les Plénipotentiaires de Sa Majesté le Roi de Prusse ont alors déclaré que leur auguste Souverain, tout en donnant, pour ce qui le concerne, l'approbation la plus entière aux stipulations réciproques contenues dans les quatre traités ou conventions susénoncés ainsi que dans leurs annexes, désirait cependant, avant de voir donner à ceux-ci la consécration formelle de la signature des Plénipotentiaires respectifs se réserver le temps de les soumettre à l'approbation préalable de ses Co-associés du Zollverein. Dans ce but les Plénipotentiaires de Sa Majesté le Roi de Prusse ont proposé de revêtir de leur paraphe les quatre actes susmentionnés ainsi que leurs annexes et se sont engagés à réunir le plus tôt possible les approbations souveraines auxquelles ils doivent subordonner l'apposition de leur signature au bas des arrangements convenus.

De leur côté les Plénipotentiaires de Sa Majesté l'Empereur des Français ont déclaré que leur gouvernement ayant pris connaissance des quatre traités ou conventions ainsi que des annexes qu'ils avaient été chargés de négocier en son nom, les a expressément autorisés à apposer dès aujourd'hui leur signature au bas de ces mêmes traités ou conventions ainsi que de leurs annexes. Ils ont ajouté que, prenant toutefois en considération les motifs exposés par les Plénipotentiaires de Sa Majesté le Roi de Prusse, ils consentaient à ce que pour le moment, et sous la réserve de ne pas dépasser le délai d'un mois, on se bornât à constater les termes définitifs et invariables de l'accord établi pour l'ensemble

No. 420. Preussen u. Frankreich, 29. März 1862. (1.) unabänderlichen Ausdruck des über sämmtliche Bestimmungen erzielten Einverständnisses durch Paraphirung der in gegenwärtigem Protokolle erwähnten vier Verträge und Uebereinkünfte und deren Anlagen festzustellen.

Wenngleich die Uebereinkunft wegen gegenseitigen Schutzes der literarischen Erzeugnisse und der Werke der Kunst nur zwischen Preussen und Frankreich hat unterhandelt und festgestellt werden können, so ist doch von Seiten der Hohen vertragenden Theile anerkannt, dass die daraus hervorgehenden gegenseitigen Tarif-Begünstigungen und sonstigen Vortheile zum Gemeingut sämmtlicher zum Zollverein gehörender Staaten gemacht werden sollten. Die Bevollmächtigten Seiner Majestät des Königs von Preussen erklärten, dass ihre Regierung ihre angelegentliche Vermittelung eintreten lassen werde, um die Erreichung dieses wünschenswerthen Zieles in möglichst kurzer Zeit herbeizuführen.

Unter Annahme dieses Erbietens erklärten hierauf die Bevollmächtigten Seiner Majestät des Kaisers der Franzosen, dass ihre Regierung bereit sei, die zwischen Frankreich und Preussen getroffene Uebereinkunft in einen allgemeinen und für alle Zollvereinsstaaten gemeinsamen Vertrag umzugestalten. Sie gaben aber gleichzeitig zu erkennen, dass ihre Regierung nichts dagegen einzuwenden habe, wenn diese Staaten es vorziehen wollten, entweder die gedachte Uebereinkunft mittelst einfacher Beitrittserklärungen sich anzueignen, oder sofort mit Frankreich unmittelbare Abkommen zu treffen, welche auf denselben Grundlagen ruhen und an Stelle der zwischen Frankreich und mehreren Zollvereinsstaaten bereits bestehenden ähnlichen Verträge zu treten geeignet sind. Um übrigens den gleichzeitigen Eintritt der Wirksamkeit solcher Abkommen oder der vorgedachten Beitritts-Erklärungen zu ermöglichen, erklärten die Bevollmächtigten Seiner Majestät des Kaisers der Franzosen, dass es in der Absicht ihrer Regierung liege, zum Austausch der Ratifications-Urkunden der am heutigen Tage festgestellten vier Verträge und Uebereinkünfte erst dann zu schreiten, wenn die Ausdehnung der Uebereinkunft wegen des Nachdrucks auf den gesammten Zollverein ihr als gesichert erscheinen wird.

Nachdem hierauf die Paraphen beiderseitig beigesetzt worden, haben die Bevollmächtigten Seiner Majestät des Königs von Preussen und Seiner Majestät des Kaisers der Franzosen über ihre Aeusserungen und Erklärungen das gegenwärtige Protokoll aufgenommen und solches nach erfolgter Vorlesung in doppelter Ausfertigung an dem obengenannten Tage, Monat und Jahr vollzogen.

(L. S.)	**Bernstorff.**
(L. S.)	**von Pommer-Esche.**
(L. S.)	**Philipsborn.**
(L. S.)	**Delbrück.**
(L. S.)	**Prince de la Tour d'Auvergne.**
(L. S.)	**de Clercq.**

des stipulations précitées, en paraphant les quatre traités ou conventions ainsi que les annexes, qui font l'objet du présent protocole. No. 420. (I). Preussen u. Frankreich, 29. März 1862.

Bien que la convention sur la garantie réciproque des oeuvres d'esprit et d'art n'ait pu être négociée et arrêtée qu'entre la Prusse et la France, il a cependant été entendu entre les Hautes Parties Contractantes que les avantages mutuels de tarif ou autres qui en découlent devaient être généralisés au profit de tous les Etats composant aujourd'hui le Zollverein. Les Plénipotentiaires de Sa Majesté le Roi de Prusse ont annoncé que leur gouvernement emploierait ses bons offices empressés pour amener dans le plus bref délai possible ce résultat si désirable.

De leur côté les Plénipotentiaires de Sa Majesté l'Empereur des Français, en acceptant cette offre, ont déclaré que leur gouvernement était prêt à transformer la convention arrêtée entre la France et la Prusse en traité général et commun pour tous les Etats du Zollverein. Mais ils ont en même temps annoncé que leur gouvernement n'avait aucune objection à élever si ces mêmes Etats préfèraient, soit de s'approprier la dite convention par voie de simple accession, soit de conclure immédiatement avec lui des arrangements directs reposant sur les mêmes bases et susceptibles de prendre la place des conventions analogues qui dès aujourd'hui déjà le lient envers plusieurs membres du Zollverein. Afin d'ailleurs de rendre possible la mise en vigueur simultanée de ces arrangements ou des actes d'accession précités, les Plénipotentiaires de Sa Majesté l'Empereur des Français ont déclaré qu'il entrait dans l'intention de leur gouvernement de ne procéder à l'échange des ratifications des quatre traités ou conventions arrêtés à la date de ce jour que lorsque l'extension de la convention littéraire au Zollverein tout entier lui paraîtra assurée.

Les pharaphes mentionnés plus haut ayant été respectivement apposés, les Plénipotentiaires de Sa Majesté le Roi de Prusse et de Sa Majesté l'Empereur des Français ont dressé de leurs dires et déclarations le présent protocole qu'ils ont signé en double expédition après lecture faite les jour, mois et an que dessus.

(L. S.) **Bernstorff.**
(L. S.) **von Pommer-Esche.**
(L. S.) **Philipsborn.**
(L. S.) **Delbrück.**
(L. S.) **Prince de la Tour d'Auvergne.**
(L. S.) **de Clercq.**

No. 421. [II.]

PREUSSEN. — Min. d. Ausw. an die königl. Gesandtschaften bei den Zollvereinsregierungen, Mittheilung über den Gang der commerciellen Verhandlungen bis zu deren Abschluss. —

Berlin, den 3. April 1862.

No. 421. (II.) Preussen. 3 April 1862. Hochwohlgeborner Herr! — In der diesseitigen Circular-Depesche vom 4. September v. J. war der Verlauf dargestellt, welchen unsere commerciellen Verhandlungen mit Frankreich während des verflossenen Sommers genommen hatten, und die Lage bezeichnet, in welche sie durch die im August v. J. abgegebenen Erklärungen des Kaiserlich Französischen Bevollmächtigten gelangt waren. Unsere Auffassung dieser Lage war in der Erwiderung niedergelegt, welche unsere Bevollmächtigten auf jene Erklärungen abgegeben hatten. Bei aller Bereitwilligkeit, den Forderungen Frankreichs in einigen Punkten, insbesondere durch Ermässigung der Eingangsabgaben für Wein in Flaschen und für Seidenwaaren, entgegenzukommen, hatten wir nicht vermocht, auf die Mehrzahl dieser Forderungen einzugehen.

Die Rückäusserungen unserer Zollverbündeten auf diese Mittheilung gingen uns bis zur Mitte Novembers v. J. zu. Sie gestatteten uns, dem Französischen Bevollmächtigten das, was wir zunächst als unsere eigene Ansicht ausgesprochen hatten, als die gemeinschaftliche Ansicht sämmtlicher Vereins-Regierungen zu bezeichnen. Zu einem Abbrechen der Verhandlungen boten sie indess keinen Anlass dar. Als ein Ultimatum war die Gesammtheit der von uns an Frankreich dargebotenen Zugeständnisse von keiner Seite bezeichnet. Auch Frankreich sah die von ihm gestellten Forderungen nicht als ein Ultimatum an. Für weitere Verhandlungen war also Raum vorhanden.

Mehr als einmal sind wir im Laufe dieser weiteren Verhandlungen nahe daran gewesen, der Hoffnung auf eine Verständigung zu entsagen. Wir haben es jedoch für unsere Pflicht gehalten, keine Combination unversucht zu lassen, welche zur Grundlage für eine billige Vermittelung geeignet erschien, und ich bestätige heute zu meiner lebhaften Befriedigung die Nachricht, dass eine Verständigung mit Frankreich gelungen ist, wie wir solche unseren Zollverbündeten und dem eigenen Lande gegenüber vertreten zu können glauben. Die beiderseitigen Bevollmächtigten haben am 29. v. M. das in einem beglaubigten Abdruck angeschlossene Protokoll *) unterzeichnet, in welchem das gegenseitige Einverständniss über die demselben beigefügten, in 3 Abdrücken anliegenden Actenstücke, nämlich einen Handelsvertrag nebst zwei Beilagen, einen Schifffahrts-Vertrag, eine Uebereinkunft über die Zollabfertigung auf Eisenbahnen, ein Schlussprotokoll zu diesen Verträgen und eine Uebereinkunft zum Schutz des literarischen und künstlerischen Eigenthums **) erklärt und die Unterzeichnung

---

*) Nr. 420. (I.)

**) Die hier erwähnten Actenstücke sind in der Form, wie sie am 2. August unterzeichnet wurden, unter No. 435—440 (XVI—XX.) abgedruckt.

dieser Verträge, nach erfolgter Zustimmung unserer Zollverbündeten, binnen einer einmonatlichen Frist vorbehalten ist. No. 421. (II.) Preussen, 3. April 1862.

Indem ich Eure etc. ergebenst ersuche, diese Ergebnisse langwieriger und mühevoller Verhandlungen sofort der dortigen Regierung mit dem Antrage auf Ertheilung der zustimmenden Erklärung vorzulegen, kann ich mich, im Hinblick auf unsere früheren, diese Verhandlungen betreffenden Mittheilungen, auf die nachstehenden erläuternden Bemerkungen beschränken.

Der Schwerpunkt der getroffenen Verabredungen liegt in dem Tarif der Abgaben bei der Einfuhr französischer Erzeugnisse in den Zollverein, welcher dem Artikel 2 des Handels-Vertrages unter B angeschlossen und in der beiliegenden Uebersicht der zugestandenen Zollbefreiungen und Ermässigungen nach den Positionen des Vereinszolltarifs*) umgestaltet ist.

Die allgemeinen Gesichtspunkte, welche uns bei den Verhandlungen über diesen Tarif geleitet haben, sind in unseren Mittheilungen vom April und September v. J. ausgesprochen und von unseren Zollverbündeten gebilligt worden. Sie lassen sich in wenige Worte zusammenfassen. Der Zollverein hat seine Zugeständnisse an Frankreich, vorbehaltlich besonderer Verständigungen mit Belgien und der Schweiz, zum Gemeingut zu machen. Er hat deshalb die wirthschaftliche und finanzielle Tragweite dieser Zugeständnisse nicht bloss in Beziehung auf seinen Verkehr mit Frankreich, sondern auch in Beziehung auf seinen Verkehr mit dem gesammten Auslande zu erwägen. Er hat sich bei dieser Erwägung zu vergegenwärtigen, dass sein eigenes Interesse ihn dringend auffordert, dem Vorgange der wichtigsten handeltreibenden Länder durch wesentliche Aenderungen seines Zolltarifs zu folgen. Er hat sich endlich die Wirkungen klar zu machen, welche von solchen Aenderungen auf sein vertragsmässiges Verhältniss zu Oesterreich zu erwarten sind.

Diese Gesichtspunkte hatten uns bestimmt, die Forderungen Frankreichs vom August v. J. abzulehnen, und haben uns verhindert, bei den weiteren Verhandlungen auf den grössten und wichtigsten Theil derselben einzugehen. Sie wiesen aber zugleich auf den Weg hin, auf welchem eine allgemeine Grundlage für die Verständigung zu suchen war.

Die Bedenken, welche vom wirthschaftlichen oder finanziellen Standpunkte aus gegen eine Zollermässigung erhoben werden können, verlieren in dem Masse an Gewicht, als die Ermässigung stufenweise und allmählich eintritt. Durch eine solche Abstufung erhält die Industrie Zeit, ihre Kräfte zu sammeln, veraltete Anlagen umzugestalten, neue Einrichtungen zu treffen, und erhält die Finanz-Verwaltung Zeit, die Mittel und Wege den veränderten Verhältnissen anzupassen. Schon den Verhandlungen im verflossenen Sommer war, wie die Anlagen des Circulars vom 4. September v. J. ergeben, der Gedanke an eine solche Abstufung nicht fremd gewesen, der damals in Aussicht genommene Termin für die weitere Ermässigung — der 1. Januar 1864 — lag indessen überhaupt zu nahe und zog namentlich der weiteren Verständigung mit der Kaiser-

---

*) No. 422. (III.)

No. 421. (II.) Preussen. 8. April 1863.

lich Oesterreichischen Regierung zu enge Grenzen, um das Mittel zur Lösung der Schwierigkeiten darzubieten. Dieses Mittel erblickten wir in dem Verschieben der weiteren Ermässigungen auf den 1. Januar 1866. Mit diesem Termin war für die Industrie und die Finanz-Verwaltung eine Vorbereitungszeit von mehr als drei Jahren gewonnen, war jede aus den bestehenden Vertrags-Verhältnissen mit Oesterreich herrührende Schwierigkeit vermieden, war endlich für unsere Zollverbündeten die ruhige Beobachtung der Wirkungen gesichert, welche die sofort eintretenden Ermässigungen auf den Gewerbfleiss und die Zolleinnahmen ausüben.

Die lebhafte Abneigung, welcher ein auf dieser Grundlage beruhender Vorschlag bei Frankreich begegnete, kann nicht überraschen. Es sah durch denselben den Eintritt der von ihm gewünschten Zollermässigungen für den grössten Theil seiner Ausfuhr-Artikel um zwei Jahre hinaus und bis auf einen Termin verschoben, von dessen Eintritt an ihm für die fortdauernde Identität in der Person des anderen Contrahenten eine Gewähr nicht gegeben werden konnte. Dessen ungeachtet ist es uns gelungen, für eine Reihe besonders wichtiger Gegenstände — Stabeisen aller Art, façonnirtes Eisen, rohe und schwarze Platten und Bleche, Baumwollengewebe, Leinengewebe, seidene und halbseidene Gewebe, wollene Gewebe, mit Ausschluss der Tuche und Teppiche, Modewaaren, farbige Kleider, Papier, Papiertapeten, Papier- und Pappwaaren, Fette, Seifen, rohe und kristallisirte Soda, Wagen — den 1. Januar 1866 und für fast alle anderen stufenweise zu ermässigenden Gegenstände den 1. Januar 1865 als Termin für den Eintritt der zweiten Ermässigung zur Annahme zu bringen. Mit dem Termin des 1. Januar 1864 ist die zweite Ermässigung fast ausschliesslich bei solchen Gegenständen vorgesehen, für welche der Eingangszoll ohne grosse Bedenken sofort auf den zweiten Satz hätte herabgesetzt werden können und hauptsächlich deshalb abgestuft worden ist, weil in Frankreich für die nämlichen Gegenstände eine stufenweise Ermässigung stattfindet.

Wie diese Verschiebung der Termine für das Eintreten der weiteren Zollermässigungen die Möglichkeit darbot, den Betrag der einzelnen Ermässigungen zu erhöhen, so war sie auch von Frankreich nur um den Preis solcher Erhöhungen und einiger bisher ganz versagter Zugeständnisse zu erlangen. Ich will die wichtigeren Erweiterungen bezeichnen, welche hiernach unsere Zugeständnisse über das unseren Zollverbündeten aus dem Circulare vom 4. September v. J. und dessen Anlage I. bekannte Maass hinaus erfahren haben, und dabei die Reihenfolge zum Grunde legen, welche in unserer Denkschrift vom April v. J. gewählt ist.

Den Zollermässigungen für Verzehrungs-Gegenstände ist eine Herabsetzung des Zolles für Austern und Hummer auf 2 Thlr. vom Ctr. — statt der im August v. J. von Frankreich geforderten Sätze von 20 Sgr. und 12 Sgr. — hinzugetreten. Die gegenwärtige Eingangsabgabe für Austern, den bei Weitem erheblichsten der beiden Artikel, berechnet sich durchschnittlich für grosse (Holsteiner) auf 26 Sgr.; für kleine (englische, französische, belgische) auf 10 Sgr. von hundert Stück; es ist daher von einer Ermässigung auf die Hälfte eine wesentliche Zunahme des Verbrauches zu erwarten.

In Betreff der gegenseitigen Behandlung von Bier ist die Verständigung vorbehalten. Frankreich ist dabei beharrt, die für die britischen und belgischen Biere zugestandene Ermässigung seiner tarifmässigen Eingangsabgabe von 6 Frcs. oder, mit Hinzurechnung der beiden Zusatz-Decimen von 7. 20 Frcs. vom Hectoliter, auf 2 Frcs. vom Hectoliter nur unter der Voraussetzung dem Zollverein zuzugestehen, dass letzterer seine Eingangs-Abgabe für Bier in Fässern und Flaschen auf einen den Betrag der inneren Steuern um nicht mehr als 2 Frcs. vom Hectoliter übersteigenden Satz ermässige. Die innere Steuer von Bier im rechtsrheinischen Gebiete Baierns, welche hierbei zum Grunde zu legen ist, beträgt für den baierischen Eimer von 64 Mass oder $68,_{4177}$ Liter einen Gulden oder 2. $14^{2}/_{7}$ Frcs., also für den Hectoliter 3. 14 Frcs. und es würde sich daher der von Frankreich verlangte Zollsatz auf 5. 14 Frcs. für den Hectoliter berechnen. Dieser Satz kann, bei dem geringen Gewichts-Unterschiede zwischen Wasser und Bier, ohne Aenderung auf 100 Kilogramme übertragen werden und würde alsdann rund 21 Sgr. oder 1 fl. $13^{1}/_{2}$ kr. vom Centner ausmachen. Die Entschliessung darüber, ob auf eine solche Ermässigung einzugehen, oder ob der Artikel von dem Vertrage auszuschliessen sei, haben wir den dabei wesentlich interessirten südlichen Vereinsregierungen, insbesondere der Königlich Baierischen Regierung vorbehalten zu müssen geglaubt. No. 421. (II.) Preussen, 3. April 1863.

Die frühere in Aussicht genommene Zollermässigung für Butter ist aus Gründen, auf welche ich weiter unten zurückkommen werde, in Wegfall gelangt.

In der Gruppe der Gewebe und Garne ist es nach langwierigen Verhandlungen gelungen, die Grundsätze des Vereins-Zolltarifs über die Behandlung der gemischten Gewebe und Garne vollständig aufrecht zu erhalten. Auch die Classification der Gewebe, wie sie aus der Anlage I. des Circulars vom 4. September v. J. ersichtlich ist, hat, abgesehen von drei Punkten, eine Aenderung nicht erfahren. Die erste dieser Aenderungen war die Consequenz unserer eigenen, hartnäckig verfochtenen Principien. Indem wir nämlich, den dringenden Anträgen Frankreichs gegenüber, daran festhielten, dass ein Gewebe durch jede, auch die kleinste, Beimischung von Seide zu einem halbseidenen werde, konnten wir die Bestimmung des bestehenden Tarifs, nach welcher Bänder, Borten und Franzen, in welchen Seide befindlich ist, auch bei der grössten Beimischung anderer Materialien als ganz seidene Waaren behandelt werden, nicht aufrecht erhalten. Die zweite Aenderung beschränkt sich auf die Uebertragung der bei den Baumwollenwaaren angenommenen Einreihung der Posamentier- und Knopfmacherwaaren in die mittlere Zollklasse auf die Wollenwaaren und wird an sich einem Bedenken nicht unterliegen. Die dritte besteht in der Ausscheidung der Pferdehaar-Gewebe aus der Classification der Wollenwaaren unter Festsetzung eines Zollsatzes von 8 Thlr. vom Ctr. für diesen zu den Ausfuhr-Gegenständen des Zollvereins gehörenden Artikel.

Weit erheblicher sind die, durch Verschiebung der zweiten Ermässigung auf den 1. Januar 1866 veranlassten Aenderungen in den für die Gewebe früherhin in Aussicht genommenen Zollsätzen. Wir haben uns zu einem Theile dieser Aenderungen nur mit Widerstreben, nach drei- und viermal wiederholten

No. 421. (II.) Preussen, 3. April 1862.

Verhandlungen und erst dann entschlossen, als wir die Ueberzeugung gewonnen hatten, dass ohne dieselben eine Verständigung nicht möglich sein würde.

Die sofort eintretenden Zollsätze für die zweite Klasse der Baumwollenwaaren und für unbedruckte ungewalkte Wollenwaaren unterscheiden sich von den früher in Aussicht genommenen nicht in nennenswerther Weise. Die Zollsätze für Fussteppiche sind die früher angebotenen. Die Zollsätze für gewalkte Wollenwaaren und für Leinenwaaren hielten wir im Interesse der einheimischen Industrie nichfür bedenklich. Dagegen konnten wir uns die Bedenken nicht verhehlen, welche gegen die Zollsätze für seidene Waaren, für die erste und dritte Klasse der Baumwollenwaaren, fur die bedruckten Wollenwaaren und für die halbseidenen Waaren obwalten. Zu den Zugeständnissen für die seidenen Waaren haben wir uns zuerst entschlossen, weil es sich bei diesem Artikel um einen ganz überwiegend Preussischen Industriezweig handelt; die Zollsätze für die übrigen sind das letzte, nach wiederholten Vorschlägen und Gegenvorschlägen erreichte Ergebniss der Verhandlungen. Bei ihrer Annahme haben uns folgende Erwägungen geleitet.

Im Verhältniss zum Preise der in die erwähnten Klassen der Baumwollen- und Wollenwaaren fallenden Stapelartikel sind die vereinbarten Sätze keineswegs niedrig, wie die nachfolgende, auf den englischen, beziehungsweise französischen Preisen im vorigen Sommer beruhende Uebersicht ergiebt:

Baumwollenwaaren 1. Klasse:		Länge des Stücks	Preis pr. Stck. in England	Gewicht pr. Stck.	kommen auf den Ctr.	Preis pr. Ctr.
Printers	$\frac{9}{8}$ yd.	26 yd.	$1\frac{1}{2}$ Thlr.	$3\frac{1}{2}$ Z.-Pfd.	28 Stck.	42 Thlr.
,,	$\frac{9}{8}$,,	20 ,,	2 ,,	$4\frac{1}{4}$,,	24 ,,	48 ,,
Shirtings	$\frac{9}{8}$,,	36 ,,	$2\frac{1}{2}$,,	6 ,,	17 ,,	$42\frac{1}{2}$,,
	$\frac{9}{8}$,,	36 ,,	3 ,,	$6\frac{3}{4}$,,	15 ,,	45 ,,
Stouts	$\frac{9}{8}$,,	65 ,,	$6\frac{3}{4}$,,	18 ,,	$5\frac{1}{2}$,,	37 ,,
					$89\frac{1}{2}$ Stck.	$214\frac{1}{2}$ Thlr.
dazu rund $\frac{1}{6}$ Thlr. pr. Stck. Spesen bis Berlin					. . . . .	15 ,,
zusammen					. . . . .	$229\frac{1}{2}$ Thlr.
also pr. Ctr.					. . . . .	46 Thlr.

Baumwollenwaaren 3. Klasse:		Länge des Stücks	Preis pr. Stck. in England	kommen auf den Ctr.	Preis pr. Ctr.
weisser Jaconet englisch	20 yd.	4 yd.	$2\frac{1}{2}$ Thlr.	40 Stck.	160 Thlr.
bedruckter ,, ,,	26 ,,	5 ,,	$2\frac{1}{2}$,,	40 ,,	200 ,,
,, ,, französisch	27 Met.	8 Met.	$2\frac{3}{4}$,,	36 ,,	288 ,,
				116 Stck.	648 Thlr.
dazu Spesen wie vorstehend				. . . . .	19 ,,
zusammen				. . . . .	667 Thlr.
				also pr. Ctr.	222 Thlr.

Wollenwaaren 3. Klasse:		Länge des Stücks	Preis pr. Stck. in England	kommen auf den Ctr.	Preis pr. Ctr.
Worsted nettled	48 Ellen	$5\frac{1}{2}$ Elle	$9\frac{1}{2}$ Thlr.	18 Stck.	171 Thlr.
Worsted yarn	48 ,,	5 ,,	12 ,,	20 ,,	240 ,,
Alpacca	48 ,,	5 ,,	14 ,,	20 ,,	280 ,,
Mohairs	48 ,,	5 ,,	16 ,,	20 ,,	320 ,,
Grossgrains aus Worsted	40 ,,	$6\frac{1}{2}$,,	8 ,,	15 ,,	120 ,,
,, ,, Alpacca	40 ,,	6 ,,	10 ,,	17 ,,	170 ,,
				110 Stck.	1301 Thlr.
dazu Spesen wie vorstehend				. . . . .	18 Thlr.
zusammen				. . .	1319 Thlr.
				also pr. Ctr.	220 Thlr.

No. 421. (11.) Preussen, 3. April 1862.

Es berechnen sich hiernach die Zollsätze

für die Baumwollenwaaren	1. Klasse	auf	26 %	und	22 %
„ „ „	5. „	„	$15\frac{1}{3}$ „	„	$13\frac{1}{2}$ „
„ „ Wollenwaaren	3. „	„	$13\frac{2}{3}$ „	„	$11\frac{1}{2}$ „

Wir haben uns ferner durch eine sorgfältige Vergleichung der vorstehend angegebenen mit denjenigen Preisen, welche für die entsprechenden vereinsländischen Waaren gezahlt werden, überzeugt, dass die vereinsländische Industrie bei den vereinbarten Zollsätzen zwar die Concurrenz des Auslandes in wesentlich stärkerem Masse, als bisher, fühlen, aber wohl im Stande sein wird, diese Concurrenz zu bestehen.

Es mögen hier einige dieser Preisvergleichungen ihren Platz finden. Ein Stück roher Shirting, im Inlande verfertigt, von 40 Annes oder 70 Ellen, im Gewicht von 9 Pfd., kostet hier 4 Thlr. 25 Sgr., mithin der Centner 53 Thlr. 5 Sgr. mit 4% und 6 Monate Ziel, also bei baarer Zahlung 50 Thlr. Englischer Shirting von gleicher Länge und gleichem Gewichte kostet in Manchester bei sofortiger Zahlung 3 Thlr. 27 Sgr. 6 Pf., also per Centner 43 Thlr. 2 Sgr. 6 Pf. Bei den obenangeführten Wollenwaaren 3. Klasse findet sich der höchste Unterschied zwischen den Preisen des englischen und des vereinsländischen Fabrikats bei den Alpaccas und Mohairs mit 20 Thlr. vom Centner; für die übrigen daselbst genannten Artikel schwankt er zwischen 8 Thlr. und 15 Thlr. vom Centner.

Gleiche Durchschnitts-Berechnungen über den Werth der halbseidenen Waaren würden, bei der überaus grossen Mannigfaltigkeit der dazu gehörenden einzelnen Artikel und bei dem entscheidenden Einfluss, welchen eine glückliche Composition gerade hier auf den Preis ausübt, ein zuverlässiges Bild nicht gewähren. Die Zollsätze für diese Waaren, welche schon gegenwärtig relativ niedriger sind, als für die vorher erwähnten, werden dies auch in Zukunft bleiben; gerade bei diesen Waaren aber kann die günstige Entwickelung, welche die Ausfuhr in das Ausland seit einer Reihe von Jahren gewonnen hat, über die Wirkungen der Zollermässigung beruhigen. Ueber das Verhältniss dieser verschiedenen Zollsätze zu den französischen Werthzöllen füge ich noch einige Bemerkungen bei. Nach den Anschreibungen bei dem Zollamte zu Paris betrug in dem letzten Quartal vorigen Jahres der der Verzollung zu Grunde gelegte Durchschnittswerth für den Centner, und zwar bei Baumwollenwaaren: für englische Druckwaaren $80\frac{1}{2}$ Thlr., für belgische Druckwaaren 70 Thlr., für gemusterte Gaze und Musseline 108 Thlr., für Posamentier- und Bandwaaren 62 Thlr., für andere ungemischte Waaren 80 Thlr., für gemischte Waaren 118 Thlr.; bei Wollenwaaren: für Fussteppiche 58 Thlr., für Posamentier- und Bandwaaren 135 Thlr., für ungemischte Waaren $138\frac{1}{2}$ Thlr., für gemischte englische Waaren 148 Thlr., für dergleichen belgische 200 Thlr.; es bewegte sich also der Zoll von 15% des Werths: bei den Baumwollenwaaren zwischen $9\frac{1}{3}$ und $17\frac{3}{4}$ Thlr., bei den Wollenwaaren zwischen $8\frac{2}{3}$ und 30 Thlr., die halbseidenen Waaren eingeschlossen. Im Januar d. J. unterlagen bei sämmtlichen Zollämtern der Verzollung nach dem Werthe für 792,601 Frcs. Baumwollenwaaren, zum Gewichte von 2342 Ctr., für 278,882 Frcs. wollene Fussteppiche, zum Gewichte von 1350 Ctr. und für 5,173,309 Frcs. andere wollene und gemischte Waaren zum Gewichte

No. 421. (II.) Preussen, 3. April 1862. von 7698 Ctr. Es betrug also der Durchschnittswerth für den Centner bei den Baumwollenwaaren $90^1/_2$ Thlr., bei den Teppichen 55 Thlr., bei den anderen Wollenwaaren 180 Thlr. und der Zoll von 15% beziehungsweise $13^1/_2$ Thlr., $8^1/_4$ Thlr. und 27 Thlr.

In Verbindung mit der Verständigung über die Abstufung der Gewebezölle war eine Herabsetzung der Eingangs-Abgaben für baumwollene Garne nicht abzulehnen. Was das rohe, ein- und zweidrähtige Garn anlangte, so stellte sich eine solche Herabsetzung in der That ebenso sehr als eine nicht zu vermeidende Consequenz der vorliegenden wesentlichen Aenderungen der Tarifsätze für andere Halbfabrikate und Fabrikate, wie als ein durch die Entwickelung der vereinsländischen Spinnerei in sich begründeter Schritt dar. Die folgenden Zahlen werden genügen, um diese Entwickelung anschaulich zu machen. Der Ueberschuss der zum Eingange abgefertigten über die aus dem freien Verkehre ausgeführte rohe Baumwolle betrug im Durchschnitt der drei Jahre:

$18^{37}/_{39}$	173,593	Ctr.	$18^{49}/_{51}$	398,328	Ctr.
$18^{40}/_{42}$	242,720	„	$18^{52}/_{54}$	568,352	„
$18^{43}/_{45}$	304,634	„	$18^{55}/_{57}$	750,758	„
$18^{46}/_{48}$	301,771	„	$18^{58}/_{60}$	1,081,142	„

Wird angenommen, dass drei Zehntheile dieser Mehreinfuhr von roher Baumwolle theils als Abfall von der Spinnerei verblieben, theils zu anderen Zwecken als zur Garnproduction verwendet worden sind, und werden den verbleibenden sieben Zehntheilen, als der Garnproduction der vereinsländischen Spinnerei, die zum Eingange verzollten Mengen ausländischer Twiste gegenübergestellt, so ergiebt sich für die nämlichen dreijährigen Perioden folgendes Verhältniss:

Jahre		inl. Garn	ausl. Garn	Gesammtverbrauch	Davon inl. Garn	Davon ausl. Garn
$18^{37}/_{39}$	Ctr.	121,515	349,191	470,706	25,8%	74,2%
$18^{40}/_{42}$	„	169,904	447,711	617,615	27,5 „	72,5 „
$18^{43}/_{45}$	„	213.244	457,589	670,833	31,8 „	68,2 „
$18^{46}/_{48}$	„	211,240	455,953	667,193	31,7 „	68,3 „
$18^{49}/_{51}$	„	278,829	502,043	780,872	35,7 „	64,3 „
$18^{52}/_{54}$	„	397,847	493,322	891,169	44,6 „	55,4 „
$18^{55}/_{57}$	„	525,530	535,568	1,061,098	49,5 „	50.5 „
$18^{58}/_{60}$	„	756,800	502,102	1,258,902	60,1 „	39,9 „

Die vereinsländische Garnproduction im Jahre 1860 ist, bei einer Mehreinfuhr der rohen Baumwolle von 1,392,524 Ctr., auf 983,767 Ctr. zu berechnen und da in den ersten drei Quartalen des verflossenen Jahres die Mehreinfuhr der rohen Baumwolle um etwa 318,000 Ctr. grösser war, als in der entsprechenden Periode des Vorjahrs, so wird die Garnproduction von 1861 auf über eine Million Centner zu veranschlagen sein. Mehr als zwei Drittheile des gesammten Garnbedarfs werden hiernach von der vereinsländischen Spinnerei geliefert, und die gerade bei diesem Industriezweige vielfach zur Veröffentlichung gelangenden finanziellen Ergebnisse sind ungewöhnlich günstig. Solchen Thatsachen gegenüber würden die Interessen der für die Ausfuhr nach dem Auslande arbeitenden Weberei eine Ermässigung des Twistzolls auf den frühern Betrag, auch ohne die vorliegende äussere Veranlassung, mit Recht in Anspruch genommen haben.

Die Herabsetzung der Eingangs-Abgaben für gebleichte und gefärbte ein- und zweidrähtige und für alle drei- und mehrdrähtige Baumwollengarne wird einer Motivirung nicht bedürfen. No. 421. (II.) Preussen, 3. April 1862.

Die Zollermässigung für rohe Jutegarne ist vom Königlichen Finanz-Ministerium bereits im Correspondenzwege angeregt und näher motivirt worden.

In der Gruppe der Glaswaaren und Thonwaaren sind weitere als die unseren Zollverbündeten bekannten Zugeständnisse gemacht worden, und zwar für den sofortigen Eintritt bei farbigem u. s. w. Glase (Pos. 10 e), bemaltem u. s. w. Fayence (Pos. 38 c) und farbigem u. s. w. Porzellan (Pos. 38 e), sowie Thonwaaren in Verbindungen (Pos. 38 f und g); für den Eintritt im Jahre 1865 bei weissem Hohlglase u. s. w. (Pos. 10 b), weissem Porzellan (Pos. 38 d) und den oben genannten anderen Thonwaaren. Unter den Glaswaaren ist ein Zollsatz für die mehr als zwei Preussische Quadratfuss grossen Spiegelgläser nicht ausgeworfen. Wir sind mit Frankreich übereingekommen, dass diese Gläser, wie bereits aus der Anlage I des Circulars vom 4. September v. Js. hervorgeht, entweder den nämlichen Betrag zu entrichten haben sollen, als die kleineren Spiegel — 4 Thlr. vom Centner — oder einen dem französischen Tarifsatze von 4 Frcs. für den Quadratmeter entsprechenden Betrag von 3¼ Sgr. für jede 144 Quadratzoll. Wir haben uns die schliessliche Erklärung über die Annahme des einen oder des anderen Satzes bis zur Unterzeichnung des Vertrages vorbehalten, da wir durch die Wahl zwischen diesen beiden Sätzen den Ansichten der vorzugsweise betheiligten Königlich Baierischen und Grossherzoglich Badischen Regierung nicht vorgreifen wollten, Frankreich würde dem Zollsatz nach dem Flächen-Inhalte entschieden den Vorzug geben.

Bei den Holzwaaren sind unsere Zugeständnisse für jetzt nur hinsichtlich der feinen Korbflechterwaaren und der gepolsterten Möbel erweitert; die für das Jahr 1865 zugesagte Ermässigung für alle feine Holzwaaren steht mit der weiter unten zu erwähnenden Behandlung der zusammengesetzten Waaren in Verbindung. Auch auf die Gründe, weshalb für polirte Knochenplatten und die in der Anmerkung I zu Pos. 12 b des Zollvereins-Tarifs nicht begriffenen Korkwaaren Zollsätze nicht vereinbart sind, werde ich später zurückkommen.

Bei Leder hat eine Ausgleichung der beiderseitigen Zollsätze stattgefunden. Frankreich hat für lackirtes Leder seinen Zollsatz von 100 Frcs. auf 60 Frcs. für 100 Kil., oder 8 Thlr. vom Ctr., also auf den Satz des Vereinstarifs, ermässigt, und der diesseitige Tarifsatz für lohgares u. s. w. Leder ist, mit Rücksicht auf dieses werthvolle Zugeständniss, auf den Satz des französischen Tarifs — 2 Thlr. vom Ctr. — herabgesetzt worden. Ausserdem war ein weiteres Zugeständniss für lederne Handschuhe nicht zu vermeiden.

Für Papier — geleimtes u. s. w. und Gold- und Silberpapier (Pos. 27 b und c) — war nach Inhalt unserer Mittheilung vom September v. Js. ein Zollsatz von 4 Thlr. und, von 1864 ab, von 1½ Thlr. in Aussicht gestellt worden, während die französischen Zollsätze jetzt 1⅓ Thlr., vom 1. October 1864 ab 1 Thlr. 2 Sgr. vom Centner betragen. Nach der gegenwärtig getroffenen Verständigung ist der Satz von 4 Thlr. auf 3½ ermässigt und auf Papiertapeten sowie auf Papier- und Papp-Waaren ausser Verbindung mit anderen Materialien

No. 421. (II.) Preussen, 3. April 1863. ausgedehnt, dafür aber der Eintritt des Satzes von $1^{1}/_{3}$ Thlr. bis auf das Jahr 1866 verschoben worden. Dem Interesse der inländischen Papier-Fabrication entspricht dieses Arrangement in seiner Gesammtheit, nach unserer Ansicht, besser, als die früher in Aussicht genommene Combination.

Die Verständigung über die Zollsätze für Metalle und Metallwaaren, insbesondere Eisen, bot keine geringeren Schwierigkeiten dar, als bei den Verhandlungen über die Gewebzölle zu überwinden waren. Auch diese Verständigung ist erst im letzten Augenblicke, nachdem von der einen und der andern Seite mannigfache Combinationen erfolglos versucht waren, durch eine wesentliche Ermässigung der Forderungen Frankreichs gelungen. Bei Roheisen sind die früher in Aussicht genommenen Sätze festgehalten. Bei Luppeneisen ist für das Jahr 1864 eine unerhebliche weitere Ermässigung zugesagt. Bei Stabeisen sind für jetzt und für 1864 die früher angenommenen Sätze ebenfalls festgehalten, dagegen ist für 1866 eine weitere Herabsetzung bestimmt. Bei façonnirtem Eisen ist der Satz für 1864 festgehalten, dagegen der Satz für jetzt ermässigt und eine weitere Ermässigung für 1866 vereinbart. Bei Weissblech sind die früher angenommenen Sätze festgehalten mit der Massgabe, dass der für 1864 bestimmte Satz erst im Jahre 1865 eintritt; dagegen sind bei den übrigen unter Position 6 e begriffenen Gegenständen niedrigere Zollsätze bestimmt. Diese Gegenüberstellung unserer früheren Anerbietungen und unserer jetzigen Zugeständnisse bezeichnet die Gesichtspunkte, welche für uns leitend waren. Indem wir für jetzt und für die nächste Zukunft nur bei wenigen Artikeln unsere früheren Anerbietungen steigerten und die Ausgleichung in den für das Jahr 1866 vereinbarten Zollermässigungen suchten, gingen wir von der Ueberzeugung aus, dass die Eisen-Industrie, wenn auch die gegenwärtigen, besonders ungünstigen Verhältnisse jede mögliche Schonung ihrer Interessen erheischen, doch nach Ablauf von drei bis vier Jahren durch die rasch fortschreitende Entwickelung der Communications-Mittel und des technischen Betriebes in den Stand gesetzt sein werden, die fremde Concurrenz ohne Nachtheil bei Zollsätzen zu bestehen, welche auch alsdann noch, die Preise des vorigen Sommers zu Grunde gelegt, für Stabeisen, façonnirtes Eisen und Schwarzblech mehr als 40 % der englischen Preise betragen werden. In Beziehung auf die bei façonnirtem Eisen und Schwarzblech für jetzt zugestandene, über unsere früheren Anerbietungen hinausgehende Ermässigung habe ich noch besonders daran zu erinnern, dass die Preise im vorigen Sommer betrugen, und zwar:

für Winkeleisen, je nach Qualität,

frei Hull	9 £ — s. pr. ton	oder 29 Thlr.	$15^{3}/_{4}$ Sgr.	pr. 1000 Pfd.	frei Ruhrort: 39 Thlr. pr. 1000 Pfd.
„ Newcastle	7 £ 10 s. „ „	„ 24 „	$18^{1}/_{4}$ Sgr.	„ 1000 „	

für Eisenbleche und Platten,

frei Hull	9 £ 10 s. pr. ton	oder 31 Thlr.	5 Sgr.	pr. 1000 Pfd.	frei Ruhrort pr. 1000 Pfd.
„ Newcastle	9 £ — s. „ „	„ 29 „	$15^{3}/_{4}$ „	„ 1000 „	$^{1}/_{8}$" — $^{3}/_{4}$" 44 Thlr.
					$^{1}/_{10}$" — $^{1}/_{16}$" 47 „
					$^{1}/_{17}$" — $^{1}/_{32}$" 50 „

dass also ein Zoll von 17 Thlr. 15 Sgr. pro 1000 Pfund der mit Darstellung dieser Eisensorten beschäftigten vereinsländischen Industrie keine Besorgniss einzuflössen hat.

No. 421. (II.) Preussen, 3. April 1862.

Die groben Eisenwaaren — Position 6 f 2 des Tarifs — sind, wie dies bereits aus der Anlage I des Circulars vom 4. September v. Js. ersichtlich war, in zwei Klassen, und zwar wesentlich nach dem Vorbilde der Position 69 des Oesterreichischen Zolltarifs getheilt worden. Dass auch bei diesen Waaren die zugestandenen Sätze fast durchweg höher sind, als die entsprechenden Sätze des französischen Tarifs, ergiebt der Augenschein, und dass sie im Interesse der vereinsländischen Industrie zu entscheidenden Bedenken keinen Anlass geben können, wird wenigstens bei der zweiten Kategorie eines Nachweises nicht bedürfen. Aus der ersten Kategorie, welche vielleicht eher Anlass zu Besorgnissen darbieten möchte, hebe ich einige Artikel heraus, um die Preise der englischen Waare, frei Hull, und des vereinsländischen Fabrikats, frei Berlin, zu vergleichen. Es kosten:

	englisches Fabrikat					vereinslän. Fabrikat		
Ambosse mit Horn pr. Ctr.	21 s.	— d. oder	7 Thlr.	— Sgr	— Pf.	8 Thlr.	15 Sgr.	— Pf.
Ballastschaufeln mit Holzstiel No. 4 pr. Dutzend	18 „	— „ „	6 „	— „	— „	7 „	25 „	— „
Holzschrauben pr. Gros								
1/2 No. 6	— „	3 1/2 „ „	— „	2 „	11 „	— „	2 „	9 „
1 „ 12	— „	7 „ „	— „	5 „	10 „	— „	7 „	3 „
2 „ 12	1 „	— „ „	— „	10 „	— „	— „	11 „	6 „
Nägel 1" pr. Ctr.	22 „	9 „ „	7 „	28 „	— „	9 „	15 „	— „
1 1/2" „ „	19 „	— „ „	6 „	10 „	— „	7 „	15 „	— „

Da den englischen Preisen der Zoll und die Transportkosten hinzutreten, so ist die Concurrenzfähigkeit der inländischen Industrie ausser Zweifel, auch abgesehen davon, dass derselben durch die Zollermässigung für das Materialeisen eine Erleichterung gewährt wird. Die Eingangs-Zollsätze für Maschinen — mit Ausnahme der Locomotiven und Dampfkessel und der Maschinen von Holz — sind weiter herabgesetzt worden, weil es, gegenüber den für Fabrikate aller Art zugestandenen Zollermässigungen darauf ankam, die Industrie durch Erleichterung des Bezuges ausländischer Maschinen in Stand zu setzen, sich jeden Fortschritt der Mechanik ohne unverhältnissmässige Opfer anzueignen und auf diesem Wege in der Concurrenz zu unterstützen. Das hiermit bezeichnete Interesse wiegt unzweifelhaft schwerer, als die Rücksicht auf den Schutz der Maschinen-Fabrication.

Die Zollbefreiung von rohem Zink und rohem Blei kann weder aus finanziellen, noch aus gewerblichen Rücksichten einem Bedenken unterliegen; ersteres hat seit Jahren gar keine, letzteres hat nur eine geringe, von Jahr zu Jahr mehr verschwindende Einnahme ergeben. Die Zollbefreiung von rohem Kupfer führt einen Einnahme-Ausfall von 40,000 Thlr. bis 50,000 Thlr. herbei; so unerwünscht dieser Ausfall aber auch ist, so unvermeidlich erschien er mit Rücksicht auf die Concurrenz-Verhältnisse der dieses wichtige Material verarbeitenden Gewerbe.

Die nach Inhalt unserer früheren Mittheilungen in Aussicht genommene Classification der „Kurzen Waaren" hat nur insofern eine Veränderung erfahren, als für die künstlichen Blumen und die Schmuckfedern eine besondere, in ihren Zollsätzen denjenigen für die Stickereien und Putzwaaren entsprechende Klasse gebildet ist, dass die feinen bossirten Wachswaaren und die Perrückenmacher-Arbeit ganz ausgeschieden und dass die Stutz- und Wanduhren und die

No. 421. (II.) Preussen, 3. April 1862. Fächer aus der höher belegten in die geringer besteuerte Klasse versetzt sind. Der Zollsatz für die höchste Klasse ist unverändert geblieben, der für die niedrigste hat eine Ermässigung erfahren, zu welcher wir uns, theils mit Rücksicht auf den besonderen Werth, welchen Frankreich einer grösseren Erleichterung der Einfuhr dieser Artikel beilegte, theils mit Rücksicht auf die entsprechenden Zollsätze des französischen Tarifs entschlossen haben. Diese Zollsätze betragen für vergoldete, versilberte oder plattirte Metallwaaren, mit Ausnahme der Knöpfe, 100 Frcs. pr. 100 Kil. oder 13⅓ Thlr. vom Centner. Die anderen hierher gehörigen Metallwaaren unterliegen den unter: „ouvrages en métaux" und „métaux divers" angegebenen weit geringeren Sätzen nach dem Material, aus welchem sie gefertigt sind; im Uebrigen wird ziemlich durchgängig der Werthzoll von 10 % eintreten.

Die Behandlung der zu Pos. 20 des Vereinszolltarifs nicht gehörigen zusammengesetzten Waaren bot erhebliche Schwierigkeiten dar. Wie wir bereits in unserer Denkschrift vom April v. J. bemerkt hatten, standen der Grundsatz des französischen Tarifs, welcher diese Waaren nach dem überwiegenden Materiale klassificirt, und das Princip des Vereins-Zolltarifs, welcher dieselben, wenn auch in verschiedenen Positionen, doch unter einen und denselben Zollsatz subsumirt, einander gegenüber. Die vollständige Aufrechthaltung dieses Princips ist uns nicht möglich gewesen. Wir haben zwar da, wo wir mit den Zollsätzen für die einfachen Waaren sehr weit hinabgegangen sind — wie bei den Buchbinder-Arbeiten und den Waaren aus Marmor — die Verbindungen ausgeschlossen und auf diesem Wege die gleichmässige Behandlung der mit solchen Waaren zusammengesetzten Artikel gewahrt, und wir haben, bei Abmessung der im Jahre 1865 eintretenden Zollsätze die Herstellung einer gleichmässigen Behandlung für die meisten, jetzt dem Zehnthaler-Satze unterliegenden Waaren im Auge gehabt; eine durchgängige Gleichmässigkeit war jedoch, namentlich für die Zeit bis zum Jahre 1865, nicht zu erreichen. Bei aller Anerkennung der Unbequemlichkeiten, welche dieser Zustand für die Zollabfertigung, namentlich bei der ersten Ausführung, herbeiführen wird, mussten wir Bedenken tragen, aus einer wesentlich dem Gebiete der Verwaltungs-Interessen angehörenden Rücksicht entweder das Gelingen der Verhandlung in Frage zu stellen, oder mit den Zollsätzen für einzelne Klassen von Waaren weiter hinabzugehen, als dies aus sachlichen Gründen erforderlich war.

In der Gruppe der chemischen Fabrikate ist seit unserer Mittheilung vom September v. J. nur eine Aenderung von Erheblichkeit eingetreten, nämlich das Zugeständniss eines Zollsatzes von ⅔ Thlr. für Soda aller Art und vom Jahre 1866 ab eines Zollsatzes von ¼ Thlr. für rohe und kristallisirte Soda. Die beträchtliche Ermässigung, welche die Preise des inländischen Salzes und der inländischen Kohlen — der beiden grossen Factoren des Sodapreises — seit mehreren Jahren erfahren haben, liessen dieses dem Interesse zahlreicher Gewerbszweige entsprechende Zugeständniss auch vom Standpunkte der Sodafabrication als vollkommen zulässig erscheinen.

Ich bemerke gleich an dieser Stelle, dass wir sowohl in Beziehung auf die zu den chemischen Fabrikaten gehörenden Natronsalze, als auch in Beziehung auf Spiegel und andere weisse Glaswaaren die Aufhebung der französischen Ausfuhr-Bonificationen und folgeweise der für diese Artikel von Frankreich vorbehaltenen Ausgleichungs-Abgaben wiederholt in Anspruch genommen haben. Es wurde jedoch dieser Anspruch, unter Hinweisung auf die im Werke begriffene Aenderung der bezüglichen Steuergesetzgebung, abgelehnt und in der That ist seitdem die Befreiung des für gewerbliche Zwecke bestimmten Salzes von der Salzsteuer in dem Berichte des Ministers Fould an den Kaiser der Franzosen vom 20. Januar d. J. angekündigt und in diesen Tagen durch das budget extraordinaire der französischen Legislatur vorgeschlagen. Wir knüpften hieran den Antrag, die Wirksamkeit der für die chemischen Fabrikate vereinbarten Zollsätze gegenseitig bis zum Eintritt jener Befreiung zu suspendiren, wir glaubten indessen auf diesem Antrage, gegenüber dem entschiedenen Widerspruch, welchem derselbe begegnete, nicht bestehen zu müssen, da es sich voraussichtlich nur um eine Differenz von einigen Monaten handeln wird. Dem transitorischen Charakter dieser Ausgleichungs-Abgaben ist durch die von der Fassung der entsprechenden Artikel der Verträge Frankreichs mit Grossbritannien und Belgien abweichende Redaction des Artikels 5 des Handels-Vertrages ein bestimmter Ausdruck gegeben. No. 431. (11.) Preussen, 3. April 1862.

Ich habe schliesslich hervorzuheben, dass vom 1. Januar 1866 ab für Talg und andere Fette die Zollfreiheit und für die Fabrikate aus diesen Materialien — Lichte, Seifen und Stearin — eine entsprechende Zollermässigung vereinbart worden ist.

Im Laufe meiner vorstehenden Bemerkungen über die von uns in Beziehung auf den Zolltarif gemachten Zugeständnisse habe ich die Bedenken nicht verschwiegen, welche wir zu überwinden gehabt haben, bevor wir uns zu mehreren von diesen Ermässigungen entschlossen. Wir haben, ehe wir den entscheidenden Entschluss fassten, ruhig und reiflich erwogen, ob es nicht vorzuziehen sei, die Verhandlungen brechen zu lassen und den Weg zu betreten, welcher in dem Circular vom 4. September v. J. für diesen Fall vorgeschlagen und auch von unseren Zollverbündeten in ihren Rückäusserungen als eventuell geeignet anerkannt war, nämlich den Weg einer Tarif-Revision, gerichtet auf die Erleichterung des Verkehrs mit solchen Ländern, welche den Zollverein gleich der meistbegünstigten Nation behandeln. Wir haben aber diese Frage verneinen müssen, und zwar vom Standpunkte aller betheiligten Interessen aus.

Bei einer auf Erleichterung des Verkehrs gerichteten allgemeinen und wesentlichen Umgestaltung des Zolltarifs kommt es für die durch die eintretenden Zollermässigungen bedrohten oder verletzten wirthschaftlichen Interessen, nach unserer Ueberzeugung, vor allen Dingen auf zweierlei an, auf eine Garantie für die Stabilität des einmal eingetretenen neuen Zustandes und auf eine Erweiterung des Marktes für den Absatz der eigenen Erzeugnisse. Ich werde nicht nöthig haben, diese Ueberzeugung ausführlich zu begründen; der Werth, welcher für ein jedes wirthschaftliche Unternehmen die Sicherheit der Voraussetzungen hat, unter welchen es betrieben wird, ist ebenso augenfällig, als die Bedeutung des Aequivalentes, welches eine Vermehrung des Absatzes auf neu eröffneten Märkten für die Verminderung des Gewinnes bei dem Absatze auf dem gewohnten Markte

No. 481. (II.) Preussen. 3. April 1862. darbietet. Weder das Eine noch das Andere wäre auf dem Wege der Tarifrevision zu erreichen gewesen. Dieser Weg würde wohl den Erzeugnissen Grossbritanniens den Zugang zu den Märkten des Zollvereins, aber den Erzeugnissen des Zollvereins den Zugang zu keinem Markte erleichtert haben. Er hätte ferner zu keinem wirklichen Abschluss der Tariffragen geführt, denn er würde im Grunde nur ein handelspolitischer Schachzug gewesen und jedenfalls allgemein als ein solcher aufgefasst worden sein. Die Nothwendigkeit von Unterhandlungen mit Frankreich und Belgien wäre unfehlbar über kurz oder lang von Neuem herangetreten und das Ergebniss solcher Unterhandlungen wären ebenso unfehlbar neue Aenderungen des Zolltarifs gewesen. Das, was überhaupt und bei der gegenwärtigen Lage der wirthschaftlichen Verhältnisse doppelt Noth thut, die Sicherheit der Zukunft, soweit solche durch die Gesetzgebung gewährt werden kann, wäre nicht gewährt worden. Ein Vertrag mit Frankreich dagegen sichert Beides. Er eröffnet der vereinsländischen Production einen Markt, über dessen Werth die seit der Wirksamkeit der Verträge Frankreichs mit Grossbritannien und Belgien gemachten, in Zahlen vorliegenden Erfahrungen keinen Zweifel zulassen. Er bringt vorbehaltlich der einzelnen Aenderungen, zu welchen sich im Laufe der Zeit ein Bedürfniss ergeben möchte, die Tariffragen zu einem definitiven Abschluss, sowohl im Innern des Zollvereins, als auch in dessen Verhältniss zu anderen Nationen. Ich kann schon heute bemerken, dass Grossbritannien und Belgien bei ihren an uns gerichteten Anträgen auf commercielle Verhandlungen, über welche ich mir besondere Mittheilung vorbehalte, auf Aenderungen des von uns mit Frankreich Vereinbarten nicht zählen. Diesen doppelten Gewinn haben wir vom Standpunkte der wirthschaftlichen Interessen aus höher anschlagen müssen, als den Verlust, welchen einzelne dieser Interessen durch einzelne Zollermässigungen erleiden werden.

Auch vom Standpunkte der finanziellen Interessen des Zollvereins mussten wir dem von uns gewählten Wege den Vorzug geben. Theorie und Erfahrung lassen keinen Zweifel darüber, dass, wo es sich um Schutzzölle handelt, eine erhebliche Zollermässigung finanziell besser wirkt, als eine geringe. In der That sind wir gerade bei denjenigen Zollermässigungen, zu welchen wir uns am schwersten entschlossen haben, wegen ihrer finanziellen Wirkung am wenigsten besorgt gewesen. Freilich will ich nicht läugnen, dass einzelne Ermässigungen bloss vom finanziellen Standpunkt aus zu vermeiden gewesen wären. Bei ledernen Handschuhen, künstlichen Blumen, Schmuckfedern und dergl. ist auf eine Vermehrung der Einfuhr, durch welche die Verminderung des Abgabensatzes ausgeglichen werden könnte, nicht zu rechnen. Die hierhergehörenden Artikel sind indess sämmtlich von sehr untergeordneter finanzieller Bedeutung, und sie gehören zu denjenigen, für welche aus naheliegenden Gründen die begehrte Ermässigung nicht versagt werden konnte. Ich würde gewünscht haben, hier eine Berechnung der muthmasslichen finanziellen Wirkung der vereinbarten Zollermässigungen beifügen zu können; es hat uns aber nicht gelingen wollen, Grundlagen für eine solche Berechnung zu finden, welche nicht dem Vorwurfe der Willkürlichkeit ausgesetzt wären. Unzweifelhaft ist der Ausfall, welcher durch völlige Aufhebung der Ausgangs- und Eingangsabgaben entsteht. Er be-

No. 421. (II.) Preussen, 3. April 1862.

rechnet sich nach den Ergebnissen der drei Jahre 1858/60 rund, und zwar bei den ersteren auf 165,000 Thlr., bei den letzteren auf 230,000 Thlr., im Ganzen auf etwa 400,000 Thlr. Unzweifelhaft ist ferner, dass durch die Ermässigung der Eingangs-Abgaben für rohes Baumwollengarn und für Wein in Fässern um je ein Drittheil ein Ausfall eintreten und dass dieser Ausfall, welcher sich, nach dem Ergebniss der nämlichen Jahre, rechnungsmässig bei ersterem auf 501,600 Thlr., bei letzterem auf 421,000 Thlr. stellt, sich erst allmählich ausgleichen wird. Für unzweifelhaft halten wir es, dass die Gewebe und die Eisenwaaren, bei welchen zum Theil thatsächliche Einfuhrverbote aufhören, Mehreinnahmen ergeben werden. Bei manchen der übrigen Gegenstände wird die nämliche Erscheinung eintreten, bei anderen wird man auf eine Verminderung der Einnahme gefasst sein müssen; ziffermässige Anschläge sind indess nicht aufzustellen, ohne in ein Gebiet der Wahrscheinlichkeiten zu gerathen, welches jeder sichern Grundlage entbehrt.

Wir konnten endlich einer Erwägung allgemeinerer Art ihren Einfluss auf unseren Entschluss nicht versagen. Bereits in unserer Denkschrift vom April vorigen Jahres haben wir auf die Bedeutung hingewiesen, welche die mit Energie ergriffene und mit Consequenz durchgeführte Reform der französischen Handelsgesetzgebung auf die europäische Handelspolitik nothwendig ausüben muss. Hervorgerufen durch den Vorgang Grossbritanniens, aber von diesem Vorgange durch die Form verschieden, in welcher sie zum Vollzug gelangt, hat sie, gerade durch den in dieser abweichenden Form liegenden Impuls, in kurzer Zeit eine vollständige Reform des belgischen Zolltarifs zu Wege gebracht, und wird sie durch den seinem Abschluss nahen Handelsvertrag mit dem Turiner Hofe bald auch eine weitere Reform des in Italien geltenden Zolltarifs herbeiführen. Dass der Zollverein sich dieser Bewegung nicht entziehen dürfe, darüber sind unsere Zollverbündeten mit uns vollkommen einverstanden. Es ist aber keineswegs gleichgültig, welche Form dabei gewählt wird: ob ein offener und rechtzeitiger Anschluss, oder eine isolirte und verspätete Nachfolge. Welche von beiden Formen den Vorzug verdiene, schien uns nicht zweifelhaft zu sein. Die gegenseitige Durchdringung der wirthschaftlichen Verhältnisse der Nationen schreitet so mächtig voran, dass der Versuch der Isolirung von Tage zu Tage bedenklicher wird, und das grosse Interesse, welches der Zollverein dabei hat, dass seine östlichen Nachbarn der Bewegung folgen, kann durch nichts Anderes besser gefördert werden, als durch die Entschiedenheit, mit welcher er selbst an der Bewegung Theil nimmt.

Wie wir uns die Wirkung der hinsichtlich des Tarifs getroffenen Verabredungen auf das Verhältniss des Zollvereins zu Oesterreich denken, darüber werde ich mich in diesen Tagen gegen die Kaiserlich Oesterreichische Regierung äussern und mich beeilen, den Vereinsstaaten Abschrift dieser Aeusserungen mitzutheilen.

Am Schlusse meiner Bemerkungen über den Tarif habe ich noch einer formellen Frage zu erwähnen.

Die Anlage B des Handels-Vertrages ist, um den Wünschen Frankreichs entgegen zu kommen und um die Vergleichung der diesseitigen und der französischen Tarifsätze zu erleichtern, in ihrer formellen Anordnung dem in die An-

No. 421. (Anlage A übergegangenen französisch-belgischen Tarife gefolgt. Es liegt aber darum nicht im Mindesten in unserer Absicht, diesen Tarif der Zollerhebung zum Grunde zu legen. Wie Frankreich die seinen Verträgen mit Grossbritannien und Belgien beigefügten Tarife zum Zwecke des Vollzugs nach dem System seines allgemeinen Zolltarifs umgearbeitet hat, so wird auch, nach unserer Ansicht, der Zollverein seinen allgemeinen Tarif, unter Festhaltung der bisherigen Einrichtung desselben, so umzugestalten haben, dass der Tarif B vollständig in denselben aufgeht und nur als internationales Document, nicht für die Zollverwaltung, seine Bedeutung behält. Sobald wir der Zustimmung unserer Zollverbündeten zu dem Vertrage versichert sind, werden wir den Entwurf zu einem solchen Tarif vorlegen und zu einer gemeinschaftlichen Berathung desselben einladen.

Preussen, 3. April 1862.

Der dem Art. 1. des Handels-Vertrages unter A beigefügte Tarif für die Einfuhr nach Frankreich giebt im Wesentlichen den französisch-belgischen Tarif wörtlich wieder. Die eingetretene Ermässigung des in dem letzteren festgesetzten Zollsatzes für lackirtes Leder habe ich bereits oben erwähnt; im Uebrigen ist es uns leider nicht gelungen, den Abänderungs-Anträgen Eingang zu verschaffen, welche unseren Zollverbündeten aus unserer Mittheilung vom September v. J. bekannt sind. Einem Zweifel über die Subsumtion der seidenen und halbseidenen Posamentierwaaren ist durch die in dem Schlussprotokolle unter E, No. 1 getroffene Verabredung vorgebeugt, und die Aufrechthaltung der bestehenden Tarifsätze für Steinkohlen und Wein ist durch die unter B des Schlussprotokolls enthaltenen Erklärungen gesichert. Der Aufnahme des Zollsatzes für Wein in den Tarif selbst wurde das formelle Bedenken entgegengestellt, dass die französiche Legislatur gerade jetzt die Verwandlung des Decrets vom 30. August 1854, durch welches dieser Zollsatz festgestellt ist, in ein Gesetz zu berathen hat und dieser Berathung vorgegriffen werden würde, wenn jener Satz in einen bekanntlich der legislativen Zustimmung entzogenen Vertrag Aufnahme fände. In gleicher Form ist dann auch von uns die Aufrechterhaltung der für Wein und Branntwein festgestellten Tarifsätze, auf welche von Seiten Frankreichs ein grosser Werth gelegt wurde, zugesagt worden.

Einige in dem französisch-belgischen Tarife enthaltenen Artikel sind in die Anlage A nicht aufgenommen, weil sie, wie ich dies bei einzelnen bereits oben gelegentlich angedeutet habe, aus den Verhandlungen ausgeschieden sind, nämlich: roher und raffinirter Zucker, Syrup, Gewebe von Jute, Käse, Wachs, Wachswaaren, Butter, Droguerien, polirte Hornplatten, Korkwaaren, Fleisch-Extracte, Chocolate und Waaren aus Menschenhaaren (Perrückenmacher-Arbeit). Bei diesen Artikeln bestand Frankreich entweder auf völliger Reciprocität, d. h. auf Annahme seiner Zollsätze oder auf Ausschliessung von dem Vertrage. Wir entschieden uns für die letztere Alternative und zwar aus folgenden Gründen:

Mit Ausnahme von raffinirtem Zucker, Syrup, Geweben aus Jute und Chocolate unterliegen die vorstehend genannten Artikel nach dem allgemeinen französischen Tarif den nämlichen oder doch nur ganz unerheblich höheren Sätzen, als solche in dem Vertrage mit Belgien festgesetzt sind. Es war daher bei allen diesen Artikeln, von welchen einige ohnehin keinen Gegenstand der Ausfuhr des Zollvereins bilden, ein Interesse nicht vorhanden, die vertragsmässige

Feststellung dieser Sätze durch unerwünschte, mitunter, wie z. B. bei Käse, in hohem Grade bedenkliche Aenderungen des Vereinstarifs zu erkaufen. Bei raffinirtem Zucker und Chocolate würde die Verständigung eine wesentliche Modification der Vereinbarungen über die Besteuerung des Rübenzuckers, beziehungsweise eine Ermässigung des Eingangszolls für Cacao nothwendig gemacht haben, und auch hier glaubten wir uns des Einverständnisses unserer Zollverbündeten darüber versichert halten zu dürfen, dass der Gewinn ausser jedem Verhältniss zu den Opfern stehen würde. Eine Einfuhr-Erleichterung für Syrup interessirt den Zollverein nur hinsichtlich der zur Branntweinbrennerei bestimmten Rübenmelasse, welche in dem allgemeinen Tarife Frankreichs nur mit 3 Frcs. per 100 Kilogramm belegt ist, aus Belgien aber zollfrei eingelassen wird. So erwünscht es gewesen sein würde, für diesen Artikel die Gleichstellung mit Belgien zu erlangen, so konnte doch mit Rücksicht auf die Lage der diesseitigen Steuergesetzgebung die Reciprocität nicht zugestanden werden. Bei den Jutegeweben endlich schien uns die Annahme des complicirten französischen Verzollungs-Systems nicht empfehlenswerth und das gewerbliche Interesse nicht erheblich zu sein, da gemischte Jutegewebe, in welchen das Gewicht der Jute nicht überwiegt, zu den in dem Tarife A genannten anderen Geweben gehören. Alle diese Erwägungen gewannen endlich noch dadurch wesentlich an Gewicht, dass die Ausdehnung der für die ausgeschlossenen Artikel an Grossbritannien und Belgien zugestandenen Erleichterungen auf den Zollverein, zufolge der Bestimmung im Art. 31 des Handelsvertrages in sehr naher Zukunft zu erwarten steht.

No. 421. (II.) Preussen, 3 April 1862.

Ich habe an dieser Stelle und bevor ich auf den Inhalt des Handelsvertrages selbst übergehe, noch zweier Fragen zu erwähnen, welche wir, wenn sie auch durch die Tarife A und B entschieden sind, doch noch zur Erwägung unserer Zollverbündeten zu stellen haben.

Wir hatten im Laufe der Verhandlungen wiederholt eine Ermässigung des französischen Zollsatzes für Gold- und Silberblatt in Anspruch genommen und kommen auf diese wiederholt abgelehnte Ermässigung nach Abschluss der Verhandlungen über die Tarife nochmals zurück, indem wir dieselbe als eine in sich gerechtfertigte, für Frankreich unbedenkliche Concession bezeichnen zu können glaubten. Frankreich seinerseits trat, ebenfalls nachdem die Verständigung über die Tariffragen erfolgt war, mit dem dringenden Wunsche hervor, die bloss gebleichten undichten Baumwollengewebe aus der höchsten Klasse der Baumwollengewebe auszuscheiden und in eine besondere Klasse mit Zollsätzen von 30 Thlr. für jetzt und von 26⅔ Thlr. von 1866 ab aufzunehmen. Im Falle der Erfüllung dieses Wunsches erbot es sich, den Zollsatz für Goldblatt auf 25 Frcs. und für Silberblatt auf 20 Frcs. zu ermässigen. Wenn wir auch unsererseits entscheidende Bedenken gegen ein solches Arrangement nicht zu erheben hatten, so mussten wir doch um so mehr Anstand nehmen, auf dasselbe einzugehen, als die von uns verlangte Concession nicht die Industrie Preussens berührt. Wir hatten uns unter diesen Umständen auf die Zusage zu beschränken, dass wir den von Frankreich ausgesprochenen Wunsch bei unseren Zollverbündeten befürworten und, im Falle der Zustimmung derselben, bei Unterzeichnung der Verträge zu erfüllen bereit sein würden.

No. 421 (11.) Preussen, 3. April 1863.

Indem ich mich nunmehr zu dem Inhalte des Handels-Vertrages wende, gereicht es mir zur Befriedigung, constatiren zu können, dass sich derselbe von dem Inhalte der Verträge Frankreichs mit Grossbritannien und Belgien in wesentlichen Beziehungen vortheilhaft unterscheidet und den von unseren Zollverbündeten ausgesprochenen Wünschen fast vollständig entspricht.

Diese Wünsche knüpften sich vornehmlich an die Bedingungen, unter welchen vereinsländische Waaren, bei ihrem Eingange in Frankreich, auf die vereinbarten Zollermässigungen Anspruch haben würden, und bezogen sich theils auf die bei dem Eingang zu wählenden Wege, theils auf die für die Waaren erforderlichen Begleitungspapiere, theils auf die schliessliche Abfertigung der Waaren.

Der Anspruch auf die Zollermässigung ist nach Art. 3 des Vertrages nicht bloss bei der directen Einfuhr zu Land oder zur See, sondern auch, und zwar unbedingt bei der Einfuhr durch Vermittelung der hanseatischen Elb- und Weserhäfen, und, unter gewissen Bedingungen bei der Einfuhr durch Vermittelung der belgischen und schweizerischen Eisenbahnen begründet. Diese Bedingungen waren, worauf ich später zurückkomme, nicht minder im Interesse des Zollvereins erforderlich, als sie von Frankreich in dem seinigen verlangt wurden.

Der Anspruch auf die Zollermässigung wird ferner, nach der Erklärung der Bevollmächtigten Frankreichs unter A des Schlussprotokolls, für einen sehr grossen und wichtigen Theil der begünstigten Waaren ohne jeden Nachweis des Ursprungs und, nach Art. 13 des Vertrages für den übrigen Theil dieser Waaren durch die Beibringung von Ursprungs-Zeugnissen begründet sein, für welche die mit Weitläufigkeiten und Kosten verbundene consularische Beglaubigung nicht erforderlich ist.

Die schliessliche Abfertigung der nach dem Werthe besteuerten Waaren endlich ist, nach Art. 14 des Vertrages, nicht durch die consularische Beglaubigung der beizubringenden Facturen bedingt und, nach Art. 20 für die Gewebe nicht auf das Pariser Zollamt beschränkt, sondern bei allen Zollämtern zulässig, für welche, nach den bestehenden Handelsverhältnissen in dieser Beziehung ein Interesse zu sprechen schien. Die von einigen unserer Zollverbündeten gewünschte Aenderung der in den Artikeln 15 bis 18 enthaltenen Bestimmungen über die Werthverzollungen war nicht zu erreichen; die Besorgnisse, auf welchen diese Wünsche beruhten, dürften sich durch die Erfahrungen wesentlich vermindert haben, zu welchen die Handhabung jener Bestimmungen durch die französische Zollverwaltung gegenüber den britischen und belgischen Einfuhren Gelegenheit gegeben hat.

Der übrige Inhalt des Vertrages giebt mir nur zu wenigen Bemerkungen Veranlassung.

Mit der in den Artikel 25 aufgenommenen Bestimmung haben sich unsere Zollverbündeten in Erwiderung auf die deshalb in unserer Denkschrift vom April v. J. enthaltenen Bemerkungen einverstanden erklärt. Die mit dieser Bestimmung verwandte, in der Denkschrift ebenfalls erwähnte Verabredung über gegenseitige Anerkennung der Persönlichkeit und der Rechte der Actien-Gesellschaften, hat nach den uns zugegangenen Rückäusserungen generell nicht getroffen werden können. Es ist unsere Absicht, über diesen Gegenstand mit Frankreich ein besonderes Abkommen zu treffen, welchem diejenigen unserer Zollverbündeten, deren innere Gesetzgebung solches gestattet, sich würden anschliessen können. No. 421. (11.) Preussen, 3. April 1862.

Die Bestimmungen in den Artikeln 26 und 27 und die dazu gehörigen Verabredungen unter C und D des Schlussprotokolls entsprechen den mit anderen Staaten über die gegenseitige Behandlung der Handelsreisenden getroffenen Vereinbarungen, beziehungsweise den über die Abfertigung zollpflichtiger Proben und Muster bereits bestehenden Anordnungen.

Aus dem Art. 28 folgt, wie ich ausdrücklich bemerke, für keinen der contrahirenden Staaten irgend eine Verpflichtung, seine innere Gesetzgebung über die Waaren-Bezeichnungen, Fabrikzeichen und Muster abzuändern, beziehungsweise durch neue gesetzliche Vorschriften zu ergänzen. Die Bevollmächtigten Frankreichs sind wiederholt darauf aufmerksam gemacht worden, dass die Zollvereinsstaaten durch die Ausdehnung des ihren eigenen Unterthanen in dieser Materie gesetzlich gewährten Schutzes auf die Unterthanen Frankreichs eine sachliche Reciprocität nicht gewähren könnten. Die im zweiten Alinea dieses Artikels enthaltene Bestimmung ist von uns verlangt worden. Es kommt vor, dass französische Fabrikanten, namentlich für Eisen- und Stahlwaaren, sich der bekannten und geachteten Fabrikzeichen vereinsländischer Fabrikanten bedienen, und es musste deshalb eine Garantie dafür gegeben werden, dass die mit einem solchen Zeichen versehenen vereinsländischen Waaren nicht der Beschlagnahme unterworfen würden, wenn der französische Nachahmer durch Deponirung des Zeichens ein Recht auf den Gebrauch desselben in Frankreich erworben haben sollte.

Der Artikel 29 des Vertrages erhält seinen Inhalt durch die besondere Uebereinkunft, betreffend die Zollabfertigung des internationalen Verkehrs auf den Eisenbahnen. Diese Uebereinkunft schliesst sich den über diesen Gegenstand im Zollverein bestehenden Verabredungen und Einrichtungen im Wesentlichen an, und bedarf nur für zwei von diesen Verabredungen abweichende Bestimmungen der näheren Begründung. Dieselben betreffen die im Artikel 1 zugelassene Verwendung von Wagen mit Schutzdecken an Stelle der Coulissenwagen und von abhebbaren Körben oder Kästen bis zu zehn Cubikfuss Inhalt hinab. Unsere Zollverbündeten werden, wie wir nicht zweifeln, mit uns der Ueberzeugung sein, dass Wagen mit Schutzdecken, wie sie im Art. 1 näher beschrieben und in der anliegenden Zeichnung dargestellt sind, für die Zollinteressen eine völlig genügende Sicherheit gewähren, während die Zulassung solcher Wagen den Eisenbahn-Verwaltungen wesentliche Ersparnisse bei Beschaffung des Betriebs-Materials in Aussicht stellt. Die Beschränkung der Grösse der Zollkörbe erschien nach den in Frankreich und Belgien gemachten Erfahrungen unbedenklich und war nicht abzulehnen, wenn solche Körbe überhaupt zugelassen werden sollen, denn die jetzt vorgeschriebene Minimalgrösse von 25 Cubikfuss schloss die Verwendung thatsächlich beinahe aus.

In unserer Denkschrift vom April v. J. hatten wir bemerkt, dass Frankreich, für den Fall der Fortsetzung des Zollvereins über den 31. December 1865

No 421. (II.) Preussen. 3. April 1862.

hinaus, die unveränderte Fortdauer des Vertrages noch für eine Reihe von Jahren in Anspruch genommen habe, und es hatte sich die überwiegende Mehrzahl unserer Zollverbündeten mit einer entsprechenden Verabredung einverstanden erklärt. Als wir von Frankreich die Verschiebung der weiteren Zollermässigungen auf den 1. Januar 1866 verlangten und für eine Reihe der wichtigsten Verkehrs-Gegenstände erreichten, vermehrte sich, wie dies nicht anders sein konnte, das Gewicht dieses Anspruchs. So entschieden wir auch aus voller Ueberzeugung die Lösung des Bandes zwischen den Staaten des Zollvereins als eine Eventualität bezeichnen konnten, welche, wenngleich formell unstreitig vorhanden, materiell ausser Berechnung zu lassen sei, so vermochten wir doch nicht zu läugnen, dass unsere wichtigsten Zugeständnisse möglicherweise niemals in Wirksamkeit treten und diejenigen Aequivalente, auf welche Frankreich den entschiedensten Werth gelegt hatte, geradezu illusorisch werden würden. Einen auf diesen Gesichtspunkt gegründeten Antrag Frankreichs, nach welchem die für das Jahr 1864 bestimmten weiteren Ermässigungen des französischen Tarifs dem Zollvereine gegenüber erst gleichzeitig mit dem Eintreten der vom letzteren für die entsprechenden Artikel zugesagten weiteren Ermässigungen, also beziehungsweise erst am 1. Januar 1865 und 1. Januar 1866 Wirksamkeit erlangen sollten, mussten wir, als mit dem Interesse des Zollvereins unvereinbar, unbedingt zurückweisen. Als es uns aber gelungen war, diesen Antrag zu beseitigen, konnten wir uns den Anspruch auf eine andere Ausgleichung nicht entziehen. Es ist deshalb, für den Fall der Fortdauer des Zollvereins, in dem Art. 32 des Vertrages eine zwölfjährige Vertrags-Periode vereinbart und es ist daneben für den Fall der Auflösung des Zollvereins von uns die Innehaltung dieser Periode für Preussen zugesagt.

Die im Art. 33 festgesetzte Vollzugsfrist ist mit Rücksicht auf die Bestimmung im §. 13 des Zollgesetzes abgemessen.

Am Schluss meiner Bemerkungen über den Handels-Vertrag muss ich auf einen bereits im Eingange angedeuteten Gesichtspunkt zurückkommen.

Wir gehen davon aus, dass die in dem Tarife B enthaltenen Zollsätze sofort zu generalisiren sind, dass aber Belgien und die Schweiz erst dann in den Genuss derselben treten, wenn ersteres Land die Erzeugnisse des Zollvereins seinerseits gleich den Erzeugnissen Frankreichs behandelt und letzteres die von den süddlichen Vereinsstaaten für angemessen erachteten Verkehrs-Erleichterungen zugesteht. Um den Erfolg der deshalb einzuleitenden Verhandlungen auch in dem Falle zu sichern, dass jene Zollsätze vor dem Abschluss solcher Verhandlungen in Kraft treten sollten, haben wir die Zulassung zu den vereinbarten Zollsätzen für alle durch Belgien und die Schweiz eingehenden französischen Erzeugnisse von dem Nachweis der directen Zufuhr auf Eisenbahnen (Art. 3 des Vertrages) und für die im Schlussprotokoll unter A bezeichneten französischen Erzeugnisse, sie mögen eingehen, auf welchem Wege sie wollen, von der daselbst näher angegebenen Bezettelung abhängig gemacht. Die Stapel-Artikel beider Länder sind hiermit bis zu weiterer Verständigung von dem Genuss der Zollerleichterungen ausgeschlossen.

Ich kann mich nunmehr zu dem Inhalte des Schifffahrts-Vertrages wenden.

In dem Circular vom 4. September v. J. hatten wir zu unserem Bedauern constatiren müssen, dass Frankreich die von uns von Neuem beantragte Assimilirung der nicht zum Zollverein gehörenden norddeutschen Häfen mit den Häfen des Zollvereins und zwar auch in der Beschränkung auf die Häfen an der Elbe und Weser abgelehnt habe. Nach wiederholter Erörterung dieser Frage und auf den diesseits in erneuter und dringender Weise zu erkennen gegebenen Wunsch, ist nunmehr die Assimilirung der an der Elbe und Weser gelegenen Häfen der Hansestädte zugestanden. Die hierüber getroffene Bestimmung, welche sich im Artikel 7 unter No. 8 befindet, wird, wie wir zuversichtlich hoffen, von unseren Zollverbündeten mit besonderer Befriedigung aufgenommen werden, und zwar nicht bloss Seitens der zunächst interessirten Regierungen von Hannover und Oldenburg, sondern auch Seitens der übrigen Zollvereinsstaaten, unter denen mehrere auf diesen Punkt einen vorzüglichen Werth gelegt haben. Dass dieses Zugeständniss an die Bedingung geknüpft ist, dass die französischen Schiffe in den Vorhäfen den National-Schiffen gleich gestellt seien, ergab sich von selbst; übrigens ist diese Bedingung in Hamburg bereits erfüllt, und in Bremen wird sie durch den nicht zu bezweifelnden Abschluss eines bereits in der Unterhandlung begriffenen Vertrages zwischen Frankreich und den Hansestädten erfüllt werden. No. 421. (II.) Preussen. 8. April 1862.

Was dagegen die Schifffahrts-Abgaben betrifft, so hat die französische Regierung auch nach wiederholter Verhandlung sich ausser Stande erklärt, den Schiffen der Zollvereinsstaaten andere Zugeständnisse zu gewähren, als diejenigen, welche sie noch in der neuesten Zeit dritten Staaten, namentlich Belgien, eingeräumt hat. Hiernach ist es nicht möglich gewesen, dem in der Denkschrift vom April v. J. erwähnten diesseitigen Vorschlage Eingang zu verschaffen, wonach die Schiffe der Zollvereinsstaaten in Frankreich für die directe Fahrt den National-Schiffen vollständig gleichgestellt werden sollten. Vielmehr ist die nunmehr im Artikel 1 enthaltene Bestimmung getroffen, in welcher, unter Gleichstellung rücksichtlich aller sonstigen, auf dem Schiffskörper ruhenden Abgaben mit den Nationalen, das Tonnengeld für die Schiffe der Zollvereinsstaaten bei directer Fahrt, für den Eingang und Ausgang zusammengenommen, auf den festen Satz von Einem Franc für die Tonne, einschliesslich der Decimen, festgestellt ist. Es liegt hierin eine erhebliche Ermässigung gegen den bisherigen Satz von $3,_{75}$ oder, einschliesslich der Decimen, $4,_{50}$ Francs. In ähnlicher Weise ist der Verkehr mit den französischen Colonien, insbesondere mit Algerien, durch Vereinbarung fester Abgaben-Sätze begünstigt, wie sich des Näheren aus dem Artikel 7 Nr. 1 und 2 ergiebt. Endlich ist französischer Seits, am Schlusse dieses Artikels, allgemein die Theilnahme an jedem Vortheile zugesagt, welcher den Schiffen einer europäischen Nation hinsichtlich der indirecten Fahrt gewährt werden möchte.

Mit der Bestimmung im zweiten Alinea des Art. 8 hatten sich die Regierungen von Hannover und Oldenburg einverstanden erklärt. Um die Ausführung derselben zu sichern und zu erleichtern, ist im Schlussprotokoll verabredet worden, dass das Verhältniss der französischen Tonne zu den Schiffslasten der Vereinsstaaten gemeinschaftlich festgestellt werden solle, und es haben die französischen Bevollmächtigten, als Material für diesen Zweck, eine Uebersicht

No. 421. (II.) mitgetheilt, nach welcher zwölf preussische Schiffe, die in ihrer Heimath zu 2870
Preussen, 2. April 1862. Lasten vermessen waren, bei der Nachvermessung in Frankreich 4004 Tonnen, und 16 französische Schiffe, welche in ihrer Heimath zu 2068 Tonnen vermessen waren, bei der Nachvermessung in Preussen 1451 Lasten ergeben haben. Es würde sich hiernach im Durchschnitt die preussische Last auf $1_{,40}$ französische Tonnen und die französische Tonne auf $0_{,70}$ preussische Last berechnen. Wir werden unsererseits Ermittelungen über dieses Verhältniss anstellen und ersuchen die Königlich Hannoversche und die Grossherzoglich Oldenburgische Regierung, solche Ermittelungen auch Ihrerseits veranlassen und uns das Ergebniss mittheilen zu wollen.

Die wegen der Flusszölle beabsichtigte Bestimmung, deren ebenfalls bereits in der diesseitigen Denkschrift vom April v. J. gedacht worden ist, hat im Artikel 9 des Vertrags Aufnahme gefunden. Im Uebrigen bietet sich ein Anlass zu besonderen Bemerkungen nicht dar.

Ich habe endlich noch die Uebereinkunft wegen gegenseitigen Schutzes der Rechte an literarischen Erzeugnissen und Werken der Kunst zu erwähnen. Bereits in der diesseitigen Denkschrift vom April v. J. war bemerkt, wie Frankreich darauf angetragen habe, dass alle Zollvereinsstaaten sich dieser zunächst zwischen Preussen und Frankreich unterhandelten Uebereinkunft anschliessen möchten, und zwar so, dass mit solchem Anschlusse die Wirksamkeit der bestehenden verschiedenen einzelnen Verträge sogleich erlöschen solle. Dieser Antrag war französischer Seits demnächst noch bestimmter in dem von dem französischen Bevollmächtigten übergebenen, die Anlage III zu dem Circular vom 4. September v. J. bildenden Promemoria wiederholt, in welchem, unter den am Schlusse desselben aufgestellten Bedingungen für das Zustandekommen der sämmtlichen beabsichtigten Verträge überhaupt, unter Nr. 3 ausdrücklich auch die Bedingung ausgesprochen war, dass alle Zollvereinsstaaten die zwischen Preussen und Frankreich vereinbarte Uebereinkunft wegen des Nachdrucks annähmen, um in dieser Beziehung mit dem Erlöschen der bestehenden Verträge, allgemein für den Zollverein ein gleichmässiges Recht eintreten zu sehen.

An dieser Bedingung hat man französischer Seits mit der grössten Entschiedenheit festgehalten, und es ist demnach auch der auf diesen Gegenstand bezügliche Vorbehalt in das bei der Paraphirung aufgenommene Protokoll übergegangen. Es ergiebt sich aus diesem Protokoll zugleich, wie Frankreich, um die formelle Regelung der Sache seinerseits zu erleichtern, bereit ist, auf jedwede von den Zollvereinsstaaten beliebte Form einzugehen, sei es, dass die vorliegende Uebereinkunft zwischen Preussen und Frankreich in einen allgemeinen und für alle Vereinsstaaten gemeinsamen Vertrag umgestaltet werde, sei es, dass die Vereinsstaaten ihren Beitritt mittelst einfacher Erklärungen zu erkennen geben, oder dass sie sofort mit Frankreich unmittelbare auf denselben Grundlagen ruhende Verträge abschliessen wollen.

Wir können die Erfüllung des in Rede stehenden Vorbehalts nur auf das Angelegentlichste befürworten. Es entspricht unverkennbar dem eigenen Interesse des Zollvereins, dass die fraglichen Bestimmungen allgemein für sämmtliche Zollvereinstaaten Geltung erlangen. Dazu kommt, dass, indem damit die zwischen einzelnen Zollvereinsstaaten und Frankreich bestehenden Verträge erlöschen, solche Verträge, in welchen anerkannter Massen lästige Bestimmungen enthalten waren, ihre Endschaft erreichen. Endlich ist nur auf dem Wege der allseitigen Annahme die Verwirklichung der wichtigen gegenseitigen Eingangszollbefreiungen für Gegenstände der Literatur und der Kunst zu ermöglichen. Nro. 421. (II.) Preussen, 3. April 1863.

Wir rechnen also mit voller Zuversicht darauf, dass unsere Zollverbündeten in Anerkennung dieser Motive und um das nach langen und mühevollen Verhandlungen endlich erlangte Gesammt-Ergebniss nicht zu zerstören, nicht Anstand nehmen werden, die Uebereinkunft wegen des Nachdruckes in irgend einer ihnen geeignet scheinenden Form sich anzueignen.

Was die Fassung betrifft, so sind in dem früher mitgetheilten Entwurf (Anlage D und E der diesseitigen Denkschrift vom April v. J.) nur wenige Aenderungen eingetreten, die theils als Vervollständigungen, theils als Verbesserungen erkannt werden dürften. In dieser Beziehung ist Folgendes zu bemerken:

Der Art. 1 hat einen Zusatz erhalten, wonach die Frist für den Schutz in dem andern Lande nicht länger dauern soll, als solche für die einheimischen Autoren gesetzlich festgestellt ist. Gegen diese Bestimmung, welche dadurch veranlasst ist, dass man in Frankreich damit umgeht, die Dauer des geistigen Eigenthums von jeder Fristbestimmung zu befreien, wird sich nichts einwenden lassen. Sie ist auch sonst als richtig anerkannt.

Indem der Artikel 1 diesen Zusatz erhielt, schien es zweckmässig, aus dem bisherigen Absatz 2 des gedachten Artikels einen besondern Artikel (Art. 2) zu machen. Hierbei sind die Worte „wie beispielsweise Schauspiele" in Wegfall gekommen, indem es angemessen erschien, die Bestimmung möglichst allgemein zu halten und jede Beschränkung zu beseitigen.

Aus den im Artikel 12 des früheren Entwurfs (jetzt Artikel 13) verzeichneten Gegenständen der gegenseitig freien Einfuhr sind die am Schlusse erwähnten

Statuen und andere Sculpturen in Marmor

ausgeschieden, weil solche einen geeigneten Platz in den zu dem Handels-Vertrage gehörenden Tarifen A und B gefunden haben.

Eine wesentliche Verbesserung ist dadurch erreicht, dass man französischer Seits davon Abstand genommen hat, den Nachweis des Ursprungs zu fordern. Hierauf beziehen sich die Aenderungen im Anfange und am Schlusse des obengedachten Artikels, auch ergab sich daraus von selbst der Wegfall des auf die Form der Ursprungszeugnisse bezüglichen Absatzes 1 des früheren Artikels 13 (jetzt Artikel 14). In letzterem Artikel sind nunmehr auch die französischen Zollämter angegeben, über welche die Einfuhr der Bücher in französischer Sprache und in anderen Sprachen erfolgen darf, mit dem Vorbehalte, noch andere Zollämter dafür zu bestimmen, deren Eröffnung sich nach Massgabe der Erfahrung als wünschenswerth ergeben dürfte. Auf die bei diesem Anlass diesseits gemachte Bemerkung, dass von den Betheiligten öfter über Verzögerung in der Abfertigung geklagt worden sei, ist von Seiten des französischen Bevoll-

No. 421. (II.) Preussen, 2 April 1862. mächtigten im Laufe der Verhandlung ausdrücklich mitgetheilt worden, dass in Strassburg und ebenso bei den anderen in der Uebereinkunft bezeichneten Hauptämtern ein Revisions-Beamter für Bücher angestellt sei, welcher die Revision nach geschehener Anmeldung vornehme, und dass ferner, rücksichtlich der nach Paris gehenden Bücher, die Adressaten am Tage nach der Ankunft durch das Ministerium des Innern mit Nachricht darüber versehen und aufgefordert würden, dieselben zur Revision zu stellen, welche letztere nach der Meldung des Adressaten sofort erfolge.

Hinsichtlich der im Artikel 16 des früheren Entwurfs (jetzt Artikel 17) enthaltenen Abrede wegen des Beitritts der Zollvereinsstaaten darf auf die obigen Bemerkungen Bezug genommen werden. Es ergiebt sich daraus zugleich die nunmehr wegen der Dauer der Uebereinkunft getroffene Bestimmung.

Meine Bemerkungen über die vorliegenden Actenstücke sind hiermit zum Schluss gelangt. Ich weiss sehr wohl, dass sie den reichen Gegenstand nicht erschöpfen — wie dies nach Lage der Sache auch nicht ihre Aufgabe sein konnte — sie bezeichnen aber vollständig und rückhaltslos die Gesichtspunkte, von welchen wir sowohl im Allgemeinen, als auch bei allen wichtigeren Detailfragen ausgegangen sind. Sie enthalten, wie ich gegenüber einzelnen durch die Presse verbreiteten Nachrichten entschieden zu erklären habe, Alles, was neben den vorliegenden Actenstücken zwischen uns und Frankreich besprochen oder verabredet ist. Sie werden, wie ich hoffe, unseren Zollverbündeten die Ueberzeugung gewähren, dass wir, frei von allen ausser der Sache liegenden Rücksichten, bestrebt gewesen sind, das gemeinsame Interesse des Zollvereins zu wahren und zu fördern, und dass die Gesammtheit der getroffenen Abreden, wenn auch manches Einzelne anders gewünscht werden möchte, diesem Interesse entspricht. Die Opfer, ohne welche eine Verständigung überhaupt nicht denkbar war, fallen auf uns in vielen Beziehungen mehr, in keiner Beziehung weniger, als auf unsere Zollverbündeten. Wir sind zur Förderung der Sache bereit, ein weiteres Opfer dadurch zu übernehmen, dass wir, die Zustimmung der ausser uns betheiligten Vereins-Regierungen vorausgesetzt, vom Tage des Vollzuges des Handels-Vertrages an, die Uebergangs-Abgabe vom vereinsländischen Wein auf $12\frac{1}{2}$ Sgr. und von Traubenmost auf 10 Sgr. für den Zoll-Centner ermässigen.

Ich resumire zum Schluss diejenigen Fragen, über welche wir uns, neben der Erklärung über die Hauptsache, die Aeusserung unserer Zollverbündeten erbitten:

die Annahme des von Frankreich wegen gegenseitiger Zollbegünstigung für Bier gemachten Vorschlages;

die Wahl zwischen dem Gewichtszollsatz und dem Zollsatz nach dem Flächeninhalte für die grösseren Spiegelgläser;

das Arrangement in Betreff der gebleichten, undichten Baumwollengewebe und des Gold- und Silberblatts;

das Zusammentreten einer General-Conferenz zur Umarbeitung des Vereinszolltarifs nach erfolgter Unterzeichnung der Verträge;

der Beitritt zu der Uebereinkunft über den Schutz des literarischen und künstlerischen Eigenthums; No. 421. (II.) Preussen, 3. April 1863.

die Zustimmung zu der Ermässigung der Uebergangsabgabe für Wein und Traubenmost.

Indem ich Eure etc. ergebenst ersuche, der dortigen Regierung bei Uebergabe der Anlagen von den vorstehenden Bemerkungen Mittheilung zu machen, darf ich darauf zählen, dass Sie auf die möglichste Beschleunigung der Rückäusserung mit Ihrem ganzen Einfluss hinwirken werden.

Empfangen Eure etc.

Bernstorff.

No. 422. (III.)

No 422. (III.) Preussen, 3. April 1863.

PREUSSEN. — Uebersicht der zugestandenen Eingangszoll-Befreiungen und Ermässigungen, nach den Positionen des Vereins-Zolltarifs geordnet. —

Bemerkung: Bei denjenigen Tarifpositionen, welche nur in Beziehung auf den Zollsatz, nicht in Beziehung auf den Umfang der darunter begriffenen Waaren, eine Abänderung erfahren haben, sind, zur Erleichterung des Ueberblicks, nur die Schlagworte in die Uebersicht aufgenommen.

Tarif-Position.	Bezeichnung der Gegenstände	Künftige Zollsätze pro Centner								Gegenwärtiger Zollsatz.	
				vom 1. Januar							
		1862.		1864.		1865.		1866.			
		Thlr.	Sgr.	Thlr.	Sgr.	Thlr.	Sgr.	Thlr.	Sgr.	Thlr.	Sgr.
2 b. 1.	Baumwollenwatte	1	15							3	—
	Baumwollengarn, ungemischt oder gemischt mit Wolle oder Leinen, ein- und zweidrähtiges:										
	rohes	2	—							3	—
2 b. 2.	gebleichtes und gefärbtes .	4	—								
	drei- und mehrdrähtiges aller Art	6	—							8	—
2 c.	Waaren aus Baumwolle, allein oder in Verbindung mit Leinen- oder Metallfäden, ohne Beimischung von Seide, Wolle oder anderen Thierhaaren:										
	1) rohe (aus rohem Garn verfertigte) und gebleichte dichte Gewebe, auch appretirt, mit Ausschluss der sammtartigen Gewebe .	12		—				10	--		
	2) alle nicht unter No. 1 und No. 3 begriffene dichte Gewebe, rohe (aus rohem Garn verfertigte) undichte Gewebe; Strumpfwaaren; Posamentier- und Knopfmacher-Waaren . . .	24	--	--				16	--	50	—
	3) alle undichte Gewebe, wie: Jaconet, Musselin, Tüll, Marly, Gaze, soweit sie nicht unter Nr. 2 begriffen sind; Spitzen; alle Stickereien und Putzwaaren . .	34		–			–	30	—		
3 a.	Bleifeilspane und Bruch von alten Bleiwaaren	frei									
	Blei rohes	-	7½	frei							7½
	Bleiglätte	—	7½								
b.	Blei gewalztes		25	—	15		—				
b. u. c.	Bleiwaaren, grobe . . .	1	—							2	—
	feine	6	—	—		4	—			10	—
4.	Bürstenbinder- u. Siebmacherwaaren:										
a.	grobe	2	—							3	—
b.	feine	4	—							10	—
5 a.	Jod; Brom; Jodkalium; Weinsteinsäure; weinsteinsaures Kali; Citronensäure, citronensaurer Kalk; Benzoe-										

Tarif-Position.	Bezeichnung der Gegenstände.	Künftige Zollsätze pro Centner 1862. Thlr.	Sgr.	vom 1. Januar 1864. Thlr.	Sgr.	1865. Thlr.	Sgr.	1866. Thlr.	Sgr.	Gegenwärtiger Zollsatz. Thlr.	Sgr.
	säure; Lakmus; Milchzucker; Eisensaffran (crocus martis); Zinnoxyd; Uranoxyd; Kupferoxyd; Mineralwasser, künstliches; Berlinerblau; Karmin; blaue und grüne Kupferfarben; Berggrün; Schüttgelb	frei								3	10
	Salpetersäure	—	15	frei							
	Email; Schuhwichse; Gelatine; schwefelsaurer Baryt; Zündhölzer, auch chemisch zubereitete	—	15								
	Bleizucker; Oel-Firniss; Aetznatron	1	—								
	Orseille (einschliesslich derjenigen in Teigform) u. Persio; chromsaures Bleioxyd	1	15							3	10
	Oxalsaures Kali u. Oxalsäure	2	—	1	10						
	Ultramarin; Lakritzensaft .	2	—								
	Schwefelsaure u. kohlensaure Magnesia; Chlormagnesium	3	10	—	—	—	—	2	—		
5 b.	Alaun (Thonsaures Natron; Chloraluminium) . . .	—	20							1	10
5 c.	Chlorkalk	—	15								
	Bleiweiss; Zinkweiss; Zinkoxyd, graues	1	—							2	—
5 d.	Eisenvitriol, grüner . . .	—	5							—	7½
	Eisenbeizen, einschliesslich Eisenrostwasser	frei									
5e. Anm. 1.	Borax, roher; Borsäure; arsenige Säure; Cadmium, rohes; Nickel; Spiessglanz, rohes u. Spiessglanz-König; Wismuth; Quecksilber; Arsenik, gediegenes; Knochenschwarz; Knochenkohle; weissgebrannte Knochen; Garancine; Albumin . .	frei									
	Schwefelarsenik	—	7½	frei						—	15
5e. Anm. 2.	Schwefelsaures Natron . .	—	5								
5 f. 2.	Farbhölzer, gemahlen oder									—	5
	geraspelt	frei								1	—
5 g.	Mennige	—	7½							—	7½
	Schmalte	frei									
	Soda, rohe, natürliche und	—	20								
	künstliche; auch krystallisirte kalzinirte, auch doppeltkohlensaures Natron .	—	20							1	—
	Kupfer-Vitriol; gemischter Kupfer- und Eisen-Vitriol .	—	15								
5 h.	Mineralwasser, natürliches .	frei									7½
5 k.	Salzsäure	—	2½							1	10
	Schwefelsäure	frei								1	10
5 l.	Schwefelsaures und salzsaures Kali	frei								—	5
6 a.	Eisenfeile und Hammerschlag	frei									
	Roheisen aller Art; altes Brucheisen	—	10	—	7½					—	10
6 b.	Luppeneisen, noch Schlacken enthaltend, in Masseln oder Prismen	—	20	—	17½					1	15

Nr. [illegible] Preussen, 3. April [illegible]

Tarif-Position.	Bezeichnung der Gegenstände.	Künftige Zollsätze pro Centner								Gegenwärtiger Zollsatz.	
				vom 1. Januar							
		1862.		1864.		1865.		1866.			
		Thlr.	Sgr.	Thlr.	Sgr.	Thlr.	Sgr.	Thlr.	Sgr.	Thlr.	Sgr.
6 b. u. c.	Geschmiedetes und gewalztes Eisen, mit Ausnahme des façonnirten; Eisenbahnschienen; Stahl	1	7½	1	—	—	—	—	25	1 2	15 15
6 d.	Façonnirtes Eisen u. s. w. (mit Ausnahme der gewalzten und gezogenen schmiedeeisernen Röhren zu Gas- und Wasserleitungen) . . .	1	22½	1	15	—	—	1	5	8	—
6 e.	Gefirnisstes Eisenblech; polirtes Stahlblech; polirte Eisen- und Stahlplatten; Eisen- und Stahldraht . .	2	15	—	—	1	22½			4	—
6 c. u. 6 d.	Weissblech; gewalzte u. gezogene schmiedeeiserne Röhren zu Gas- u. Wasserleitungen.	3	—	—	—	2	15			4 5	— —
6 f. 1.	Ganz grobe Gusswaaren etc.	—	15	—	—	—	12			1	—
6 f. 2.	Grobe Eisenwaaren etc.										
	a) Ambosse; Bratspiesse; Brecheisen; Drahtgewebe; Dreifüsse; Fallen u. Fangeisen; Dung-, Heu- u. Ofengabeln; Harken; Hemmschuhe; Hufeisen; Klammern; Kessel; Ketten (mit Ausschluss der Anker- u. Schiffsketten); Kochgeschirre; Nägel; Drahtstifte; Gussstifte und Holzschrauben; Pfannen; Plätteisen; grobe Ringe; Roste; Schaufeln; gepresste und gegossene rohe Schlüssel; Schmiedehämmer; Schraubenbolzen und Muttern; Schürhaken; grosse Waagebalken; Wagen-, Thür- und Truhenbeschläge; Wagenfedern u. gleichartige Gegenstände, alle diese Waaren nicht vollständig abgeschliffen, gefirnisst, verkupfert oder verzinnt .	2	—	—	—	1	10			6	—
	b) Andere auch vollständig abgeschliffene, gefirnisste, verkupferte od. verzinnte, als: Aexte; Degenklingen; Feilen; Hämmer; Haspeln; Hecheln; Hobeleisen, Kaffeetrommeln und Mühlen; Schlösser; Schraubstöcke; grobe Messer zum Handwerksgebrauch; Sensen; Sicheln; Stemmeisen; Striegeln; Thurmuhren; Tuchmacher- und Schneiderscheeren; Weberblätterzähne, Weberblätter und Weberkämme; Zangen .	4	—	—	—	2	20			6	—

Tarif-Position.	Bezeichnung der Gegenstände.	Künftige Zollsätze pro Centner 1862. Thlr.	Sgr.	vom 1. Januar 1864. Thlr.	Sgr.	1865. Thlr.	Sgr.	1866. Thlr.	Sgr.	Gegenwärtiger Zollsatz. Thlr.	Sgr.
6 f. 3.	Feine, jedoch mit Ausschluss der nachstehend genannten	8	—	—	—	4	—			10	—
6 f. 3 u. 20.	Nähnadeln; Schreibfedern aus Stahl und anderen unedelen Metallen; Uhrfournituren; Gewehre aller Art; Schmucksachen, soweit sie nicht unter Pos. 20 fallen	10	—							10 50	— —
	Kratzenbeschläge	8	—	—	—	6	—			10	—
	Maschinen und zwar:										
	Locomotiven u. Dampfkessel	2	—	—	—	1	15				
	Andere, u. zwar, sofern der nach dem Gewichte überwiegende Bestandtheil besteht:									Wie Waaren aus dem betreffenden Material.	
	aus Holz	—	15								
	„ Gusseisen	—	25	—	—	—	15				
	„ geschmiedetem Eisen .	1	15	—	—	—	25				
	„ anderen unedlen Metallen	2	—	—	—	1	10				
8.	Jute u. andere vegetabilische Spinnstoffe mit Ausnahme von Flachs, Hanf u. Flachs- und Hanfheede oder Werg	frei								—	5
9 b. 3.	Kleesaat etc.	frei								—	5
10 a.	Grünes Hohlglas	—	5							1	—
10 b. 10b. An. 1.	Weisses Hohlglas etc. . .	1	$22\frac{1}{2}$	—	—	—	20			3 4	— 15
10 c.	Gepresstes etc. Glas . . .	4	—							6	—
10 d.	Spiegelglas, belegtes und unbelegtes:										
1.	nicht über 2 Q.-Fuss gross.	4	—							6 8 3	— — —
2.	über 2 Q.-Fuss gross { entweder vom Centner	4	—							v. Stück 1 Thlr. bis 30 Thlr.	
	oder v. Q.-Fuss	—	$3\frac{1}{3}$								
10 e.	farbiges etc. Glas	6	—							10	—
11 b.	Seehund- und Robbenfelle, roh, frisch und getrocknet	frei								—	20
12 a.	Brennholz etc.	frei								Klafter Schiffslast 1 —	$2\frac{1}{2}$ — 10
12 b.	Bauholz etc.	frei								1 —	10 20
12b. An. 1.	Fourniere, Korkstöpsel, Korkplatten etc.	—	15							1	—
12 c.	Hölzerne Hausgeräthe etc. .	1	—							3	—
12 f.	Feine Korbflechterwaaren .	6	—	—	—	4	—			10	—
	Alle andern Artikel dieser Position	8	—	—	—	4	—			10	—
12 g.	Gepolsterte Möbel, auch überzogene	3	10							10	—
12 h.	Grobe Böttcherwaaren, gebrauchte	frei								—	5
12c. h. An.	Alle Artikel dieser Position, mit Ausnahme der groben Maschinen von Holz . .	frei								—	15
14.	Instrumente: chirurgische, mathematische, physikalische, chemische . . .	frei								6	—
	musikalische	6	—	—	—	4	—			6	—

No. 683. (III.) Preussen, 3 April 1868.

Tarif-Position.	Bezeichnung der Gegenstände.	Künftige Zollsätze pro Centner 1862. Thlr.	Sgr.	vom 1. Januar 1864 Thlr.	Sgr.	1865. Thlr.	Sgr.	1866. Thlr.	Sgr.	Gegenwärtiger Zollsatz. Thlr.	Sgr.
18.	Kleider, von Seide . . .	50	—		—	—	—	40	—	110	—
	andere	34	—	—	—	—	—	30	—		
19 a.	1. Kupfer und Messing, geschmiedetes oder gewalztes in Stangen oder Blechen; Kupfer- und Messingdraht	2	—		-	1	22½			6	—
19 a.	Kupfer- und Messingbleche und Drähte, plattirte . .	4	—							6	—
19 b.	Kupferschmiede- und Gelbgiesserwaaren	4	—			2	20			10	—
19 b.	Andere Kupfer- und Messingwaaren	6	—			4	4			10	—
	Statuen v. Metall, mindestens in natürlicher Grösse . .	frei								10	—
19 b.	Drahtgewebe	3	—							10	—
19 b.	Kupferwalzen z. Zeugdruck, nicht gravirte	—	15							10	—
	gravirte	2	—								
19 Anm.	Kupfer und Messing, rohes .	frei								—	15
20.	Kurze Waaren:										
	a) Waaren, ganz oder theilweise aus edeln Metallen, echten Perlen, Korallen oder Steinen gefertigt; echtes Blattgold u. Blattsilber; Taschenuhren .	50	—							100	—
	b) Künstliche Blumen; zubereitete Schmuckfedern	34		—	—	—	—	30	—	100	—
	c) Waaren, ganz oder theilweise aus unedeln, echt vergoldeten od. versilberten od. mit Gold od. Silber belegten Metallen oder aus Schildpatt gefertigt; Stutz- u. Wanduhren (letztere mit Ausnahme der hölzernen Hängeuhren); unecht. Blattgold u. Blattsilber; feine Galanterie- u. Quincaillerie-Waaren (Herren- und Frauenschmuck, Toiletten- und sogen. Nippestischsachen) aus unedlen Metallen . . . Ornamenten in Metallguss und dergleichen; gefasste Brillen aller Art; Regen- und Sonnenschirme; Fächer; überhaupt alle zur Gattung d. Kurzen-, Quincaillerie- oder Galanterie-Waaren gehörigen, weder unter a. und b. dieser Nummer noch unter den Nummern . . . . dieses Tarifs mit inbegriffenen Gegenstände; ingleichen Waaren aus Gespinnsten von Baumwolle, Leinen, Seide, Wolle, welche mit Bein . . . . . . verbunden u.										

No. [illegible] (III.) Preussen, 8. April 1862.

Tarif-Position.	Bezeichnung der Gegenstände.	Künftige Zollsätze pro Centner 1862. Thlr.	Sgr.	vom 1. Januar 1864. Thlr.	Sgr.	1865. Thlr.	Sgr.	1866. Thlr.	Sgr.	Gegenwärtiger Zollsatz. Thlr.	Sgr.
	nicht besonders tarifirt sind	25	—	—	—	15	—			50 100	— —
	(Waaren aus Perlmutter sind zu Pos. 12f., feine Parfümerien zu Pos. 5a., Nähnadeln, metallene Stricknadeln und metallene Häkelnadeln (ohne Griffe) zu Pos. 6f. 3., feine lackirte Waaren von Metall zu Pos. 3e., 6f. 3., 19b., 42c. und 43b., feine lackirte Waaren von Pappenmasse zu Pos. 27c., verwiesen.)										
21 a. 1.	Leder	2	—							6	—
21 b.	Leder, lackirtes	8	—							8	—
21 c.	Wagen und Schlitten, an welchen Leder- oder Polster-Arbeiten:										
	Eisenbahnwagen vom Stück	200	—	—	—	—	—	100	—	Ctr. 10	—
	andere Wagen u. Schlitten vom Stück	75	—	—	—	—	—	50	—	10	—
21 c.	Grobe Lederwaaren . . .	5	—	—	—	—	—			10	—
21 d.	Feine Lederwaaren . . .	10	—							22	—
21 d.	Lederne Handschuhe . .	13	10							44	—
22 a. 1.	Garne von Jute, rohe . .	—	15							2	—
22 o.	Fischernetze von ungebleichtem Garne	—	15							4	—
22 f.	Gebleichte, gefärbte, gedruckte, oder in anderer Art zugerichtete, auch aus gebleichtem Garne gewebte Leinwand, einschliesslich Batist und Linon; gebleichter oder in anderer Art zugerichteter Zwillich u. Drillich; rohes und gebleichtes, auch verarbeitetes Tisch-, Bett- und Handtücherzeug, leinene Kittel, auch neue Leibwäsche	12	—	—	—	—	—	10		20 30	— —
22 g.	Bänder, Borten, Fransen, Gaze, gewebte Kanten, Schnüre etc.	24		—	—	—	—	20	—	30	—
22 h.	Zwirnspitzen	40	—							50	—
23.	Lichte, Talg und Stearin .	2	—	—		—	—	1	15	6	—
	Andere	2								6	—
25 a.	Bier in Fässern										
25 b. α.	Branntwein	6	—							8	—
25 d.	Bier in Flaschen										
	Citronensaft in Flaschen	frei								5	—
25 e.	Oel in Flaschen . . .	—	25							8	—
25 f. α.	Wein in Fässern } . . .	4	—							6	—
β.	" in Flaschen }									8	—
25 h.	Fett, eingeschmolzenes und ungeschmolzenes, mit Ausnahme des Talgs . . .	2	—	—	—	—	—	frei		2	—
25 l. β.	Kastanien	—	15							4	—
25 m. α.	Cichorien, gemahlene oder gebrannte	—	20							5	—
	Süsswasserfische u. Gemüse,										

No. [illegible]. (III.) Preussen. 3. April [illegible].

Tarif-Position.	Bezeichnung der Gegenstände.	Künftige Zollsätze pro Centner 1862. Thlr.	Sgr.	vom 1. Januar. 1864. Thlr.	Sgr.	1865. Thlr.	Sgr.	1866. Thlr.	Sgr.	Gegenwärtiger Zollsatz. Thlr.	Sgr.
	eingemacht, eingedämpft etc.; Saucen	7	—							11	—
25 r.	Austern	2	—							4	—
25 r.	Hummer										
26 a.	Baumöl in Fässern	—	25							1	10
27 b.	Geleimtes Papier etc.									5	—
27 c.	Gold- u. Silberpapier etc.									10	—
27 d.	Papiertapeten	3	10	—	—	—	—	1	10		—
27 e.	Buchbinderarbeiten etc. ausser Verbindung mit anderen Materialien									20 / 10	—
30 a.	Gefärbte Seide etc.	4	—							8	—
30 b.	Seidene Waaren	50	—	—	—	—	—	40	—	110	—
30 c.	Halbseid. Waaren einschliessl. d. Bänder, Borten u. Franzen	34	—	—	—	—	—	30	—	55 / 110	— / —
31 a.	Seife, grüne etc.	1		—	—		—	—	25	1	—
31 b.	„ weisse	2	—		—		—	—	25	3	10
31 c.	„ feine	3	10	—	—	—	—	2	—	10	—
33 a.	Mühlsteine	frei								Stück 2	—
33 b. u. 33. Anm.	Waaren aus Marmor u. Alabaster ausser Verbindung mit anderen Materialien	—	5							— / 10	15 / —
33 Anm.	Statuen von Marmor u. anderen Steinarten	frei								—	15
	Edelsteine aller Art ohne Fassung		15							10	—
33 b.	Waaren aus Achat und anderen ähnlichen Steinen	8	—							10	—
33 Anm.	Flintensteine; feine Schleif- und Wetzsteine	frei								—	15
34.	Steinkohlen, Koaks, geformte Kohle	—	½							—	1½
35 b.	Strohbänder aller Art	—	20							10	—
35 b. c.	Span-, Rohr-, Bast-, Palm-Strohhüte Stück	—	2							Ctr. 10	—
36 a.	Talg		15		—	—	—	frei		1	—
36 b.	Stearin und Stearinsäure	1	15	—		—	—	1	—	3	—
37.	Theer, Daggert, Pech	frei								—	5
38 a. u. b.	Gemeine Töpferwaaren etc., irdene Pfeifen	frei								— / 5	10 / —
38 b.	Einfarbiges oder weisses Fayence oder Steingut	1	22½							5	—
38	Bemaltes etc. Fayence oder Steingut	3	5		-	2	—			10	—
38 d.	Porzellan, weisses	3	5	—	—	1	22½			10	—
38 e.	Porzellan, farbiges etc.	5	—	—		4	—			25	—
38 f. u. g.	Thonwaaren in Verbindungen									10	—
40.	Wachstuch, Wachsmusselin, Wachstaffet										
a.	grobes, unbedrucktes (Packtuch)	—	20							2	—
b. c.	alles andere	2	—							5	—
d.	alle mit Gummi-elasticum o. Guttapercha überzogenen Gewebe	15	—							11 / 20	— / —
	Gewebe aus Gummifäden und anderen Spinnmaterialien, auch Kleidungsstücke aus solchen Geweben	25	—							30 / 50 / 55 / 110	— / — / — / —

No. 482. (III.) Preussen, 3. April 1862.

Tarif-Position.	Bezeichnung der Gegenstände.	Künftige Zollsätze pro Centner 1862. Thlr.	Sgr.	vom 1. Januar 1864. Thlr.	Sgr.	1865. Thlr.	Sgr.	1866. Thlr.	Sgr.	Gegenwärtiger Zollsatz. Thlr.	Sgr.
41 b.	Einfaches Wollengarn, gefärbt	—	15							8	—
41 b.	Dublirtes Wollengarn, gefärbt; drei oder mehrfach gezwirntes, gefärbt oder ungefärbt	4	—							8	—
41 c.	Waaren a. Wolle, einschliesslich der Ziegenhaare, allein oder in Verbindung m. anderen, nicht seidenen Spinnmaterialien:										
	1) Stickereien und Putzwaaren	34	—	—	—	—	—	30	—	50	—
	2) bedruckte Waaren aller Art	30	—	—	—	—	—	25	—	50	—
	3) unbedruckte, ungewalkte Waaren; Posamentier- und Knopfmacherwaaren	24	—	—	—	—	—	20	—	30	—
	4) unbedruckte gewalkte Tuch-, Zeug- und Filzwaaren, sowie Strumpfwaaren	10	—							30	—
	5) Fussteppiche . . .	15	—	10	—					20	—
	Gewebe von anderen Thierhaaren, als Wolle oder Ziegenhaaren, auch mit anderen Gespinnsten gemischt, wenn Kette oder Einschlag ganz aus solchen Thierhaaren besteht	8	—							30	—
	Herrenhüte, von Filz, aus Wolle o. Haaren, unstaffirt, staffirt oder garnirt . . .	25	—	—	—	15	—	—	—	30	—
42 a.	Roher Zink, alter Bruchzink	frei								1	—
42 b.	Zinkbleche	—	25	—	15	—	—			3	10
42 b.	Grobe Zinkwaaren . . .	1									
42 c.	Feine, auch lackirte Zinkwaaren	4	—							10	—
43 a.	Zinn, gewalztes	—	25	—	15	—	—			2	—
43 a.	Grobe Zinkwaaren, als: Schüsseln, Teller, Kessel und andere Gefässe . . .	1	—							2	—
43 b.	Andere feine, auch lackirte Zinnwaaren, Spielzeug und dergleichen	6	—	—	—	4	—			10	—
Allgemeine Eingangs-Abgabe.	Honig	—	10							—	15
	Schreibfedern, rohe und gezogene; Haare aller Art, einschliesslich der gehechelten, gesottenen oder gefärbten Pferdehaare und der ausgekochten, sortirten und in Lockenform gelegten Haare; Seide, rohe und weiss gemachte, einfach, moulinirt oder gezwirnt; Streuglas, Steinkohlentheer-Oel, Tuchleisten	frei									

No. 423. (IV.)

PREUSSEN. — Min. d. Ausw. an den königl. Gesandten in Wien. — Erörterung des Verhältnisses von Oesterreich zu dem Zollverein nach Abschluss des Handelsvertrags mit Frankreich. —

Berlin, den 7. April 1862.

No 423 (IV.) Preussen, 7. April 1862. Hochwohlgeborner Freiherr, — Im September v. J. hat uns der kaiserl. österreichische Geschäftsträger Graf Chotek mittelst der zu Ew. etc. gefälliger Kenntnissnahme in Abschrift beigefügten Note eine Denkschrift*) mitgetheilt, in welcher die Anschauungen der kaiserl. Regierung über den zwischen dem Zollverein und Frankreich unterhandelten Handels-Vertrag ausführlich entwickelt sind.

Die Denkschrift, von welcher ich ebenfalls eine Abschrift ganz ergebenst beifüge, nimmt ihren Anlass aus der Besorgniss, dass ein Vertrag zwischen dem Zollvereine und Frankreich dem Fortbestand und der weiteren Ausbildung der durch den Vertrag vom 19. Februar 1853 zwischen dem Zollverein und Oesterreich gegründeten nahen Beziehungen neue Schwierigkeiten schaffen könne. Sie begründet diese Besorgniss durch eine Beleuchtung der Rückwirkung, welche ein solcher Vertrag theils auf die materiellen Interessen Oesterreichs, theils auf dessen gegenwärtige handelspolitische Stellung zum Zollverein üben werde. Für die Interessen des Handels und der Gewerbthätigkeit erwartet sie von der Theilnahme an den Zollerleichterungen, welche der Zollverein an Frankreich gewähren möchte, keine nennenswerthe Vortheile. Für die finanziellen Interessen befürchtet sie von diesen Zollerleichterungen, sobald dieselben das bestehende Gleichgewicht zwischen den beiderseitigen Aussenzöllen verrücken, bedenkliche Nachtheile, gleichviel ob Oesterreich das Gleichgewicht durch Ermässigung seiner Aussenzölle oder durch Erhöhung seiner Zwischenzölle wiederherstellt.

In dieser jedenfalls nicht ganz zu vermeidenden Erhöhung der Zwischenzölle erblickt sie den grössten und wichtigsten Nachtheil eines Vertrages zwischen Frankreich und dem Zollverein, nämlich die Störung des gegenseitigen handelspolitischen Verhältnisses, einerseits durch den damit verbundenen Eingriff in bestehende Verkehrs-Beziehungen, andererseits durch die damit bezeichnete Schwierigkeit einer weiteren Fortbildung des Februar-Vertrages. Diese Fortbildung hält sie endlich vorzugsweise dann für gefährdet, wenn der Zollverein an Frankreich die Rechte der meistbegünstigten Nation ohne Einschränkung einräumen und dem Vertrage eine wenn auch bedingte Dauer über den Ablauf der Vereins-Periode hinaus geben sollte. Wir sind diesen Anschauungen mit um so grösserem Interesse gefolgt, als das Verhältniss zwischen unseren vertragsmässigen Beziehungen zu Oesterreich und dem Zweck unserer Verhandlungen mit Frankreich schon vor Eröffnung dieser Verhandlungen den Gegenstand unserer sorgfältigen Erwägung und im Laufe derselben die Veranlassung zu den ernstesten Schwierigkeiten gebildet hatte. So waren die in der Denkschrift besprochenen Fragen nach ihren verschiedenen Seiten bereits wiederholt

*) Diese Denkschrift veröffentlichen wir unter No. 5 dieser Sammlung.

an uns herangetreten, und wir würden nicht gezögert haben, die Gesichtspunkte, welche wir ihnen abgewonnen hatten, der kaiserl. Regierung mitzutheilen, wenn nicht zu der Zeit, als uns die Denkschrift zuging, unsere Verhandlungen mit Frankreich sich in einer Lage befunden hätten, welche eine von realen Grundlagen ausgehende, also wirklich fruchtbringende Erörterung unmöglich machte. So lange unsere Anerbietungen und Frankreichs Forderungen so weit auseinanderlagen, dass die Möglichkeit einer Verständigung überhaupt in Frage stand, würden wir genöthigt gewesen sein, Verhältnisse und Beziehungen, deren richtige Beurtheilung durch die Kenntniss positiver Thatsachen bedingt ist, von willkürlich gewählten Voraussetzungen aus zu besprechen. Der Augenblick, in welchem wir von dem Felde der Voraussetzungen auf das Gebiet der Thatsachen übergehen konnten, fiel mit dem Abschluss der Verhandlungen zusammen. Nachdem ich unseren Zollverbündeten von diesem Abschluss Mittheilung gemacht habe, ist es meine erste Sorge, die kaiserliche Regierung von unseren Ansichten über die von ihr angeregten Fragen in Kenntniss zu setzen.

No. 422. (IV.) Preussen, 7. April 1863.

Ich habe die Darlegung dieser Ansichten durch einige allgemeine Bemerkungen einzuleiten.

Die Verträge Frankreichs mit Grossbritannien und Belgien haben für uns ihre Bedeutung nicht bloss in den Vortheilen gehabt, welche die Theilnahme an der Versorgung eines grossen und reichen, an den Zollverein angrenzenden Marktes für den Absatz unserer Erzeugnisse in Aussicht stellte. Wir haben vielmehr vom ersten Augenblicke an diese Bedeutung vorzugsweise darin erkannt, dass die grossen wirthschaftlichen Reformen, welche im Laufe der letzten beiden Jahrzehnte in Grossbritannien durchgeführt und nach dessen Vorgange in den Niederlanden und Italien aufgenommen sind, durch jene Verträge in den beiden industriereichsten Ländern des westlichen Europa zur Vollziehung gelangten. Wir haben in dieser Erscheinung eine ernste Mahnung zur wiederholten Erwägung der Frage gefunden, ob der Zollverein solchen Vorgängen gegenüber, in seinem eigenen Interesse, bei einem Zolltarife beharren könne, welcher, vor beinahe dreissig Jahren entstanden, im Laufe dieser langen Periode Aenderungen seiner Sätze für gewerbliche Erzeugnisse kaum anders als durch Erhöhungen erfahren hatte. Wir haben diese Frage im Einverständnisse mit unseren Zollverbündeten verneinen müssen, und wir sind deshalb bei unseren Verhandlungen mit Frankreich keineswegs allein von dem Gedanken ausgegangen, gewisse Handelsvortheile durch entsprechende Concessionen zu erkaufen, sondern von der Ueberzeugung, dass wesentliche Aenderungen des Zolltarifs im wohlverstandenen Interesse des Zollvereins selbst, also abgesehen von Aequivalenten, nothwendig seien. Mit einem Worte, es handelte sich für uns zugleich um einen Act der inneren Reform und nicht bloss der auswärtigen Handelspolitik.

Wir sind deshalb, wie die Denkschrift mit Recht voraussetzt, im Einverständniss mit unseren Zollverbündeten stets davon ausgegangen, dass die Zugeständnisse des Zollvereins an Frankreich nichts auf die Erzeugnisse dieses Landes zu beschränken, sondern auf die Erzeugnisse aller Länder auszudehnen seien. Es ist daher richtig, dass Oesterreich diese Zugeständnisse, auf deren

No. 423 (IV.) Preussen, 7. April 1862.

Genuss ihm ein vertragsmässiger Anspruch zusteht, nicht bloss mit Frankreich, sondern mit allen anderen Ländern zu theilen haben wird. Ich schmeichle mir indessen, dass die kaiserliche Regierung aus einer näheren Prüfung der von uns an Frankreich gemachten Zugeständnisse die Ueberzeugung gewinnen wird, dass dieselben dem Handel und dem Gewerbefleiss Oesterreichs sehr grosse Vortheile versprechen, obgleich sie beiden nicht ausschliesslich zu Gute kommen.

Indem ich zum Zweck dieser Prüfungen die am 29. v. M. hier paraphirten Actenstücke ganz ergebenst beifüge, kann ich mich an dieser Stelle darauf beschränken, einige der wesentlichsten Punkte hervorzuheben. Bei den Verhandlungen, welche im Jahre 1858 zwischen dem Zollverein und Oesterreich gepflogen wurden, legte die kaiserl. Regierung auf zwei von ihr gestellte Forderungen ein geradezu entscheidendes Gewicht, nämlich auf die Aufhebung der Durchgangszölle und der die Stelle dieser Zölle vertretenden Ausgangsabgaben und auf eine Einfuhr-Erleichterung für Wein. Die erste dieser Forderungen ist, wie die Denkschrift nicht unerwähnt gelassen hat, bereits seit einem Jahre erfüllt, die zweite wird, wenn auch nicht ganz in dem begehrten Umfange, durch den vorliegenden Vertrag erfüllt werden. Von den übrigen auf Zollermässigungen gerichteten Propositionen, welche Oesterreich für jene Verhandlungen gestellt hatte, wird ein grosser Theil — für Stroh- u. s. w. Geflechte, chemische Fabrikate, Strick- und Häkelnadeln, Spiegelglas, Talg und Stearin, Steinwaaren, Wollenwaaren — ebenfalls durch den Vertrag ihre Erledigung finden, und zwar mehrfach in einem, über die gestellten Anträge weit hinausgehenden Umfange. Als nicht minder werthvoll werden sich die Zollerleichterungen für feine Bleiwaaren, feine Bürstenbinderwaaren, feine Kupfer- und Messingwaaren, zusammengesetzte Waaren, Instrumente, Baumwollen-, Leinen- und Seidenwaaren erweisen.

Wir glauben darauf zählen zu dürfen, dass die kaiserliche Regierung diese Vortheile nicht unerwogen lassen wird, wenn sie zu der Entscheidung der Frage schreitet, ob sie von dem, nach Art. 4 des Vertrages vom 19. Februar 1853, ihr zustehenden Rechte Gebrauch zu machen habe. Wir sind dringend bemüht gewesen, die Zahl der Gegenstände zu beschränken, auf welche dieses Recht in Anwendung gebracht werden kann, und zwar nicht bloss aus Gründen materiellen Interesses, sondern weil es auch uns am Herzen lag, jede Beeinträchtigung des auf dem Februar-Vertrage beruhenden Zustandes zu vermeiden; es ist uns aber nicht möglich gewesen, das Gleichgewicht zwischen den beiderseitigen Aussenzöllen überall aufrecht zu erhalten. Wir haben das Recht Oesterreichs anzuerkennen, dieses Gleichgewicht durch Erhöhung seiner Zwischenzölle wiederherzustellen und wir haben uns zu bescheiden, dass uns über die wirthschaftlichen und finanziellen Rücksichten, welche bei der Ausübung dieses Rechts in Betracht zu ziehen sind, ein berechtigtes Urtheil nicht zusteht; wir glauben aber, dass die kaiserliche Regierung, bei Abwägung dieser Rücksichten, die allgemeinen handelspolitischen Gesichtspunkte, von welchen wir bei den Verhandlungen mit Frankreich ausgegangen sind, auch ihrerseits nicht wird ausser Augen lassen mögen. Hat auch Oesterreich wegen seiner geographischen Lage bei der Theilnahme an den in Frankreich und Belgien eingetretenen Zollerleichterungen ein geringeres unmittelbares Interesse, als der Zollverein, so ist diese Theilnahme für wichtige Zweige seiner Industrie doch von grossem Werthe. Noch höher aber werden seine erleuchteten Staatsmänner die selbstständige Bedeutung eines weiteren Fortschreitens auf der Bahn der Verkehrsfreiheit anschlagen, welche mit einem klar vor Augen liegenden Erfolge durch die Tarifreform der Jahre 1851 und 1853 betreten und seitdem durch grosse Massregeln der inneren Gesetzgebung geebnet ist. No. 423. (IV.) Preussen, 7. April 1862.

Von diesen Gesichtspunkten aus ist, nach unserer Ansicht, auch die Wirkung der im Art. 31 des Handelsvertrages gegenseitig zugesagten Behandlung auf dem Fusse der meistbegünstigten Nation aufzufassen. In dem Masse, in welchem die Sätze des allgemeinen Zolltarifs dem Betrage entsprechen, welcher durch wirthschaftliche und finanzielle Rücksichten unbedingt geboten ist, verliert ein Differential-Zoll-System seine nothwendige Voraussetzung und seine praktische Bedeutung. Denn seine Voraussetzung beruhet darauf, dass die Sätze des allgemeinen Tarifs ohne Aufopferung erheblicher wirthschaftlicher oder finanzieller Interessen ermässigt werden können, und seine Bedeutung beruhet in der Grösse der Differenz zwischen dem allgemeinen und dem ermässigten Zollsatze. Frankreich mit seinem prohibitiven allgemeinen Tarif, der Zollverein und Oesterreich mit ihren gegenwärtigen hohen Tarifen können ein solches System durchführen; seine unbedingte Aufrechthaltung aber würde mit einer Verzichtleistung auf durchgreifende Reformen dieser Tarife gleichbedeutend sein.

Die Gründe endlich, aus welchen der Vertrag, die Fortdauer des Zollvereins vorausgesetzt, sich über das Jahr 1865 hinaus erstreckt, werden der kaiserlichen Regierung, bei Prüfung der Anlage B des Vertrages nicht entgehen. Eine Verabredung, wie solche im Art. 32 enthalten ist, hatte schon in dem ersten Stadium der Verhandlungen die Zustimmung unserer Zollverbündeten gefunden, sie wurde aber unabweislich, als wir, und zwar wesentlich mit Rücksicht auf unser Verhältniss zu Oesterreich, die Verschiebung der weiteren Zollermässigungen für eine Reihe der wichtigsten Gegenstände bis auf den 1. Januar 1866 von Frankreich in Anspruch nahmen und erlangten.

Ew. etc. wollen sich hiernach gefälligst gegen den Herrn Grafen von Rechberg äussern. Ich hege die Zuversicht, dass die kaiserliche Regierung bei vollständiger Kenntniss der getroffenen Verabredungen und bei eingehender Würdigung unserer Motive mit uns anerkennen wird, dass die vorliegenden Verträge ein unabweislicher Schritt wirthschaftlicher Reform sind, welchen der Zollverein, zum grossen Schaden seiner wichtigsten Interessen, vielleicht um einige Zeit hätte verschieben, welchem er sich aber nimmermehr ganz würde haben entziehen können.

Empfangen &c. &c.

Freiherrn von Werther, *Wien*. *Bernstorff*.

No. 424. (V.)

OESTERREICH. — Denkschrift über die Verhandlungen des Zollvereins mit Frankreich, Betreff des Abschlusses eines Handels- und Zollvertrages.

No. 424. (V.) Oesterreich Sept. 1861. Die von der Tagespresse wiederholt besprochenen Verhandlungen, welche von den Bevollmächtigten Preussens und Frankreichs über den Abschluss eines Handels- und Zollvertrages zwischen dem Deutschen Zollvereine und Frankreich gepflogen werden, mussten die Aufmerksamkeit der kais. österr. Regierung um so mehr in Anspruch nehmen, als die ersten Anfänge dieser Verhandlungen in eine Zeit fielen, wo in Folge der Beschränkungen, unter denen allein von Seite des Zollvereines die für das Jahr 1860 festgesetzten Berathungen über die Weiterbildung des Zoll- und Handels-Vertrages vom 19. Februar 1853 aufgenommen werden wollten, diese Weiterbildung und alle die Hoffnungen, welche Deutschland daran knüpfte, in weite Ferne gerückt hatten.

Allerdings war mittlerweile eines der Hindernisse, welches jenen Verhandlungen entgegengestellt worden war, durch die mit 1. März 1861 in Wirksamkeit getretene Aufhebung der vereinsländischen Durchfuhrzölle gefallen und auch Oesterreich hatte einen Gesetzesvorschlag wegen Aufhebung seiner Durchfuhrzölle zur Vorlage an seinen Reichsrath vorbereitet. Die andere nicht annehmbare Vorbedingung, die bestimmte Erklärung Preussens nämlich, dass es im Falle seines Eintrittes in die unter Art. 25 des Vertrages vom 19. Februar 1853 schon für das Jahr 1860 anberaumten commissarischen Verhandlungen auf die Discussion der Frage einer gänzlichen Zolleinigung, wenn diese von irgend einer Seite beantragt werden sollte, nicht würde eingehen können, hatte mehr formale als reale Bedenken gegen sich, denn von keiner Seite wurde sich verhehlt, welche fast unübersteigbare Hindernisse gerade im gegenwärtigen Augenblicke die gänzliche Zolleinigung Oesterreichs und der Zollvereinsstaaten zu bekämpfen hätte. Allein von Seite des Zollvereins, an welchem über die letzte Erwiderung Oesterreichs die Reihe zu weiteren einleitenden Schritten gewesen wäre, erfolgte keine Gegenäusserung und statt deren kam die Nachricht von den fortschreitenden, ihrem Ende sich nahenden Verhandlungen des Zollvereins mit Frankreich.

Es dürfte verzeihlich erscheinen, wenn unter solchen Umständen und mit Rücksicht auf den materiellen Inhalt der Handelsverträge, die Frankreich mit Grossbritannien und Belgien abgeschlossen hat, und denen sein Vertrag mit dem Zollvereine voraussichtlich nachgebildet werden wird, in der kaiserlichen Regierung immer mehr die Besorgniss rege würde, dass dieser Vertrag dem Fortbestand und der weiteren Ausbildung der durch den Vertrag vom 19. Februar 1853 zwischen Oesterreich und dem Zollverein gegründeten nahen Beziehungen neue Schwierigkeiten schaffen könnte.

Diese Besorgniss dürfte es auch rechtfertigen, wenn Oesterreich über diese Negotiationen seine Wünsche und Ansichten in allgemeinen Umrissen den höchsten und hohen Vereinsregierungen zur allfälligen freundlichen Beachtung darzulegen sich erlaubt.

Jede Verhandlung, welche den Verkehr zwischen zwei grossen Handelsgebieten erleichtert, ist in weite Kreise hinaus segensreich und die kaiserliche Regierung weiss zu gut, welchen hohen Stand die Industrie und der Ausfuhrhandel des Zollvereins erreicht hat, als dass sie dessen Bestreben im Handel mit Frankreich, England und Belgien sich gleichgestellt zu sehen, anders als höchst billigenswerth betrachten sollte. Auch ist sie weit entfernt sich berechtigt zu glauben, auf diese innere Angelegenheit einen bestimmenden Einfluss üben zu können. Sie will nichts als offen die Rückwirkung darstellen, welche das Ergebniss der Verhandlungen zwischen dem Zollvereine und Frankreich bei dem engen Verbande, der durch den Vertrag vom 19. Februar 1853 zwischen Oesterreich und dem Zollvereine gegründet wurde, theils auf die materiellen Interessen Oesterreichs, theils auf seine gegenwärtige handelspolitische Stellung zum Zollvereine üben wird. No. 424. (V.) Oesterreich, Sept. 1861.

In ersterer Beziehung dürfte der Vertrag für Oesterreich von keiner tief greifenden Bedeutung sein. Jene Zollermässigungen, welche der deutsche Zollverein den Wünschen Frankreichs zugesteht, werden — sofern sie sich auf Gegenstände beziehen, die im Vertrage vom 19. Februar 1853 unberücksichtigt blieben, oder das darin festgesetzte Ausmass überschreiten, auch dem österreichischen Verkehre mit dem Zollvereine zu Gute kommen, weil nach Artikel 2 dieses Vertrages jede von einem der contrahirenden Theile einem dritten Staate eingeräumte Zollbegünstigung gleichzeitig ohne Gegenleistung dem anderen contrahirenden Theile einzuräumen ist.

Dieser Vortheil wird durch den Umstand geschmälert, dass Frankreich sich solche Zollbegünstigungen nur für Waaren ausbedingen wird, in deren Export es eine anerkannte Superiorität vor anderen Nationen besitzt, und dass, wie man mit Rücksicht auf die geographische Lage des Zollvereins als unzweifelhaft annehmen zu können glaubt, der Zollverein die in dem Vertrage mit Frankreich zugestandenen Zollermässigungen nicht auf seine Zoll-Linien gegen Frankreich und Oesterreich beschränken, sondern allgemein einführen wird. Oesterreich wird also eine Reihe Zollbegünstigungen erhalten, die nicht für die Bedürfnisse seines Verkehrs berechnet sind und die es mit aller Welt zu theilen hat.

In Betreff jener Gegenstände, welche auf Grund der Anlage I Litt. A und B des Februar-Vertrages bisher bei der Einfuhr aus dem freien Verkehre Oesterreichs in den Deutschen Zollverein begünstigt waren, stellt sich jede Ausdehnung dieser Begünstigung auf die Erzeugnisse Frankreichs für Oesterreich als ein Nachtheil dar, weil die österreichische Industrie dadurch jene ausschliessende Begünstigung ganz oder theilweise verliert, deren sie bisher auf dem vereinsländischen Markte in der Concurrenz mit dritten Staaten genoss, und dieser Nachtheil gewinnt durch den schon einmal erwähnten Umstand an Bedeutung, dass, wie es in der Natur der Sache liegt, Frankreich vorzüglich für solche Artikel Zollermässigungen anstreben wird, welche für seinen Ausfuhrhandel von besonderer Wichtigkeit sind.

Bedenklicher ist der Verlust für die finanziellen Interessen Oesterreichs in dem Falle, wenn die Ermässigung der vereinsländischen Aussenzölle unter jenen Betrag herabgeht, welcher, mit Hinzurechnung des vertragsmässigen Zwischenzolles, den directen Bezug der Erzeugnisse dritter Staaten nach Oester-

No. 484. (V.)reich dem Handel vortheilhafter erscheinen lässt, als den indirecten Bezug über Oesterreich, Sept. 1861. den Zollverein, wenn nämlich die fremde Waare dort verzollt und dann aus dessen freiem Verkehre nach Oesterreich gebracht wird.

Gegenwärtig unterliegen z. B. feine, d. i. ganz aus Seide verfertigte Seidenwaaren, welche einen besonders wichtigen Artikel der französischen Ausfuhr bilden, in Oesterreich im allgemeinen Verkehre dem Eingangszolle von Fl. 262. 50. ö. W., im Zollvereine dem Zollsatze von 110 Thlr. oder Fl. 165. ö. W und bei der Einfuhr aus dem freien Verkehre des Zollvereins nach Oesterreich einem Zwischenzolle von Fl. 120. ö. W. für den Zollcentner. Wenn folglich französische Seidenwaaren, statt direct nach Oesterreich bezogen zu werden, zunächst in den Zollverein eingeführt, dort durch Verzollung mit 110 Thlr. oder 165 Fl. ö. W. in freien Verkehr gesetzt und aus diesem gegen Entrichtung des Zwischenzolles von 120 Fl. ö. W. nach Oesterreich versendet würden, so hätten sie an Zoll den Gesammtbetrag von 285 Fl. ö. W. zu entrichten.

Die Differenz von Fl. 22. 50. ö. W. zwischen diesem Zollvertrage und dem österreichischen Aussenzolle von Fl. 262. 50. schützt daher die österreichischen Zollkassen vor der Gefahr, von den in der Einfuhr über die Zollvereinsstaaten vorkommenden französischen Seidenwaaren nur den Zwischenzoll von 120 Fl. statt des Aussenzolles von Fl. 262. 50. einheben zu können.

Dieser Schutz verschwindet aber augenblicklich, sobald der Zollverein seinen Aussenzoll um 15 Thlr. ermässigt, und er verwandelt sich sogar in eine Prämie zu Gunsten der indirecten Bezüge über den Zollverein, wenn der Aussenzoll des Zollvereines unter 95 Thlr. zurückgeht.

Um sich gegen Verluste dieser Art zu schützen, erübrigt für Oesterreich die Alternative, entweder seine Aussenzölle so weit herabzusetzen, dass der directe Verkehr minder belastet erscheint als der indirecte, oder von dem im Art. 4 des Vertrages vom 19. Februar 1853, dann §. 4 z. 2. litt. b. des Schlussprotokolls eingeräumten Rechte Gebrauch zu machen, folglich die Zwischenzölle entsprechend zu erhöhen.

Es ist sehr die Frage, ob mit Rücksicht auf das Schutzbedürfniss der österreichischen Industrie eine Ermässigung der österreichischen Aussenzölle bei vielen Gegenständen durchzuführen sein werde. Die Erhöhung der Zwischenzölle aber kann nach den Grenzen, welche der erwähnte Art. 4 und der darauf bezügliche Punkt des Schlussprotokolls ihr gezogen hat, welche höchstens den directen und indirecten Bezug französischer u. s. w. Erzeugnisse hinsichtlich des hierfür zu entrichtenden Zolles auf gleiche Linie stellen, jedoch nicht verhindern, dass unter günstigen Handelsconjuncturen der indirecte Bezug dem directen vorgezogen wird.

Die Stellung Oesterreichs ist in dieser Beziehung wegen seiner geographischen Lage ungünstiger als jene des Zollvereins. Oesterreich bezieht die Fabrikate der in der Industrie am meisten vorgeschrittenen Länder England, Frankreich und Belgien, vorzugsweise über den Zollverein; weder die Dauer noch die Kosten des Transports legen daher dem indirecten Bezuge ein Hinderniss in den Weg, während beide Momente dagegen wirken, dass unter sonst gleichen Umständen jene Fabrikate nach Oesterreich gebracht und von hier in den Zollverein zurückgeführt werden. 424. (V.) Oesterreich, Sept. 1861.

Die Nothwendigkeit der Erhöhung der österreichischen Zwischenzölle für den Fall, dass der Zollverein für die bezüglichen Waaren seine Aussenzölle ermässigt, führt unmittelbar zu dem grössten und wichtigsten Nachtheil, welchen der Vertrag des Zollvereins mit Frankreich für Oesterreich wie für den Zollverein und für das gesammte Deutschland je nach seinem Inhalte, in grösserem oder geringerem Umfange, aber jedenfalls mit unausweichlicher Nothwendigkeit üben wird, wir meinen die Störung des durch den Vertrag vom 19. Februar 1853 gegründeten gegenseitigen handelspolitischen Verhältnisses, womit die allmähliche Verschmelzung der materiellen Interessen Oesterreichs und Deutschlands angebahnt werden sollte.

Eine dieser Störungen, die gegenseitige Entfremdung, welche durch die Erhöhung mehrerer Zwischenzölle entstehen wird, haben wir bereits erwähnt. Eine weitere Entfremdung wird durch die fast unlösliche Schwierigkeit der Aufnahme und eines glücklichen Ausganges der für das Jahr 1860 anberaumt gewesenen gegenseitigen Verhandlungen über die Fortbildung des Februar-Vertrages bieten. Wenn der Zollverein, um an den Handelsvortheilen Antheil zu erhalten, welche Frankreich, England und Belgien gewährt haben, die unerlässlichen Gegenconcessionen macht, so setzt er Oesterreich eben mit Rücksicht auf dessen Aussenzölle und die Bedürfnisse seiner Industrie ausser Stand, bei Aufnahme jener Verhandlungen dem Zollvereine jene Verkehrserleichterungen zuzugestehen, welche er behufs seiner Gegenconcessionen an Oesterreich fordern durfte, und welche überhaupt im Interesse der durchgreifenden Annäherung der beiden Zollgebiete wünschenswerth wären.

Zwei Bedingungen, welche Frankreich sich bei seinen bisherigen Verträgen stets ausbedungen hat, würden endlich jede Fortbildung des Februar-Vertrages und wahrscheinlich selbst dessen Fortsetzung über die Vertragsdauer hinaus geradezu unmöglich machen. Dieselben sind:

erstens das Zugeständniss des Zollvereines, Frankreich an allen Zollbegünstigungen Theil nehmen zu lassen, die er irgend einem anderen Lande künftig zu bewilligen in die Lage käme, ohne hiervon ausdrücklich jene auszunehmen, welche er durch künftige, auf die weitere Ausbildung des Februar-Vertrages abzielende Vereinbarungen dem Handel Oesterreichs (oder anderen deutschen Bundesstaaten) zustehen würde, und

zweitens eine über die Zeit des Ablaufes des Februar-Vertrags, also über das Jahr 1865 hinausreichende Vertragsdauer.

Die kaiserliche Regierung zweifelt nicht, dass, gleich wie bisher, der ursprünglich in Deutschland mit allgemeiner Zustimmung aufgenommene Plan der allmählichen Annäherung und Vereinigung seiner grossen Handelsgebiete, trotz aller Schwierigkeiten und mit manchen Opfern, allseits unverrückt festgehalten worden ist, die Zollvereinsstaaten im Bunde mit ihr diesem Zwecke noch ferner und zwar um so mehr nachstreben werden, als die Tendenz der Einigung in mehreren wichtigen Zweigen — wie im Münzsysteme, im Wechsel-, Handels- und Seerechte, in der Regelung der Masse und Gewichte, im Post- und Tele-

No. 424. (V.) Oesterreich. Sept. 1861.

graphenwesen, im Heimathsrechte u. s. w. — theils schon zum Ziele geführt, theils bedeutende Fortschritte gemacht hat, und als die einer erspriesslichen Durchführung einer gleichen Tendenz in der Zollgesetzgebung noch entgegenstehenden Sonderinteressen und Meinungen im Laufe der Zeit sich zuverlässig vermindern, wo nicht ganz ausgleichen dürften.

Die Klausel, dass von der Gleichberechtigung mit den am meisten begünstigten Nationen jene Zollbegünstigungen, welche es anderen deutschen Bundesstaaten zu gewähren in die Lage käme, auszuschliessen seien, hat auch Oesterreich in seine Verträge mit Sardinien und Modena und neuerlich bei dem Vertrags-Abschlusse mit Russland ausdrücklich aufgenommen.

Weder das Verhältniss Oesterreichs zu seinen deutschen Bundesgenossen, noch der Inhalt des Vertrages vom 19. Februar 1853 lassen den letzteren in seiner jetzigen Gestalt wie in seiner künftigen Ausbildung auf gleiche Linie mit dem zwischen dem Zollvereine und Frankreich abzuschliessenden Handels- und Zollvertrage stellen.

Da nämlich in der den besonders articulirten Stipulationen des Vertrages vom 19. Februar 1853 vorausgeschickten Einleitung die Anbahnung einer allgemeinen Deutschen Zolleinigung ausdrücklich als Zweck dieses Vertrages bezeichnet und unter den Art. 3 u. 25 weitere, auf die Realisirung dieses Zweckes abzielende Vereinbarungen in Aussicht gestellt worden sind: so könnte eine solche Gleichstellung nur dann zulässig erscheinen, wenn es, was doch gewiss nicht der Fall ist, in der Absicht der Staaten des Deutschen Zollvereines gelegen wäre, sich mit Frankreich zu einem gemeinschaftlichen Zollgebiete zu vereinen und diese gänzliche Zolleinigung durch den gegenwärtig in Verhandlung schwebenden Handels- und Zollvertrag vorzubereiten.

Die künftige Gleichstellung Frankreichs mit Oesterreich im Zollvereine würde jede fernere Verhandlung zwischen Oesterreich und dem Zollvereine auf die Grundlage stellen, dass Oesterreich wüsste, was ihm der Zollverein bewillige, müsse er auch Frankreich gewähren, und jede Begünstigung, die es dem Zollvereine gewähre, nöthige zur Aenderung der österreichischen Aussenzölle.

Dass die Dauer des Handelsvertrages zwischen dem Zollvereine und Frankreich ausdrücklich über das Jahr 1865 hinaus festgesetzt werde, ist wohl nicht vorauszusetzen, da die Dauer des Zollvereins bis nur an dieses Jahr gebunden ist; allein dessenungeachtet glaubt die österreichische Regierung im Interesse der Einigung Deutschlands die Bitte aussprechen zu sollen, in keiner Richtung die Zukunft binden zu wollen. Der französische Vertrag wäre für Oesterreich und vielleicht selbst für andere Staaten eine so schwere Last, dass Anstand genommen werden müsste, sie, sei es bei Eingehung eines Zollbündnisses oder auch nur bei Abschluss eines tief greifenden Handels- und Zoll-Vertrages, mit zu übernehmen.

No. 425. (VI.)

OESTERREICH. — Min. d. Ausw. an die k. k. Gesandtschaft in Berlin. — Erwiderung auf die preussische Depesche vom 7. April 1862.

Wien, 7. Mai 1862.

Hochwohlgeborener Graf! — In Abwesenheit des königlich preussischen Gesandten, Freiherrn v. Werther, hat der königliche Geschäftsträger Graf zu Solms dem kaiserlichen Cabinet die zu Berlin am 29. März d. J. paraphirten Urkunden mitgetheilt, welche das Ergebniss der zwischen Preussen und Frankreich wegen gegenseitiger Verkehrserleichterungen gepflogenen Unterhandlungen enthalten und deren Genehmigung die königlich preussische Regierung bei ihren Verbündeten im Deutschen Zollvereine in Antrag gebracht hat. No. 425. (VI.) Oesterreich, 7. Mai 1862.

Graf zu Solms hat mir zugleich mit diesen Urkunden den abschriftlich anliegenden begleitenden Erlass des Herrn Grafen von Bernstorff an den Freiherrn von Werther, d. d. 7. April, in Händen gelassen. Durch dieses Actenstück beantwortet das königliche Cabinet erst jetzt die bereits im September v. J. von uns in Berlin übergebene Denkschrift. Es entwickelt die Gründe, welche es zu jenen vorläufig festgestellten Vereinbarungen mit Frankreich bestimmt haben, und es schliesst seine Darlegung mit dem Ausdrucke der Zuversicht, dass die kaiserliche Regierung in dem Abschlusse der vorliegenden Verträge einen für den Zollverein unabweislich gewordenen Schritt wirthschaftlicher Reform werde anerkennen wollen.

Die kaiserliche Regierung hat diese wichtige Mittheilung mit der ganzen Sorgfalt geprüft, welche der Bedeutung des Gegenstandes angemessen ist. Sie darf nicht verhehlen, dass die ungeahnte Tragweite der zwischen Preussen und Frankreich verabredeten Vertragsbestimmungen ihr zur Ueberraschung gereicht hat. Wiewohl sie sich gegenwärtig gehalten hat, dass in einer Angelegenheit, welche einen so weiten Kreis von Interessen berührt, ihr Urtheil nicht in vorgefassten Meinungen oder in einseitig gehegten Wünschen befangen sein dürfe, ist es ihr nicht möglich gewesen, sei es von ihrem besonderen Standpunkte aus, sei es in ihrer Eigenschaft als deutsche Macht, eine dem Vertrage günstige Anschauung zu gewinnen.

Das anliegende Memorandum*) fasst unsere Einwendungen in den Hauptpunkten kurz zusammen. Wir empfehlen dieselben der Würdigung der königlich preussischen Regierung, und insoweit wir uns auf die wohlerworbenen Rechte berufen, die uns als Contrahenten des Handels- und Zollvertrags vom 19. Februar 1853 kraft der Eingangsworte und des Art. 25 dieses Vertrages zustehen, müssen wir uns zugleich für den Fall der Nichtberücksichtigung unserer Bemerkungen jede weitere Erklärung vorbehalten.

Nur wenige Worte haben wir für jetzt der erwähnten Aufzeichnung hinzuzufügen. Unser Memorandum schweigt von der rein politischen Seite der Frage. Wir haben sie nicht berührt, sowohl weil wir annehmen, dass die königlich preussische Regierung eine Erörterung in solcher Richtung nicht habe her-

*) Nr. 426. (VII.)

No. 425. (VI.) Oesterreich, 7. Mai 1862. vorrufen wollen, als weil die Betrachtungen, die sich uns in dieser vorwiegend wichtigen Beziehung aufdrängen, ohnehin allen Betheiligten nahe liegen. Um uns aber nicht dem Vorwurfe auszusetzen, als hätten wir unserer Ueberzeugung nicht rechtzeitig einen entschiedenen Ausdruck geliehen, müssen wir an dieser Stelle offen bekunden, dass der zu Berlin verabredete Vertrag, als politisches Ereigniss betrachtet und in seinem Einflusse sowohl auf unsere eigene Stellung als auf die allgemeinen Verhältnisse Deutschlands erwogen, die ernstlichsten Bedenken in uns hervorgerufen hat. Wir dürfen dies mit um so gerechterem Bedauern aussprechen, je inniger wir für unseren Theil von dem Wunsche durchdrungen sind, den Zweck einer heilsamen Entwicklung des Bundesprincips in Deutschland auch auf dem Gebiet der materiellen Interessen zu fördern. Treu unserem Streben nach dem Ziele voller Verkehrsfreiheit zwischen Oesterreich, Preussen und den übrigen deutschen Staaten, würden wir bereitwillig und thatkräftig zu allen zeitgemässen Reformen die Hand bieten, welche uns, ohne verderbliche Ueberstürzung, diesem allein den gesammtdeutschen Interessen entsprechenden und den deutschen Regierungen durch einen feierlichen Vertrag ausdrücklich vorgezeichneten Ziele nähern könnten.

Ew. etc. wollen sich bei Mittheilung der anliegenden Denkschrift in diesem Sinne gegen den Grafen von Bernstorff äussern, auch dem Herrn Minister eine Abschrift des gegenwärtigen Erlasses zur Verfügung stellen.

Empfangen etc.

An den Grafen **Chotek**, *Berlin*. *Rechberg.*

No. 426.

OESTERREICH. — Denkschrift über den französischen Handelsvertrag.

No. 426. (VII.) Oesterreich, 7. Mai 1862. Bereits im September v. J. hatte der kaiserliche Geschäftsträger zu Berlin, Graf Chotek, der königlich preussischen Regierung eine Denkschrift über den Handelsvertrag mitgetheilt, welcher damals den Gegenstand der Unterhandlungen zwischen ihr und Frankreich bildete. Der Zweck dieser Mittheilung war, die königliche Regierung zu bestimmen, dass in jenen Vertrag nichts aufgenommen werde, was die engen Beziehungen, welche durch den Handels- und Zollvertrag vom 19. Februar 1853 zwischen Oesterreich und dem Zollvereine gegründet worden waren, und den ausgesprochenen Zweck dieses Vertrages, die weiteren gegenseitigen Annäherungen und die gänzliche Einigung der beiden Zollgebiete hätte beirren können.

Namentlich waren es drei Bestimmungen, welche Oesterreich als in der angedeuteten Richtung besonders schädlich bezeichnete und um deren Fernhaltung aus dem in Verhandlung begriffenen Vertrage es daher mit grösserer Dringlichkeit sich bemühte. Die kaiserliche Regierung verwendete sich dahin:

dass nicht Frankreich für die Zukunft die Behandlung auf dem Fusse der begünstigtsten Nationen unbedingt zugesichert, sondern dass hiervon nach dem Vorgange, den Oesterreich seit 1851 beobachtet, jene Begünstigungen ausgenommen würden, welche Preussen einem deutschen Bundesstaate in Anerkennung der Bundesverhältnisse zugestehen würde; No. 426.(VII.) Oesterreich, 7. Mai 1862.

dass der Vertrag nicht auf eine über die gegenwärtige Dauer des Zollvereins, d. i. über das Jahr 1865 hinausreichende Zeit abgeschlossen werde;

und dass nicht die vereinsländischen Einfuhrzölle so sehr ermässigt werden, dass Oesterreich hierdurch genöthigt würde, nach dem ihm vertragsmässig zustehenden Rechte seine Zwischenzölle gegen den Zollverein bis zu einem Masse zu erhöhen, welches nicht mehr lohnend erscheinen liesse, französische Waaren im Zollverein zu verzollen und dann gegen den Zwischenzoll nach Oesterreich überzuführen.

Die Gründe für diese verschiedenen Anforderungen sind von selbst klar. Bleiben sie unberücksichtigt, so verschwindet die Hoffnung auf weitere Annäherung zwischen Oesterreich und dem Zollverein, weil jedes Zugeständniss der Zollvereinsstaaten wegen der sofortigen Theilnahme Frankreichs an demselben für Oesterreich an Werth verliert und jenem Staate schwieriger wird, weil Oesterreich von vornherein auf den Eintritt in einen Zollverein verzichten muss, welcher den Vertrag mit Frankreich als Erbtheil übernimmt, und weil es eine nicht glückliche Vorbereitung für die im Februar-Vertrage vorgesehenen weiteren Verhandlungen und eine neue Schranke des gegenseitigen Verkehrs wäre, wenn Oesterreich jetzt dem Handel des Zollvereins einige bereits gewährte Zollbegünstigungen wieder zu entziehen genöthigt wäre.

Jene Denkschrift kam der königlichen Regierung nach ihrem eigenen Anerkenntniss in einem Zeitpunkte zu, wo der Vertrag mit Frankreich nichts weniger als reif zum Abschlusse war und wo im Gegentheile die in der Unterhandlung hervorgetretenen Differenzen sein Zustandekommen zweifelhaft gemacht hatten, wo also Preussen volle Freiheit gegeben war, die Wünsche Oesterreichs zu berücksichtigen.

Nichtsdestoweniger wurde dem kaiserlichen Cabinet über jene Denkschrift weder damals noch im Laufe der später wieder aufgenommenen sehr lange andauernden Verhandlungen zwischen Preussen und Frankreich irgend eine Erwiderung zu Theil, bis ihm die am 29. März d. J. paraphirten Vereinbarungen mitgetheilt wurden, Vereinbarungen, in welchen alle jene Bestimmungen enthalten sind, deren Fernhaltung im Interesse der Aufrechthaltung und Fortbildung der engen Handelsbeziehungen zwischen Oesterreich und dem Zollverein die kaiserliche Regierung bevorwortet hatte.

Die Zollbegünstigungen, welche diese Verträge Frankreich gewähren, sind von solcher Art, dass sie Oesterreich zu einer tiefgreifenden Reform des 1853 vereinbarten Zwischenzolltarifs für den Verkehr mit dem Zollverein nöthigen, und dass sie, entgegen dem Zwecke und Wortlaut des Vertrages vom 19. Februar 1853 und ungeachtet die kaiserliche Regierung niemals ihre Geneigtheit verläugnet hat, zu zeitgemässen Fortschritten der Handelspolitik die Hand zu bieten, alle Möglichkeit der Fortbildung des Februar-Vertrages und der Zolleinigung zwischen Oesterreich und dem Zollvereine abschneiden. — Selbst für

No. [illegible]. (VII.) Oesterreich, 7. Mai 1862.

die blosse Fortsetzung dieses Vertrages entfiele im Falle der Genehmigung des preussisch-französischen Abkommens jeder Grund und Zweck, da alsdann keiner der beiden Zollkörper dem anderen Begünstigungen einräumen könnte; der Zollverein nicht, weil er sich dieses Rechtes grundsätzlich begeben und weil die allgemeinen vereinsländischen Zölle weit geringer sein würden, als es jetzt die Begünstigungs-Zölle sind — Oesterreich nicht, weil Zugeständnisse an den Zollverein mit Rücksicht auf dessen niedrige Aussenzölle nur durch die Annahme eines gleichen Freihandelstarifs für Oesterreich ermöglicht werden könnten. Im Augenblicke des Abschlusses des Vertrages mit Frankreich von Seiten des Zollvereins und der Verlängerung des Zollvereins auf solcher Grundlage wäre daher Oesterreich von dem übrigen Deutschland in handelspolitischer Beziehung factisch und principiell losgetrennt.

Die königlich preussische Regierung hat in dem Erlasse des Grafen von Bernstorff an den Freiherrn von Werther vom 7. April die Ansichten dargelegt, welche sie bei Würdigung der österreichischen Anliegen geleitet haben. Ihre Ausführungen machen es dem kaiserlichen Cabinete zur Pflicht, sowohl Preussen als den andern Zollvereinsstaaten gegenüber, mit welchen Oesterreich den Handels- und Zollvertrag vom 19. Februar 1853 geschlossen hat und an welche nun die Aufforderung herantritt, sich an einem solchen Vertrage zu betheiligen, welcher dem ausgesprochenen Zwecke jener früheren Vereinbarung geradezu entgegen ist und deren spätere Auflösung, so wie schon jetzt deren wesentliche Schmälerung zur unabweislichen Folge hat, seine wesentlich verschiedene Auffassung der Sachlage unumwunden auszusprechen.

Graf Bernstorff stellt unter den Motiven, durch welche die königliche Regierung zum Abschlusse des Vertrages mit Frankreich bestimmt wurde, nicht die von Frankreich zugestandenen Verkehrserleichterungen, sondern die unabhängig von demselben eingetretene Nothwendigkeit einer Reform des Zollvereinstarifs voran. Allerdings liegt am Tage, dass Frankreichs Einräumungen allein nicht ausreichen, um den Abschluss der Berliner Vereinbarungen zu erklären.

Wenn man die Zugeständnisse, die Preussen an Frankreich macht, mit jenen vergleicht, die es als Entgelt von Frankreich erhält, und hierbei, wie ein sachgemässes Urtheil fordert, lediglich die Zustände, die durch dieselben beiderseits hergestellt werden, berücksichtigt, so wird es jedermann nur zu klar, dass Preussen nicht durch die Grösse der gewonnenen Handelsvortheile zu dem Vertrage mit Frankreich bestimmt werden konnte. Die Zollermässigungen im beiderseitigen Verkehr treffen vorzugsweise die feinen Waaren, in denen Frankreich auf dem Weltmarkt unstreitig den Vorrang behauptet, bei jenen des gemeinen Verkehrs sind sie geringer im Ausmasse, und wo der Zollverein ein oder höchstens zwei höchst gering bemessene Gewichtszölle hat, erhöht Frankreich allgemach je nach der Feinheit der Waare seine Zölle zu höchst bedeutender Höhe, oder weiss durch nicht unbedeutende Werthzölle die Erzeugnisse des Zollvereins entsprechend zu treffen. Ebenso ist der Vertrag zum Schutze des geistigen Eigenthums bei der jetzigen Geschmacks- und Verkehrsrichtung fast ausschliesslich auf den Vortheil Frankreichs berechnet. Im Schifffahrtsvertrage gesteht der Zollverein den französischen Schiffen die volle Gleichheit mit den einheimischen zu, während Frankreich den Schiffen des Zollvereins diese Gleichstellung nur für die directe Fahrt einräumt. Endlich findet man selbst da, wo für den ersten Anblick eine grössere Gleichheit zu herrschen scheint, dass Preussen dasjenige unbedingt und unbeschränkt gewährt, was Frankreich an mannigfache Voraussetzungen und Bedingungen bindet. Wir erinnern an die vielen chemischen Producte, deren zollbegünstigte Behandlung in Frankreich an die Aufhebung der inneren Besteuerung der aus Kochsalz gewonnenen chemischen Stoffe geknüpft ist, an die Abhängigkeit mancher anderer Zollbegünstigungen von dem Bestande und Ausmasse der französischen Ausfuhrprämien und von der Beibringung von Ursprungsbestätigungen und Preisfacturen. No. 426. (VII.) Oesterreich, 7. Mai 1862.

Auch das ist richtig, dass der Tarif des Zollvereins einer Reform dringend bedurfte. Er hat seit seinem Bestande bloss einzelne Nachbesserungen und Einschaltungen oder Weglassungen ohne durchgreifende Umarbeitungen erfahren, wodurch die Oekonomie des Ganzen gelitten hat. Seine allzustarre Einfachheit verhinderte die Zölle dem Werthe der Waaren entsprechend abzustufen, und hierdurch kam es, dass derselbe Satz, welcher für die feinen und feinsten Waaren nicht bloss der Industrie keinen Schutz, sondern selbst den Finanzen nicht den entsprechenden Ertrag gewährte, für die Waaren des gemeinen Verkehrs sich beinahe als prohibitiv und jedenfalls als viel zu hoch darstellte.

Allein trotz der bereitwilligsten Anerkennung dieser Sachlage ist die kaiserliche Regierung ausser Stande, aus derselben sich zu erklären, warum der Tarifreform, zu welcher, wie Graf Bernsorff erwähnt, die Zustimmung der anderen Vereinsstaaten im Principe gesichert war, ein Vertrag mit Frankreich vorausgehen musste, und warum trotz des Bewusstseins der Nothwendigkeit jener Reform das wiederholte Anerbieten und Andringen Oesterreichs, mit ihm gemeinsam zu einer Reform der Aussentarife zu schreiten, von Preussen stets mit Entschiedenheit zurückgewiesen worden ist. Allerdings in jene Herabsetzung der ohnehin bereits allzuniedrigen Sätze des Zollvereins für die feinsten Waaren auf das durch den preussisch-französischen Vertrag bedingte Mass und den dadurch unvermeidlichen Untergang zahlreicher Zweige der Industrie wäre Oesterreich nicht eingegangen.

Am 29. März d. J., also gerade an dem Tage, wo der Vertrag mit Frankreich in Berlin zum Abschluss gelangte, hat Hr. Minister v. d. Heydt an das kaiserliche Finanzministerium sich mit dem Ersuchen gewendet, mit dem Zollverein gemeinschaftlich den Einfuhrzoll auf Kaffee erhöhen zu wollen. Es war vielleicht etwas auffallend, in einem Augenblicke, wo man die Einfuhrzölle des Zollvereins für Manufacte auf die den Zollinteressen Oesterreichs gefährlichste Weise einseitig ermässigte, von Oesterreich zu verlangen, dass es zur Sicherung der Interessen des Zollvereins sich mit ihm zur Erhöhung des Einfuhrzolles vereinige, und Oesterreich konnte auch mit Rücksicht auf die Bedeutung, welche der Kaffee als Genussmittel selbst der wenig bemittelten Volksklassen erlangt hat, und den schon jetzt kaum zu bewältigenden Schmuggel von der Grenze gegen Sardinien her auf jenes Ansinnen nicht eingehen, allein der letztere stellt ausser allen Zweifel, dass der Finanzminister Preussens sich der Einbusse, welche der neue Ver-

No. 428. (VII.) Oesterreich, 7. Mai 1862.

trag den Kassen des Zollvereins verursachen wird, vollkommen bewusst ist, und dass er schon jezt auf Mittel des Ersatzes denkt.

Die Handelspolitik Preussens ist zu durchgebildet und ruht auf zu umfassender Erfahrung, als dass man annehmen könnte, einseitige theoretische Ansichten über die Nothwendigkeit und den Nutzen des Freihandelssystems oder eine Ueberschätzung des in Frankreich zu gewinnenden Marktes habe Preussen zu den Berliner Vereinbarungen bestimmt. Die kaiserliche Regierung ist weit davon entfernt, die Intentionen Preussens erforschen zu wollen, sie weiss sich aber unter solchen Umständen keine andere Erklärung anzueignen, als diejenige, die in Preussens eigener Presse laut genug verkündigt worden ist, nämlich, es sei die Absicht dahin gegangen, durch Annahme eines Systems, welchem Oesterreich mit Rücksicht auf seine Industrie und Finanzverhältnisse nicht folgen kann, und durch Abschluss eines Vertrages, welcher jedes engere Verhältniss Oesterreichs zum Zollverein für die ganze Zukunft des letzteren unmöglich macht, die handelspolitische Trennung Oesterreichs von dem übrigen Deutschland zur dauernden Thatsache zu erheben.

Herr Graf Bernstorff macht die kaiserliche Regierung zwar auf die Vortheile aufmerksam, welche für den Handel Oesterreichs aus den niedrigen Zollsätzen, zu welchen Preussen sich entschlossen hat, hervorgehen werden. Allerdings ist anzuerkennen, dass Oesterreich im Zollvereine, wenn der Vertrag mit Frankreich zur Geltung gelangt, fortan gleich allen anderen Nationen geringere Zölle bezahlen wird, als bisher. Aber die Theilnahme an den Vortheilen Aller kann weder politisch noch ökonomisch für die durch den Februar-Vertrag zwischen Oesterreich und dem Zollvereine begründete gegenseitige Bevorzugung und in Aussicht gestellte Einigung Ersatz bieten. Auch sind Gegenstand und Mass jener allgemeinen Erleichterungen nicht etwa mit besonderer Rücksicht auf Oesterreich festgestellt worden, vielmehr liesse sich aus einzelnen Umständen eher das Gegentheil entnehmen. So z. B. sind gerade für die Gegenstände speciell österreichischer Erzeugnisse die Frankreich eingeräumten Begünstigungen für die Zeit der Dauer des Februar-Vertrages genau innerhalb des Masses der durch diesen Vertrag gewährten gehalten, während nach Ablauf des letzteren grössere Zollermässigungen in Kraft treten; die Weinzölle sind von 6 und 8 Thlr. auf 4 Thlr. herabgesetzt, was für die französischen Weine allerdings von Wichtigkeit sein mag, während Oesterreich im Laufe der letzten erfolglos gebliebenen Verhandlungen in dem Zollverein erklärt hat, dass jede Zollermässigung, welche einen höheren Einfuhrzoll als 2 Thlr. für den Zollcentner bestehen liesse, für die österreichischen Weine wirkungslos sein würde.

In der Depesche des Grafen Bernstorff wird auch der von Preussen ausgegangenen Aufhebung der vereinsländischen Durchfuhrzölle erwähnt, welche bekanntlich mit dem preussisch-französischen Vertrage in gar keinem Zusammenhange steht. Wir haben der königlichen Regierung für diesen den österreichischen wie den allgemeinen Verkehrsinteressen förderlichen Act unsern aufrichtigen Dank seiner Zeit ausgedrückt und wir waren bemüht, ihn durch die That zu bezeugen, indem wir einen Gesetzentwurf wegen Aufhebung der österreichischen Durchfuhrzölle dem Reichsrathe vorlegten. Allein unbemerkt dürfen wir nicht lassen, dass als wir diese heilsame Massregel an die Spitze unserer Anträge wegen weiterer Verkehrserleichterungen zwischen Oesterreich und dem Zollvereine stellten, Preussen selbst gegen Entgelt nicht bereit war, im Vereine mit uns zu thun, was es später selbstständig ins Werk setzte. No. 436. (VII.) Oesterreich, 7. Mai 1862.

Nach den Aeusserungen der mehrerwähnten Depesche scheint die königliche preussische Regierung zu wünschen, dass Oesterreich im Falle der Annahme ihres Vertrages mit Frankreich von Seite des gesammten Zollvereins, statt von dem vertragsmässigen Rechte der Erhöhung seiner Zwischenzölle gegen den Zollverein in vollem Umfange Gebrauch zu machen, lieber seine Aussenzölle ermässige. Das kaiserliche Cabinet verkennt nicht, dass in dem vorausgesetzten Falle längs der ganzen Westgrenze Oesterreichs von Krakau bis zum Splügen und von da hinab zu den Mündungen des Po das Freihandelssystem zur vollen Geltung gelangt sein würde und dass, gegenüber den niedrigen Zollsätzen des letzteren, für Oesterreich die Rückkehr zu seinen früheren Prohibitionen und prohibitiven Zöllen, wenn sie wirklich in seiner Absicht liegen würde, und vielfach selbst die Aufrechterhaltung seiner gegenwärtigen Zollsätze zur Unmöglichkeit geworden ist; allein die grosse Mehrzahl der von Preussen durch den Vertrag mit Frankreich angenommenen Zollsätze und namentlich jene für feinere Waaren sind von der Art, dass Oesterreich, ohne den Untergang vieler Zweige seiner Industrie herbeizuführen, selbst nur so weit, als die Aufrechthaltung der bisherigen Zwischenzölle fordert, ihnen zu folgen nicht vermag. Der kaiserlichen Regierung bleibt sonach nichts übrig, als für den Fall, dass der Handelsvertrag Preussens mit Frankreich auch von Seite der anderen Zollvereinsstaaten genehmigt würde, der rechtzeitigen Mittheilung über den Tag seiner Wirksamkeit entgegenzusehen und sodann die Vereinsstaaten von den innerhalb des vertragsmässigen Rechtes beschlossenen Aenderungen des österreichischen Zwischenzolltarifes für den Verkehr mit dem Zollvereine zu verständigen.

Allein hierin vermag die kaiserliche Regierung nicht die Grenze ihres Rechtes zu erblicken. Sie kann nicht zugeben, dass der preussisch-französische Vertrag nichts Anderes sei, als einer jener Fälle, welche der Artikel 4 des Handels- und Zollvertrages vom 19. Februar 1853 vorhergesehen hat, und dass der Zollverein seinen Vertragsverbindlichkeiten gegenüber Oesterreich Genüge leiste, sofern er nur rechtzeitig die mit Frankreich verabredeten Tarifminderungen anzeige. Allerdings haben die Contrahenten von 1853 sich im Einzelnen die Freiheit ihrer Tarifgesetzgebung gewahrt. Kein Theil hat Aenderungen einzelner Tarifsätze, die ihm nöthig scheinen würden, von der Genehmigung des anderen abhängig gemacht, sondern der Art. 4 des Vertrages hat für den Fall, wenn der eine Theil den Tarifsatz für eine der im Zwischenzolltarif genannten Waaren erniedrigt, dem anderen nur das Recht entsprechender Erhöhungen des Zwischenzolles vorbehalten. Aber es besteht augenscheinlich ein wesentlicher Unterschied zwischen einzelnen Zollermässigungen, wie sie veränderten Conjuncturen bezüglich des einen oder des anderen Handelsartikels entsprechen können, und der Februar-Vertrag sie nicht ausschliessen wollte, und einer umfassenden diesen Vertrag in seiner Grundlage angreifenden Aenderung des ganzen Systems der Tarifirung. Einzelne Zollsätze können herabgesetzt

No. 426. (VII.) Oesterreich, 7. Mai 1862. werden, ohne dass dadurch die Contrahenten des Februar-Vertrages der in dessen Eingangsworten feierlich ausgesprochenen Absicht, die Zolleinigung anzubahnen, zuwiderhandelten, oder auch nur den im Art. 25 desselben Vertrages eventuell vorgezeichneten Zweck möglichster Annäherung und Gleichstellung der beiderseitigen Zolltarife beeinträchtigten. Solche einzelne Tarifänderungen konnte sonach der Art. 4 des Vertrages gestatten. Eine totale Reform des Tarifs aber, eine Reform, welche den Unterschied der beiden Tarife, statt ihn auszugleichen, systematisch erweitert, durch welche der eine Theil vom Schutzzollsystem zum Systeme niedriger Finanzzölle übergeht, ohne zu fragen, ob der andere Theil ihm folgen kann, und die er überdies nicht auf dem Wege der inneren Gesetzgebung, sondern durch einen bindenden Vertrag mit einer dritten Macht verwirklicht, eine solche Reform kann nicht mehr unter die Vorschrift des Art. 4 des Vertrags von 1853 fallen, sondern sie befindet sich im offenbaren Widerspruche sowohl mit der Eingangsformel des Vertrags, welche den hohen vertragschliessenden Theilen das Ziel der deutsch-österreichischen Zolleinigung vorzeichnet, als mit dem Art. 25, welcher für den Fall, dass die Zolleinigung im Jahre 1860 noch nicht zu Stande käme, die Verpflichtung begründet, wenigstens die möglichste Annäherung und Gleichstellung der beiderseitigen Zolltarife anzustreben. Die kaiserl. Regierung ist es sich daher schuldig, und sie glaubt es auch den wohlverstandenen Interessen Deutschlands schuldig zu sein, auszusprechen, dass sie in der Annahme der am 29. März d. J. zu Berlin zwischen Preussen und Frankreich paraphirten Vereinbarungen seitens des Zollvereines eine Störung und Hintansetzung des zwischen Oesterreich und dem Zollvereine durch den Vertrag vom 19. Februar 1853 begründeten Vertragsverhälnisses würde erblicken müssen.

Schliesslich noch Eines. Durch Art. 31 des Handelsvertrages verpflichtet sich Preussen gegen Frankreich, kein Ausfuhrverbot in Kraft zu setzen, welches nicht zu gleicher Zeit auf die anderen Nationen Anwendung fände. Dieser Artikel berührt nicht mehr bloss commercielle Interessen, nicht mehr bloss das Vertragsverhältniss zwischen Oesterreich und dem Zollvereine, sondern er berührt den deutschen Nationalverband und die Eigenschaft des deutschen Bundes als Gesammtmacht und als militärische Einheit. Bisher hat der Bund unbestritten das Recht geübt, aus Gründen der äusseren Sicherheit Deutschlands für das gesammte Bundesgebiet Verbote der Ausfuhr von Pferden, Waffen, Munition, Approvisionirungsgegenständen etc., sei es nach allen, sei es nach einzelnen Verkehrsrichtungen hin zu erlassen. Die kaiserliche Regierung ist ausser Stande, die diesem Rechte des Bundes entsprechende Verpflichtung Preussens mit jener Bestimmung seines Vertrages mit Frankreich in Einklang zu bringen.

No. 427. (VIII.)

PREUSSEN. — Min. d. Ausw. an den königl. Gesandten in Wien. — Erwiderung auf die österreichische Depesche und Denkschrift vom 8. Mai 1862. —

Berlin, den 28. Mai 1862.

Hochwohlgeborner Freiherr! — Graf Chotek hat mir eine von dem Grafen Rechberg an ihn gerichtete Depesche vom 7. d. Mts. nebst einer dabei befindlichen Denkschrift mitgetheilt, welche sich mit den zwischen uns und Frankreich vereinbarten Verträgen beschäftigt. Ich hatte sowohl jene Depesche, wie diese Denkschrift bereits in den öffentlichen Blättern gelesen, als Graf Chotek mir davon Mittheilung machte. No. 427. (VIII.) Preussen, 28. Mai 1862.

Die Denkschrift erhebt Vorwürfe gegen das Verfahren der königlichen Regierung in dieser Angelegenheit überhaupt und stellt demnächst Einwendungen gegen den Inhalt der Verträge selbst auf. Ich kann weder in der einen noch in der anderen Beziehung eine Berechtigung der k. k. österreichischen Regierung anerkennen; mir ist keine Acte, kein Vertrag, keine Abrede bekannt, woraus Oesterreich das Recht herleiten könnte, Einspruch gegen derartige Verträge zu erheben, welche Preussen und der Zollverein mit irgend einer dritten Nation abzuschliessen für gut finden; ich muss für Preussen und den Zollverein mit aller Entschiedenheit die volle Freiheit in Anspruch nehmen, in dieser Hinsicht unbeschränkt lediglich nach eigenem Ermessen zu verfahren.

Indem ich gleichwohl nicht Anstand nehme, auf den Inhalt der Denkschrift einzugehen, glaube ich mich auf nachstehende Bemerkungen beschränken zu dürfen, welche genügen werden, um darzuthun, dass wir keinen Anlass haben finden können, um unsere wohlerwogenen Auffassungen und Ueberzeugungen aufzugeben.

Die Denkschrift beklagt sich zunächst darüber, dass wir die Wünsche Oesterreichs bei unseren Verhandlungen mit Frankreich nicht berücksichtigt hätten; sie behauptet dann, dass wir den Handels- und Zollvertrag vom 19. Febr. 1853 ausser Acht gelassen, und kommt endlich zu dem Schluss, dass wir zwar zu einzelnen Tarif-Aenderungen, nicht aber zu einer totalen Reform des Tarifs, wie die Verträge mit Frankreich solche in sich schlössen, befugt gewesen seien. In der That, es stände bedauerlich um die Unabhängigkeit des Zollvereins, wenn man diesen Schluss zugeben müsste. Dem ist aber auch nicht so. Es hat nimmer bei Abschluss des Vertrages vom 19. Februar 1853 in der Absicht liegen können, die Autonomie eines der Contrahenten beschränken zu wollen; das hätte Oesterreich so wenig wie Preussen und der Zollverein gethan; vielmehr ist die Freiheit der Gesetzgebung durch keine Bestimmung jenes Vertrages irgendwie beschränkt. Die Denkschrift erkennt selbst an, dass der Tarif des Zollvereins einer Reform dringend bedurft habe. In dieser Erkenntniss befinden wir uns mit Oesterreich im Einverständniss. Aber mit der Ausführung der Reform, so verlangt die Denkschrift, hätten wir auf Oesterreich warten sollen. Und dabei giebt die Denkschrift dennoch wiederum zu, dass Oesterreich, ohne den Untergang vieler Zweige

No. 427. (VIII.) Preussen, 28. Mai 1862. seiner Industrie herbeizuführen, nicht hätte mit uns gehen können. Die Widersprüche, welche sich hieraus ergeben, liegen zu Tage.

Wenn also die Denkschrift darüber klagt, dass wir die Wünsche Oesterreichs bei unseren Verhandlungen mit Frankreich nicht berücksichtigt hätten, so muss ich diese Klage mit der Bemerkung zurückweisen, dass alsdann jede Tarif-Reform und jeder Vertrag der Art mit einer dritten Nation einfach unmöglich gewesen wäre. Ebenso muss ich die Behauptung ablehnen, dass wir den Vertrag vom 19. Februar 1853 unbeachtet gelassen hätten; ich finde keine Bestimmung dieses Vertrages nachgewiesen, die wir unmittelbar oder mittelbar, ihrem Wortlaut oder ihrer Absicht nach verletzt hätten. Endlich kann ich die rückhaltlose Offenheit, mit welcher die Annahme hingestellt wird, dass der Zollverein zu einer Reform seines Tarifs ohne die Zuziehung oder gar Zustimmung Oesterreichs nicht befugt sei, nur mit gleicher Offenheit erwidern, indem ich jede derartige Annahme bestimmt abweise.

Wenn jemals, so sind wir in der vorliegenden Angelegenheit nur durch Rücksichten auf die materielle Wohlfahrt geleitet worden; wir konnten und durften nicht zurückbleiben, als Grossbritannien und Frankreich auf der Bahn grosser wirthschaftlicher durch die Zeit gebotener Reformen vorgingen und andere Staaten ihnen bereits folgten; wir zweifeln nicht, dass auch Oesterreich, in welchem neuerdings so viel auf dem Wege der Reformen geschehen ist, auf dem vorliegenden Gebiete ebenfalls nicht wird zurückbleiben können. Dass die Verträge mit Frankreich eine Zolleinigung Oesterreichs mit dem Zollvereine unmöglich machen, wird sich mit Grund nicht behaupten lassen. Was in Beziehung auf eine solche Einigung überhaupt als möglich angesehen werden kann, darin ist durch die Verträge mit Frankreich nichts geändert.

Ich muss jede Annahme, als hätten wir aus politischen Motiven mehr gegeben als empfangen, ablehnen; ich darf mich hier enthalten, auf eine Rechtfertigung der einzelnen Vertragsbestimmungen einzugehen; dies haben wir unseren Vereins-Genossen gegenüber nach Pflicht und Gewissen gethan. Nur so viel will ich im Allgemeinen an dieser Stelle erwähnen, dass die Bemerkungen, welche die Denkschrift in Bezug auf den Inhalt der Verträge selbst macht, nichts Neues für uns gebracht haben, und dass wir es mit Freuden begrüssen werden, wenn es der k. k. österreichischen Regierung bei späteren Verhandlungen mit Frankreich gelingt, bessere Concessionen zu erhalten; die Theilnahme daran ist uns durch unsere Verträge im Voraus gesichert.

Wenn es im Laufe der Denkschrift als auffallend bezeichnet wird, dass der preussische Finanzminister in dem Augenblick, in welchem die Verträge mit Frankreich paraphirt worden, in Wien die gemeinschaftliche Erhöhung des Einfuhrzolles auf Kaffee beantragt habe, so habe ich darauf zu bemerken, dass ein solcher Antrag nicht gestellt worden ist, vielmehr nur eine ganz vorläufige vertrauliche Anfrage darüber erfolgt ist, ob, wenn man zu einer solchen Massregel schreiten wollte, auf die Geneigtheit Oesterreichs zu rechnen sein würde, in gleicher Weise vorzugehen. Es handelt sich lediglich von einer vertraulichen Anfrage zum Zweck des Austausches von Ansichten zwischen den beiderseitigen Finanzministerien über eine eventuell zu treffende Anordnung, wie ein solcher

Austausch oftmals in ähnlichen Angelegenheiten stattgefunden hat. Wird dies unbefangen erwogen, so ergiebt sich, dass der Eindruck, welchen die Denkschrift in diesem Punkte macht, der Sachlage nicht entspricht. No. 427. (VIII.) Preussen, 28. Mai. 1862.

Endlich wird am Schlusse der Denkschrift der Artikel 31 des Handelsvertrages mit Frankreich zum Gegenstande eines ganz besonderen Angriffes gemacht. Die Denkschrift behauptet, dass, indem man sich durch jenen Artikel verpflichte, gegenseitig kein Ausfuhrverbot in Kraft zu setzen, welches nicht zu gleicher Zeit auf die anderen Nationen Anwendung fände, hierdurch die Verhältnisse der deutschen Bundesstaaten unter sich und dem Auslande gegenüber berührt würden. Auch dieser Vorwurf erweist sich bei näherer Betrachtung als nicht begründet. Die Bestimmung des Artikel 31 ist in den Vertrag mit Frankreich übernommen, wie sie sich in sieben Handels-Verträgen des Zollvereins und in noch zahlreicheren Verträgen einzelner, theils dem Zollvereine angehörenden, theils demselben fremder deutschen Staaten vorfindet. Ungeachtet dieser Verträge hat aber weder Preussen noch einer der anderen Zollvereinsstaaten sich behindert gesehen, seinen Bundespflichten zu genügen und beispielsweise dem Bundesbeschlusse vom 8. März 1848 Folge zu geben, nach welchem die Ausfuhr von Pferden nach anderen, nicht zum deutschen Bunde gehörenden Staaten zu untersagen war. Der Vertrag mit Frankreich ist nicht ein politischer Vertrag, welchen einzelne Bundesstaaten als solche, sondern er ist ein Handels-Vertrag, welchen einzelne, zu bestimmten commerciellen und finanziellen Zwecken verbundene Bundesstaaten mit Frankreich abschliessen. Die beiderseitigen Contrahenten haben bei Verabredung des Vertrages gewusst, dass, und welche Verpflichtungen auf Grund allgemein bekannter völkerrechtlicher Verträge den Bundesstaaten obliegen, und nicht daran gedacht, diesen Verpflichtungen durch die Bestimmung im Artikel 31 Eintrag zu thun. Es versteht sich dies zwar von selbst, ich bemerke indess ausdrücklich, dass Frankreich diese Auffassung vollständig theilt.

Ew. Excellenz ersuche ich ergebenst, Sich hiernach gegen den Herrn Grafen von Rechberg gefälligst zu äussern und demselben Abschrift gegenwärtiger Depesche mitzutheilen.

Empfangen Ew. Excellenz die Versicherung meiner ausgezeichneten Hochachtung.

Freiherrn v. Werther, *Wien*. *Bernstorff*.

No. 428. (IX.)

OESTERREICH. — Min. d. Ausw. an die kaiserl. königl. Gesandtschaft in Berlin. — Erwiderung auf die preussische Depesche vom 28. Mai 1862. —

Wien, den 21. Juni 1862.

Hochgeborner Graf! — In dem Erlasse an Eure Hochgeboren vom 7. v. M. und in der beigefügten Denkschrift haben wir die gewichtigen Bedenken dargelegt, welche wir theils als Contrahenten des Handels- und Zollvertrages zwischen Oesterreich und den Zollvereinsstaaten vom 19. Februar 1853, theils in unserer Eigenschaft als deutsche Bundesmacht gegen die jüngst zu Berlin zwischen Preussen und Frankreich unterhandelten Vereinbarungen geltend zu machen haben. No. 428. (IX.) Oesterreich, 21. Juni 1862.

No. 428. (IX). Oesterreich. 21. Juni 1862.

Vom politischen Standpunkte aus haben wir der Ueberzeugung offenen Ausdruck geliehen, dass die Annahme dieser Verträge den gemeinsamen Interessen Deutschlands entschieden zuwiderlaufen würde. In volkswirthschaftlicher Beziehung haben wir zwar nicht in Abrede gestellt, dass eine Tarifreform zeitgemäss sei, aber wir haben die Ansicht vertreten, dass diese Reform der inneren Gesetzgebung des Zollvereines und der Verständigung zwischen diesem und dem Bundesverwandten Oesterreich vorbehalten bleiben sollte. In Hinsicht auf den Rechtspunkt endlich haben wir erklärt, dass wir, gestützt auf die Eingangsworte und auf Artikel 25 des deutsch-österreichischen Vertrags von 1853, die Zollvereinsregierungen Oesterreich gegenüber für vertragsmässig verpflichtet halten, bei einer umfassenden Reform des Zollvereinstarifs das Ziel einer Annäherung und allmählichen Gleichstellung der beiderseitigen Tarife, sowie der endlichen Zolleinigung nicht aus den Augen zu verlieren, und dass wir daher in der Annahme des preussisch-französischen Vertrags, in welchem das Gegentheil geschehen und jede Bevorzugung Oesterreichs vor dem nicht deutschen Auslande für die Zukunft ausgeschlossen ist, eine tiefgreifende Störung des zwischen uns und dem Zollvereine bestehenden Vertragsverhältnisses erblicken müssten.

Euer Hochgeboren brauche ich das sofort zur Oeffentlichkeit gelangte Actenstück nicht erst mitzutheilen, durch welches Herr Graf Bernstorff unter dem 28. Mai diese unsere Darlegung beantwortet hat. In eine nähere Widerlegung unserer Einwendungen hat das Berliner Cabinet sich nicht eingelassen; es scheint geglaubt zu haben, durch absprechende Verneinungen den Mangel gültiger Gründe ersetzen zu können. Insbesondere hat es unserer auf die bestehenden Vertragsverbindlichkeiten gegründeten Einsprache nichts entgegen gestellt, als eine nackte Berufung auf die Autonomie des Zollvereins. „Nimmer hat es" — so lesen wir dort — „bei Abschluss des Vertrages vom 19. Februar 1853 in der Absicht liegen können, die Autonomie eines der Contrahenten beschränken zu wollen; dies hätte Oesterreich so wenig wie Preussen und der Zollverein gethan; vielmehr ist die Freiheit der Gesetzgebung durch keine Bestimmung jenes Vertrages irgendwie beschränkt." Aber ist denn nicht dieser Gesetzgebung durch die feierlichen Eingangsworte des Vertrags und durch Art. 25 desselben die Richtung vorgezeichnet? Und ist das so eben wörtlich angeführte Argument glücklich gewählt in einem Augenblicke, in welchem der Zollverein, falls der Vertrag mit Frankreich zur Ausführung käme, seine Autonomie und die Freiheit seiner Gesetzgebung gegenüber einer auswärtigen Macht durch die umfassendsten Vertragsverpflichtungen beschränken würde?

Angesichts einer Entgegnung, die nach Inhalt und Form so wenig zu weiterem Meinungsaustausche auffordert, bleibt uns nichts Anderes übrig, als uns einfach auf unsere früheren Mittheilungen zurückzubeziehen und hiermit zu erklären, dass wir die Einwendungen und Verwahrungen, welche wir theils im politischen, theils im volkswirthschaftlichen Interesse Deutschlands und Oesterreichs, theils aus vertragsrechtlichen Gründen den zu Berlin im März d. J. paraphirten Vereinbarungen entgegengestellt haben, in ihrem vollsten Umfange aufrecht erhalten.

Diese Erklärung wollen Eure Hochgeboren dem königlichen Herrn

Minister des Aeusseren durch Mittheilung des gegenwärtigen Erlasses zur Kenntniss bringen und nur noch hinzufügen, dass wir uns, was speciell den Art. 31 des preussisch-französischen Vertrags betrifft, eine weitere Aeusserung vorbehalten müssen, bis uns in urkundlicher Form nachgewiesen sein wird, wie die paciscirenden Theile diese Bestimmung in ihrem Verhältnisse zu den Rechten des Deutschen Bundes auffassen. No. 428. (IX.) Oesterreich, 21. Juni 1862.

Empfangen etc. etc.

An den Grafen **Chotek**, *Berlin*. *Rechberg*.

No. 429. (X.)

PREUSSEN. — Min. d. Ausw. an den königl. Gesandten in Wien. — Rückäusserung auf die österreichische Depesche vom 21. Juni 1862. —

Berlin, 5. Juli 1862.

Hochwohlgeborner Freiherr! — In Erwiderung auf meine Depesche vom 28. Mai d. J., welche Ew. Excellenz in der Angelegenheit der Verträge mit Frankreich der kaiserlichen Regierung mitgetheilt haben, hat Graf Chotek mir die abschriftlich anliegende Depesche des Herrn Grafen von Rechberg vom 21. v. M. mitgetheilt. No. 429. (X.) Preussen, 5. Juli 1862.

Ew. etc. werden daraus gefälligst ersehen, wie die kaiserliche Regierung, ohne auf einen weiteren Meinungsaustausch eingehen zu wollen, sich einfach auf ihre früheren Mittheilungen zurückbezieht und zugleich erklärt, dass sie die von ihr erhobenen Einwendungen und eingelegten Verwahrungen gegen die gedachten Verträge in ihrem vollsten Umfange aufrecht erhalte.

Mit Rücksicht hierauf glaube auch ich mich eines wiederholten Eingehens auf den Gegenstand selbst enthalten zu dürfen. Die Gründe sind gegenseitig erschöpft; es würde, wollte ich nochmals darauf zurückkommen, zu einer unfruchtbaren Discussion führen, die ich auch meinerseits lieber vermieden sehe. Wenn ich gleichwohl die gegenwärtige Depesche an Ew. etc. richte, so geschieht es nur, um zu sagen, dass ich die diesseits angeführten Gründe in keinem Punkte widerlegt finde und dass wir somit auch unserer Seits nur an der bisherigen Auffassung und Ueberzeugung festhalten können.

Am Schlusse seiner Depesche hebt Graf Rechberg noch besonders hinsichtlich des Art. 31 des Handelsvertrages mit Frankreich hervor, dass er sich eine weitere Aeusserung vorbehalten müsse, bis in urkundlicher Form nachgewiesen sein werde, wie die vertragenden Theile diese Bestimmung in ihrem Verhältnisse zu den Rechten des deutschen Bundes auffassen. In Beziehung hierauf bleibt mir nur übrig zu bemerken, dass ich nicht zu verstehen vermag, wie der kaiserliche Minister, nach Einsicht der in meiner Depesche vom 28. Mai d. J. in Ansehung dieses Punktes enthaltenen, eben so bestimmten wie zweifellosen Erklärung noch irgend ein Bedenken hegen kann.

Ew. etc. ersuche ich ergebenst, den Inhalt gegenwärtiger Depesche zur Kenntniss des Herrn Grafen von Rechberg zu bringen und demselben Abschrift davon zu lassen.

Empfangen Ew. etc.

Freiherrn **von Werther**, *Wien*. *Bernstorff*.

No. 430. (XI.)

OESTERREICH. — Min. d. Ausw. an den kaiserl. königl. Gesandten in Berlin. — Vorschläge zur Ordnung der handelspolitischen Verhältnisse zwischen Oesterreich und dem Zollverein, nebst Vertragsentwürfen und Motivirung. —

Wien, den 10. Juli 1862.

No. 430. (XI.) Oesterreich, 10. Juli 1862. Hochgeborner Graf! — Durch frühere Mittheilungen ist dem königlich preussischen Cabinete bekannt geworden, wie ernstlich die Regierung Sr. Majestät des Kaisers sich aufgefordert gefühlt hat, die Lage in Erwägung zu ziehen, welche ihr durch die zu Berlin am 29. März d. J. zwischen Preussen und Frankreich paraphirten Verträge geschaffen worden ist.

Heute befinde ich mich in dem Falle, der Darlegung unserer Einwände gegen jene Vereinbarungen eine weitere Eröffnung folgen zu lassen.

Von dem Tage an, wo der Deutsche Zollverein die erwähnten Verträge mit Frankreich sich aneignete, müsste die kaiserliche Regierung den Hauptzweck des deutsch-österreichischen Zoll- und Handels-Vertrages vom 19. Februar 1853 als vereitelt betrachten. Zwischen Oesterreich und seinen deutschen Bundesgenossen wäre — vielleicht für einen langen Zeitraum — eine Scheidewand errichtet. Die Verwirklichung des Art. 19 der Bundesacte wäre abermals in unbestimmte Zukunft gerückt. Genöthigt, den Fall einer so schweren Gefährdung ihrer Interessen in das Auge zu fassen, hat die kaiserliche Regierung sich die Nothwendigkeit eingestehen müssen, selbst gewichtige Bedenken zu überwinden, selbst grosse Anstrengungen und Opfer nicht zu scheuen, um einer so ungünstigen Wendung der Dinge eine andere — diejenige eines raschen und entscheidenden Schrittes zum Ziele der deutsch-österreichischen Handels- und Zolleinigung gegenüber zu stellen.

Auf Grund sorgfältiger Erwägungen und Untersuchungen ist die kaiserliche Regierung, durchdrungen von dieser Erkenntniss, zu dem Entschlusse gelangt, den hohen Regierungen des Deutschen Zollvereins schon jetzt den Abschluss eines Präliminarvertrages behufs der Gründung eines den Kaiserstaat und das Zollvereinsgebiet umfassenden Handels- und Zollbundes vorzuschlagen. Das Wesen ihres Vorschlages besteht in voller gegenseitiger Freiheit des Handels und Verkehrs, beschränkt nur durch die Massregeln, welche theils die Verschiedenheit der inneren Besteuerung, theils die Aufrechthaltung der Staatsmonopolien erforderlich macht. Um diesen grossen Bund zu ermöglichen, erklärt sie sich bereit, den Tarif und die Einrichtungen des Zollvereins anzunehmen, soweit letzterer sich nicht mit ihr über eine zeitgemässe Revision derselben einigen wird.

Eure Hochgeboren erhalten mit diesem Erlasse

1) den in sechs Artikeln formulirten Entwurf eines solchen Präliminarvertrages,
2) den Entwurf einer besonderen Vereinbarung wegen der Handelsbeziehungen des deutsch-österreichischen Zollbundes zu anderen Mächten,
3) eine kurze Entwickelung der Motive der wesentlichsten Bestimmungen dieser Entwürfe.

Stünde uns in dieser hochwichtigen Angelegenheit Preussen gesondert in seiner Eigenschaft als europäische Macht gegenüber, so könnten wir Angesichts der Verabredungen, in welche Preussen mit Frankreich sich eingelassen hat, die Umstände allerdings kaum dazu angethan finden, uns dem Cabinete von Berlin mit dem Antrage auf Annahme dieser Vertragsentwürfe zu nahen. Allein wir haben diesen Antrag an den Deutschen Zollverein, also vor Allen an Preussen in seiner Eigenschaft als Mitglied und leitende Macht dieses Vereines zu richten. Und dieselben Verhältnisse, welche diesen Unterschied begründen, berechtigen uns auch zu der Hoffnung, dass Preussen in unserem Anerbieten eine die Lage der Dinge vollständig verändernde Thatsache erkennen und den ganzen Werth desselben für das zollvereinte, wie für das durch den Bundesvertrag geeinigte Deutschland unabhängig von früher entstandenen Verwickelungen zu würdigen wissen werde. No. 430. (XI). Oesterreich, 10. Juli 1862.

Was wir anbieten, es ist in der That nur die Erfüllung dessen, was Oesterreich und Preussen am 19. Februar 1853 feierlich für das Ziel ihres gemeinsamen Strebens erklärt haben. Jenem Bedürfnisse wirthschaftlichen Fortschrittes, welches Preussen zur Unterhandlung mit Frankreich bewogen hat, wird auch unser Vorschlag in vollstem Masse gerecht — aber er entspricht zugleich dem hohen Zwecke der Wahrung der nationalen deutschen Interessen, demselben Zwecke, dessen Erstrebung auch die Zollvereinsverträge jederzeit an die Spitze ihrer Verfügungen gestellt haben.

Von diesen Gesichtspunkten sind wir geleitet, indem wir Eure Hochgeboren beauftragen, den gegenwärtigen Erlass, sammt seinen Anlagen, dem königlich preussischen Minister der auswärtigen Angelegenheiten mitzutheilen und den Herrn Grafen von Bernstorff um eine unbefangene und eingehende Prüfung unseres Vorschlages zu ersuchen. Bei Vollziehung dieses Auftrages wollen Eure Hochgeboren zugleich dem Herrn Minister eröffnen, dass, falls die königliche Regierung, wie wir hoffen, in nähere Unterhandlungen über unseren Vorschlag einzutreten geneigt wäre, wir vollkommen bereit sein würden, einen eigenen sachkundigen Bevollmächtigten zu diesem Zwecke nach Berlin zu entsenden.

Empfangen etc.

An den Grafen **von Karolyi**, *Berlin.* *Rechberg.*

Anlage I. — Präliminar-Vertrag.

Zu dem Ende, um die schon im Handels- und Zollvertrage vom 19. Februar 1853 angestrebte gänzliche Zolleinigung zu vollziehen und die durch die allgemeine Handelsbewegung unverschiebbar gewordenen Zolltarifs-Reformen und Handelsverträge mit anderen Nationen im gemeinsamen Einverständnisse durchzuführen, haben Seine Majestät der Kaiser von Oesterreich einerseits und Ihre Majestäten der König von Preussen, der König von Baiern etc. als Glieder des Deutschen Zollvereins andererseits sich über folgenden Präliminar-Vertrag geeinigt.

1) Die gegenwärtig von einer gemeinsamen Zoll-Linie umschlossenen Länder Oesterreichs und die Länder des Deutschen Zollvereins bilden, wenn sich

No. 430. (XI.) Oesterreich, 10. Juli 1862.

nicht über einen früheren Zeitpunkt geeinigt wird, so spätestens vom 1. Januar 1865 angefangen bis zum Ausgange des Jahres 1877 ein gemeinsames Handels- und Zollgebiet mit den gleichen Zolleinrichtungen, Gesetzen und Strafen und einer einheitlichen Berathung und Leitung der gemeinsamen Angelegenheiten.

Auch die Besteuerung des Zuckers aus inländischen Stoffen findet nach den gleichen Massstäben und Grundsätzen statt.

Gleich nach Abschluss des gegenwärtigen Präliminar-Vertrages tritt eine Commission, bestehend aus Bevollmächtigten Oesterreichs und des Zollvereins zur Feststellung der Details der betreffenden Vertragsbestimmungen, des Tarifs und der anderen durch die Zolleinigung bedingten Gesetze und Vorschriften zusammen.

Soweit nicht im gegenwärtigen Vertrage Abweichendes festgesetzt ist, oder in Folge der eben erwähnten commissionellen Verhandlung Anderes beschlossen werden sollte, bleiben die Bestimmungen der Verträge, des Tarifs, der Gesetze und Vorschriften des Zollvereins aufrecht und erhalten auch auf Oesterreich Anwendung.

2) Die Zölle werden in Oesterreich, wie im Zollvereine, in Silber bemessen und eingehoben; Papiergeld, welches nicht im vollen Nennwerthe bei den dafür bestimmten öffentlichen Kassen gegen Silber umgewechselt werden kann, ist von der Annahme als Zollzahlung ausgeschlossen.

3) Eine Theilung der Zolleinkünfte zwischen Oesterreich und dem Zollvereine findet in der Regel nicht statt, sondern jeder der beiden contrahirenden Theile erhebt die Einkünfte von den in seinem Gebiete verzollten Waaren. Nur ausnahmsweise für Garne, Gewebe, Papier, Leder, Eisen, Glas-, Thon-, Metall- und kurze Waaren in der Einfuhr und für Hadern in der Ausfuhr werden, um den freien Uebergang dieser Waaren-Gattungen aus dem einen Gebiet in das andere zu ermöglichen, die eingehenden Zölle in dem Verhältniss getheilt, dass Oesterreich $^{3}/_{8}$ und der Zollverein $^{5}/_{8}$ des Gesammtertrages erhält.

In keinem der beiden Gebiete werden Waaren, die von den Abgabenpflichtigen als zum Verbrauch in dem andern Gebiete bestimmt erklärt werden, mit Ausnahme der Alinea 1 genannten, von denen die Zölle in die Theilung fallen, in Verzollung genommen, sondern es findet deren Abfertigung auf Begleitscheine statt.

Die Aemter, welche in dem einen Gebiete zur Aus- und Abfertigung von Begleitscheinen ermächtigt sind, üben diese Befugniss auch in Beziehung auf die Aemter des anderen Gebietes aus.

4) Für den inneren Verkehr zwischen den beiden Gebieten bildet die gänzliche Freiheit von Zöllen und Uebergangsabgaben die Regel und es bestehen nur folgende Ausnahmen:

a) Waaren unzweifelhaften aussereuropäischen Ursprungs und deren Surrogate, sowie einige aus denselben gebildete oder zusammengesetzte Consumtions-Gegenstände, z. B. Colonialwaaren, Kaffeesurrogate, Chocolate, unterliegen nach Massgabe der Bestimmungen eines hierüber zu vereinbarenden Verzeichnisses bei dem Uebergange aus dem einen Gebiete in das andere denselben Einfuhrzöllen, wie im Eintritt aus dem Auslande.

No. 430. (XI.) Oesterreich, 10. Juli 1862.

Der gleichen Besteuerung unterliegen Tabak und Tabakfabrikate in der Einfuhr aus Oesterreich nach dem Zollverein.

b) Waaren, welche gegenwärtig in dem einen der beiden Gebiete oder in einzelnen Theilen desselben Gegenstand eines Staatsmonopols oder einer inneren Besteuerung sind, unterliegen bei der Einfuhr in dieses Gebiet oder in die betreffenden Theile desselben, dort wo ein Einfuhrsverbot besteht, dem Einfuhrsverbote, sonst aber einer Uebergangssteuer, welche genau nach dem Betrage der innern Besteuerung bemessen, und dort wo die innere Besteuerung nur in einem Theile des Gebiets betseht, jener Abgabe gleich ist, welche bei dem Uebergang gleichartiger Gegenstände aus dem nicht besteuerten in die besteuerten Gebietstheile zu entrichten ist. Bei der Einfuhr von Tabak- und Tabakfabrikaten aus dem Zollverein nach Oesterreich gegen besondere Bewilligung ist bloss die Licenzgebühr und kein Einfuhrzoll zu entrichten.

Ist die innere Besteuerung an gewisse Acte, z. B. die Schlachtung, die Vermahlung, den Ausschank geknüpft, so ist in jedem Gebiete auch für die Erzeugnisse des anderen Gebietes die Steuer nur bei diesem Acte zu entrichten. Die Artikel 1 alinea 3 erwähnte Commission hat auch die Aufgabe, durch Vereinbarung gemeinsamer Grundsätze der inneren Besteuerung und von Massstäben zur Vertheilung der Erträgnisse aus den besteuerten Gegenständen die Zahl dieser bei dem Uebertritt aus dem einen Gebiete in das andere dem Verbot oder der Besteuerung unterliegenden Waaren thunlichst zu vermindern.

Einen Gegenstand der Vereinbarung haben auch die Zoll- und Steuer-Rückvergütungen zu bilden, welche von demjenigen der beiden contrahirenden Theile bewilligt werden, aus dessen Gebiete die erwähnten Waaren in das Gebiet des anderen übertreten; diese Rückvergütungen dürfen in keinem Falle das Ausmass der im Staate des Austrittes entrichteten Abgaben überschreiten.

5) Zur Aufrechthaltung der im Art. 4 erwähnten Einfuhr-Verbote zur Einhebung der in diesem Artikel weiter erwähnten Einfuhrzölle, Uebergangs-Abgaben und Licenzgebühren, zur Constatirung des Austritts besteuerter Gegenstände, behufs der an diesen Act geknüpften Rückvergütungen, und zur Verhütung jedes Unterschleifes zum Schaden des einen oder des anderen der contrahirenden Theile bleibt die zwischen denselben bestehende Zoll-Linie, deren Ueberwachung und das zum gegenseitigen Schutz vereinbarte Zoll-Cartell vom 19. Februar 1853 aufrecht.

Die Art. 1 alinea 3 erwähnte Commission wird sich auch mit einer Vereinbarung zu dem Zwecke beschäftigen, weitere Massregeln zum Schutze der beiderseitigen Einkünfte festzustellen, die bestehende zweifache Zollverwaltung und Ueberwachung der Zwischenzoll-Linie auf Eine zu reduciren und für die Kosten derselben einen entsprechenden Vertheilungsmassstab festzusetzen.

b) Mittelst der Art. 1 alinea 3 erwähnten commissionellen Verhandlungen sollen auch gemeinsame Bestimmungen über Erfindungsprivilegien, Marken- und Musterschutz, Zulassung von Versicherungs-Gesellschaften, Anerkennung von Actien-Unternehmungen, Notirung von Staats- und Privatpapieren an öffentlichen Börsen auf Grundlage des Princips geschlossen werden, dass diejenigen Personen und Anstalten, welche sich darüber ausweisen, in dem Gebiete

No. 430. (XI) Oesterreich. 10. Juli 1862.

des einen der contrahirenden Theile den Bedingungen der vereinbarten Gesetze genügt zu haben, hierdurch in dem Gebiete des anderen Theiles die Gleichstellung mit jenen Personen und Anstalten erhalten, welche in diesem Gebiete jenen Bedingungen entsprochen haben.

Anlage 2. — Besondere Verabredung.

Auf Grund dieses Präliminar-Vertrages und sobald die Art. 1 alinea 3 erwähnten commissionellen Verhandlungen so weit vorgeschritten sind, dass man sich über die Hauptpositionen des Zolltarifs geeinigt hat, findet eine vorläufige Verständigung zwischen Oesterreich, Preussen und den übrigen Regierungen des Zollvereins, über die nothwendigen Modificationen des von Preussen und Frankreich paraphirten Vertrags vom 29. März d. J. statt.

Oesterreich und Preussen werden gleichzeitig von den übrigen Zollvereinsstaaten zur Führung der betreffenden Verhandlungen mit Frankreich und auch, insoweit sich die Nothwendigkeit und Räthlichkeit zu denselben herausstellen sollte, zu Verhandlungen über einen Handels- und Zoll-Vertrag mit England ermächtigt. — So weit möglich, soll in diesen Verhandlungen dahin gewirkt werden, dass nicht einzelne Zollsätze, sondern mehr oder minder allgemeine Grundsätze, z. B. die Nichterhöhung der bestehenden Zollsätze über ein bestimmtes Procent des Werthes der Waaren hinaus, Gegenstand der Vereinbarung mit fremden Staaten bilden.

Jeder der beiden contrahirenden Theile wird sich bemühen, dass die Handels- und Schifffahrts-Verträge, die zwischen ihm und andern Staaten bestehen, oder die Bestimmungen dieser Verträge, welche für den eigenen Verkehr günstiger sind, als die Bestimmungen jener Verträge, welche der andere der contrahirenden Theile mit denselben Staaten abgeschlossen hat, auf den andern Theil ausgedehnt werden.

Anlage 3. — Motivirung.

Der Inhalt des Entwurfes bietet die Gewähr, dass alle bei der Zolleinigung zwischen Oesterreich und dem Zollverein in Betracht kommenden Verhältnisse nach Gebühr gewürdigt worden sind, und dass die kaiserliche Regierung bemüht gewesen ist, allen bekannt gewordenen Bedürfnissen und Ansprüchen gerecht zu werden und sorgfältig alle die Hindernisse zu entfernen, welche gegen diese Einigung geltend gemacht worden sind.

Man erwähnte in dieser Richtung der Verschiedenheit der Tarife, Gesetze und Einrichtungen in beiden Zollgebieten; Oesterreich nimmt jene des Zollvereins ungeachtet seiner bis nun dagegen erhobenen Bedenken an, überzeugt, dass spätere Berathungen zu den allseits förderlichen Aenderungen derselben führen werden, und sich nur den Zeitraum von etwas mehr als einem Jahre ausbedingend, um die durch diesen Schritt nothwendig werdenden Aenderungen seiner Zollverwaltung durchzuführen. Oesterreich fügt sich auch in die

Organisation des Zollvereins ungeachtet ihrer Mängel. Da es sich um den gleichen Zweck, die Bildung eines grossen Zollbundes handelt, nimmt es keinen Anstand, dem gleichen Beispiele Preussens nachzufolgen. (Art. 1 des Entwurfes.) No. 430. (XI.) Oesterreich, 10. Juli 1862.

Man sprach von der in Oesterreich noch nicht wiederhergestellten Valuta; durch die Anordnung (Art. 2 des Entwurfes), dass die Zölle in beiden Zollgebieten ausschliesslich in Silber oder in einem Papiergeld, dessen Umwechslung im vollen Nennwerthe gegen Silber gesichert ist, bezahlt werden müssen, erscheint dieses Hinderniss beseitigt. Die Schwankungen im Werthe der österreichischen Banknoten werden vielleicht durch einige Zeit den gegenseitigen inneren Verkehr nicht so lebhaft hervortreten lassen, als es sonst der Fall wäre; ihn lähmen oder hindern werden sie nicht.

Eine Theilung der Zolleinkünfte tritt nach dem Entwurf in der Regel nicht ein (Art. 3), und somit fällt ein weiteres vermeintliches Hinderniss der Zolleinigung. Bei einigen Manufacten, deren gesammter Zollertrag in keinem der beiden Zollgebiete ein Drittel der Jahreseinnahme an Zöllen erreicht, wird allerdings die Theilung jenes Ertrages vorgeschlagen, aber es geschieht nur, weil kein anderes Mittel zu Gebote war, um den inneren Verkehr zwischen den beiden Zollgebieten mit den analogen Erzeugnissen des Inlandes von der eben so lästigen als unsicheren Beibringung von Ursprungscertificaten zu befreien. Sollte im Verlaufe der Verhandlung ein anderer demselben Zwecke genügender Ausweg gefunden werden, wird Oesterreich gern für denselben sich entscheiden. Es glaubt schon dadurch, dass es nur für wenige Gegenstände die Theilung der Zolleinnahme und für wenige Waaren unzweifelhaften aussereuropäischen Ursprungs (Art. 4. Alin. 1) die Verzollung an der die beiden Gebiete trennenden Zwischenzoll-Linie vorschlägt, seine Uneigennützigkeit dargethan zu haben, denn die geographische Lage der beiden Zollgebiete bringt es mit sich, dass von den vielen, nicht in diese Kategorien gehörigen Waaren die meisten, auch wenn sie oder die daraus gewonnenen Industrie-Erzeugnisse für Oesterreich bestimmt wären, im Zollvereine zur Verzollung gelangen werden.

Durch die Verzichtleistung auf die Theilung der ganzen Zolleinnahme ist, wie erwähnt, der Fortbestand einer Zoll- und Steuerlinie zwischen den beiden Zollgebieten bedingt. Dieselbe dient aber auch, um ein weiteres von vielen Seiten sehr in den Vordergrund gestelltes Hinderniss der Zolleinigung zu umschiffen, nämlich das in Oesterreich bestehende Tabakmonopol. Es ist der kaiserlichen Regierung nicht möglich, dasselbe in ihren Ländern aufzuheben, weil sich kein Ersatz für den dadurch sich ergebenden Entgang in den Staatseinnahmen finden würde, und sie kann bei den mannigfachen gegen das Monopol bestehenden Vorurtheilen nicht auf dessen alsogleiche Einführung im Zollvereine, als absolute Bedingung der Zolleinigung dringen; der Fortbestand der Zwischenzoll-Linie ermöglicht nur die Fortdauer jener Verschiedenheit der Besteuerung des Tabaks in beiden Zollgebieten. An dieser Zwischenzoll-Linie wird vollkommene Abgabenfreiheit des gegenseitigen inneren Verkehrs die Regel bilden: nur die bereits erwähnten (in einem eigenen Verzeichniss namentlich aufzuführenden) Waaren unzweifelhaften aussereuropäischen Ursprungs und die Gegenstände innerer Abgaben und Staatsmonopole fallen in die Ausnahme (Art. 4 des

No. 430. (XI.) Oesterreich, 10. Juli 1862. Entwurfs). Die Gleichstellung des vereinsländischen Tabaks mit dem ausländischen, hinsichts des Einfuhrverbotes und (obgleich der Zoll nachgesehen wird) hinsichts der Licenzgebühr in Oesterreich, liess es übrigens als billig erscheinen, dass der österreichische Tabak im Zollverein ebenfalls derselben Abgabe wie der ausländische unterworfen werde.

Längs der Zwischenzoll-Linie wird als status quo dieselbe doppelte Zollverwaltung und Bewachung wie jetzt vorausgesetzt; es ist aber klar, dass hier eine Vereinfachung und Concentration ebenso zweckmässig als leicht durchführbar wäre; diese zu vereinbaren wird als Aufgabe späterer Verhandlungen hingestellt. (Art. 5 des Entwurfs.)

Hiermit wären die Grundlagen und Bedingungen der Zolleinigung abgeschlossen, allein es handelt sich auch darum, jene Wünsche zu befriedigen, welche seit langem in der Richtung der vollkommenen Freiheit des Verkehrs und der allseitigen handelspolitischen Einigung der deutschen Staaten an den Fortbestand und die Ausbildung des deutschen Zollvereines geknüpft worden sind, um durch Handelsverträge mit den beiden grossen Culturvölkern, welche in der Handelsbewegung unserer Tage vorangegangen sind, das neue europäische Handels- und Zollsystem unter völkerrechtlichen Schutz zu stellen und die vertragsmässigen Vortheile, welche theils Oesterreich, theils der Zollverein in dritten Staaten geniessen, zum Gemeingute der neu gegründeten Gemeinschaft zu machen; dieses Ziel sollen nur die im Art. 6 des Entwurfs vorgesehenen commissionellen Verhandlungen und die dem Entwurf angeschlossene besondere Verabredung erreichen.

Die kaiserliche Regierung hofft die Zweckmässigkeit und Gerechtigkeit der einzelnen Bestimmungen des Entwurfs nachgewiesen zu haben, aber der Vorzug desselben, auf welchen sie den grössten Werth legt, dürfte in seiner Form bestehen.

Der entworfene Vertrag ist bündig und bestimmt, und knüpft an gegebene Verträge und Zustände an, er kann darum in kürzester Zeit berathen, abgeschlossen und der in den einzelnen Staaten vorgezeichneten verfassungsmässigen Behandlung unterzogen werden, was in der jetzigen Lage Europa's und Deutschlands von besonderer Bedeutung ist.

Mit dem Abschlusse dieses Vertrages aber ist der Zollbund zwischen Oesterreich und dem Zollverein zweifellos festgellt. Reformen und Verbesserungen sind nicht ausgeschlossen, allein von ihrem Zustandekommen ist jener Zollbund nicht abhängig, und sind auf spätere Verhandlungen verwiesen, die übrigens, von beiderseits anerkannten Grundlagen ausgehend und innerhalb der neu begründeten Gemeinschaft der Interessen gegen aussen sich bewegend, zuverlässig zu den gewünschten heilsamen Ergebnissen führen werden.

No. 431. (XII.)

PREUSSEN. — Min. d. Ausw. an den königl. Gesandten in Wien. — Erklärung über das österreichische Zolleinigungsproject.

Berlin, den 20. Juli 1862.

Hochwohlgeborener Freiherr, — Graf Károlyi hat mir die abschriftlich anliegende Depesche vom 10. d. M. nebst den darin erwähnten Beilagen mitgetheilt. Der Inhalt dieser Actenstücke ist ein Gegenstand sorgsamer Erwägung von Seiten der königlichen Regierung gewesen. Das Ergebniss dieser Erwägung beehre ich mich Eurer Excellenz nachstehend ergebenst mitzutheilen. No. 431. (XII.) Preussen, 20. Juli 1862.

Nach Inhalt jener Schriftstücke macht Oesterreich den Vorschlag, mit dem Zollverein in ein Vertrags-Verhältniss zu treten, nach welchem, vom 1. Januar 1865 ab, die Gesetzgebung des Zollvereins über die Besteuerung des Verkehrs mit dem Auslande, soweit nicht Abänderungen derselben vereinbart werden möchten, in beiden Zollgebieten gleichmässig zur Anwendung kommen, die Einfuhr und Ausfuhr der Erzeugnisse des einen in das andere Zollgebiet, vorbehaltlich der Gegenstände eines Staatsmonopols oder einer inneren Besteuerung und der Surrogate für aussereuropäische Verzehrungs-Gegenstände, so wie der Fabrikate aus letzteren gegenseitig abgabenfrei stattfinden und der in beiden Zollgebieten von gewissen ausländischen Halbfabrikaten und Fabrikaten aufkommende Zollertrag, nach einem näher bezeichneten Massstabe, zwischen beiden getheilt werden soll. Nach Annahme dieses Vorschlages von Seiten des Zollvereins und nach Feststellung der Haupt-Positionen des künftigen gemeinschaftlichen Zolltarifs, soll eine gegenseitige vorläufige Verständigung über die nothwendigen Abänderungen des zwischen uns und Frankreich am 29. März d. J. paraphirten Handels-Vertrages erfolgen und es sollen, auf Grund derselben, gemeinschaftlich von uns und Oesterreich Verhandlungen über einen Handels- und Zoll-Vertrag mit Frankreich, event. mit Grossbritannien eingeleitet werden. Diese Verhandlungen sollen auf die Feststellung nicht von einzelnen Zollsätzen, sondern von mehr oder minder allgemeinen Grundsätzen, z. B. die Nichterhöhung der bestehenden Zollsätze über ein bestimmtes Procent des Werthes der Waaren hinaus, gerichtet sein.

In der Depesche, mit welcher der Herr Graf von Rechberg dem Herrn Grafen Károlyi diese Vorschläge übersendet, verschweigt derselbe die Bedenken nicht, welche die kaiserliche Regierung vor Mittheilung derselben an uns zu überwinden hatte. Er hebt hervor, dass die Verabredungen, in welche wir uns mit Frankreich eingelassen haben, eine solche Mittheilung kaum angänglich gemacht haben würden, wenn allein unsere Stellung als europäische Macht in Betracht gekommen wäre. Er erblickt indessen in dem Umstande, dass die Vorschläge Oesterreichs an den Zollverein, also an uns nur als Mitglied dieses Vereins gerichtet sind, und dass sie eine vollständige Veränderung der bisherigen Sachlage mit sich bringen, einen Unterschied, durch welchen die aus unserem Verhältniss zu Frankreich hergeleiteten Bedenken gehoben werden.

Es hat uns nicht gelingen wollen, diesen Unterschied uns klar zu machen, oder, wenn er vorhanden sein sollte, als wesentlich anzuerkennen.

No. 431. (XII.) Preussen. 20. Juli 1862. Dem kaiserlichen Herrn Minister der auswärtigen Angelegenheiten ist bekannt, dass wir den Handels-Vertrag mit Frankreich nicht in unserem Namen, nicht als europäische Macht, sondern im Auftrage der Zollvereins-Regierungen und als Mitglied des Zollvereins verhandelt haben, also eben in der Eigenschaft, in welcher wir jetzt die Vorschläge Oesterreichs entgegenzunehmen haben. Wie dem aber auch sei, so vermögen wir gegenüber den Verpflichtungen, welche wir als europäische Macht oder als Mitglied des Zollvereins, im Wege des Vertrages oder durch einseitige Handlungen, übernommen haben, nur einen Gesichtspunkt als leitend anzuerkennen: das Festhalten am gegebenen Worte.

Nach Inhalt des dem Herrn Grafen von Rechberg seiner Zeit mitgetheilten Protokolls vom 29. März d. J. besteht zwischen uns und Frankreich ein, wenn auch an eine Suspensiv-Bedingung geknüpftes Vertrags-Verhältniss. Wir haben unsere Zoll-Verbündeten, mit deren Wissen und Willen wir dieses Verhältniss eingeleitet haben, eingeladen, dasselbe durch ihre Zustimmung perfect zu machen. Mehrere unserer Zollverbündeten haben diese Zustimmung ertheilt, einige mit vorgängiger oder nachträglich erfolgter Genehmigung ihrer Landesvertretungen. Wir selbst haben die Verträge unserem Landtage vorgelegt und erwarten in wenigen Tagen die Abstimmung in dem einen Hause. Ich möchte glauben, dass der kaiserlich österreichische Herr Minister der auswärtigen Angelegenheiten, wenn er sich diese Thatsachen in ihrem Zusammenhange vergegenwärtigt hätte, Bedenken getragen haben würde, uns einen Vorschlag zu machen, welcher darauf hinausgehet, dass wir uns den Verpflichtungen einseitig entziehen sollen, welche wir gegen Frankreich durch das Protokoll vom 29. März d. J., gegen unsere Zollverbündeten durch die von ihnen angenommene Einladung zum Beitritt, und gegen unser eigenes Land durch den an die Landesvertretung gerichteten Antrag auf Zustimmung zu den Verträgen eingegangen sind.

Wir würden indessen, auch wenn wir durch diese Verpflichtungen nicht gebunden wären, Bedenken tragen müssen, die Vorschläge Oesterreichs anzunehmen. Ich beschränke mich hier darauf, das entscheidendste von diesen Bedenken hervorzuheben, und kann dabei an eine meiner neuesten nach Wien gerichteten Mittheilungen anknüpfen.

Die Gesichtspunkte, welche uns bei der Verhandlung unserer Verträge mit Frankreich geleitet haben, sind in der von mir unterm 7. April v. J. an Eure Excellenz gerichteten Depesche ausgesprochen. So grossen Werth wir im Interesse unseres Gewerbfleisses und unseres Handels auf die Theilnahme an der Versorgung eines grossen und reichen, an den Zollverein angrenzenden Marktes zu legen hatten, so würden wir uns doch zu derjenigen Umgestaltung des Zolltarifs, welche der Handels-Vertrag mit Frankreich in sich schliesst, nicht haben verstehen können, wenn wir nicht überzeugt gewesen wären, dass diese Umgestaltung, ganz abgesehen von allen vertragsmässigen Aequivalenten, eine durch das eigene Interesse des Zollvereins gebotene Nothwendigkeit sei. Es handelte sich für uns nicht bloss um einen Act der auswärtigen Handels-Politik, sondern der inneren Reform. Der bestehende Vereins-Zolltarif hat sich, nach unserer Ueberzeugung, überlebt.

No. 431. (XII) Preussen, 20. Juli 1862

Diesen nämlichen Tarif will Oesterreich durch seine Vorschläge bis zum Schlusse des Jahres 1877 zur Grundlage des Vertrags-Verhältnisses zwischen dem Zollverein und Oesterreich machen. Die Vorschläge behalten zwar eine Revision desselben vor, es soll jedoch, soweit bei dieser Revision eine Verständigung über Abänderungen nicht erfolgt, bei den bestehenden Bestimmungen verbleiben, und es soll, den im Zollverein bestehenden Grundsätzen gemäss, zu jeder Abänderung des Einverständnisses sämmtlicher Vereins-Regierungen und Oesterreichs bedürfen. Eine solche Verabredung, ich spreche es offen aus, würden wir nicht eingehen können, auch wenn Verhandlungen zwischen uns und Frankreich niemals stattgefunden hätten, denn über die mit dem 31. December 1865 ablaufende Vereins-Periode hinaus würden wir uns an den bestehenden Vereins-Zolltarif in keinem Falle binden wollen.

Wir haben auf die Freiheit unserer Entschliessung über diesen wichtigsten Theil der Handels-Gesetzgebung einen um so entschiedeneren Werth zu legen, als wir die Besorgniss hegen müssten, dass wir uns über die Ziele der vorbehaltenen Tarif-Revision nicht im Einverständniss mit Oesterreich befinden würden. Die Bedenken, welche die kaiserliche Regierung in früherer wie in neuerer Zeit gegen den Zollvereins-Tarif geltend gemacht hat, und deren Erledigung nach Inhalt der „Motivirung“ ihrer Vorschläge, bei jener Revision vorbehalten wird, waren vornehmlich gegen das allzu niedrige Ausmass der Sätze dieses Tarifs für die werthvolleren Waaren gerichtet, zielten also auf eine Erhöhung dieser Sätze hin. In der Denkschrift, welche der Depesche des Herrn Grafen von Rechberg an den Grafen Chotek vom 7. Mai d. J. beigefügt ist, wird mit Bestimmtheit ausgesprochen, dass die grosse Mehrzahl der von uns durch den Vertrag mit Frankreich angenommenen Zollsätze von der Art sind, dass Oesterreich, ohne den Untergang vieler Zweige seiner Industrie herbeizuführen, diesen Sätzen selbst nur soweit, als die Aufrechthaltung der bisherigen Zwischenzölle fordert, nicht zu folgen vermag. In der zu den Vorschlägen Oesterreichs gehörenden „Besonderen Verabredung“ endlich werden nicht nur Modificationen des Vertrages mit Frankreich im Allgemeinen als nothwendig vorausgesetzt, sondern es wird die Aufgabe der in Aussicht genommenen späteren Verhandlungen mit Frankreich ausdrücklich dahin präcisirt, dass, an Stelle einzelner Zollsätze, mehr oder minder allgemeine Grundsätze, z. B. die Nichterhöhung der bestehenden Zollsätze über ein gewisses Mass hinaus, zu vereinbaren seien.

Es kann nicht meine Absicht sein, die Frage zu discutiren, ob ein Tarif, wie solcher unserem Vertrage mit Frankreich beigefügt ist, den wirthschaftlichen Interessen Oesterreichs entsprechen würde. Ich darf mich darauf beschränken, zu constatiren, dass auch aus den vorliegenden Schriftstücken die Verneinung dieser Frage hervortritt. Die Verschiedenheit unseres Standpunkts von demjenigen Oesterreichs, welche sich aus dieser Verneinung ergiebt, können wir aufrichtig beklagen, wir können aber, wo es sich um die höchsten wirthschaftlichen Interessen des Landes handelt, den Standpunkt, welchen wir für den richtigen halten, nicht verlassen.

Eure Excellenz ersuche ich ergebenst, gegenwärtige Depesche ohne

No. 431. (XII.) Preussen, 20. Juli 1862.

Verzug zur Kenntniss des Herrn Grafen von Rechberg zu bringen und demselben Abschrift davon mitzutheilen.

Empfangen Eure Excellenz die Versicherung meiner ausgezeichneten Hochachtung.

Bernstorff.

No. 432. (XIII.)

OESTERREICH. — Min. d. Ausw. an den kaiserl. königl. Gesandten in Berlin. — Rückäusserung auf die preussische Depesche vom 20. Juli 1862. —

Wien, am 26. Juli 1862.

No. 432. (XIII.) Oesterreich, 26. Juli 1862.

Hochgeborener Graf! — Freiherr von Werther hat mir Mittheilung gemacht von der Antwort seiner Regierung auf unseren Antrag, Unterhandlungen wegen Abschlusses eines die deutsch-österreichische Zolleinigung begründenden Präliminarvertrages zu eröffnen. Ich habe die Ehre, Ew. Excellenz hierbei eine Abschrift dieser Rückäusserung zu übersenden.

Dass uns die Befriedigung nicht gewährt sein werde, Preussen zu der beantragten hochwichtigen Massregel entgegenkommend die Hand bieten zu sehen, darauf hat Herr Graf v. Bernstorff Ew. Excellenz bereits vorbereitet. Indessen haben wir nunmehr die Gründe vor Augen, welche die königliche Regierung unserem Anerbieten entgegenhält, und wenn wir diesen Gründen einen peremptorischen Charakter nicht beilegen zu können glauben, so wird es uns nicht versagt sein, die Hoffnung auf eine in so hohem Grade erstrebenswerthe Errungenschaft, wie es die Zoll- und Handelseinigung des gesammten Deutschlands ist, auch jetzt noch unverwandt festzuhalten.

Prüfen wir die Einwendungen Preussens; sie sind von doppelter Natur.

An erster Stelle beruft die königliche Regierung sich darauf, dass sie sich nicht für berechtigt halten könne, von ihrem gegenüber Frankreich verpfändeten Worte einseitig wieder abzugehen.

Die Gültigkeit dieses ersten Einwurfes, wir vermögen sie auf unserem Standpunkte aus mehr als einem Grunde nicht anzuerkennen. Es ist wahr, Preussen hat mit Frankreich unterhandelt; es hat das Protokoll vom 29. März paraphirt: unsere Vorschläge — so sagt es uns — können es nicht von der hierdurch eingegangenen Verbindlichkeit befreien. Aber wir antworten, dass diese Verbindlichkeit den älteren Verpflichtungen Preussens, auf welche wir uns berufen, rechtlich keinen Eintrag thun konnte. Gehen wir indessen für einen Augenblick über diese Seite der Frage hinweg. Betrachten wir an dieser Stelle den Stand des Geschäftes nach Preussens eigenen Erklärungen. Wir glauben dabei nichts für unsere Sache zu verlieren. Graf Bernstorff selbst hat hervorgehoben, dass jenes der französischen Regierung gegebene Wort an eine Suspensivbedingung geknüpft sei. Nicht individuell in seiner Eigenschaft als europäische Macht, sondern im Namen und Auftrage des deutschen Zollvereins hat Preussen die Unterhandlung mit Frankreich gepflogen. Eben deshalb hat sich die königliche Regierung, was wir mit ganz Deutschland ihr danken, nur unter der Bedingung der Zustimmung ihrer Vollmachtgeber an die zu Berlin paraphirten Verträge gebunden. Wird nun aber diese Bedingung sich erfüllen? Allerdings haben mehrere Regierungen des Zollvereins, Sachsen unter ihnen, den Vereinbarungen vom 29. März ihre eventuelle Genehmigung ertheilt. In den sächsischen Kammern sind alle entgegenstehenden Bedenken zurückgedrängt worden. Preussens eigene Landesvertretung ist so eben, von der Regierung dringend hierzu aufgefordert, diesem Beispiele durch ihren Ausspruch gefolgt. Aber es ist andererseits notorisch, dass in dem weitaus grösseren Theile des nichtpreussischen Zollvereinsgebietes bei den Regierungen, wie bei den Bevölkerungen, eine entschiedene Abneigung gegen jene Vereinbarungen herrscht, eine Abneigung, welche, abgesehen von ihren politischen Ursachen, in den gerechtesten Besorgnissen für Deutschlands industrielle Entwickelung ihren Grund hat. Wenn aber nicht der Zollverein in seiner Gesammtheit den Vertrag mit Frankreich annimmt, dann ist nicht nur die königlich sächsische Regierung, ihrer ausdrücklichen Erklärung zufolge, wieder vollkommen frei in ihren Entschliessungen, sondern auch für Preussen selbst werden dann die Berliner Verabredungen, weil nicht vom gesammten Zollverein genehmigt, ihre bindende Wirkung gegenüber Frankreich verloren haben. Gerade diesen Fall setzt aber unser Antrag voraus, und das Cabinet von Berlin wird sich daher kaum verhehlen wollen, dass jeder Tag eine Lage herbeiführen kann, in welcher unsere Voraussetzung verwirklicht, der Einwand dagegen, dass Preussen nicht mehr die Freiheit habe, mit uns zu unterhandeln, durch die Entwickelung der Verhältnisse überholt sein wird.

No 422. (XIII.) Oesterreich. 26. Juli 1862.

Wir gehen noch weiter. Ohne Zweifel weiss die Regierung Frankreichs sich von den angedeuteten Umständen vollständig Rechenschaft zu geben. Es ist ihr sicher nicht entgangen, dass das Uebereinkommen, welches sie mit Preussen getroffen, bei anderen deutschen Regierungen die ernstlichsten Bedenken wachgerufen hat. Auch der Umstand kann ihr nicht unbekannt geblieben sein, dass gerade die Nicht-Berücksichtigung des bestehenden Vertragsverhältnisses zwischen Oesterreich und dem Zollvereine eines der gewichtigsten dieser Bedenken bildet. Aus den Vorschlägen, die wir unsererseits an den Zollverein richten, wird sie sich endlich überzeugt haben, dass wir, die Wahrung unserer eigenen Interessen und vertragsmässigen Rechte vorausgesetzt, vollkommen bereit sind, gemeinschaftlich mit Preussen und den übrigen deutschen Regierungen die commerciellen Beziehungen zwischen Frankreich einerseits und dem weiten Gesammtgebiete des Zollvereins und Oesterreichs andererseits auf freisinnigen Grundlagen zu ordnen. Wird nicht Frankreich unter diesen Umständen sich sagen, dass es, festhaltend an den Vereinbarungen vom 29. März, den Zollverein sich nicht eröffnen, einwilligend in die Unterhandlung zwischen diesem und Oesterreich, die Aussicht auf Erleichterungen des Verkehrs mit beiden grossen Körpern gewinnen werde? Und wird Preussen, selbst während es sich noch gegenüber Frankreich für gebunden hält, in Paris unübersteiglichen Schwierigkeiten begegnen, wenn es Angesichts dieser Sachlage dort den Wunsch äussert, vorerst mit Oesterreich in Unterhandlung über dessen in der Mitte liegende Vorschläge einzutreten?

Wir glauben hiermit diesen ersten Punkt hinreichend beleuchtet zu haben; wir gehen zu Preussens zweiter Einrede gegen unseren Antrag über.

Graf Bernstorff erklärt, es liege den Zugeständnissen Preussens an Frank-

No 432. (XIII.) Oesterreich, 26. Juli 1862.

reich ein unabweisliches Bedürfniss innerer Reform zu Grunde, — der bisherige Tarif des Zollvereins habe sich überlebt, — Preussen werde sich in keinem Falle über die mit dem 31. December 1865 ablaufende Vereinsperiode hinaus an denselben binden. Gerade diesen Tarif aber wolle Oesterreich als Grundlage des neuen Vertragsverhältnisses annehmen. Allerdings behalte es eine Revision des bestehenden Vereinszolltarifs vor, aber der Erfolg derselben hänge von der Zustimmung jedes einzelnen Vereinsgenossen, auch Oesterreichs, ab, und über die Ziele dieser Revision befinde sich Preussen nicht im Einklange mit Oesterreich, nachdem letzteres erklärt habe, dass es im Interesse seiner Industrie die grosse Mehrzahl der zwischen Preussen und Frankreich verabredeten Zollsätze für sich nicht anzunehmen vermöge. Preussen müsse sich daher die Freiheit seiner Entschliessung wahren, es würde auf unseren Vorschlag selbst dann sich nicht einlassen können, wenn niemals zwischen ihm und Frankreich Unterhandlungen stattgefunden hätten.

Gegenüber diesen Aufstellungen werden wir aber fragen dürfen, ob nicht Preussen, wollte es diese Sätze in ihrer ganzen Schroffheit festhalten, eben so gewiss die Fortdauer des Zollvereines als die Zolleinigung mit Oesterreich schlechthin unmöglich machen würde? Dass die Tarifrevision, die wir beantragten, der Richtung auf Verkehrserleichterung folgen, dass sie sich nicht karg in zu engen Schranken bewegen werde, dafür bürgt unser ganzes Verfahren; wir glauben, unsere Zugeständnisse werden dieselbe Grenze erreichen, die auch viele der seitherigen Genossen des Zollvereins nicht werden überschreiten wollen. Unser Anschluss, wir dürfen dies mit vollem Grunde aussprechen, wird die Reform der Handelspolitik des Zollvereins nicht hemmen, sondern fördern. Freilich wenn die Regierung Preussens der Meinung ist, dass sie auf die Wünsche und Bedürfnisse der Theilnehmer am gegenwärtigen Zollvereine so wenig, wie auf die unsrigen Rücksicht zu nehmen habe, dann allerdings wird sie nur folgerichtig handeln, wenn sie sich vom 1. Januar 1866 an auf jene Freiheit der Entschliessung zurückzieht, auf welche sie im Zollvereine verzichtet hat und in jedem künftigen ähnlichen Vereine würde verzichten müssen. Dann aber wird sie zugleich ihre Wahl zwischen ihrer Autonomie und der Fortdauer des Zollvereins getroffen haben, — die eine scheint uns die andere auszuschliessen. Uns aber sei es so lange als möglich erlaubt, an diese äusserste Wendung nicht zu glauben. Wie könnte für Preussen der mit Frankreich — nicht ohne Zögern — verabredete Tarif so rasch ein noli me tangere geworden sein? Wie könnte es in Preussens wahren Interessen liegen, an die Annahme oder Nichtannahme dieses nämlichen Tarifs die Existenzfrage des Zollvereins zu knüpfen? Wie sollte endlich die preussische Industrie selbst zugeben, dass sie in der Concurrenz mit den übermächtigen westlichen Nachbarn keines künstlichen Schutzes mehr bedürfe, in der schrankenlosen Eröffnung des österreichischen Marktes nicht eine mehr als hinreichende Entschädigung finde für die etwaigen Nachtheile, welche mit Aenderungen jenes Tarifs, wie Oesterreich und der deutsche Süden sie wünschen müssen, möglicherweise für sie verbunden sein könnten? Wir glauben, was diesen letzten Theil der Frage betrifft, einen bemerkenswerthen Unterschied in den Argumenten des Herrn Grafen von

Bernstorff und den unsrigen hervorheben zu müssen. Der preussische Minister nimmt als erwiesen an, dass ein Eingehen auf die Sätze des preussisch-französischen Tarifs die Interessen Oesterreichs schädigen würde, und er schafft sich gerade aus dieser Thatsache einen Grund, im Voraus jede Unterhandlung mit uns abzulehnen, in welcher Preussen nicht diese für uns nachtheilige Grundlage festhalten könnte. Wir an unserem Theile wünschen mit mehr Wohlwollen für die verbündete Macht diese Unterhandlung angeknüpft zu sehen, denn unsere Anträge ruhen auf der Basis natürlicher Entwickelung und gemeinsamer Pflege der gesammtdeutschen Industrie- und Handelsinteressen, und bis jetzt wenigstens hat uns das Berliner Cabinet nicht zu überzeugen vermocht, dass die Eventualitäten, die der Vertrag mit Frankreich dem preussischen Staate und Volke eröffnet, dem wahren Wohle und Gedeihen Preussens besser als unsere Anträge entsprechen.

No. 422 (XIII.) Oesterreich, 26. Juli 1862.

Wir können hiermit unsere Antwort auf die Erklärungen der königlich preussischen Regierung vom 20. d. M. schliessen. Allein es bleibt uns noch übrig, einen weiteren entscheidenden Grund für unser Verlangen, dass über unseren Vertragsentwurf verhandelt werde, anzuführen. Gestützt auf den Art. 25 des Handels- und Zollvertrags vom 19. Februar 1853 glauben wir die Eröffnung von Unterhandlungen über unser Anerbieten nicht bloss aus Zweckmässigkeitsrücksichten, sondern auch, wie hiermit geschieht, als ein uns zustehendes Recht in Anspruch nehmen zu können. Es sollten nach diesem Artikel im Jahre 1860 Commissarien der contrahirenden Staaten zusammentreten, um über die Zolleinigung zwischen beiden Theilen, oder falls eine solche Einigung noch nicht zu Stande gebracht werden könnte, über weitere Verkehrserleichterungen und möglichste Annäherung und Gleichstellung der beiderseitigen Zolltarife zu unterhandeln. Diese commissarischen Unterhandlungen sind seither aufgeschoben worden, aber die Verpflichtung, die Hand zu denselben zu bieten, dauert fort. Oesterreich hat nunmehr als Grundlage für die Vollziehung dieses Vertragsartikels ein bestimmtes und bis ins Einzelne ausgebildetes Programm der Zolleinigung vorgelegt, — die kaiserliche Regierung glaubt nicht, dass der Zollverein, Preussen an der Spitze, es ihr mit Recht verweigern könne und dürfe, auf die gemeinsame Berathung ihres Vorschlages einzugehen.

Die vorstehenden Bemerkungen wollen Ew. Excellenz dem Grafen von Bernstorff zur Kenntniss bringen und seiner ernstlichsten Erwägung anempfehlen, auch dem Herrn Minister zu diesem Zwecke eine Abschrift des gegenwärtigen Erlasses zur Verfügung stellen.

Empfangen etc.

Rechberg.

An den Grafen von Károlyi, *Berlin.*

No. 433. (XIV.)

PREUSSEN und FRANKREICH. — Protokoll über die Unterzeichnung der abgeschlossenen commerciellen Verträge.

No. 433. (XIV.) Preussen u. Frankreich, 2. August 1862.

Am 2. August 1862 sind die unterzeichneten Bevollmächtigten Seiner Majestät des Königs von Preussen und seiner Majestät des Kaisers der Franzosen, welche mit der Unterhandlung der am 29. März d. J. von ihnen paraphirten Verträge und Uebereinkünfte beauftragt waren, zu Berlin im Ministerium der auswärtigen Angelegenheiten zusammengetreten.

Die Bevollmächtigten Seiner Majestät des Königs von Preussen haben zunächst daran erinnert, dass der Grund, aus welchem man sich im Monat März d. J. darauf beschränkt habe, die Verträge, Uebereinkünfte und Tarife, in denen das Ergebniss der seit dem Monat Januar 1861 zwischen dem Zollverein und Frankreich gepflogenen Verhandlungen über Handel, Schifffahrt und schriftstellerisches Eigenthum niedergelegt ist, bloss zu paraphiren, in dem Wunsche ihrer Regierung gelegen habe, diese Actenstücke vor deren förmlicher Unterzeichnung ihren Zollverbündeten zur zustimmenden Erklärung vorzulegen. Die gedachten Bevollmächtigten haben demnächst mitgetheilt, dass zwar dem Antrage ihrer Regierung auf Ertheilung dieser zustimmenden Erklärung von einem Theile der Zollvereins-Regierungen noch nicht entsprochen sei, dass aber, nachdem seit Paraphirung der erwähnten Actenstücke vier Monate verflossen seien; nachdem die königlich sächsische Regierung, die zum Thüringischen Zoll- und Handelsvereine gehörenden Regierungen, nämlich: die grossherzoglich Sächsische Regierung, die herzoglichen Regierungen von Sachsen-Meiningen, Sachsen-Altenburg, und Sachsen-Coburg-Gotha und die fürstlichen Regierungen von Schwarzburg-Rudolstadt, Schwarzburg-Sondershausen, Reuss älterer und Reuss jüngerer Linie, sowie die grossherzoglich Oldenburgische Regierung ihre Zustimmung zu jenen Actenstücken erklärt haben und die grossherzoglich Badensche Regierung dieselben ihren Ständen mit der Empfehlung zur Annahme vorgelegt habe; nachdem endlich beide Häuser des Preussischen Landtages denselben die Zustimmung ertheilt haben, der von den Bevollmächtigten Seiner Majestät des Kaisers der Franzosen ausgesprochene Antrag begründet sei, heute zur förmlichen Unterzeichnung der vorerwähnten vier Verträge und Uebereinkünfte zu schreiten.

Nachdem die Original-Ausfertigungen der letzteren und ihrer Anlagen vorgelegt, verglichen und in allen Punkten mit dem am 29. März d. J. paraphirten Texte übereinstimmend befunden waren, sind sie von den beiderseitigen Bevollmächtigten unterzeichnet und untersiegelt worden.

Es ist jedoch ausdrücklich erklärt worden und einverstanden gewesen,

1) dass der Austausch der Ratificationen dieser Verträge und Uebereinkünfte erst dann stattfinden wird, wenn sämmtliche Vereinsregierungen den letzteren ihre Zustimmung ertheilt haben. Hierbei sprachen die Bevollmächtigten Seiner Majestät des Kaisers der Franzosen den dringenden Wunsch aus, dass, um die rechtzeitige Ausführung der Verträge zum 1. Januar 1863 zu ermöglichen, auch auf die Beschleunigung der Erklärungen der mit ihren Aeusserungen noch rückständigen Zollvereinsstaaten hingewirkt werde.

Le 2 août 1862 les Plénipotentiaires soussignés de Sa Majesté le Roi de Prusse et de Sa Majesté l'Empereur des Français, chargés de la négociation des traités et conventions paraphés entre eux le 29 mars dernier, se sont réunis à Berlin au Ministère des Affaires Etrangères. No. 429. (XIV.) Preussen u. Frankreich, 2. August 1862.

Les Plénipotentiaires de Sa Majesté le Roi de Prusse ont tout d'abord rappelé qu'en se bornant au mois de mars dernier à parapher les traités, conventions et tarifs qui consacrent le résultat des négociations commerciales, maritimes et littéraires engagés entre le Zollverein et la France depuis le mois de janvier 1861, leur gouvernement avait été mû par le désir, avant de les consacrer par une signature formelle, de soumettre ces mêmes actes à l'assentiment de ses coassociés du Zollverein. Les mêmes Plénipotentiaires ont ensuite annoncé qu'une partie des Etats du Zollverein n'avait sans doute pas encore fait parvenir à leur gouvernement l'assentiment dont il s'agit; mais que, comme d'une part quatre mois se sont écoulés depuis le paraphe des actes précités; comme d'autre part le Royaume de Saxe, les Etats formant l'union douanière et commerciale de Thuringe, savoir la Saxe grande-ducale, les duchés de Saxe-Meiningen, Saxe-Altenbourg, Saxe-Cobourg-Gotha, les principautés de Schwarzbourg-Rudolstadt et de Schwarzbourg-Sondershausen, de Reuss branche aînée et branche cadette, ainsi que le grand-duché d'Oldenbourg ont notifié leur adhésion aux actes dont il s'agit, en même temps que le gouvernement grand-ducal de Bade les a recommandés à l'adoption de ses chambres; comme enfin les deux chambres du Parlement Prussien viennent d'accorder à ces mêmes actes internationaux leur consécration législative, la demande des Plénipotentiaires de Sa Majesté l'Empereur des Français de procéder aujourd'hui à la signature solennelle des quatre traités et conventions dont il s'agit, était pleinement justifiée. Les instruments originaux de ceux-ci et de leurs annexes ayant été produits, collationnés et trouvés de tous points conformes aux textes paraphés le 29 mars dernier, les Plénipotentiaires respectifs y ont apposé leur signature ainsi que le cachet de leurs armes.

Il a toutefois été expressément déclaré et convenu:

1) que l'échange des ratifications de ces traités et conventions n'aura lieu que lorsque tous les Etats du Zollverein auront fait connaître leur adhésion, les Plénipotentiaires de Sa Majesté l'Empereur des Français ayant d'ailleurs exprimé à cette occasion le vif désir que, dans le but de rendre possible la mise en vigueur des traités et conventions à partir du 1er janvier 1863, rien ne soit négligé pour hâter l'adhésion de ceux des Etats associés qui ne se sont point encore prononcés;

No. 432 (XIV.) Preussen u. Frankreich, 2. August 1862.

2. Dass der in dem Tarife B zu dem Handelsvertrage für „Spiegelglas, geschliffenes, belegt oder unbelegt, wenn das Stück über 288 preussische Quadratzoll gross ist," festgesetzte Zollsatz von $3^1/_4$ Sgr. für je 144 Quadratzoll, bei Gelegenheit des Austausches der Ratificationen, in einen Zollsatz von 4 Thlr. für den Centner umgewandelt werden wird, sofern von den betheiligten Vereinsregierungen auf diese Umwandlung Werth gelegt werden sollte.

Hiernächst wurde das Einverständniss der beiderseitigen Bevollmächtigten über die Auffassung einiger Bestimmungen des Handelsvertrages festgestellt, wie folgt:

1) Unter den im ersten Absatze des Art. 8 erwähnten inneren oder Verbrauchssteuern sind auch die städtischen Octrois mit zu verstehen.

2) Die Bestimmungen des zweiten Absatzes des Art. 11 sind nur auf Waaren nicht zollvereinsländischen Ursprungs zu beziehen.

3) Unter den im letzten Absatze des Art. 25 vorbehaltenen Gesetzen, Verordnungen und Reglements sind auch die in jedem Zollvereinsstaate über die Niederlassung von Ausländern bestehenden Gesetze u. s. w. zu begreifen, so dass namentlich, falls in einem Zollvereinsstaate die Zulassung von Ausländern zum ständigen Gewerbebetriebe an die Bedingung der Aufnahme in den Staatsverband geknüpft ist, Frankreich für seine Unterthanen auf Grund des Artikels 25 keine Befreiung von den desfallsigen Vorschriften, so lange dieselben noch allen anderen Staaten gegenüber gelten, beanspruchen kann.

4) Die auf Ausfuhrverbote bezügliche Bestimmung des Art. 31 kann den aus dem Bundes-Verhältnisse herrührenden Verpflichtungen der zum Zollvereine gehörenden deutschen Bundesstaaten keinen Eintrag thun.

Zu Urkund dessen haben die beiderseitigen Bevollmächtigten gegenwärtiges Protokoll nach erfolgter Vorlesung, zu Berlin an dem obengenannten Tage, Monat und Jahr vollzogen.

(L. S.)	**Bernstorff.**
(L. S.)	**von Pommer-Esche.**
(L. S.)	**Philipsborn.**
(L. S.)	**Delbrück.**
(L. S.)	**Prince de la Tour d'Auvergne.**
(L. S.)	**de Clercq.**

No. 421. (XIV.) Preussen u. Frankreich, 2. August 1862.

2) que le droit 3 gros, $^1/_4$ par 144 pouces carrés pour les glaces polies, étamées ou non, mesurant plus de 288 pouces carrés de Prusse, fixé par le tarif B annexé au traité de commerce, sera, lors de l'échange des ratifications, remplacé par une taxe de 4 thalers par quintal allemand dans le cas où les Etats intéressés du Zollverein attacheraient du prix à cette substitution.

Après ces déclarations les Plénipotentiaires respectifs sont encore convenus de fixer ainsi qu'il suit le sens de quelques clauses du traité de commerce.

1) Les droits d'accise et de consommation mentionnés dans les 1ers alinéa de l'article 8 comprennent les droits d'octroi à l'entrée des villes.

2) Les stipulations du deuxième alinéa de l'article 11 ne s'appliquent pas aux produits du sol ou des manufactures du Zollverein;

3) Les réserves mentionnées dans le dernier alinéa de l'article 25 en ce qui concerne les lois, ordonnances et réglements, embrassent les lois en vigueur dans chaque Etat particulier du Zollverein sur les conditions à remplir pour l'établissement des étrangers en général, de sorte que si dans l'un de ces Etats l'admission d'un étranger à l'exercice d'une industrie était subordonnée à la condition de naturalisation, la France, aussi longtemps que cette obligation légale continuera à subsister pour tous les autres Etats étrangers en général, ne pourrait point invoquer l'article 25 pour en exempter ses nationaux.

4) La clause de l'article 31 sur les prohibitions à la sortie ne déroge point aux obligations que les actes de la confédération germanique imposent aux Etats Allemands qui composent le Zollverein.

En foi de quoi les Plénipotentiaires respectifs ont signé le présent protocole après lecture faite à Berlin les jour, mois et an que dessus.

(L. S.)	**Bernstorff.**
(L. S.)	**von Pommer-Esche.**
(L. S.)	**Philipsborn.**
(L. S.)	**Delbrück.**
(L. S.)	**Prince de la Tour d'Auvergne.**
(L. S.)	**de Clercq.**

No. 434. (XV.)

PREUSSEN. — Min. d. Ausw. an die königl. Gesandtschaften bei den Zollvereinsregierungen. — Mittheilung über die erfolgte Unterzeichnung der Verträge mit Frankreich. —

Berlin, den 5. August 1862.

No. 434 (XV.) Preussen, 5. August 1862. Eure etc. benachrichtige ich ergebenst im Verfolg meiner Erlasse vom 25. v. und 1. d. Mts. in Betreff der Verträge mit Frankreich, dass wir, nach erfolgter Zustimmung der beiden Häuser unseres Landtages nicht länger Anstand genommen haben, die am 29. März d. J. paraphirten Verträge und Uebereinkünfte zu unterzeichnen. Die Unterzeichnung ist am 2. d. Mts. erfolgt, und es ist darüber das in beglaubigter Abschrift anliegende Protokoll aufgenommen.*)

Ich darf an dieser Stelle kaum wiederholt daran erinnern, dass wir die Verhandlungen mit Frankreich unter der Zustimmung sämmtlicher Zollvereinsstaaten begonnen, dass wir unseren Vereinsgenossen während des langwierigen Verlaufs der Unterhandlung mehrfach Mittheilung von der Lage der Sache gemacht haben, dass seit dem Abschluss der Verhandlungen bereits wieder vier Monate verflossen sind. Ebenso glaube ich hier nicht von Neuem auf die Anträge zurückkommen zu dürfen, welche von Seiten der kaiserlich österreichischen Regierung an uns und an die übrigen Vereinsstaaten gerichtet worden sind. Es wird nach den von uns in dieser Beziehung gemachten Mittheilungen auf keiner Seite ein Zweifel darüber bestehen, dass jene Anträge und die damit verbundenen Ausführungen uns nicht haben bestimmen können, von dem Wege abzugehen, welchen wir mit voller Ueberzeugung betreten und dessen Innehaltung wir durch die erfolgte Unterzeichnung bekräftigt haben.

Bei Gelegenheit der Unterzeichnung sind einige Berichtigungen, Erläuterungen und Ergänzungen der am 29. März d. J. paraphirten Actenstücke erfolgt, auf welche ich hier näher einzugehen habe.

1) In dem Tarife B zu dem Handels-Vertrage kommt der Artikel „gemahlenes Farbholz" zweimal vor: zuerst unter „Holz und Holzwaaren", sodann unter „Verschiedene Waaren" (S. 16 u. S. 40 des meinem Erlasse vom 3. April d. J. beigefügten metallographischen Abdrucks). Diese Ungenauigkeit der Redaction ist durch Streichung der Worte: „Farbholz, auch gemahlenes" und „bois de teinture, même moulu" an der zuletzt erwähnten Stelle berichtigt.

2) Da Steinkohlen an der badischen Grenze oberhalb Kehl nicht zollfrei, sondern zu dem ermässigten Satze von 1 Kr. vom Centner eingehen, so hat die Verabredung im Schlussprotokolle unter I. E. No. 4 folgende berichtigte Fassung erhalten:

4. dass der für die französischen Steinkohlen, Coaks und geformten Kohlen festgesetzte Eingangszoll dem an der badischen Grenze zur Zeit bestehenden ermässigten Zollsatze keinen Eintrag thut.	4. que le droit fixé pour les houilles, cokes et briquettes d'origine française ne déroge pas au droit réduit aujourd'hui existant sur la frontière badoise.

*) No. 434 (XIV.)

3) Von Seiten Frankreichs war erinnert worden, dass die Bestimmung im Art. 13 der Literar-Convention, nach welcher gestochene Kupfer- und Stahlplatten zum Gebrauch für den Umdruck auf Papier, ausgenommen Papiertapeten, gegenseitig zollfrei zuzulassen sind, nicht im Einklang stehe mit einer Bestimmung des Tarifs A, nach welcher gestochene Platten zum Buchdruck in Frankreich einem Eingangszolle von 10 Frcs., von 1864 ab von 8 Frcs. pr. 100 Kil. unterliegen sollen (S. 8 des meinem Erlasse vom 3. April d. J. beigefügten Abdrucks). Bei näherem Eingehen auf die Sache erschien es beiderseits als zweckmässig, die überdies nicht ohne praktische Unzuträglichkeiten durchführbare Ausschliessung der für den Tapetendruck bestimmten Platten von der Eingangszollfreiheit fallen zu lassen und es sind demgemäss: No. 434. (XV.) Preussen, 5. August 1863.

a) im Art. 13 der Literar-Convention die Worte: „ausgenommen Papiertapeten“ und: „outre que du papier de tenture“,

b) im Tarif A die Worte: „et planches gravées pour impression sur papier“ und: „und gestochene Platten zum Buchdruck“ gestrichen worden.

4) In Beziehung auf die Artikel 8, 11, 25 und 31 des Handels-Vertrages hatte die königlich sächsische Regierung die ausdrückliche Feststellung derjenigen Auslegung gewünscht, welche wir auf Grund der stattgefundenen Verhandlungen und nach der Natur der Sache diesen Artikeln gegeben hatten. Indem durch das beiliegende Protokoll das Einverständniss über diese Auslegung constatirt ist, ist jenem Wunsche entsprochen worden.

5) Aus den in meinem Erlasse vom 3. April dargelegten Gründen war in dem Tarife B, auf S. 30 des diesem Erlasse beigefügten Abdrucks, ein Zollsatz für das über 288 Quadratzoll grosse geschliffene Spiegelglas nicht ausgeworfen worden. Mit dieser Lücke konnte der Tarif nicht unterzeichnet werden, und es ist dieselbe daher durch Einrückung des nach dem Flächenraum bemessenen, in dem gedachten Erlasse bezeichneten Zollsatzes ausgefüllt. Gleichzeitig ist jedoch in dem beiliegenden Protokolle die Umwandlung dieses Zollsatzes in den alternativ verabredeten Gewichtszoll für den Fall vorbehalten worden, dass die betheiligten Vereins-Regierungen solche wünschen sollten.

6) Von Seiten Frankreichs wurde erklärt, dass man nicht die Absicht habe, die in dem Tarife A — S. 33 und 35 des Abdrucks — für Hörner in geschnittenen Platten und für Senf verabredeten Zollermässigungen auf die unpolirten Platten, beziehungsweise auf Senfpulver in Packeten zu beschränken. Unsererseits konnte diese Erklärung nur mit Befriedigung vernommen werden.

Es sind demgemäss:

a) bei dem Artikel „Hörner“, „cornes de bétail“ die Worte: „nicht polirt“ und „non polies“ gestrichen,

es ist ferner:

b) die Benennung: „Senfpulver in Packeten“ und: „moutarde en paquets“ in: „Senf“ und: „moutarde“ abgeändert

und es ist hierdurch bei beiden Artikeln die volle Uebereinstimmung mit dem französisch-belgischen Tarife hergestellt worden.

In Beziehung auf drei Artikel, hinsichtlich deren, nach Inhalt meines Erlasses vom 3. April d. J., eine Verständigung noch vorbehalten war, nämlich:

No. 434. (XV.) Preussen, 5. August 1862.

Bier in Fässern und Flaschen,
Gold und Silberblatt und
undichte gebleichte Baumwollengewebe,

hat die Verständigung auch ferner vorbehalten bleiben müssen. Thatsächlich habe ich hierbei zu bemerken, dass in Betreff des Artikels „Bier" sämmtliche Vereins-Regierungen, welche uns ihre Zustimmung zu den Verträgen erklärt haben, in Betreff der beiden anderen Artikel die Regierungen des Thüringischen Vereins und von Oldenburg geneigt sind, der unter den übrigen Vereins-Regierungen stattfindenden Verständigung sich anzuschliessen. Von Sachsen ist rücksichtlich dieser letzteren Artikel zwar das Einverständniss damit ausgesprochen worden, dass als Gegenconcession gegen die für Baiern erwünschte und von Frankreich in Aussicht gestellte Ermässigung des französischen Eingangszolles für Goldblatt auf 25 Frcs. und für Silberblatt auf 20 Frcs. an Frankreich die Ausscheidung der bloss gebleichten undichten Baumwollengewebe in dem Zollvereinstarife aus der höchsten Klasse der Baumwollengewebe und die Aufnahme in eine besondere Klasse mit dem Zollsatze von 30 Thlr. für den Centner zugestanden werde, obschon die Einschiebung einer neuen Zwischenzollklasse manches Unzuträgliche und Unbequeme mit sich führt. Es ist aber dabei vorausgesetzt, dass Frankreich seine weitergehende Forderung auf Beibehaltung dieser besonderen Klasse, unter Ermässigung des Zolles für solche von 30 Thlr. auf $26^2/_3$ Thlr. vom Jahre 1866 fallen lässt, so dass von diesem Zeitpunkte an lediglich die ursprünglich beabsichtigten drei Klassen mit den Zollsätzen von 10 Thlr., 16 Thlr. und 30 Thlr. eintreten.

Wir haben die Bevollmächtigten Frankreichs von dieser Erklärung in Kenntniss gesetzt, und es haben dieselben die Bereitwilligkeit ihrer Regierung erklärt, im Interesse der Verständigung auf die von Sachsen bezeichnete Combination einzugehen, also den Zollsatz für Gold- und Siberblatt auf 25 Frcs., beziehungsweise 20 Frcs. zu ermässigen, sofern der für die bloss gebleichten undichten Baumwollengewebe vom 1. Januar 1866 ab verabredete Zollsatz von 30 Thlr. schon mit dem Vollzuge des Handels-Vertrages in Wirksamkeit tritt.

Es steht hiernach nur das soeben bezeichnete, nicht mehr das in meinem Erlasse vom 3. April d. J. besprochene Arrangement in Frage.

Ich habe endlich noch eines Gegenstandes zu erwähnen, welcher zu den Verträgen mit Frankreich in einer wenigstens mittelbaren Beziehung stehet: der Uebergangs-Abgabe für Wein.

Nach Inhalt meines Erlasses vom 3. April d. J. hatten wir uns, die Zustimmung der ausser uns betheiligten Vereins-Regierungen vorausgesetzt, bereit erklärt, jene Abgabe vom Tage des Vollzuges des Handels-Vertrages an auf $12^1/_2$ Sgr. für den Zollcentner zu ermässigen. Diese Zustimmung ist uns von Sachsen, den Staaten des Thüringischen Vereins und Oldenburg erklärt worden.

Inzwischen ist unsere Aufmerksamkeit, von verschiedenen Gesichtspunkten aus, wiederholt auf den Gegenstand gelenkt worden. Uebereinstimmende, aus den südlichen Vereinsstaaten uns zugegangene Berichte lassen uns keinen Zweifel darüber, dass dort auf die gänzliche Aufhebung der Uebergangs-Abgabe für Wein ein sehr hoher Werth gelegt und in der Herstellung des völlig freien

Verkehrs mit diesem Erzeugnisse eine Ausgleichung für Nachtheile gefunden wird, welche man, wenn auch nach unserer Ueberzeugung ohne Grund, als Folgen der Verträge mit Frankreich befürchtet. In unseren Weinbau-Bezirken erblickt man in der von uns bereits angebotenen Ermässigung der Uebergangs-Abgaben, wenn solche ohne eine entsprechende Herabsetzung unserer inneren Weinsteuer erfolgen sollte, eine Benachtheiligung der eigenen Weinproduction gegenüber derjenigen der südlichen Vereinsstaaten und wünscht man die Aufhebung unserer Weinsteuer. Der Landtag des Königreichs Sachsen hat der Regierung die Ermächtigung ertheilt, mit der gänzlichen Beseitigung der Uebergangs-Abgabe und der Weinsteuer vorzugehen. Wir selbst können, wenngleich nicht unerhebliche Bedenken wider die Beseitigung des bestehenden Systems obwalten, doch den entschiedenen Fortschritt nicht unterschätzen, welchen die Verkehrsfreiheit im Innern des Vereins durch die Aufhebung der Uebergangs-Abgabe für Wein machen würde. Wir würden deshalb, wenn auf diesem Wege ein allseitiges Einverständniss in Betreff der vorliegenden Verträge zu erreichen wäre, geneigt sein, die Aufhebung der Uebergangs-Abgabe vom Wein und der inneren Weinsteuer vorzuschlagen; indem wir hoffen, dass auch die an der Uebergangs-Abgabe mit uns Theil nehmenden Vereins-Regierungen sich unter gleicher Voraussetzung zu dem gleichen Schritte entschliessen werden. No. 434. (XV.) Preussen, 5. August 1862.

Nach allen vorstehenden Bemerkungen glauben wir nunmehr mit Zuversicht darauf rechnen zu dürfen, dass auch diejenigen unserer Vereinsgenossen, von welchen uns bis jetzt eine Erklärung noch nicht zugekommen ist, nicht länger zögern werden, uns solche zugehen zu lassen. Wir sind uns bewusst, in dieser ganzen Angelegenheit nicht nach eigenem Interesse, sondern im Interesse des gesammten Vereins verfahren zu haben; wir haben uns nur durch die Rücksicht auf das wahre volkswirthschaftliche Wohl leiten lassen; jedes andere Motiv hat uns fern gelegen. Es kommt jetzt darauf an, den Handel, den Gewerbefleiss und die Schifffahrt der Zollvereinsstaaten auf dem grossen Felde, welches durch die Verträge erschlossen wird, ohne weiteren Verzug Theil nehmen zu sehen und nicht anderen Nationen die Vortheile zu überlassen, zu deren Mitgenuss der Verein fähig und berufen ist.

Um den Beginn der Verträge mit dem 1. Januar 1863 eintreten zu sehen, ist es dringend nothwendig, dass wir die Erklärungen unserer, mit ihren Aeusserungen noch rückständigen Zollverbündeten so schleunig als möglich und so zeitig erhalten, dass die demnächst erforderliche allseitige Ratification im Laufe des Monats October würde erfolgen können.

Eure etc. ersuche ich ergebenst, hiervon unter Beifügung der Anlage der etc. Regierung Mittheilung zu machen.

Empfangen Eure etc.

Bernstorff.

No. 435. (XVI.)

PREUSSEN und **FRANKREICH**. — Handelsvertrag, unterzeichnet am 2. August 1862. —

Handelsvertrag.

No. 435. (XVI.) Handels-Vertrag. 2. August 1862.

Seine Majestät der König von Preussen, sowohl . . und Seine Majestät der Kaiser der Franzosen, von dem gleichen Wunsche beseelt, die freundschaftlichen Beziehungen zwischen den Zollvereinsstaaten und Frankreich zu befestigen und die gegenseitigen Handelsverhältnisse zu erweitern, haben beschlossen, einen Vertrag zu diesem Zwecke abzuschliessen und zu Ihren Bevollmächtigten ernannt . . etc. etc., welche, nach Austausch ihrer in guter und gehöriger Form befundenen Vollmachten, über nachstehende Artikel übereingekommen sind:

Artikel 1. — Die in dem Tarif A zu gegenwärtigem Vertrage verzeichneten, aus dem Zollvereine herstammenden oder in demselben verfertigten Gegenstände sollen in Frankreich bei ihrer unmittelbaren Einfuhr zu Lande wie zur See unter der Flagge eines Zollvereinsstaates oder unter französischer Flagge zu den durch diesen Tarif festgestellten Eingangs-Abgaben, mit Einschluss der Zusatz-Decimen, zugelassen werden.

Artikel 2. — Die in dem Tarif B zu gegenwärtigem Vertrage verzeichneten, aus Frankreich herstammenden oder daselbst verfertigten Gegenstände sollen im Zollverein bei ihrer unmittelbaren Einfuhr zu Lande wie zur See unter der Flagge eines Zollvereinsstaates oder unter französischer Flagge zu den durch diesen Tarif festgestellten Eingangs-Abgaben zugelassen werden.

Artikel 3. — Die aus dem Zollverein herstammenden oder in demselben verfertigten Waaren, welche entweder über die Häfen der Hansestädte an der Elbe oder Weser, oder mittelst der belgischen oder schweizerischen Eisenbahnen in Frankreich eingehen, sollen als unmittelbar eingeführt angesehen werden, und zwar, im letzteren Falle, wenn die Eisenbahnwagen oder Colli, welche die Waaren enthalten, von dem vereinsländischen Zollamte amtlich verschlossen oder verbleit sind, die Vorlegeschlösser oder Bleie bei der Ankunft in Frankreich als unversehrt erkannt worden und die Beförderung nach Massgabe der unter den Hohen vertragenden Theilen für den internationalen Eisenbahn-Dienst getroffenen Abreden erfolgt.

Die aus Frankreich herstammenden oder daselbst verfertigten Waaren sollen bei ihrem Eingange in den Zollverein unter denselben Bedingungen genau die gleiche Behandlung geniessen.

Artikel 4. — Die aus dem Zollvereine nach Frankreich und die von Frankreich nach dem Zollvereine ausgeführten Waaren jeder Art sollen beiderseitig von allen Ausgangs-Abgaben frei sein.

Ausgenommen von dieser Bestimmung sind nur die nachstehend verzeichneten Lumpen und Abfälle zur Papierfabrication. Sie bleiben einer Ausgangs-Abgabe unterworfen, deren Betrag festgestellt ist, wie folgt:

TRAITÉ DE COMMERCE.

Sa Majesté le Roi de Prusse, agissant .. et Sa Majesté l'Empereur des Français animés d'un égal désir de resserrer les liens d'amitié et d'étendre les relations commerciales entre les États du Zollverein et la France, ont résolu de conclure un traité à cet effet et ont nommé pour leurs Plénipotentiaires .. etc. etc., lesquels, après avoir échangé leurs pleins pouvoirs, trouvés en bonne et due forme, sont convenus des articles suivants: No. 423. (XVI) Handels-Vertrag, 2. August 1862.

Article 1. — Les objets d'origine ou de manufacture du Zollverein, énumérés dans le tarif A joint au présent traité, et importés directement par terre ou par mer sous pavillon d'un des États du Zollverein ou sous pavillon français, seront admis en France aux droits fixés par ledit tarif, décimes additionnels compris.

Article 2. — Les objets d'origine ou de manufacture française, énumérés dans le tarif B joint au présent traité, et importés directement par terre ou par mer sous pavillon d'un des États du Zollverein ou sous pavillon français, seront admis dans le Zollverein aux droits fixés par ledit tarif.

Article 3. — Seront considérées comme importées directement les marchandises d'origine ou de fabrication du Zollverein expédiées en France, soit par les ports hanséatiques de l'Elbe ou du Weser, soit par les chemins de fer de la Belgique ou de la Suisse, pourvu que, dans ce dernier cas, les wagons ou les colis renfermant ces marchandises soient cadenassés ou plombés par la douane du Zollverein, que les cadenas ou plombs soient reconnus intacts à l'arrivée en France et que l'expédition ait lieu dans les conditions réglées entre les Hautes Parties contractantes pour le service international des chemins de fer.

Les marchandises d'origine ou de fabrication française jouiront sous les mêmes conditions à l'entrée du Zollverein d'un traitement exactement semblable.

Article 4. — Les marchandises de toute nature exportées du Zollverein pour la France ou vice-versâ seront réciproquement exemptes de tout droit de sortie.

Sont seuls exceptés de cette disposition les drilles et chiffons énumérés ci-après, qui resteront soumis à un droit de sortie, fixé comme suit, savoir:

No. 435. (XVI.) Handels-Vertrag, 2. August 1862.

in Frankreich:

für Lumpen und Abfälle aller Art zur Papierfabrication, nicht von reiner Wolle, und für Halbzeug 12 Fr. für 100 Kilo.,

für altes Tauwerk, getheert oder nicht getheert 4 Fr. für 100 Kilo.,

im Zollverein:

für Lumpen und Abfälle aller Art zur Papierfabrication, nicht von reiner Seide, mit Einschluss von Maculatur und Papierspänen, und für Halbzeug $1^2/_3$ Thlr. — 2 fl. 55 Xr. — für den Zollcentner,

für altes Tauwerk, alte Fischernetze und Stricke, getheert oder nicht getheert, $^1/_2$ Thlr. — 35 Xr. — für den Zollcentner.

Artikel 5. — Der aus dem Zollverein herstammende Spiritus und Weingeist-Firniss soll in Frankreich, ausser den in dem Tarif A zu gegenwärtigem Vertrage festgesetzten Eingangs-Abgaben, der für die gleichartigen französischen Erzeugnisse bestehenden Verbrauchs-Abgabe unterworfen werden, nämlich:

Reiner Alkohol, Liqueure, Branntweine in Flaschen, vom Hektoliter der Abgabe von . . . . 90 Fr.

Weingeist-Firniss, vom Hektoliter reinen in dem Firniss enthaltenen Weingeistes der Abgabe von . . . . 90 Fr.

Bis dahin, dass das zur Darstellung chemischer oder anderer gleichartiger Fabrikate verwendete Salz in Frankreich von der Verbrauchs-Abgabe befreit sein wird, sollen die nachstehend verzeichneten mit Verwendung von Salz dargestellten Erzeugnisse zollvereinsländischen Ursprungs bei ihrer Einfuhr nach Frankreich, zur Ausgleichung der von den französischen Fabrikanten zu entrichtenden entsprechenden Abgaben folgenden Zusatz-Abgaben unterliegen:

Rohe Soda	4 Fr.	35 Cent.	
Kristallisirte Soda	4 „	35 „	für 100 Kilogramm.
Schwefelsaures Natron:			
reines, wasserfrei	6 „	— „	
kristallisirt oder mit Wasser verbunden	2 „	40 „	
unreines, wasserfrei	5 „	40 „	
kristallisirt oder mit Wasser verbunden	2 „	10 „	
Schwefligsaures Natron	6 „	— „	
Kalzinirte Soda	11 „	— „	
Salzsäure	3 „	— „	
Chlorkalk	7 „	50 „	
Chlorsaures Kali	66 „	— „	
Chlormagnesium	4 „	— „	
Spiegelgläser, grosse, 1 Fr. für den Meter Oberfläche.			
Hohlglas, Fensterglas und anderes weisses Glas	2 „	— „	für 100 Kilogramm.
Glasflaschen	— „	80 „	
Ultramarin, künstlicher	6 „	75 „	
Salmiak	10 „	— „	
Varecksoda	1 „	50 „	
Gebrannte Rüben-Presslinge, rohe	1 „	25 „	
Zinnsalz	3 „	— „	

No. 435. (XVI.) Handels-Vertrag. 2. August 1862.

en France:

pour les drilles et chiffons de toute espèce, autres que de laine pure, et pour la pâte à papier, à 12 francs par 100 kil.

pour les vieux cordages, goudronnés ou non, à 4 francs par 100 kil.

dans le Zollverein:

pour les drilles et chiffons de toute espèce, autres que de soie pure, y compris les maculatures et rognures de papier, et pour la pâte à papier, à $1^{2}/_{3}$ écus — 2 flor. 55 kr. — par quintal de douane,

pour les vieux cordages et filets de pêche, goudronnés ou non, à $^{1}/_{3}$ écu — 35 kr. — par quintal de douane.

Article 5. — Indépendamment des droits de douane stipulés dans le tarif A annexe au présent traité, les alcools et les vernis alcooliques originaires du Zollverein seront soumis en France au droit de consommation imposé aux produits similaires français, c'est-à-dire:

Alcool pur, liqueurs, eaux-de-vie en bouteilles, par hectolitre . . 90 frs.

Vernis à l'esprit-de-vin, par hectolitre d'alcool pur contenu dans le vernis . . . . 90 frs.

Jusqu'à ce que les sels employés à la fabrication des produits chimiques ou autres similaires soient exemptés en France du droit de consommation, les produits à base de sel énumérés ci-dessous originaires du Zollverein payeront à leur importation en France et à titre de compensation des droits équivalents supportés par les fabricants français les taxes supplémentaires suivantes:

Soude brute	4 frs.	35 cts.	les 100 kilogr.
Cristaux de soude	4 -	35 -	
Sulfate de soude:			
pur anhydre	6 -	— -	
cristallisé ou hydraté	2 -	40 -	
impur anhydre	5 -	40 -	
cristallisé ou hydraté	2 -	10 -	
Sulfite de soude	6 -	— -	
Sel de soude	11 -	— -	
Acide hydrochlorique	3 -	— -	
Chlorure de chaux	7 -	50 -	
Chlorate de potasse	66 -	— -	
Chlorure de magnésium	4 -	— -	
Glaces ou grands miroirs 1 fr. le mètre de superficie.			
Gobeleterie, verres à vitres et autres verres blancs .	2 -	— -	les 100 kilogr.
Bouteilles	— -	80 -	
Outremer factice	6 -	75 -	
Sel ammoniac	10 -	— -	
Soudes de varech	1 -	50 -	
Salin ou résidu brut de la calc. des vinasses de betterave	1 -	25 -	
Sel d'étain	3 -	— -	

No 436. (XVI.) Handels-Vertrag. 2 August 1862.

Artikel 6. — Im Falle der Aufhebung oder Ermässigung der bei der Ausfuhr französischer Erzeugnisse gegenwärtig gewährten Ausfuhr-Vergütungen, sollen die nach dem vorangehenden Artikel von den Erzeugnissen zollvereinsländischer Abstammung oder Fabrication zu entrichtenden Zusatz-Abgaben aufgehoben oder um den nämlichen Betrag herabgesetzt werden, um welchen jene Ausfuhr-Vergütungen ermässigt worden sind.

Wenn die Aufhebung erfolgt, die Regierung aber die Darstellung gewisser französischer Erzeugnisse einer Ueberwachung, Controle oder Verwaltungs-Aufsicht unterwirft, so sollen die unmittelbaren oder mittelbaren Lasten, welche die französischen Fabrikanten zu tragen haben, durch eine entsprechende Zusatz-Abgabe auf die gleichartigen vereinsländischen Erzeugnisse ausgeglichen werden.

Uebrigens ist verabredet, dass, wenn Ausfuhr-Vergütungen für andere Erzeugnisse französischer Fabrication bewilligt, oder wenn die gegenwärtig gewährten Ausfuhr-Vergütungen erhöht werden, die auf den Erzeugnissen zollvereinsländischer Abkunft oder Fabrication ruhenden Abgaben, eintretenden Falles, um eine dem Betrage dieser Ausfuhr-Vergütungen oder Erhöhung der Vergütung gleiche Zusatz-Abgabe erhöht werden können.

Die bei der Ausfuhr französischer Erzeugnisse bewilligten Ausfuhr-Vergütungen sollen genau nur die inneren Steuern ersetzen, welche auf den gedachten Erzeugnissen oder auf den Stoffen, aus denen solche verfertigt sind, ruhen.

Dem Zollverein sollen dieselben Befugnisse zustehen, welche Frankreich sich in den vorstehenden Bestimmungen vorbehält.

Artikel 7. — Wenn einer der Hohen vertragenden Theile es nöthig findet, auf einen in den Tarifen zu gegenwärtigem Vertrage verzeichneten Gegenstand einheimischer Erzeugung oder Fabrication eine neue innere Steuer oder einen Zuschlag zu der inneren Steuer zu legen, so soll der gleichartige ausländische Gegenstand sofort mit einer gleichen oder entsprechenden Abgabe bei der Einfuhr belegt werden können.

Artikel 8. — Die aus den Gebieten des einen der beiden Theile herstammenden und in die Gebiete des anderen Theils eingeführten Waaren jeder Art sollen keinen höheren inneren oder Verbrauchs-Steuern unterworfen werden dürfen, als die gleichartigen Waaren einheimischer Erzeugung solche entrichten oder entrichten werden. Jedoch sollen die Eingangs-Abgaben um so viel erhöht werden dürfen, als die den einheimischen Producenten durch das innere Steuer-System verursachten Kosten betragen.

In Gemässheit der im Zollverein bestehenden Verabredungen sollen französische Weine, Branntweine und Fette, welche der Eingangs-Verzollung unterlegen haben, auch in Zukunft von jeder weiteren, für Rechnung des Zollvereins, einzelner Vereinsstaaten oder einer Commune oder Corporation erhobenen Steuer frei bleiben.

Artikel 9. — Waaren aus Gold, Silber, Platin oder anderen edeln Metallen sollen, bei der Einfuhr aus dem Zollverein nach Frankreich oder umgekehrt, dem für die gleichartigen Waaren einheimischer Fabrication bestehen-

No. 435. (XVI.) Handels-Vertrag. 2. August 1862

Article 6. — Dans le cas de suppression ou de réduction des drawbacks actuellement existant à l'exportation des produits français, les taxes supplémentaires imposées par l'article précédent aux produits d'origine ou de manufacture du Zollverein seront supprimées ou réduites de sommes égales à celles dont seraient diminués ces drawbacks.

Toutefois, en cas de suppression, si le gouvernement établit une surveillance, un contrôle ou un exercice administratif sur certains produits fabriqués français, les charges directes ou indirectes, dont seront grevés les fabricants français seront compensées par une surtaxe équivalente établie sur les produits similaires du Zollverein.

Il demeure, en outre, convenu que si des drawbacks sont accordés à d'autres produits de fabrication française ou si les drawbacks actuels sont augmentés, les droits qui grèvent les produits d'origine ou de fabrication du Zollverein pourront être augmentés, s'il y a lieu, d'une surtaxe égale au montant de ces drawbacks.

Les drawbacks établis à l'exportation des produits français ne pourront être que la représentation exacte des droits de consommation grevant lesdits produits ou les matières dont ils sont frabriqués.

Le Zollverein jouira des mêmes droits que ceux que se réserve la France par les dispositions qui précèdent.

Article 7. — Si l'une des Hautes Parties contractantes juge nécessaire d'établir un droit de consommation nouveau ou un supplément de droit de consommation sur un article de production ou de fabrication nationale compris dans les tarifs annexés au présent traité, l'article similaire étranger pourra être immédiatement grevé à l'importation d'un droit égal ou équivalent.

Article 8. — Les marchandises de toute nature, originaires des États de l'une des Hautes Parties et importées dans ceux de l'autre, ne pourront être assujetties à des droits d'accise ou de consommation supérieurs à ceux qui grèvent ou grèveraient les marchandises similaires de production nationale. Toutefois les droits à l'importation pourront être augmentés des sommes qui représenteraient les frais occasionnés aux producteurs nationaux par le système de l'accise.

Conformément aux règles établies dans le Zollverein, les vins, les alcools et les graisses d'origine française qui ont acquitté le droit d'entrée continueront d'être affranchis de tout droit ultérieur quelconque, perçu pour le compte soit du Zollverein, soit de l'un des États qui le composent, soit d'une commune ou corporation.

Article 9. — Les articles d'orfévrerie et de bijouterie en or, en argent, platine ou autres métaux, importés du Zollverein en France ou vice-versâ, seront soumis au régime de contrôle établi pour les articles similaires de fabrication

No 435. (XVI.) Handels-Vertrag. 2. August 1862. den Controle-Verfahren unterliegen, und eintretenden Falles die Stempelungs- und Garantiegebühren nach denselben Grundsätzen, wie diese, bezahlen.

Artikel 10. — Unbeschadet der über die Behandlung von Erzeugnissen nicht zollvereinsländischen Ursprungs bei deren Einfuhr in Frankreich durch den gegenwärtigen Vertrag getroffenen Bestimmungen, sollen diese Erzeugnisse den Zuschlagzöllen unterliegen, welchen die unter französischer Flagge aus anderen als den Ursprungsländern nach Frankreich eingeführten Erzeugnisse jetzt oder in Zukunft unterworfen werden.

Artikel 11. — Die aus Frankreich über die Landgrenze eingehenden Waaren jeden Ursprungs sollen bei dem Eingange in den Zollverein zu denselben Abgaben zugelassen werden, als wenn sie daselbst direct aus Frankreich zur See und unter französischer Flagge eingehen.

Die aus dem Zollverein über die Landgrenze eingehenden Waaren, mögen solche in dem Artikel 22 des Gesetzes vom 28. April 1816 aufgeführt sein oder nicht, sollen zum inneren Verbrauch in Frankreich gegen Entrichtung derjenigen Abgaben zugelassen werden, welche für die unter französischer Flagge aus anderen als den Ursprungsländern kommenden Waaren bestehen.

Artikel 12. — Zur Erleichterung des gegenseitigen Grenzverkehrs mit landwirthschaftlichen Erzeugnissen sollen Getreide in Garben oder in Stroh, Heu, Stroh und Grünfutter beiderseits zollfrei eingeführt und ausgeführt werden.

Artikel 13. — Wer eine Waare einführt, hat der Zollverwaltung des anderen Landes die Abkunft oder Fabrication derselben nachzuweisen. Dieser Nachweis wird geführt durch Vorlegung einer vor einer Behörde am Orte der Versendung abgegebenen Erklärung, oder einer von dem Vorstande der zuständigen Zoll- oder Steuerbehörde ausgefertigten Bescheinigung, oder einer von dem in dem Versendungsorte oder Verschiffungshafen residirenden Consul oder Consular-Agenten des Landes, wohin die Einfuhr geschehen soll, ausgefertigten Bescheinigung.

Artikel 14. — Die in dem gegenwärtigen Vertrage verabredeten Werthzölle sollen nach dem Werthe am Orte des Ursprungs oder der Fabrication des eingeführten Gegenstandes, mit Hinzurechnung der zur Einbringung nach Frankreich bis zum Orte der Eingangs-Abfertigung erforderlichen Transport-, Versicherungs- und Commissionskosten, berechnet werden.

Wer einen solchen Gegenstand einführt, hat dessen Werth schriftlich zu declariren und dieser Declaration, ausser dem Ursprungs-Zeugnisse, eine von dem Fabrikanten oder Verkäufer herrührende Factur beizufügen, welche den wirklichen Preis derselben angiebt.

Artikel 15. — Wenn die Zollbehörde den declarirten Werth für unzulänglich erachtet, so soll sie berechtigt sein, die Waaren zu behalten, gegen Zahlung des declarirten Preises mit einem Zuschlage von fünf vom Hundert an denjenigen, welcher dieselbe eingeführt hat.

Diese Zahlung muss innerhalb der auf die Declaration folgenden vierzehn Tage erfolgen, und es müssen die etwa erhobenen Zölle gleichzeitig erstattet werden.

Artikel 16. — Wenn die Zollbehörde das im vorigen Artikel verab-

nationale et payeront, s'il y a lieu, sur la même base que ceux-ci, les droits de marque et de garantie. No. 436. (XVI.) Handels-Vertrag. 2. August 1862.

Article 10. — Indépendamment du régime d'entrée établi par le présent traité à l'égard des produits non originaires du Zollverein, ces mêmes produits seront soumis aux surtaxes de navigation dont sont ou pourront être frappés les produits importés en France, sous pavillon français, d'ailleurs que des pays d'origine.

Article 11. — Les marchandises de toute origine, importées de France par la frontière de terre seront admises à l'entrée dans le Zollverein aux mêmes droits que si elles y étaient importées directement de France par mer et sous pavillon français.

Les marchandises spécifiées ou non en l'article 22 de la loi du 28 avril 1816, importées du Zollverein par la frontière de terre, seront admises pour la consommation intérieure de la France, moyennant l'acquittement des droits établis pour les provenances autres que celles des pays de production, sous pavillon français.

Article 12. — Pour faciliter la circulation des produits agricoles sur les frontières respectives, les céréales en gerbes ou en épis, les foins, la paille et les fourrages verts seront réciproquement importés et exportés en franchise de droits.

Article 13. — Pour établir que les produits sont d'origine ou de manufacture nationale, l'importateur devra présenter à la douane de l'autre pays soit une déclaration officielle faite devant un magistrat siégeant au lieu d'expédition, soit un certificat délivré par le chef du service des douanes du bureau compétent, soit un certificat délivré par les consuls ou agents consulaires du pays dans lequel l'importation doit être faite et qui résident dans les lieux d'expédition ou dans les ports d'embarquement.

Article 14. — Les droits ad valorem, stipulés par le présent traité, seront calculés sur la valeur, au lieu d'origine ou de fabrication de l'objet importé augmentée des frais de transport, d'assurance et de commission nécessaires pour l'importation en France jusqu'au lieu d'introduction.

L'importateur devra, indépendamment du certificat d'origine, joindre à sa déclaration écrite, constatant la valeur de la marchandise importée, une facture indiquant le prix réel et émanant du fabricant ou du vendeur.

Article 15. — Si la douane juge insuffisante la valeur déclarée, elle aura le droit de retenir les marchandises en payant à l'importateur le prix déclaré par lui, augmenté de cinq pour cent.

Ce payement devra être effectué dans les quinze jours qui suivront la déclaration, et les droits, s'il en a été perçu, seront en même temps restitués.

Article 16. — L'importateur contre lequel la douane voudra exercer le

No 436. (XVI.) Handels-Vertrag, 2. August 1862

redete Vorkaufsrecht ausüben will, so kann derjenige, gegen welchen dasselbe ausgeübt werden soll, sofern er es vorzieht, die Abschätzung der Waare durch Sachverständige verlangen. Dieselbe Befugniss steht der Zollbehörde zu, wenn sie es nicht für angemessen erachtet, sofort von dem Vorkaufsrechte Gebrauch zu machen.

Artikel 17. — Wenn die Schätzung durch Sachverständige ergiebt, dass der Werth der Waare den bei der Einfuhr declarirten nicht um fünf vom Hundert übersteigt, so soll der Zoll nach dem in der Declaration angegebenen Betrage erhoben werden.

Wenn der Werth den declarirten um fünf vom Hundert übersteigt, so kann die Zollbehörde nach ihrer Wahl das Vorkaufsrecht ausüben oder den Zoll nach dem durch die Sachverständigen ermittelten Werthe erheben.

Dieser Zoll soll zur Strafe um die Hälfte seines Betrages erhöht werden, wenn der von den Sachverständigen ermittelte Werth um zehn vom Hundert höher ist, als der declarirte.

Die Kosten der Untersuchung sind von dem Declaranten zu tragen, wenn der durch die schiedsrichterliche Entscheidung ermittelte Werth den declarirten Werth um fünf vom Hundert übersteigt; im entgegengesetzten Falle sind dieselben von der Zollbehörde zu tragen.

Artikel 18. — In den durch Artikel 16 vorgesehenen Fällen wird der eine der beiden sachverständigen Schiedsrichter von dem Declaranten, der andere von dem Vorstande der Local-Zollbehörde ernannt. Im Falle der Meinungsverschiedenheit oder, wenn der Declarant es verlangt, schon bei Niedersetzung des Schiedsgerichts, wird ein Obmann von den Sachverständigen gewählt, oder, sofern sich die letzteren über die Wahl nicht verständigen, von dem Präsidenten des zuständigen Handelsgerichtes ernannt. Wenn die Zollstelle, bei welcher die Declaration erfolgt, von dem Sitze des Handelsgerichts weiter als einen Myriameter entfernt ist, so kann der Obmann von dem Friedensrichter des Bezirks ernannt werden.

Die schiedsrichterliche Entscheidung muss innerhalb der auf die Niedersetzung des Schiedsgerichts folgenden vierzehn Tage abgegeben werden.

Artikel 19. — Die durch den gegenwärtigen Vertrag festgesetzten Zölle sollen auf Grund von Havarien oder irgend welcher Verschlechterung der Waaren nicht ermässigt werden.

Artikel 20. — Die Revision und Eingangs-Verzollung der nach dem Werthe besteuerten reinen oder gemischten Gewebe, welche aus dem Zollverein eingehen, kann in Frankreich nur erfolgen in den Häfen von Bordeaux, Nantes, Havre, Boulogne, Calais, Dünkirchen, Rouen, Nizza, Marseille, Algier und Oran und bei den Zollämtern zu Lille, Valenciennes, Metz, Strassburg, Mühlhausen, Chambéry, Paris und Lyon, sowie bei denjenigen anderen Zollämtern, deren Bestimmung sich die französische Regierung für die Zukunft vorbehält.

Artikel 21. — Bei der Revision der zollvereinsländischen Gewebe, welche nach der Anzahl der auf einem Raume von fünf Quadrat-Millimeter befindlichen Fäden besteuert sind, soll jeder Bruchtheil eines Fadens unberücksichtigt bleiben.

droit de préemption stipulé par l'article précédent, pourra, s'il le préfère, demander l'estimation de sa marchandise par des experts. La même faculté appartiendra à la douane, lorsqu'elle ne jugera pas convenable de recourir immédiatement à la préemption. No. 436 (XVI.) Handels-Vertrag. 2. August 1862.

Article 17. — Si l'expertise constate que la valeur de la marchandise ne dépasse pas de cinq pour cent celle qui est déclarée par l'importateur, le droit sera perçu sur le montant de la déclaration.

Si la valeur dépasse de cinq pour cent celle qui est déclarée, la douane pourra, à son choix exercer la préemption ou percevoir le droit sur la valeur déterminée par les experts.

Ce droit sera augmenté de cinquante pour cent à titre d'amende, si l'évaluation des experts est de dix pour cent supérieure à la valeur déclarée.

Les frais d'expertise seront supportés par le déclarant, si la valeur déterminée par la décision arbitrale excède de cinq pour cent la valeur déclarée; dans le cas contraire, ils seront supportés par la douane.

Article 18. — Dans les cas prévus par l'article 16 les deux arbitres experts seront nommés l'un par le déclarant, l'autre par le chef local du service des douanes; en cas de partage, ou même au moment de la constitution de l'arbitrage, si le déclarant le requiert, les experts choisiront un tiers arbitre; s'il y a désaccord, celui-ci sera nommé par le président du tribunal de commerce du ressort. Si le bureau de déclaration est à plus d'un myriamètre du siége du tribunal de commerce, le tiers arbitre pourra être nommé par le juge de paix du canton.

La décision arbitrale devra être rendue dans les quinze jours qui suivront la constitution de l'arbitrage.

Article 19. — Les droits fixés par le présent traité ne subiront aucune réduction du chef d'avarie ou de détérioration quelconque des marchandises.

Article 20. — Les tissus purs ou mélangés du Zollverein taxés à la valeur ne pourront être vérifiés en France et admis à l'acquittement des droits que par les ports de Bordeaux, Nantes, le Hâvre, Boulogne, Calais, Dunkerque, Rouen, Nice, Marseille, Alger et Oran ou par les bureaux de Lille, Valenciennes, Metz, Strasbourg, Mulhouse, Chambéry, Paris, Lyon et autres bureaux de douane que le gouvernement français se réserve de déterminer ultérieurement.

Article 21. — Dans la vérification des tissus du Zollverein, imposés d'après le nombre des fils renfermés dans un espace de cinq millimètres carrés, toute fraction de fil sera négligée.

No. 436. (XVI.) Handels-Vertrag. 2. August 1862.

Artikel 22. — Wer Maschinen und mechanische Geräthe oder einzelne Theile derselben, oder irgend eine andere in dem gegenwärtigen Vertrage verzeichnete Waare einführt, soll nicht verpflichtet sein, der Zollbehörde ein Modell oder eine Zeichnung des eingeführten Gegenstandes vorzulegen.

Artikel 23. — Die aus einem der beiden Gebiete eingehenden oder nach demselben ausgehenden Waaren aller Art sollen gegenseitig in dem anderen Gebiete von jeder Durchgangs-Abgabe befreit sein.

Die französische Regierung hält jedoch das Verbot der Durchfuhr von Schiesspulver aufrecht und behält sich vor, die Durchfuhr von Kriegswaffen von besonderen Ermächtigungen abhängig zu machen. Im Zollverein bleibt die Durchfuhr des Salzes von einer besonderen Erlaubniss abhängig.

In Beziehung auf die Durchfuhr sichern sich die Hohen vertragenden Theile in jeder Hinsicht die Behandlung der meistbegünstigten Nation zu.

Artikel 24. — Bis zur Vollendung der Eisenbahnen von Saint-Jean-de-Maurienne nach der italienischen und von Bayonne nach der spanischen Grenze wird die französische Verwaltung auf die aus dem Zollverein kommenden oder dorthin gehenden Waaren unter den nachstehenden Bedingungen dieselben Erleichterungen der Durchfuhr zur Anwendung bringen, wie wenn der Eingang und der Ausgang in den gedachten Richtungen mittelst der Eisenbahn stattfände:

1) Die Beförderung muss in geschlossenen Wagen stattfinden, welche mit einer durch ein Vorhängeschloss genügend verschliessbaren Einladethür versehen sind.

2) Bei dem französischen Eingangs-Amte muss eine Declaration abgegeben werden.

3) Der Wagenführer oder Transportunternehmer muss für die im Falle von Hinterziehungen fälligen Abgaben und Strafgelder Caution leisten.

Artikel 25. — Die Unterthanen der Hohen vertragenden Theile können gegenseitig in jedem Theile der beiderseitigen Gebiete ungehindert eintreten, reisen oder sich aufhalten, um daselbst ihre Geschäfte wahrzunehmen, und geniessen hierbei für ihre Person und ihr Vermögen denselben Schutz und dieselbe Sicherheit wie die Inländer.

Sie sind befugt, in den Städten und Häfen die benöthigten Häuser, Waarenlager, Läden und Grundstücke zu miethen oder zu besitzen, ohne deshalb anderen allgemeinen oder örtlichen Abgaben, Auflagen oder Verpflichtungen, von welcher Art sie sein mögen, zu unterliegen, als denjenigen, welche den Inländern aufgelegt sind oder künftig aufgelegt werden möchten.

Desgleichen sollen sie in Bezug auf Handel und Gewerbe aller Vorrechte, Befreiungen und sonstigen Begünstigungen irgend welcher Art sich erfreuen, welche die Inländer jetzt oder künftig geniessen.

Es versteht sich jedoch, dass durch die vorstehenden Verabredungen den besonderen Gesetzen, Verordnungen und Reglements kein Eintrag geschieht, welche in Bezug auf Handel, Gewerbe und Polizei in dem Gebiete jedes vertragenden Staates bestehen und auf die Unterthanen aller anderen Staaten Anwendung finden. In dieser Hinsicht sollen die gegenseitigen Unterthanen gleich denjenigen des meistbegünstigten Staates behandelt werden.

Article 22. — Les importateurs de machines et mécaniques entières ou en pièces détachées et de toutes autres marchandises énumérées dans le présent traité, seront réciproquement dispensés de produire à la douane tout modèle ou dessin de l'objet importé.

Article 23. — Les marchandises de toute nature venant de l'un des deux territoires ou y allant, seront réciproquement exemptes dans l'autre de tout droit de transit.

Toutefois le gouvernement français maintient pour la poudre à tirer la prohibition et se réserve de soumettre à des autorisations spéciales le transit des armes de guerre. Dans le Zollverein le transit du sel restera soumis à une autorisation spéciale.

Le traitement de la nation la plus favorisée est réciproquement garanti à chacune des Hautes Parties contractantes pour tout ce qui concerne le transit.

Article 24. — Jusqu'à l'achèvement des chemins de fer de Saint-Jean-de-Maurienne à la frontière italienne et de Bayonne à la frontière espagnole, l'administration française appliquera, sous les conditions suivantes, aux marchandises venant du Zollverein ou y allant les mêmes facilités de transit que si l'entrée et la sortie dans ces directions avaient lieu par chemin de fer:

1) Les transports se feront par voitures fermées ayant un panneau de charge susceptible d'être convenablement cadenassé.

2) Une déclaration sera faite au bureau d'entrée français.

3) Le voiturier ou l'entrepreneur des transports fournira caution pour les droits et pénalités exigibles en cas de fraude.

Article 25. — Les sujets des Hautes Parties contractantes pourront réciproquement entrer, voyager ou séjourner en toute liberté, dans quelque partie que ce soit des territoires respectifs pour y vaquer à leurs affaires, et ils y jouiront à cet effet pour leurs personnes et leurs biens de la même protection et sécurité que les nationaux.

Ils auront la faculté dans les villes et ports de louer ou posséder les maisons, magasins, boutiques et terrains qui leur seront nécessaires sans être assujettis à des taxes soit générales, soit locales, ni à des impôts ou obligations de quelque nature qu'ils soient, autres que ceux qui sont ou pourront être établis sur les nationaux.

De la même manière ils jouiront en matière de commerce et d'industrie de tous les privilèges, immunités et autres faveurs quelconques dont jouissent ou jouiront les nationaux.

Il est entendu, toutefois, que les stipulations qui précèdent ne dérogent en rien aux lois, ordonnances et règlements spéciaux en matière de commerce, d'industrie et de police en vigueur dans le territoire de chaque État contractant et applicable aux sujets de tout autre État. Sous ce rapport les sujets respectifs seront traités comme ceux de l'État le plus favorisé.

No. 426. (XVI.) Handels-Vertrag. 2. August 1862

Artikel 26. — Französische Fabrikanten und Kaufleute, sowie ihre reisenden Diener, welche in Frankreich in einer dieser Eigenschaften gehörig patentirt sind, können im Zollverein, ohne dafür einer Gewerbesteuer zu unterliegen, Einkäufe für das von ihnen betriebene Geschäft machen und mit oder ohne Proben Bestellungen suchen, ohne jedoch Waaren mit sich herumzuführen.

Ebenso soll es in Frankreich mit den Fabrikanten und Kaufleuten aus den Staaten des Zollvereins und deren reisenden Dienern gehalten werden.

Die zur Erlangung dieser Steuerfreiheit erforderlichen Förmlichkeiten werden im gemeinsamen Einverständnisse festgesetzt.

Artikel 27. — Eingangszollpflichtige Gegenstände, welche als Muster dienen und in den Zollverein von französischen Handlungsreisenden oder in Frankreich von Handlungsreisenden, die einem Zollvereinsstaate angehören, eingeführt werden, sollen beiderseits, unter den zur Sicherstellung ihrer Wiederausfuhr oder Niederlegung in einem Packhofe erforderlichen Zollförmlichkeiten, zeitweise zollfrei zugelassen werden. Diese Förmlichkeiten werden im gemeinsamen Einverständnisse unter den vertragenden Theilen geregelt.

Artikel 28. — In Betreff der Bezeichnung oder Etikettirung der Waaren oder deren Verpackung, der Muster und der Fabrik- oder Handelszeichen sollen die Unterthanen eines jeden der vertragenden Staaten in dem anderen denselben Schutz wie die Inländer geniessen.

Wegen des Gebrauchs der Fabrikzeichen des einen Landes in dem anderen soll eine Verfolgung nicht stattfinden, wenn die erste Anwendung dieser Fabrikzeichen in dem Lande, aus welchem die Ausfuhr der Erzeugnisse erfolgt, in eine frühere Zeit fällt, als die durch Niederlegung oder auf andere Weise bewirkte Aneignung dieser Zeichen in dem Lande der Einfuhr.

Artikel 29. — Zur Förderung der gegenseitigen Handelsbeziehungen werden die Hohen vertragenden Theile die Zollabfertigung des internationalen Verkehrs auf den den Zollverein und Frankreich verbindenden Eisenbahnen so weit erleichtern, als die fiscalischen Interessen es zulassen.

Artikel 30. — Die Bestimmungen des gegenwärtigen Handelsvertrages finden Anwendung auf Algerien, sowohl hinsichtlich der Ausfuhr der Erzeugnisse dieser Besitzung, als auch hinsichtlich der Einfuhr der aus dem Zollverein herstammenden Waaren.

Artikel 31. — Jeder der beiden Hohen vertragenden Theile verpflichtet sich, dem anderen jede Begünstigung, jedes Vorrecht und jede Ermässigung der Eingangs- oder Ausgangs-Abgaben für die in dem gegenwärtigen Vertrage verzeichneten oder nicht verzeichneten Gegenstände zu Theil werden zu lassen, welche er einer dritten Macht in der Folge zugestehen möchte. Sie machen sich ferner verbindlich, gegen einander keinen Einfuhrzoll oder Einfuhrverbot und kein Ausfuhrverbot in Kraft zu setzen, welches nicht zu gleicher Zeit auf die anderen Nationen Anwendung fände.

Die Hohen vertragenden Theile verpflichten sich jedoch, die Ausfuhr von Steinkohlen nicht zu verbieten.

Artikel 32. — Der gegenwärtige Vertrag soll während eines Zeitraums von zwölf Jahren, vom Tage des Austausches der Ratificationen an gerechnet,

Article 26. — Les fabricants et marchands français, ainsi que leurs commis-voyageurs, dûment patentés en France dans l'une de ces qualités, pourront dans le Zollverein, sans y être soumis à aucun droit de patente, faire des achats pour les besoins de leur industrie et recueillir des commandes avec ou sans échantillons, mais sans colporter des marchandises.

Il y aura réciprocité en France pour les fabricants et marchands des États du Zollverein et leurs commis-voyageurs.

Les formalités nécessaires pour obtenir cette immunité seront réglées d'un commun accord.

Article 27. — Les objets passibles d'un droit d'entrée qui servent d'échantillons et qui sont importés dans le Zollverein par des voyageurs de commerce français, ou en France par des voyageurs de commerce du Zollverein, seront, de part et d'autre, admis en franchise temporaire, moyennant les formalités de douane nécessaires pour en assurer la réexportation ou la réintégration en entrepôt; ces formalités seront réglées d'un commun accord entre les parties contractantes.

Article 28. — En ce qui concerne les marques ou étiquettes de marchandises ou de leurs emballages, les dessins et marques de fabrique ou de commerce, les sujets de chacun des États contractants jouiront respectivement dans l'autre de la même protection que les nationaux.

Il n'y aura lieu à aucune poursuite à raison de l'emploi dans l'un des deux pays des marques de fabrique de l'autre, lorsque la création de ces marques dans le pays de provenance des produits, remontera à une époque antérieure à l'appropriation de ces marques par dépôt ou autrement dans le pays d'importation.

Article 29. — Pour favoriser les relations commerciales réciproques les Hautes Parties contractantes rendront l'expédition douanière des transports internationaux par les chemins de fer qui relient le Zollverein et la France aussi facile que les intérêts du trésor le permettent.

Article 30. — Les dispositions du présent traité de commerce sont applicables à l'Algérie, tant pour l'exportation des produits de cette possession que pour l'importation des marchandises originaires du Zollverein.

Article 31. — Chacune des deux Hautes Parties contractantes s'engage à faire profiter l'autre de toute faveur, de tout privilège ou abaissement dans les tarifs des droits à l'importation ou à l'exportation des articles mentionnés ou non dans le présent traité, qu'elle pourrait accorder par la suite à une tierce puissance. Elles s'engagent, en outre, à n'établir l'une envers l'autre aucun droit ou prohibition d'importation ni aucune prohibition d'exportation qui ne soit, en même temps, applicable aux autres nations.

Toutefois les Hautes Parties contractantes prennent l'engagement de ne pas interdire l'exportation de la houille.

Article 32. — Le présent traité restera en vigueur pendant une période de douze années, à partir du jour de l'échange des ratifications. Dans le cas

No. 435. (XVI.) Handels-Vertrag. 2. August 1862. in Kraft bleiben. Im Falle keiner der beiden Hohen vertragenden Theile zwölf Monate vor dem Ablauf des gedachten Zeitraums seine Absicht, die Wirkungen des Vertrags aufhören zu lassen, kundgegeben haben sollte, so bleibt derselbe in Geltung bis zum Ablauf eines Jahres von dem Tage ab, an welchem der eine oder der andere der Hohen vertragenden Theile denselben gekündigt hat.

Wenn jedoch vor Ablauf des oben bezeichneten Zeitraums der Zollverein sich auflösen sollte, so treten die in dem gegenwärtigen Vertrage enthaltenen wechselseitigen Verpflichtungen gleichzeitig mit den Zollvereins-Verträgen ausser Kraft.

Die Hohen vertragenden Theile behalten sich die Befugniss vor, nach gemeinsamer Verständigung, in diesen Vertrag jederlei Abänderungen aufzunehmen, welche mit dem Geiste und den Grundlagen desselben nicht im Widerspruche stehen, und deren Nützlichkeit durch die Erfahrung dargethan werden möchte.

Er findet auf jeden deutschen Staat Anwendung, welcher später dem Zollverein beitritt.

Artikel 33. — Gegenwärtiger Vertrag soll zwei Monate nach dem Austausch der Ratifications-Urkunden in Kraft treten.

Die Ratifications-Urkunden sollen in Berlin, und zwar sobald als möglich, ausgetauscht werden.

Zu Urkund dessen haben die beiderseitigen Bevollmächtigten denselben unterzeichnet und ihre Siegel beigedruckt.

So geschehen zu Berlin am 2. August 1862.

(L. S.) Unterschriften.

où aucune des Hautes Parties contractantes n'aurait notifié, douze mois avant la fin de ladite période, son intention d'en faire cesser les effets, le traité demeurera obligatoire jusqu'à l'expiration d'une année, à partir du jour où l'une ou l'autre des Hautes Parties contractantes l'aura dénoncé. No. 436. (XVI.) Handels-Vertrag. 2. August 1862.

Toutefois, si avant l'échéance de la période susmentionnée le Zollverein venait à se dissoudre, les engagements réciproques contenus dans le présent traité perdront leur force obligatoire en même temps que les traités constitutifs du Zollverein.

Les Hautes Parties contractantes se réservent la faculté d'introduire d'un commun accord, dans ce traité toutes modifications qui ne seraient pas en opposition avec son esprit ou ses principes et dont l'utilité serait démontrée par l'expérience.

Il sera étendu à tout État allemand qui viendrait ultérieurement à faire partie du Zollverein.

Article 33. — Le présent traité entrera en vigueur deux mois après l'échange de ses ratifications.

Les ratifications seront échangées à Berlin dans le plus bref délai possible.

En foi de quoi les Plénipotentiaires respectifs l'ont signé et y ont apposé le cachet de leurs armes.

Fait à Berlin le 2 du mois d'août de l'an 1862.

(L. S.) Signatures.

Tarif A.

Droits à l'Entrée en France.

DÉNOMINATION DES ARTICLES.	TAUX DES DROITS. En 1862.	TAUX DES DROITS. Au 1er oct. 1864.
Métaux (Metalle).		
Fer et fonte (Eisen):		
Minerai de fer (Eisenerz oder Eisenstein) . . .	Exempt.	Exempt.
Mâchefer, limailles et scories de forge (Hammerschlag, Eisenfeile, Schmiedeschlacken) . .	Exempts.	Exempts.
Fonte brute en masse et fonte moulée pour lest de navire (Roheisen in Masseln und Ballasteisen) .		
Débris de vieux ouvrages en fonte (Bruchstücke von alter Eisengusswaare)	fr. c. 2 50 les 100 kil.	fr. c. 2 - les 100 kil.
Fonte épurée dite *mazée* (Raffinirtes Roheisen, sogenannte *mazées*)		
Ferrailles et débris de vieux ouvrages en fer (Brucheisen und Bruchstücke von alter geschmiedeter Eisenwaare)	3 25 —	2 75 —
Fer brut en massiaux ou prismes retenant encore des scories (Gefrischtes Eisen in Masseln oder eckigen Stücken, noch Schlacken enthaltend) . .	5 - —	4 50 —
Fers en barres, carrées, rondes ou plates, rails de toute forme et dimension, fers d'angle et à T et fils de fer, sauf les exceptions ci-après (Stabeisen, viereckig, rund oder flach, Eisenbahnschienen von jeder Form und Grösse, Winkeleisen und T-Eisen, Eisendraht, vorbehaltlich der nachstehenden Ausnahmen)	7 - —	6 - —
Fers feuillards en bandes d'un millimètre d'épaisseur ou moins (Bandeisen von einem Millimeter Dicke oder weniger)		
Tôles laminées ou martelées de plus d'un millimètre d'épaisseur, en feuilles pesant 200 kilogr. ou moins, et dont la largeur n'excède pas 1m 20, ni la longueur 4m 50 (Eisenblech, gewalzt oder geschmiedet, mehr als 1 Millimeter dick, in Platten, deren Gewicht 200 Kilo, deren Breite 1 Meter 20 Centimeter, deren Länge 4 Meter 50 Centimeter nicht überschreitet) .	8 50 —	7 50 —
Tôles laminées ou martelées de plus d'un millimètre d'épaisseur, en feuilles pesant plus de 200 kilogr. ou bien ayant plus de 1m 20 de largeur ou plus de 4m 50 de longueur (Eisenblech, gewalzt oder geschmiedet, in Platten über 200 Kilo schwer oder breiter als 1 Meter 20 Centimeter oder länger als 4 Meter 50 Centimeter)	9 50 —	7 50 —
Tôles minces et fers noirs en feuilles d'un millimètre d'épaisseur ou moins (Dünnes Eisenblech u. Schwarzblech von 1 Millimeter Dicke oder weniger) . .	13 - —	10 - —
(Les feuilles de tôle ou fers noirs, planes, découpées d'une façon quelconque, payeront un dixième en sus des feuilles rectangulaires.) (Eisenblech u. Schwarzblech, eben, ausgeschnitten zu irgend einer Form, zahlt den 10. Theil mehr als rechtwinkelige Platten.)		
Fer étamé (fer-blanc), cuivré, zingué ou plombé (Eisen, verzinntes [Weissblech], verkupfertes, verzinktes oder verbleites)	16 - —	13 - —
Fil de fer de 5/10 de millimètre de diamètre et au-dessous, qu'il soit ou non étamé, cuivré ou zingué (Eisendraht von $^{5}/_{10}$ Millimeter Durchmesser oder weniger, gleichviel ob verzinnt, verkupfert oder verzinkt)	14 - —	10 - —

DÉNOMINATION DES ARTICLES.	TAUX DES DROITS. En 1862.	TAUX DES DROITS. Au 1er oct. 1864.
Acier (Stahl):		
En barres de toute espèce et feuillard (Stahl in Stäben aller Art; Bandstahl)	15 fr. les 100 kil.	13 fr. les 100 kil.
En tôle ou en bandes brunes, laminées à chaud, d'une épaisseur supérieure à un demi-millimètre (Stahl in braunen Blechen oder Blättern, heiss gewalzt, über ½ Millimeter stark)	22 - —	18 - —
En tôle ou en bandes brunes, laminées à chaud, d'un demi-millimètre d'épaisseur ou moins (Stahl in braunen Blechen oder Blättern, heiss gewalzt, von ½ Millimeter oder weniger Stärke)		
En tôle ou en bandes blanches, laminées à froid, quelle que soit l'épaisseur (Stahl in weissen oder kalt gewalzten Blechen oder Blättern ohne Unterschied der Stärke)	30 - —	25 - —
Fil d'acier, même blanchi, pour cordes d'instruments (Stahldraht, auch versilbert, zu Saiten für Instrumente)		
Cuivre (Kupfer):		
Minerai (Kupfererz)	Exempt.	Exempt.
Limailles et débris de vieux ouvrages en cuivre (Kupferfeile und Bruch von alten Kupferwaaren) .	Exempts.	Exempts.
Pur ou allié de zinc ou d'étain de première fusion en masse, barres, saumons ou plaques (Kupfer, rohes, rein oder legirt mit Zink oder Zinn in Stücken, Barren)	Exempt.	Exempt.
Pur ou allié de zinc ou d'étain laminé ou battu en barres ou planches (Kupfer, rein oder legirt mit Zink oder Zinn, gewalzt oder geschmiedet, in Stangen oder Platten)	15 fr. les 100 kil.	10 fr. les 100 kil.
Pur ou allié en fils de toute dimension, polis ou non (Kupferdraht, rein oder legirt, von jeder Dimension, polirt oder nicht polirt)	15 - —	15 - —
Doré ou argenté, battu, tiré ou laminé, filé sur fil ou sur soie (Vergoldetes oder versilbertes Kupfer, gehämmert, gezogen oder gewalzt, auf Garn oder Seide gesponnen)	100 - —	100 - —
Zinc (Zink):		
Minerai cru ou grillé, pulvérisé ou non (Zinkerz, roh oder geröstet, gemahlen oder nicht gemahlen).	Exempt.	Exempt.
Limailles et débris de vieux ouvrages (Zinkfeile und Bruch von alten Zinkwaaren)	Exempts.	Exempts.
En masses brutes, saumons, barres ou plaques (Zink in rohen Stücken, Blöcken, Barren, Platten) .	Exempt.	Exempt.
Laminé (Zink, gewalztes)	6 fr. les 100 kil.	4 fr. les 100 kil.
Plomb (Blei):		
Minerai et scories de toute sorte (Bleierz u. Schlacken aller Art)	Exempt.	Exempt.
Limailles et débris de vieux ouvrages (Feilspäne und Bruch von alten Bleiwaaren)	Exempts.	Exempts.
En masses brutes, saumons, barres ou plaques (Blei in Mulden, Blöcken, Stangen oder Platten . .	3 fr. les 100 kil.	Exempt.
Laminé (Blei, gewalztes)	5 - —	3 fr. les 100 kil.
Allié d'antimoine en masse (Blei, mit Antimon legirt, in Mulden)	5 - —	3 - —
Vieux caractères d'impr. (Buchdruckerlettern, alte)	5 - —	3 - —
Étain (Zinn):		
Minerai (Zinnerz)	Exempt.	Exempt.
En masses brutes, saumons, barres ou plaques (Zinn in rohen Stücken, Blöcken, Stangen, Platten) .	Exempt.	Exempt.
Limailles et débris (Feilspäne und Bruch) . .	Exempts.	Exempts.
Allié d'antimoine (métal britannique) en lingots (Zinn mit Antimon legirt (Britannia-Metall) in Barren	5 fr. les 100 kil.	5 fr. les 100 kil.

No. 426 (XVI). Handelsvertrag. Tarif A 2. August 1862.

DÉNOMINATION DES ARTICLES.	TAUX DES DROITS.	
	En 1862.	Au 1er oct. 1864.
Pur ou allié, battu ou laminé (Zinn, rein oder legirt, gehämmert oder gewalzt)	6 fr. les 100 kil.	6 fr. les 100 kil.
Cadmium brut (Kadmium, rohes).		
Mercure natif (Quecksilber, gediegenes) . .		
Bismuth et étain de glace (Wissmuth, roher). .	Exempt.	Exempt.
Antimoine (Spiessglanz):		
Minerai (Spiessglanzerz)		
Sulfuré fondu (Schwefelspiessglanz, gegossener) .		
Métallique ou régule (Spiessglanzkönig) . .	8 fr. les 100 kil.	6 fr. les 100 kil.
Nickel (Nickel):		
Minerai de nickel et speiss (Nickelerz und Speise) .		
Pur ou allié d'autres métaux, notamment de cuivre ou de zinc (argentan), en lingots ou masses brutes (Nickelmetall, rein oder legirt mit andern Metallen, als: Kupfer oder Zink [Argentan] in Stangen oder rohen Stücken)	Exempt.	Exempt.
Pur ou allié d'autres métaux, battu, laminé ou étiré (Nickelmetall, rein oder legirt mit andern Metallen, gewalzt oder gestreckt)	15 fr. les 100 kil.	10 fr. les 100 kil.
Manganèse (Braunstein):		
Minerai (Braunsteinerz) . . .		
Arsenic (Arsenik):		
Minerai (Arsenikerz)		
Métallique (Arsenik, gediegener). . . .	Exempts.	Exempts.
Minerais non dénommés (Erze, nicht namentlich genannt)		
Ouvrages en métaux (Metallwaaren):		
Fonte (Eisenguss):		
Ouvrages en fonte moulée, non tournés ni polis (Eisengusswaaren, nicht abgedreht oder polirt):		
1re classe. Coussinets de chemins de fer, plaques ou autres pièces coulées à découvert (1ste Klasse. Unterlagen für Eisenbahnschienen [Schienenstühlchen], Platten oder andere in offener Form gegossene Stücke)	fr. c. 3 50 les 100 kil.	fr. c. 3 - les 100 kil.
2e classe. Tuyaux cylindriques, droits, poutrelles et colonnes pleines ou creuses, cornues pour la fabrication du gaz, barreaux pleins et leurs assemblages, grilles et plaques de foyers, arbres de transmission, bâtis de machines et autres objets sans ornements ni ajustages (2te Klasse. Gerade cylinderförmige Röhren, massive oder hohle Balken und Säulen, Gasretorten, massive Geländerdocken und Verbandstücke dazu, Gitter und Heerdplatten, Transmissionswellen, Gestelle für Maschinen und andere Gegenstände ohne Verzierung und Zurichtung)	4 25 —	3 75 —
3e classe. Poteries et tous autres ouvrages non désignés dans les deux classes précédentes (3te Klasse. Topfgeschirr und alle andere, in den beiden vorhergehenden Klassen nicht genannte Waaren)	5 - —	4 50 —
Ouvrages en fonte polis ou tournés (Eisengusswaaren, polirt oder abgedreht)	9 - —	6 - —
Ouvrages en fonte étamés, émaillés ou vernissés (Eisengusswaaren, verzinnt, emaillirt oder gefirnisst)	12 - —	10 - —
Fer (Waaren aus Schmiedeeisen):		
Ferronnerie comprenant (Eisenwerk, als):		
Pièces de charpente (Baustücke)		
Courbes et solives pour navires (Schiffsrippen und Schiffsbalken)		
Ferrures de charrettes et wagons (Beschläge zu Karren und Waggons)	9 - —	8 - —
Gonds, pentures, gros verrous, équerres et autres		

DÉNOMINATION DES ARTICLES.	TAUX DES DROITS. En 1862.	Au 1er oct. 1864.
gros ferrements de portes ou croisées, non tournés ni polis (Thürangeln, Fensterangeln, grosse Riegel, Winkelhaken und anderes grobes Eisenwerk zu Thüren oder Fenstern, weder abgedreht noch polirt) Grilles en fer plein, lits, siéges et meubles de jardins ou autres, avec ou sans ornements accessoires en fonte, cuivre ou acier (Gitter, massive, Bettstellen, Sessel, Garten- oder andere Meubel mit oder ohne unwesentliche Verzierungen von Gusseisen, Kupfer oder Stahl)	9 fr. les 100 kil.	8 fr. les 100 kil.
N. B. Les essieux, ressorts et bandages de roues ne sont pas compris dans cette nomenclature, et figurent parmi les pièces détachées de machines (Achsen, Federn und Radschienen sind bei dieser Classification nicht einbegriffen und kommen bei den Maschinentheilen vor).		
Serrurerie comprenant (Schlosserarbeiten, als):		
Serrures et cadenas en fer de toute sorte, fiches et charnières en tôle, loquets, targettes et tous autres objets en fer ou tôle tournés, polis ou limés pour ferrures de meubles, portes et croisées (Schlösser und Vorlegeschlösser jeder Art, Fischbänder und Charniere von Eisenblech, Klinken, Riegel und alle übrigen Gegenstände von Schmiedeeisen oder Eisenblech, abgedreht, polirt oder gefeilt zu Beschlägen von Meubeln, Thüren und Fenstern) . . .	15 - —	12 - —
Clous forgés à la mécanique (Nägel, mit der Maschine geschmiedet)	10 - —	8 - —
Clous forgés à la main (Nägel, mit der Hand geschmiedet)	15 - —	12 - —
Vis à bois, boulons et écrous (Holzschrauben, Bolzen und Schraubenmuttern) . . . . Ancres (Anker) . . . . Câbles et chaînes en fer (Ankerketten und eiserne Ketten)	10 - —	8 - —
Outils en fer pur, emmanchés ou non (Werkzeuge nur von Eisen, auch mit einem Griffe versehen) .	12 - —	10 - —
Tubes en fer étirés, soudés par simples rapprochements (Röhren, gezogene eiserne, einfach zusammengeschweisst):		
De 9 millimètres de diamètre intérieur ou plus (Von 9 Millimeter innerem Durchmesser oder mehr) .	13 - —	11 - —
De moins de 9 millimètres, raccords de toute espèce (Von weniger als 9 Millimeter, Verbandstücke [Muffen] aller Art)	25 - —	20 - —
Tubes en fer étirés, soudés sur mandrin et à recouvrement (Röhren, gezogene, schmiedeeiserne, über den Dorn gearbeitet und übereinandergeschweisst).	25 - —	20 - —
Articles de ménage et autres ouvrages non dénommés (Wirthschaftsgeräthe und andere nicht namentlich aufgeführte Waaren):		
En fer ou en tôle, polis ou peints (Von Schmiedeeisen oder Eisenblech, polirt oder gefärbt) . .	17 - —	14 - —
En fer ou en tôle émaillés, étamés ou vernissés (Von Schmiedeeisen oder Eisenblech, emaillirt, verzinnt oder gefirnisst)	20 - —	16 - —
Acier (Stahlwaaren):		
Outils en acier pur (limes, scies circulaires ou droites, faux, faucilles et autres non dénommés (Werkzeuge von reinem Stahl [Feilen, Sägen, mit geraden Blättern und kreisförmige — Circularsägen — Sensen, Sicheln und andere nicht namentlich genannte])	40 - —	32 - —
Aiguilles à coudre de moins de 5 centimètres (Nähnadeln, kleiner als 5 Centimeter)	200 - —	200 - —

No. 426. (XVI) Handelsvertrag. Tarif A. 2. August 1862.

DÉNOMINATION DES ARTICLES.	TAUX DES DROITS. En 1862.	TAUX DES DROITS. Au 1er oct. 1864.
Aiguilles à coudre de 5 centimètres ou plus (Nähnadeln von 5 Centimeter und mehr)	100 fr. les 100 kil.	100 fr. les 100 kil.
Plumes métalliques en métal autre que l'or et l'argent (Schreibfedern, metallene, mit Ausnahme der goldenen und silbernen)	100 - —	100 - —
Petits objets en acier, tels que perles, coulants, broches et dés à coudre (Kleine Gegenstände von Stahl, als Perlen, Schiebringe, Brochen, Fingerhüte)	25 - —	20 - -
Articles de ménage et autres ouvrages en acier pur non dénommés (Wirthschaftsgeräthe und andere nicht namentlich aufgeführte Gegenstände von reinem Stahl)	40 - —	32 - —
Hameçons de toute espèce (Angelhaken aller Art)	50 - —	50 - —
Coutellerie de toute espèce (Messerschmiedewaaren aller Art)	20 p. c. de la valeur, abaissé à 15 p. c. à partir du 1er janvier 1866.	
Instruments de chirurgie, de précision, de physique et de chimie (pour laboratoire) (Instrumente, chirurgische, mathematische, physikalische, chemische [für Laboratorien])	Exempts:	Exempts.
Armes de commerce (Handels-Waffen):		fr. c.
Armes blanches (blanke Waffen)	40 fr. les 100 kil.	40 - les 100 kil.
Armes à feu (Feuerwaffen)	240 - —	240 - —
Métaux divers (Verschiedene Metalle).		
Outils en fer rechargés d'acier, emmanchés ou non (Werkzeuge von Schmiedeeisen, verstählte, mit oder ohne Heft)	18 - —	15 - —
Objets en fonte et fer non polis, le poids du fer étant inférieur à la moitié du poids total (Waaren von Guss- und Schmiedeeisen, nicht polirt, sofern das Gewicht des Schmiedeeisens weniger als die Hälfte des Gesammtgewichts ausmacht)	5 - —	4 50 —
Objets en fonte et fer non polis, le poids du fer étant égal ou supérieur à la moitié du poids total (Waaren von Guss- und Schmiedeeisen, nicht polirt, sofern das Gewicht des Schmiedeeisens die Hälfte oder mehr des Gesammtgewichts ausmacht)	10 - —	8 - —
Objets en fonte et fer polis, émaillés ou vernissés, même avec ornements accessoires en fer, cuivre, laiton ou acier (Waaren von Guss- und Schmiedeeisen, polirt, emaillirt oder lackirt, auch mit unwesentlichen Verzierungen von Schmiedeeisen, Kupfer, Messing oder Stahl)	15 - —	12 - —
Toiles métalliques en fer ou en acier (Metalltücher von Eisen oder Stahl)	15 - —	10 - —
Cylindres en cuivre ou laiton pour impression, gravés ou non (Druckwalzen von Kupfer oder Messing, gravirt oder nicht)	15 - —	15 - —
Chaudronnerie (Kupferschmiedewaaren) } Toiles en fils de cuivre ou laiton (Tücher von Kupfer- oder Messingdraht) } Objets d'art et d'ornement et tous autres ouvrages en cuivre pur ou allié de zinc ou d'étain (Gegenstände der Kunst, Zierrathen und alle übrigen Waaren aus reinem oder mit Zink oder Zinn legirtem Kupfer)	25 - —	20 - —
Ouvrages en zinc de toute espèce (Zinkwaaren aller Art)	10 - —	8 - —
Tuyaux et autres ouvrages de plomb de toute sorte (Röhren aus Blei und Bleiwaaren aller Art)	5 - —	3 - —
Caractères d'imprimerie neufs, clichés (Buchdruckerlettern, neue, Cliché's)	10 - —	8 - —
Poteries et autres ouvrages en étain pur ou allié		

DÉNOMINATION DES ARTICLES.	TAUX DES DROITS. En 1862.	TAUX DES DROITS. Au 1er oct. 1864.
d'antimoine (Topfgeschirr und andere Waaren aus reinem oder mit Antimon logirtem Zinn) . .	30 fr. les 100 kil.	30 fr. les 100 kil.
Ouvrages en nickel allié au cuivre ou au zinc (argentan) (Waaren aus Legirungen von Nickel mit Kupfer oder Zink [Argentan])	100 - —	100 - —
Ouvrages en plaque sans distinction de titre (Plattirte Waaren ohne Unterschied)	100 - —	100 - —
Ouvrages en métaux dorés ou argentés, soit au mercure, soit par les procédés électro-chimiques (Metallwaaren, im Feuer oder galvanisch vergoldet oder versilbert)	100 . —	100 - —
Orfévrerie et bijouterie en or, argent, platine ou autres métaux (Juwelier- und Goldschmiedewaaren aus Gold, Silber, Platin oder anderen Metallen) .	500 - —	500 - —
Horlogerie (Uhren)	5 p. c. de la valeur.	5 p. c. de la valeur.
Fournitures d'horlogerie (Uhrfournitüren) . .	100 fr. les 100 kil.	100 fr. les 100 kil.
Machines et mécaniques (Maschinen und mechanische Geräthe).		
Appareils complets (Vollständige Werke):		
Machines à vapeur fixes, avec ou sans chaudières, avec ou sans volant (Feststehende Dampfmaschinen mit oder ohne Kessel, mit oder ohne Schwungrad).	10 - —	6 - —
Machines à vapeur fixes pour la navigation, avec ou sans chaudières (Feststehende Dampfmaschinen für Schiffe mit oder ohne Kessel)	20 - —	12 - —
Machines locomotives ou locomobiles (Locomotiven oder Lokomobilen)	15 - —	10 - —
Tenders complets de machines locomotives (Vollständige Tender zu Locomotiven)	10 - —	8 - —
Machines pour la filature (Maschinen für die Spinnerei)	15 - —	10 - —
Machines à nettoyer et ouvrir la laine, le coton, le lin, le chanvre et autres matières textiles (Maschinen zum Reinigen und Auflockern von Wolle, Baumwolle, Flachs, Hanf und anderen Spinnmaterialien) . Machines pour le tissage (Maschinen für die Weberei) . . . . Machines à fabriquer le papier (Maschinen für die Papierfabrication) . . . . Machines à imprimer (Maschinen für die Buchdruckerei) . . . . Machines pour l'agriculture (Maschinen für die Landwirthschaft) . . . . Machines à bouter les plaques et rubans de cardes (Maschinen für die Kratzenfabrication) . . Métiers à tulle (Tüllwebstühle)	9 - —	6 -
Appareils en cuivre, à distiller (Kupferne Apparate zur Destillation) . . . . Appareils à sucre (Apparate zur Zuckerfabrication) Appareils de chauffage (Apparate zur Heizung) . Cardes non garnies (Kratzmaschinen ohne Beschläge)	15 - —	10 - —
Chaudières à vapeur en tôle de fer, cylindriques ou sphériques, avec ou sans bouilleurs ou réchauffeurs (Dampfkessel von Eisenblech, cylindrisch oder kugelförmig, mit oder ohne Siedevorrichtung oder Vorwärmer)	10 - —	8 - —
Chaudières à vapeur tubulaires en tôle de fer, à tubes en fer, cuivre ou laiton, étirés ou en tôle clouée, à foyer intérieur, et toutes autres chaudières de forme non cylindrique ou sphérique simple (Dampfkessel, röhrenförmige, von Eisenblech mit Röhren von Schmiedeeisen, Kupfer oder Messing,		

DÉNOMINATION DES ARTICLES.	TAUX DES DROITS. En 1862.	TAUX DES DROITS. Au 1er oct. 1864.
gezogen oder vernietet, mit innerer Feuerung und alle übrigen Kessel von nicht cylindrischer oder einfacher Kugel-Form)	15 fr. les 100 kil.	12 fr. les 100 kil.
Chaudières à vapeur en tôle d'acier de toute forme (Dampfkessel von Stahlblech jeder Form) . .	30 - —	25 - —
Gasomètres, chaudières découvertes, poêles et calorifères en tôle ou en fonte et tôle (Gasometer, Abdampfpfannen, Oefen, Wärmapparate von Eisenblech oder von Gusseisen und Eisenblech) . .	10 - —	8 - —
Machines-outils et machines non dénommées contenant 75 p. c. de fonte et plus (Werkzeug-Maschinen und nicht genannte Maschinen, welche 75 pCt. und mehr Gusseisen enthalten)	9 - —	6 - —
idem 50 à 75 p. c. exclusivement de leur poids en fonte (— —, welche 50 bis excl. 75 pCt. Gusseisen enthalten)	15 - —	10 - —
idem moins de 50 p. c. de leur poids en fonte (— —, welche weniger als 50 pCt. Gusseisen enthalten)	20 - —	15 - —
Pièces détachées de machines (Maschinentheile):		
Plaques et rubans de cardes sur cuir, caoutchouc, ou sur tissus purs ou mélangés (Kratzenbeschläge in Leder, Kautschuk oder gemischten oder ungemischten Geweben)	60 - —	50 - —
Dents de rots en fer ou en cuivre (Weberblätterzähne aus Eisen oder Kupfer)	30 - —	30 - —
Rots, ferrures ou peignes à tisser, à dents de fer ou de cuivre (Weberblätter, Beschläge oder Weberkämme mit Zähnen von Eisen oder Kupfer) . .	50 - —	30 - —
Pièces en fonte, polies, limées et ajustées (Theile von Gusseisen, polirt, abgefeilt, zum Gebrauch vorgerichtet)	9 - —	6 - —
Pièces en fer forgé, polies, limées et ajustées ou non, quel que soit leur poids (Theile von Schmiedeeisen, polirt, abgefeilt, zum Gebrauch vorgerichtet oder nicht, ohne Rücksicht auf Gewicht) . .	15 - —	10 - —
Ressorts en acier pour carrosserie, wagons et locomotives (Stahlfedern zur Wagenfabrication, für Eisenbahnwagen und für Locomotiven) . . .	17 - —	15 - —
Pièces en acier, polies, limées, ajustées ou non, pesant plus d'un kilogramme (Theile von Stahl, polirt, gefeilt, zum Gebrauch vorgerichtet oder nicht, mehr als 1 Kilo schwer)	30 - —	25 - —
— — pesant un kilogramme ou moins (Dergleichen 1 Kilo und weniger schwer)	40 - —	35 - —
Pièces en cuivre pur ou allié de tous autres métaux (Theile von reinem oder mit einem andern Metalle legirten Kupfer)	25 - —	20 - —
Plaques et rubans de cuir, de caoutchouc et de tissus spécialement destinés pour cardes (Platten und Streifen von Leder, Kautschuk und Zeugstoffen, speciell zur Kratzenfabrication bestimmt) . .	20 - —	20 - —
Or et argent battus en feuilles (Gold- u. Silberblatt)	50 - le kilogr.	50 - le kilogr.
Carrosserie (Wagen)	10 p. c. de la val.	10 p. c. de la val.
Tabletterie et ouvrages en ivoire (Kunstdrechslerarbeiten und Elfenbeinwaaren)	10 p. c. de la val.	10 p. c. de la val.
Peaux (Häute):		
Brutes (rohe)	Exemptes.	Exemptes.
Vernies, teintes et maroquinées (Leder, lackirtes, gefärbtes, maroquinirtes)	60 fr. les 100 kil.	60 fr. les 100 kil.
Préparées de toute autre espèce (Leder, in anderer Weise zugerichtet)	15 - —	15 - —
Ouvrages en peaux et en cuirs de toute espèce (Lederwaaren aller Art)	10 p. c. de la val.	10 p. c. de la val.

DÉNOMINATION DES ARTICLES.	TAUX DES DROITS. En 1862.	TAUX DES DROITS. Au 1er oct. 1864.
Futailles vides, neuves ou vieilles, montées ou démontées (Fässer, leere, neue oder alte, zusammengesetzt oder auseinandergenommen):		
cerclées en bois (mit Holzreifen)	Exemptes.	Exemptes.
cerclées en fer (mit Eisenreifen)	10 p. c. de la val.	10 p. c. de la val.
Pelles, fourches, râteaux et manches d'outils en bois avec ou sans viroles (Schaufeln, Gabeln, Rechen, Werkzeugstiele [Hefte] von Holz mit oder ohne Zwinge [metallene Ringe])	Exempts.	Exempts.
Avirons (Ruder)	—	—
Plats, cuillers, écuelles et autres articles de ménage en bois (Schüsseln, Löffel, Näpfe und anderes hölzernes Hausgeräth)	—	—
Pièces de charpente, brutes ou façonnées (Bauholz, roh oder zugerichtet)	Exemptes.	Exemptes.
Pièces de charronnage, brutes ou façonnées (Wagnerarbeiten, roh oder zugerichtet)	—	—
Autres ouvrages en bois non dénommés (Holzwaaren, andere, nicht namentlich genannte) . .	10 p. c. de la val.	10 p. c. de la val.
Meubles (Meubel)		
Articles d'emballage ayant déjà servi (Verpackungs-Materialien, bereits gebraucht)	Exempts.	Exempts.
Bâtiments de mer construits dans le Zollverein non encore immatriculés ou naviguant sous pavillon des Etats du Zollverein (Seeschiffe, im Zollverein erbaut, noch nicht in das Schiffsregister eingetragen oder unter Flagge eines Zollvereinsstaats segelnd):	Par tonneau de	jauge française.
en bois (von Holz)	25 fr.	20 fr.
en fer (von Eisen)	70 -	60 -
Coque de bâtiments de mer et bateaux de rivières (Gerippe von Seeschiffen und Flussfahrzeuge):		
en bois (von Holz)	15 -	10 -
en fer (von Eisen)	50 -	40 -
N. B. Les machines et moteurs installés à bord de ces bâtiments seront taxés séparément d'après le chiffre des droits spécifiés sous la rubrique: *Machines et mécaniques* (Maschinen und Triebwerke an Bord dieser Schiffe eingesetzt, werden abgesondert nach den unter der Rubrik „Maschinen und Maschinentheile" angegebenen Zollsätzen verzollt)		
Industries textiles (Spinnerei u. Weberei).		
Lin (Flachs):		
Lin ou chanvre peigné (Flachs oder Hanf, gehechelter)	Exempts.	Exempts.
Fils de lin ou de chanvre mesurant au kilogramme (Leinen- oder Hanfgespinnst, welches auf das Kilogramm misst, und zwar):		
Simples (einfaches):		
Écrus (rohes):		
6,000 mètres ou moins (6,000 Meter oder weniger)	15 fr. les 100 kil.	
Plus de 6,000 mètres, pas plus de 12,000 (mehr als 6,000 Meter, nicht mehr als 12,000 Meter) .	20 -	—
Plus de 12,000 mètres, pas plus de 24,000 (mehr als 12,000 Meter, nicht mehr als 24,000 Meter) .	30 -	—
Plus de 24,000 mètres, pas plus de 36,000 (mehr als 24,000 Meter, nicht mehr als 36,000 Meter) .	36 -	—
Plus de 36,000 mètres, pas plus de 72,000 (mehr als 36,000 Meter, nicht mehr als 72,000 Meter) .	60 -	—
Plus de 72,000 mètres (mehr als 72,000 Meter) .	100 -	—
Blanchis ou teints (gebleichtes oder gefärbtes):		
6,000 mètres ou moins (6,000 Meter oder weniger)	20 -	

No 436. (XVI).
Handelsvertrag.
Tarif A.
2. August 1862.

DÉNOMINATION DES ARTICLES.	TAUX DES DROITS. En 1862.	Au 1er oct. 1864
Plus de 6,000 mètres, pas plus de 12,000 (mehr als 6,000 Meter, nicht mehr als 12,000 Meter) .	27 fr. les 100 kil.	
Plus de 12,000 mètres, pas plus de 24,000 (mehr als 12,000 Meter, nicht mehr als 24,000 Meter) .	40 -	—
Plus de 24,000 mètres, pas plus de 36,000 (mehr als 24,000 Meter, nicht mehr als 36,000 Meter) .	48 -	—
Plus de 36,000 mètres, pas plus de 72,000 (mehr als 36,000 Meter, nicht mehr als 72,000 Meter) .	80 -	—
Plus de 72,000 mètres (mehr als 72,000 Meter) .	133 -	—
Retors (gezwirntes):		
Écrus (rohes) . . .	Le droit afférent au fil simple écru employé au retordage augmenté de 30 pour cent.	
Blanchis ou teints (gebleichtes oder gefärbtes) .	Le droit afférent au fil simple teint ou blanchi employé au retordage augmenté de 30 pour cent.	
Les fils de lin ou de chanvre mélangés suivront le même régime que les fils de lin ou de chanvre purs, pourvu que le lin ou le chanvre domine en poids. (Leinen- und Hanfgarne, gemischte, werden wie reine Leinen- und Hanfgarne behandelt, sofern das Gewicht des Flachses oder Hanfes überwiegt.)		
Tissus de lin ou de chanvre unis ou ouvrés présentant en chaîne dans l'espace de 5 millimètres carrés (Leinen oder Hanfgewebe, glatte oder gemusterte [gebildete], welche in einem Raum von 5 Quadratmillimeter in der Kette ersehen lassen, und zwar):		
Écrus (rohe):		
8 fils ou moins (8 Fäden oder weniger) . . .	28 fr. les 100 kil.	
9, 10 et 11 fils (9, 10 und 11 Fäden) . . .	55 -	—
12 fils (12 Fäden)	65 -	—
13 et 14 fils (13 und 14 Fäden)	90 -	
15, 16 et 17 fils (15, 16 und 17 Fäden) . .	115 -	—
18, 19 et 20 fils (18, 19 und 20 Fäden) . .	170 -	—
21, 22 et 23 fils (21, 22 und 23 Fäden) . .	260 -	—
24 fils et au-dessus (24 Fäden und darüber) . .	400 -	—
Blanchis, teints ou imprimés (gebleichte, gefarbte oder bedruckte):		
8 fils ou moins (8 Fäden oder weniger) . . .	38 -	—
9, 10 et 11 fils (9, 10 und 11 Fäden) . . .	70 -	—
12 fils (12 Fäden)	95 -	—
13 et 14 fils (13 und 14 Fäden)	120 -	—
15, 16 et 17 fils (15, 16 und 17 Fäden) . .	155 -	—
18, 19 et 20 fils (18, 19 und 20 Fäden) . .	230 -	—
21, 22 et 23 fils (21, 22 und 23 Fäden) . .	350 -	—
24 fils et au-dessus (24 Fäden und darüber) . .	535 -	—
Coutils unis ou façonnés, écrus, blanchis, teints ou imprimés (Zwillich, glatt oder gemustert, roher, gebleichter, gefärbter, bedruckter) . . .	16 pour cent de la valeur.	
Linge damassé (Damast)	16 —	—
Batiste (Batist)		
Linons (Linon)	Même régime que les toiles unies.	
Mouchoirs encadrés (Eingefasste Schnupftücher) .		
Tulle de lin (Leinener Tüll)	15 pour cent de la valeur.	
Dentelles de lin (Zwirnspitzen)	5 —	—
Bonneterie de lin (Leinene Strumpfwaaren) . .		
Passementerie, de lin (Posamentierarbeit v. Leinen)		
Rubannerie de fil écru, blanchie ou teinte (Bandwaaren aus rohem Garn, gebleichte oder gefärbte).		
Articles en lin ou en chanvre, confectionnés en tout ou en partie (Ganz oder theilweise fertige Gegenstände aus Leinen oder Hanf) . . .	15 —	—
Vêtements et articles non dénommés (Kleidungsstücke und nicht genannte Artikel) . . .		

DÉNOMINATION DES ARTICLES.	TAUX DES DROITS. En 1862.	Au 1er oct. 1864.
Tissus de lin ou de chanvre mélangés quand le lin ou le chanvre domine en poids (Leinen oder Hanfgewebe, gemischte, sofern das Gewicht des Flachses oder Hanfs vorherrscht)	15 pour cent de la valeur.	
Jute (Jute):		
En brins, teillé ou peigné (In Stengeln, gebrochen oder gehechelt)	Exempt.	
Fils de jute, mesurant au kilogramme (Garn von Jute, welches auf das Kilogramm misst, und zwar):		
Écrus (rohes):	fr. c.	
Moins de 1,400 mètres (weniger als 1400 Meter) .	7 - les 100 kil.	5 fr. les 100 kil.
De 1,400 à 3,700 mètres exclusivement (von 1400 bis ausschliesslich 3700 Meter)	9 20 —	6 - —
De 3,700 à 4,200 mètres exclusivement (von 3700 bis ausschliesslich 4200 Meter)	10 20 —	7 - —
De 4,200 à 6,000 mètres exclusivement (von 4200 bis ausschliesslich 6000 Meter)	15 - —	10 - —
Plus de 6,000 mètres (mehr als 6000 Meter) .	Même régime que les fils de lin.	
Blanchis ou teints (gebleichtes oder gefärbtes):		
Moins de 1,400 mètres (weniger als 1400 Meter) .	10 fr. les 100 kil.	7 fr. les 100 kil.
De 1,400 mètres à 3,700 mètres exclusivement (von 1400 bis ausschliesslich 3700 Meter) . . .	13 - —	9 - —
De 3,700 à 4,200 mètres excl. (von 3700 bis ausschliesslich 4200 Meter)	15 - —	10 - —
De 4,200 à 6,000 mètres excl. (von 4200 bis ausschliesslich 6000 Meter)	22 - —	14 - —
Plus de 6,000 mètres (mehr als 6000 Meter) .	Même régime que les fils de lin.	
Végétaux filamenteux (Andere vegetabilische Spinnstoffe):		
Phormium tenax, abaca, et autres végétaux filamenteux non dénommés (Neuseeländer Flachs, Manila-Hanf und andere nicht genannte vegetabilische Spinnstoffe):		
Filaments (Fasern):		
Bruts teillés (Roh oder gebrochen)	Exempts.	
Peignés ou tordus (Gehechelt oder gedreht) . .		
Fils (Garn)	5 pour cent de la valeur.	
Tissus (Gewebe)	10 — —	
Crin (Thierhaare):		
Crin brut de toute nature, même préparé ou frisé (Haare jeder Art, roh, zubereitet oder gekräuselt) .	Exempt.	
Tissus et ouvrages de crin ou de poils de vache purs ou mélangés (Gewebe oder Arbeiten von Haaren, rein oder gemischt)	10 pour cent de la valeur.	
Cotons (Baumwolle):		
Coton de l'Inde en laine (Rohe indische Baumwolle)	Exempt.	
Coton en feuilles cardées ou gommées (ouates) (Baumwolle in kardätschten oder gummirten Platten [Watten])	fr. c. - 10 le kil.	
Fils de coton simple, mesurant au demi-kilogramme (Einfaches Baumwollengarn, welches auf ein halbes Kilogramm misst, und zwar):		
Écrus (rohes):		
20,000 mètres ou moins (20,000 Meter oder weniger)	- 15 —	
De 21,000 mètres à 30,000 (von 21,000 bis 30,000 Meter)	- 20 —	
De 31,000 mètres à 40,000 (von 31,000 bis 40,000 Meter)	- 30 —	
De 41,000 mètres à 50,000 (von 41,000 bis 50,000 Meter)	- 40 —	
De 51,000 mètres à 60,000 (von 51,000 bis 60,000 Meter)	- 50 —	

No. 435 (XVI). Handelsvertrag. Tarif A. 2. August 1862.

DÉNOMINATION DES ARTICLES.	TAUX DES DROITS. En 1862. Au 1er oct. 1864.
De 61,000 mètres à 70,000 (von 61,000 bis 70,000 Meter)	fr. c. - 60 le kil.
De 71,000 mètres à 80,000 (von 71,000 bis 80,000 Meter)	- 70 —
De 81,000 mètres à 90,000 (von 81,000 bis 90,000 Meter)	- 90 —
De 91,000 mètres à 100,000 (von 91,000 bis 100,000 Meter)	1 00 —
De 101,000 mètres à 110,000 (v. 101,000 bis 110,000 Meter)	1 20 —
De 111,000 mètres à 120,000 (v. 111,000 bis 120,000 Meter)	1 40 —
De 121,000 mètres à 130,000 (v. 121,000 bis 130,000 Meter)	1 60 —
De 131,000 mètres à 140,000 (v. 131,000 bis 140,000 Meter)	2 - —
De 141,000 mètres à 170,000 (v. 141,000 bis 170,000 Meter)	2 50 —
De 171,000 et au-dessus (171,000 Meter und darüber)	3 - —
Blanchis (gebleichtes)	Le droit sur le fil simple écru, augmenté de 15 pour cent.
Teints (gefärbtes)	Le droit sur le fil simple écru, augmenté de 25 centimes par kil.
Fils de coton retors en deux bouts (Zweidrähtiges Baumwollengarn):	
Écrues (rohes) . .	Le droit afférent au numéro du fil simple employé au retordage, augmenté de 30 pour cent.
Blanchis (gebleichtes) .	Le droit sur le fil écru retors en deux bouts, augmenté de 15 pour cent.
Teints (gefärbtes) . . .	Le droit sur le fil écru retors en deux bouts, augmenté de 25 cent. par kil.
Chaînes ourdies (Zu Ketten angelegtes Baumwollengarn):	
Écrues (rohes) . . .	Le droit sur le fil simple, augmenté de 30 pour cent.
Blanchies (gebleichtes) .	Le droit sur les chaînes ourdies écrues, augmenté de 15 pour cent.
Teintes (gefärbtes) . .	Le droit sur les chaînes ourdies écrues, augmenté de 25 cent. par kil.
Fils écrus, blanchis ou teints, en trois bouts ou plus (Rohes, gebleichtes oder gefärbtes, drei- oder mehrdrähtiges Baumwollengarn):	
A simple torsion (in einfacher Drehung) . . .	6 centimes par 1,000 mètres.
A plusieurs torsions ou câbles (in mehrfacher Drehung oder Zwirnung)	12 — —
Tissus de coton écrus, unis, croisés, coutils (Baumwollene Gewebe, rohe, glatt, geköpert, auch Zwillich):	
Première classe, pesant 11 kilogr. et plus les 100 mètres carrés (1ste Klasse, wenn 100 Quadratmeter 11 Kilogr. oder mehr wiegen):	
De 35 fils et au-dessous aux 5 millimètres carrés (bei 35 Fäden und darunter auf 5 Quadratmillimeter)	fr. c. - 50 le kil.
De 36 fils et au-dessus (bei 36 Fäden und darüber auf 5 Quadratmillimeter)	- 80 —
Deuxième classe, pesant de 7 à 11 kilogr. exclus., 100 mètres carrés (2te Klasse, wenn 100 Quadratmeter 7 bis ausschliesslich 11 Kilogr. wiegen):	
De 35 fils et au-dessous (bei 35 Fäden u. darunter)	- 60 —
De 36 à 43 fils (bei 36 bis 43 Fäden)	1 - —
De 44 fils et au-dessus (bei 44 Fäden und darüber)	2 - —
Troisième classe, pesant de 3 à 7 kilogr. exclus.,	

DÉNOMINATION DES ARTICLES.	TAUX DES DROITS. En 1862. Au 1er oct. 1864.
les 100 mètres carrés (3te Klasse, wenn 100 Quadratmeter 3 bis ausschliesslich 7 Kilogr. wiegen):	
De 27 fils et au-dessous (bei 27 Fäden u. darunter)	fr. c. - 80 le kil.
De 28 à 35 fils (bei 28 bis 35 Fäden) . . .	1 20 —
De 36 à 43 fils (bei 36 bis 43 Fäden) . . .	1 90 —
De 44 fils et au-dessus (bei 44 Fäden und darüber)	3 - —
Tissus de coton (Baumwollene Gewebe):	
Blanchis (gebleichte)	15 pour cent en sus du droit sur l'écru.
Teints (gefärbte)	25 cent. par kil. en sus du droit sur l'écru.
Imprimés (bedruckte)	15 pour cent de la valeur.
Velours de coton (Baumwollener Sammet, und zwar):	
Façon soie (dite velvets) (seidenartiger [genannt Velvet]):	
Écrus (roh)	fr. c. - 85 le kil.
Teints ou imprimés (gefärbt oder bedruckt) . .	1 10 —
Autres (cords, moleskins etc.) (anderer [Cords, Moleskins etc.]):	
Écrus (roh)	- 60 —
Teints ou imprimés (gefärbt oder bedruckt) . .	- 85 —
Tissus de coton écrus, unis ou croisés, pesant moins de 3 kilogr. par 100 mètres carrés (Rohe, glatte oder geköperte, baumwollene Gewebe, von denen 100 Quadratmeter weniger als 3 Kilogr. wiegen) .	
Piqués, basins, façonnés, damassés et brillantés (Piqués, Bazins, façonnirte Gewebe, Damaste und Brillantés)	
Couvertures de coton (Baumwollene Decken) .	
Tulles unis ou brodés (Glatter oder gestickter Tüll)	15 pour cent de la valeur.
Gazes et mousselines, brodées ou brochées, pour ameublements ou tentures (Gaze und Mousseline, gestickt oder brochirt, zur Ausstattung der Meubel oder für Behänge)	
Vêtements et articles confectionnés en tout ou en partie (Kleidungsstücke und ganz oder theilweise fertige Gegenstände)	
Articles non dénommés (Nicht genannte Artikel) .	
Broderies à la main (Handstickereien)	10 —
Dentelles et blondes de coton (Baumwollene Spitzen und Blonden)	5 —
Les fils de coton mélangé payeront les mêmes droits que les fils de coton pur, pourvu que le coton domine en poids dans le mélange (Garne von Baumwolle, gemischt mit anderen Stoffen, zahlen denselben Zoll, wie Garne von reiner Baumwolle, vorausgesetzt, dass die Baumwolle dem Gewichte nach in der Mischung vorherrscht).	
Tissus de coton mélangés quand le coton domine en poids (Gewebe aus Baumwolle und anderen Materialien, sofern die Baumwolle in der Mischung vorherrscht)	15 —
Laines (Wolle):	
Laine en masse du Zollverein ou d'Australie (Rohe Wolle, vereinsländische oder australische) . .	Exempte.
Laine teinte en masse (Ungekämmte Wolle, gefärbt)	25 fr. les 100 kil.
Laine peignée, teinte ou non (Gekämmte, gefärbte oder ungefärbte Wolle)	25 - —
Fils de laine, blanchis ou non, simples, mesurant au kilogr. (Gebleichtes oder ungebleichtes Garn von Wolle, welches auf das Kilogramm misst):	
De 30,000 mètres et au-dessous (von 1,000 bis 30,000 Meter)	fr. c. - 25 le kil.
De 31,000 à 40,000 mètres (von 31,000 bis 40,000 Meter)	- 35 —

DÉNOMINATION DES ARTICLES.	TAUX DES DROITS. En 1862.	TAUX DES DROITS. Au 1er oct. 1864.
De 41,000 à 50,000 mètres (von 41,000 bis 50,000 Meter)	fr. c. - 45 le kil.	
De 51,000 à 60,000 mètres (von 51,000 bis 60,000 Meter)	- 55 —	
De 61,000 à 70,000 mètres (von 61,000 bis 70,000 Meter)	- 65 —	
De 71,000 à 80,000 mètres (von 71,000 bis 80,000 Meter)	- 75 —	
De 81,000 à 90,000 mètres (von 81,000 bis 90,000 Meter)	- 85 —	
De 91,000 à 100,000 mètres (von 91,000 bis 100,000 Meter)	- 95 —	
De 101,000 mètres et au-dessus (von 101,000 und darüber)	1 - —	
Fils de laine, blanchis ou non, retors pour tissage (Gebleichtes oder ungebleichtes Wollengarn, zum Verweben gezwirnt)	Le droit afférent aux fils de laine simples employés au retordage augmenté de 30 pour cent.	
Fils de laine blanchis ou non retors pour tapisserie (Gezwirntes Wollengarn für Tapisserie)	Le droit du fil simple élevé au double.	
Fils de laine teints simples ou retors (Einfaches oder gezwirntes Wollengarn, gefärbtes)	Droit sur le fil non teint, augmenté de 25 centimes par kil.	
Tissus de laine (Gewebe aus Wolle)	15 p. c. de la val.	10 p. c. de la val.
Feutres de toute sorte (Filz jeder Art)	—	—
Couvertures de laine (Decken von Wolle)	—	—
Tapis de toute espèce (Teppiche jeder Art)	—	15 —
Bonneterie de laine (Strumpfwaaren aus Wolle)	—	10 —
Passementerie de laine (Posamentierwaaren aus Wolle)	—	—
Rubannerie de laine (Bandwaaren aus Wolle)	—	—
Dentelles de laine (Wollene Spitzen)	—	—
Chaussons de lisière (Schuhe von Tuchecken)	10 —	—
Châles et écharpes de cachemire des Indes (Indische Kaschmir-Shawls und -Schärpen)	5 —	5 —
Articles non dénommés (Nicht genannte Waaren)	15 —	10 —
Lisières de drap de toute espèce, entières ou coupées (Tuchleisten jeder Art, ganz oder zerschnitten)	Exemptes.	
Vêtements et articles confectionnés (Kleider und fertige Gegenstände):		
Neufs (neue)	15 p. c. de la val.	10 p. c. de la val.
Vieux (alte)	20 fr. les 100 kil.	
Les fils et tissus d'alpaca, de lama, de vigogne et de chameau, purs ou mélangés de laine, suivront le même régime que les fils et tissus de laine, quelle que soit la proportion du mélange (Alpaka-, Lama-, Vigogne- und Kameel-Garne und -Gewebe, rein oder gemischt mit Schaafwolle, unterliegen demselben Zollsatze, wie die schaafwollenen Garne und Gewebe, welches auch das Verhältniss der Mischung sein mag).		
Les fils et tissus de laine et des autres matières ci-dessus dénommées, mélangés de coton ou d'autres filaments quelconques, payeront les mêmes droits que les fils et tissus de laine pure, pourvu que la laine domine dans le mélange (Garne und Gewebe aus Wolle und den anderen vorbenannten Stoffen, gemischt mit Baumwolle oder irgend welchen anderen Gespinnsten, zahlen denselben Zoll, wie Garne und Gewebe von reiner Wolle, vorausgesetzt, dass die Wolle in der Mischung das Uebergewicht hat).		
Les fils de poil de chèvre conserveront le régime qui leur est actuellement applicable (Garn aus Ziegenhaar bleibt der gegenwärtig bestehenden Behandlung unterworfen).		

DÉNOMINATION DES ARTICLES.	TAUX DES DROITS. En 1862.	TAUX DES DROITS. Au 1er oct. 1864.
Les tissus de poils de chèvre suivront le régime des tissus de laine (Gewebe von Ziegenhaaren unterliegen derselben Behandlung wie die Gewebe aus Wolle).		
Soies (Seide):		
En cocons (In Kokons)	Exemptes.	
Grèges et moulinées (Grege und moulinirte) .	Exemptes.	
Teintes (Gefärbte):		
A coudre, à broder et à dentelles (Näh-, Stick- und Spitzenseide)	3 fr. le kil.	Exemptes.
Autres (andere)	Exemptes.	Exemptes.
Bourre de soie (Floretseide):		
En masse (rohe)	Exempte.	
Peignée (gekämmte)	fr. c. - 10 le kil.	
Filée, simple et retorse, écrue, blanche, azurée, teinte (gesponnene, einfach und gezwirnt, rohe, weissgemachte, gebläute, gefärbte):		
De 80,000 mètres simples au kilogramme et au-dessous (von 80,000 einfachen Metern und darunter auf das Kilogr.)	- 75 —	
De 81,000 mètres simples au kilogr. et au-dessus (von 81,000 einfachen Metern und darüber auf das Kilogramm)	1 20 —	
Tissus, bonneterie, dentelles de pure soie (Gewebe, Strumpfwaaren, Spitzen von reiner Seide) . .	Exempts.	
Crêpes, façon d'Angleterre, écrus, noirs ou de couleur (Crep, nach englischem Muster, roher, schwarzer oder farbiger)	10 fr. le kil.	A partir de 1866, exempts.
Tulles (Tülle):		
Unis, écrus (glatte, roh)	20 - —	A partir du 1er oct. 1864 exempts.
apprêtés (appretirt)	15 p. c. de la val.	—
Façonnés, écrus ou apprêtés (façonnirte, roh oder appretirt)	10 — —	Exempts.
Tissus de bourre de soie pure, de soie et bourre de soie, écrus, blancs, teints, imprimés (Gewebe von Floretseide oder Seide und Floretseide, roh, weissgemacht, gefärbt, bedruckt)	fr. c. 2 - le kil.	
Tissus, passementerie et dentelles de soie, ou de bourre de soie (Gewebe, Posamentierwaaren und Spitzen von Seide oder Floretseide in Verbindung:		
Avec or ou argent fin (mit ächtem Golde oder Silber)	12 - —	
Avec or ou argent mi-fin ou faux (mit halbächtem oder unächtem Golde oder Silber) . . .	3 50 —	
Tissus de soie ou de bourre de soie mélangés, la soie ou la bourre de soie dominant en poids (Gewebe von Seide oder Floretseide, gemischt mit anderen Stoffen, wenn die Seide oder Floretseide im Gewicht vorherrscht)	3 - —	
Rubans de soie ou de bourre de soie (Bänder von Seide oder Floretseide):		
De velours (sammtne)	5 - —	
Autres (andere)	8 - —	
Mélangés (mit anderen Stoffen gemischt) . . .	10 pour cent de la valeur.	
Les vêtements et articles confectionnés en soie suivront le régime des tissus dominant en poids (Kleidungsstücke und fertige Gegenstände von Seide unterliegen derselben Behandlung wie die Gewebe, welche dem Gewichte nach vorherrschend sind).		
Produits chimiques (chemische Producte).		
Iode (Jod)	Exempts.	
Brome (Brom)		
Acides (Säuren):		
Sulfurique (Schwefelsäure).		

No 433 (XVI) Handelsvertrag. Tarif A. 2. August 1862.

DÉNOMINATION DES ARTICLES.	TAUX DES DROITS. En 1862.	TAUX DES DROITS. Au 1er oct. 1864.
Nitrique (Salpetersäure)		
Tartrique (Weinsteinsäure)		
Benzoique (Benzoësäure)		
Borique (Borsäure)		
Citrique (Citronensäure)		
Arsénieux (Arsenige Säure)		
Jus de citron (Citronensaft)		
Oxydes (Oxyde):		
De fer (Eisenoxyd)		
De zinc, gris (Zinkoxyd, graues)		
D'étain (Zinnoxyd)		
D'urane (Uranoxyd)		
De cuivre (Kupferoxyd)		
Safre et autres composés du cobalt (Zaffer und andere Kobaltverbindungen)		
Sulfure d'arsénic (Schwefelarsenik [Rauschgelb]) .		
Chlorure de potassium (Salzsaures Kali) . .		
Iodure de potassium (Jodkalium) . . .		
Salin de betteraves (Runkelrüben-Pottasche) . .		
Carbonate de potasse (Kohlensaures Kali) . .		
Nitrate de potasse (Kalisalpeter)		
Sulfate de potasse (Schwefelsaures Kali) . .		
Tartrates de potasse (Weinsteinsaures Kali) . .		
Cendres végétales vives et lessivées (Pflanzenasche, natürliche und ausgelaugte)		
Lies de vin (Weinhefe)		
Borax brut (Roher Borax)		
Nitrate de soude (Natronsalpeter [Chilisalpeter]) .	Exempts.	
Soude de varech (Soda aus Varec)		
Noir d'os (Beinschwarz)		
Os, calcinés, blancs (Weissgebrannte Knochen) .		
Phosphates naturels (Phosphorsaure Salze, wie solche in der Natur vorkommen)		
Citrate de chaux (Citronensaurer Kalk) . . .		
Sulfate de magnésie (Schwefelsaure Magnesia [Bittersalz])		
Carbonate de magnésie (Kohlensaure Magnesia) .		
Chlorure de magnésium (Chlormagnesium) . .		
Acétate de fer, liquide (Flüssiges essigsaures Eisen [Eisenbeizen])		
Garancine (Garancine)		
Sucre de lait (Milchzucker)		
Albumine (Albumin)		
Curcuma en poudre (Kurkume, gemahlene) . .		
Maurelle (Lackmus)		
Bleu de Prusse (Berliner Blau)		
Carmins de toute sorte (Karmin jeder Art) . .		
Cendres bleues ou vertes (Blaue und grüne Kupferfarben)		
Laque en teinture ou en trochisques (Lac-Lac und Lac-Dye)		
Vert de montagne (Berggrün)		
Stil de grain (Schüttgelb)		
Kermès en grains et en poudre (animal) (Alkermes in Körnern und gepulvert)		
Essence de houille et ses dérivés (Steinkohlentheeröl und daraus gewonnene Stoffe)	5 pour cent de la valeur.	
	fr. c.	fr. c.
Phosphore blanc (Phosphor, weisser)	40 - les 100 kil.	40 - les 100 kil.
Oxyde de zinc (blanc de zinc) (Zinkoxyd [Zinkweiss])		
Oxydes et carbonates de plomb (Bleiglätte, Mennige und Bleiweiss)	5 - —	2 - —
Acide oléique (Oelsäure)	5 -	5 - —
Acide oxalique et oxalates de potasse (Oxalsäure und oxalsaures Kali)	15 - —	10 - —

No. 436. (XVI). Handelsvertrag. Tarif A. 2. August 1862.

DÉNOMINATION DES ARTICLES.	TAUX DES DROITS. En 1862.		Au 1er oct. 1864.	
	fr. c.		fr. c.	
Prussiate jaune de potasse (Gelbes blausaures Kali)	20 -	les 100 kil.	20 -	les 100 kil.
Prussiate rouge de potasse (Rothes blausaures Kali)	30 -	—	30 -	—
Extraits de bois de teinture (Farbholzextracte):				
Pour les noirs et violets (schwarze und violette) .	20 -	—	20 -	—
Pour les rouges et jaunes (rothe und gelbe) . .	30 -	—	30 -	—
Acide hydrochlorique (acide muriatique) (Salzsäure)	- 60	—	- 60	—
Soude caustique (Aetznatron)	8 -	—	5 -	—
Carbonate de soude (sel de soude) à tous degrés (Kohlensaures Natron [Sodasalz] von jedem Gehalte)	4 50	—	3 -	—
Soude artificielle brute (Rohe, künstliche Soda) .	2 30	—	1 50	—
Carbonate de soude cristallisé (cristaux de soude) (Krystallisirtes kohlensaures Natron [Sodakrystalle])	2 30	—	1 50	—
Sulfate et sulfite de soude (Schwefligsaures und schwefelsaures Natron)	1 20	—	1 20	—
Sulfate et sulfite de soude cristallisé (sel de Glauber) Schwefligsaures und schwefelsaures krystallisirtes Natron [Glaubersalz])	1 -	—	- 70	—
Bicarbonate de soude, et autres sels de soude, non dénommés (Doppelt kohlensaures Natron und andere nicht genannte Natronsalze)	5 25	—	3 50	—
Chlorure de chaux (Chlorkalk)	4 25	—	2 80	—
Chlorate de potasse (Chlorsaures Kali) . . .	38 60	—	25 75	—
Savons ordinaires et de parfumerie (Gewöhnliche und wohlriechende Seifen)	6 -	—	6 -	—
Outremer (Ultramarin)	15 -	—	15 -	—
Phosphore rouge (Phosphor, rother) . . .				
Aluminium (Aluminium)				
Aluminate de soude (Thonsaures Natron) . .				
Chlorure d'aluminium (Chloraluminium [salzsaure Thonerde])	10 pour cent de la valeur.			
Chromates de potasse (Chromsaures Kali) . .				
Chromates de plomb (Chromsaures Bleioxyd) .				
Couleurs non dénommées, sèches, en pâte, et liquides (Farben, nicht genannte, trocken, in Teigform, und flüssig)	5 pour cent de la valeur.			
Acide stéarique (Stearinsäure)				
Colle-forte et gélatine (Tischlerleim und Gelatine).				
Vernis (Firnisse):				
A l'huile (Oelfirniss)				
A l'essence (Terpenthinölfirniss)	10 pour cent de la valeur.			
A l'esprit-de-vin (Weingeistfirniss)				
Orseilles de toute sorte (Orseille jeder Art) . .				
Produits chimiques non dénommés (Nicht genannte chemische Producte).	5 pour cent de la valeur.			

Verrerie et cristallerie (Glas- und Kristallwaaren).

Miroirs ayant moins d'un mètre carré (Spiegel, kleiner als ein Quadratmeter)	10 pour cent de la valeur.	
Glaces (Spiegelglas):	fr. c.	
Brutes (Rohes)	1 50	par mètre carré de superficie.
Étamées ou polies (Belegtes oder polirtes) . .	4 -	—
Bouteilles de toutes formes (Glasflaschen in j. Form)	1 30	les 100 kil.
Verres (Glas):		
A vitres (Fensterglas)	3 50	—
De couleur, polis ou gravés (Farbiges, geschliffenes oder geschnittenes)		
De montre et d'optique (Uhrgläser und optische Gläser)		
Gobeleterie et cristaux, blancs et colorés (Becher- und Kristallgläser, weiss oder farbig) . . .	10 pour cent de la valeur.	
Vitrifications (Glasflüsse)		
Émaux (Email)		

No. 435. (XVI). Handelsvertrag. Tarif A. 2. August 1862.	DÉNOMINATION DES ARTICLES.	TAUX DES DROITS.	
		En 1862.	Au 1er oct. 1864.

DÉNOMINATION DES ARTICLES.	En 1862.	Au 1er oct. 1864.
Objets en verre non dénommés (Nicht genannte Gegenstände aus Glas)	10 pour cent de la valeur.	
Groisil et verre cassé (Stron- und Schcrbenglas) .	Exempts.	
Cristal de roche brut ou ouvré (Roher oder bearbeiteter Bergkristall)		
N. B.　Le cristal monté sera taxé comme la bijouterie et l'orfèvrerie.　(NB.　Der gefasste Kristall wird wie Juwelier- u. Goldschmiedewaaren verzollt.)		
Poteries (Thonwaaren).		
Poterie grossière (Grobe Töpferwaare):		
Carreaux, briques et tuiles (Fliesen, Backsteine u. Ziegelsteine)		
Cornues à gaz, tuyaux de drainage et autres, creusets de toute sorte, y compris ceux en graphite et plombagine (Gasretorten, Drainröhren und andere, Schmelztiegel jeder Art, einschliesslich derer von Graphit und Wasserblei)	Exempts	
Pipes en terre (irdene Pfeifen)		
Vernissées ou non, de toutes formes (mit oder ohne Glasur in allen Formen)		
Poterie avec décorations à reliefs unicolores et multicolores, platerie et creux (desgleichen mit Verzierungen in erhabener Arbeit, ein- oder mehrfarbig, flaches und hohles Geschirr)	5 fr. les 100 kil.	
Poterie de grès (Steinzeug):		
Ustensiles et appareils pour la fabrication des produits chimiques (Utensilien und Apparate für die Fabrikation chemischer Producte) . .	Exempts.	
Commune de toute sorte, platerie et creux, comprenant la forme bouteille, les carafes, objets de ménage, ustensiles de cuisine, etc. (gemeines jeder Art, platt und hohl, einschliesslich der Flaschenform, Wasserkrügen, Hausgeräthe, Küchengeschirr u. s. w.)	4 fr. les 100 kil.	
Faïence (Fayence):		
Stanifère, pâte colorée, glaçure blanche (mit zinnhaltiger Glasur, aus farbiger Masse, weisses) .	Exempte.	
Stanifère, glaçure colorée, majoliques, vernissée, multicolore (mit zinnhaltiger Glasur, farbiges, Majoliken, lackirtes, mehrfarbiges) . . .	20 p. c. de la val.	20 p. c. de la val.
Fine (feines)		
Grès fins (Steingut, feines)		
Porcelaines de toute sorte, blanches ou décorées, parian et biscuit blanc (Porzellan aller Art, weiss oder bemalt, Parian und weisses Biscuit) . .	10 pour cent de la valeur.	
Articles divers (verschiedene Waaren).		
Fleurs artificielles (Künstliche Blumen) . .	Exemptes.	
Objets de mode (Modewaaren)	Exempts.	
Tresses en paille de toute sorte (Strohgeflechte [Bänder] aller Art)	5 fr.　　les 100 kil.	
Chapeaux de paille (Strohhüte) . . .	25 c.　la pièce.	
Mercerie de toute sorte (Kurze Waaren jeder Art) [Mercerie]		
Boutons fins ou communs, autres que de passementerie (Feine oder gewöhnliche Knöpfe, ausschliesslich der vom Posamentier gefertigten) .		
Brosserie de toute espèce (Bürstenbinderwaaren jeder Art)	10 pour cent de la valeur.	
Instruments de musique et pièces détachées d'instruments (Musikalische Instrumente und Theile solcher Instrumente)		
Epingles de toute sorte (Stecknadeln jeder Art) .	50 fr. les 100 kil.

DÉNOMINATION DES ARTICLES.	TAUX DES DROITS. En 1862.	TAUX DES DROITS. Au 1er oct. 1864.
Caoutchouc ouvré (Bearbeiteter Kautschuck):		
Pur ou mélangé (rein oder gemischt) . . .	20 fr. les 100 kil.	
Appliqué sur tissus en pièces ou sur d'autres matières (aufgelegt auf Gewebe und auf andere Stoffe)	100 - —	
Vêtements confectionnés (fertige Kleider) . .	120 - —	
En tissus élastiques, pièces de toute dimension (in elastischen Zeugen, Stücke von jeder Ausdehnung)	200 - —	
Chaussures (Schuhwerk)	60 - —	
N. B. Les ouvrages en gutta-percha suivront le même régime (NB. Waaren aus Guttapercha unterliegen denselben Zollsätzen).		
Toiles cirées (Wachsleinwand):		
Pour emballage (zur Verpackung) .	5 - —	
Pour ameublement, tentures ou autres usages (zur Ausstattung der Meubel, für Behänge und zu anderem Gebrauche)	15 - —	
Cire à cacheter (Siegellack)	30 - —	
Cirage de toute sorte (Wichse aller Art) . .	4 - —	
Encre à écrire, à dessiner ou imprimer (Schreib- und Zeichen-Tinte, Druckerschwärze) . . .	20 - —	
Filets de pêche (Fischernetze)	20 - —	
Poisson d'eau douce (Süsswasserfische):		
Frais (frische)	Exempt.	
Préparé (zubereitete)	10 fr. les 100 kil.	
Epices préparées (sauces) (Zubereitete Würzen [Saucen])	25 - —	
Alcool, par 100 degrés, en sus des droits de consommation (Alkohol für je 100 Grad, neben den innern Steuern)	20 fr. par hectol.	15 fr. par hectol.
Eaux-de-vie, en bouteilles, et liqueurs, sans distinction de degrés, en sus des droits de consommation (Branntwein in Flaschen und Likör, ohne Unterschied der Stärke, neben den innern Steuern)	15 fr. par hectolitre.	
Ardoises (Schiefer):		
Pour toitures (Dachschiefer)	4 fr. le 1000 en nombre.	
En carreaux ou en tables polis (in Platten oder Tafeln)	10 - le 100 —	
Poils non spécialement tarifés, bruts et filés (Thierhaare, nicht besonders genannte, rohe und gesponnene)	Exempts.	
Poils de chèvre peignés (Ziegenhaare, gekämmte).	10 fr. les 100 kil.	
Plumes à écrire, brutes ou apprêtées (Schreibfedern [Federspulen], rohe oder gezogene) . .	Exemptes.	
Plumes à lit de toute sorte, duvet et autres (Bettfedern jeder Art, Flaum und andere) . . .	50 fr. les 100 kil.	
Lait (Milch)	Exempts.	
Miel (Honig)		
Oreillons (Abfälle und Theile von rohen Häuten und Fellen und lediglich zur Leimfabrikation geeignete Lederabfälle)		
Poissons de mer, frais, secs, salés ou fumés à l'exclusion de la morue (Seefische, frisch, getrocknet, gesalzen oder geräuchert, mit Ausschluss des Kabliau)	10 fr. les 100 kil.	
Moules et autres coquillages pleins (Muscheln, unausgeschälte)	Exempts.	
Graisses de poisson (Fischthran)	6 fr. les 100 kil.	
Graisses de toute sorte et dégras de peau (Fette jeder Art und Degras)	Exempts.	
Blanc de baleine et de cachalot (Wallrath von Wall- und Pottfischen)	2 fr. les 100 kil.	

No 436. (XVI). Handelsvertrag. Tarif A. 2. August 1862.

DÉNOMINATION DES ARTICLES.	TAUX DES DROITS. En 1862. Au 1er oct. 1864.
Fanons de baleine bruts (Wallfischbarten, rohe) .	Exempt.
Peaux de chien de mer et de phoque, brutes, fraîches ou sèches (Seehunds- und Seekuh-Felle, roh, frisch oder getrocknet)	Exemptes.
Corail brut taillé et non monté (Korallen, rohe geschnittene, nicht gefasst)	Exempt.
Camphre brut et raffiné, kermès minéral (Kampher, roher und gereinigter, Kermes, mineralischer) .	2 fr. les 100 kil.
Éponges de toute sorte (Schwämme jeder Art) .	50 - —
Os, sabots de bétail et dents de loup (Thierknochen und -Hufe, Wolfszähne)	Exempts.
Cornes de bétail (Hörner):	
brutes (rohe)	Exemptes.
préparées et débitées en feuilles de toute dimension (in geschnittenen Platten von jeder Grösse) .	3 fr. les 100 kil.
Résines de toute sorte, même distillées (Harze jeder Art, auch destillirte)	Exemptes.
Jus de réglisse (Lakritzensaft)	12 fr. les 100 kil.
Liége (Korkholz):	
brut et râpé de toute sorte (rohes und geschabtes jeder Art)	Exempts.
bouchons, planches, semelles (Pfropfen, Platten, Sohlen)	10 p. c. de la valeur.
Bois de teinture, même moulus (Farbholz, auch gemahlenes)	
Joncs et roseaux bruts (Binsen und Schilfrohre, rohe)	
Écorces à tan de toute sorte, même moulues (Lohrinde jeder Art, auch gemahlene)	Exempts.
Betteraves (Runkelrüben)	
Pommes de terre (Kartoffeln)	
Houblon (Hopfen)	20 fr. les 100 kil.
Graines à ensemencer (Sämereien, mit Ausschluss der Oelsämereien)	
Fruits et graines oléagineuses (Oel-Sämereien und -Früchte	Exempts.
Légumes salés ou confits au vinaigre (Gemüse, gesalzene oder in Essig eingemachte . . .	3 fr. les 100 kil.
Racines de chicorée (Cichorienwurzeln):	fr. c.
vertes (grüne)	- 25 —
sèches (getrocknete)	1 - —
Plantes alcalines (Alkalinische Pflanzen) . .	Exemptes.
Marbres et albâtres de toute sorte (Marmor und Alabaster jeder Art):	
bruts, équarris ou sciés à 16 centimètres et plus d'épaisseur (roh, geschnitten oder gesägt von 16 Centimeter oder darüber Stärke) . .	fr. c. 1 - les 100 kil.
autrement sciés, sculptés, moulés ou polis (anders gesägt, bearbeitet, geformt oder polirt) . .	1 50 —
Écaussines et autres pierres de construction, y compris les pierres d'ardoises (Ecaussines u. andere Bausteine, einschliesslich der Schiefersteine):	
brutes, taillées ou sciées (roh, geschnitten oder gesägt)	Exemptes.
sculptées ou polies (bearbeitet oder polirt) . .	50 c. les 100 kil.
Pierres gemmes de toute sorte (Edelsteine jeder Art)	Exemptes.
Agates et autres pierres de même espèce ouvrées (Achate und andere Steine gleicher Art, bearbeitet)	10 p. ce de la valeur.
Meules (Mühlsteine)	
Pierres à aiguiser de toute sorte (Schleifsteine und Wetzsteine jeder Art)	Exempts.
Chaux et plâtre (Kalk und Gips)	

DÉNOMINATION DES ARTICLES.	TAUX DES DROITS. En 1862.	Au 1er oct. 1864.
Graphite et plombagine (Graphit und Wasserblei).	Exempt.	
Crayons (Bleistifte):		
simples, en pierre (einfache, nur von Stein) . .	1 fr. les 100 kil.	
composés, à gaine de bois (zusammengesetzte, mit Holzschäftung)	10 p. c. de la valeur.	
Parfumeries (Parfümerien):		
alcooliques (alkoholhaltige)	Régime de l'alcool.	
autres (andere)	10 fr. les 100 kil.	
Moutarde (Senf)	5 - —	
Chicorée brûlée ou moulue (Cichorien, geröstet oder gemahlen)	5 - —	
Bougies de toute sorte (Lichte aller Art) . .	10 p. c. de la valeur.	
Chandelles (Lichte)		
Colle de poisson (Hausenblase)	40 fr. les 100 kil.	
Eaux minérales, naturelles et factices, cruchons compris (Mineralwasser, natürliches und künstliches, einschliesslich der Krüge) . . .	Exemptes.	
Papier de toute sorte (Papier aller Art) . .		
Cartons en feuilles de toute sorte (Pappe in Tafeln jeder Art)	10 fr. les 100 kil.	8 fr. les 100 kil.
Cartons moulés, coupés et assemblés (Waaren aus Pappe, Steinpappe und Papiermaché) . . .	10 p. c. de la valeur.	
Objets de collection hors de commerce (Gegenstände für Sammlungen, welche nur für die Wissenschaft oder wegen ihrer Seltenheit Interesse darbieten)		
Statues (Statuen):	Exempts.	
modernes, en marbre ou en pierre (moderne, in Marmor oder anderen Steinarten)		
en métal de grandeur naturelle au moins (von Metall, wenigstens in natürlicher Grösse) . .		
Bimbeloterie (Spielzeug)		
Vannerie (Korbflechterwaaren)	10 p. c. de la valeur.	
Parasols et parapluies (Regen- und Sonnenschirme)		
Balais communs (Besen, gewöhnliche) . .		
Bois de chêne et de noyer (Eichen- und Nussbaumholz)	Exempts.	
Bitumes de toute sorte (Erdharze jeder Art) .		
Amidon (Stärke)	1 fr. 50 c. les 100 kil.	
Soufre brut, épuré ou sublimé (Schwefel, roh, gereinigt oder sublimirt)	Exempt.	
Huiles d'origine ou de fabrication du Zollverein (Oel, zollvereinsländischen Ursprungs oder Fabrikation)	6 fr. les 100 kil.	
Cartes à jouer (Spielkarten)	15 p. c. de la valeur.	
Cordes et câbles (Stricke und Tauwerk) . .	15 fr. les 100 kil.	

No. 435. (XVI.)
Handelsvertrag,
Tarif B.
2. August
1862.

Tarif B.

Zollsätze bei der Einfuhr in den Zollverein.

Benennung der Gegenstände.	Zollsätze.							
	1862.		1864.		1865.		1866.	
	Thlr. (fl.)	Sgr. (kr.)	Thlr. (fl.)	Sgr. (kr.)	Thlr. (fl.)	Sgr. (kr.)	Thlr. (fl.)	Sgr. (kr.)
Metalle (Métaux).								
1. Eisen und Stahl (Fer et acier).								
Eisenerz (Minerai de fer) . . .	frei							
Hammerschlag, Eisenfeile, Schmiedeschlacken (Mâchefer, limaille et scories de forge)	frei							
Roheisen aller Art; altes Brucheisen (Fonte brute de toute espèce, ferraille, débris de vieux ouvrages en fer) . .	. (.	10 35)	. (.	7½ 26¼)				
Luppeneisen, noch Schlacken enthaltend in Masseln oder Prismen (Fer en loupes retenant encore des scories, en massiaux ou prismes)	. (1	20 10)	. (1	17½ 1¼)				
Geschmiedetes und gewalztes Eisen in Stäben (mit Ausnahme des façonnirten); Eisenbahnschienen; Roh- und Cementstahl; Guss- und raffinirter Stahl (Fer forgé et laminé en barres [mais non façonné]; rails; acier brut et cémenté, fondu et affiné)	1 (2	7½ 11¼)	1 (1	. 45)	. .	. .	. (1	25 27½)
Façonnirtes Eisen in Stäben; Eisen, welches zu groben Bestandtheilen von Maschinen und Wagen (Kurbeln, Achsen und dergl.) roh vorgeschmiedet ist, insofern dergleichen Bestandtheile einzeln einen Centner und darüber wiegen; Pflugschaareneisen; schwarzes Eisenblech; rohes Stahlblech; rohe (unpolirte) Eisen- und Stahlplatten; Anker, sowie Anker- und Schiffsketten (Fer façonné en barres, fer grossièrement travaillé à la forge pour servir à des parties de machines ou de voitures [manivelles, essieux etc.] du poids de 50 kil. et plus; fer pour socs de charrue; tôle de fer noire, tôles d'acier brut; plaques de fer et d'acier brut [non polies]; ancres, chaines d'ancre et de navires)	1 (3	22½ 3¾)	1 (2	15 37½)	. .	. .	1 (2	5 2½)
Gefirnisstes Eisenblech; polirtes Stahlblech; polirte Eisen- und Stahlplatten; Eisen- und Stahldraht (Tôle vernie, tôle d'acier poli, plaques de fer et d'acier polies, fil de fer et d'acier)	2 (4	15 22½)	. .	. .	1 (3	22½ 3¾)		
Weissblech; gewalzte und gezogene schmiedeeiserne Röhren zu Gas- und Wasserleitungen (Fer blanc; tubes en fer forgé, laminé et étirés pour conduits d'eau et de gaz)	3 (5	. 15)	. .	. .	2 (4	15 22½)		
2. Kupfer (Cuivre).								
Kupfererz (Minerai de cuivre) . . .	frei							
Roh- und Schwarzkupfer, Gar- und Rosettenkupfer; Roh- (Stück-) Messing; altes								

Benennung der Gegenstände.	Zollsätze. 1862. Thlr. (fl.)	Sgr. (kr.)	1864. Thlr. (fl.)	Sgr. (kr.)	1865. Thlr. (fl.)	Sgr. (kr.)	1866. Thlr. (fl.)	Sgr. (kr.)
Bruchkupfer und Bruchmessing; Kupfer- und Messingfeile; Glockengut (Cuivre brut et noir, cuivre de rosette, laiton brut [de 1re fusion]; débris de vieux ouvrages de cuivre et de laiton; limailles de cuivre et de laiton; métal de cloches)	frei							
Kupfer und Messing, geschmiedetes oder gewalztes in Stangen oder Blechen; Kupfer- und Messingdraht (Cuivre et laiton, forgé ou laminé en barres ou feuilles; fil de cuivre et de laiton)	2 (3	. 30)		 .	1 (3	22½ 3¾)		
Kupfer- und Messingbleche und Draht, plattirt (Feuilles et fils de cuivre ou de laiton plaqués	4 (7	. .)						
3. Zink (Zinc).								
Zinkerz (Minerai de zinc)	frei							
Roher Zink, alter Bruchzink; Zinkfeile (Zinc brut, vieux débris d'ouvrages en zinc, limailles)	frei							
Zinkbleche (Zinc en feuilles) . . .	. (1	25 27½)	. (.	15 52½)				
4. Blei, auch mit Spiessglanz legirt (**Plomb**, même allié d'antimoine)								
Bleierz (Minerai de plomb)	frei							
Altes Bruchblei; Bleifeile (Débris de vieux ouvrages en plomb, limailles) . . .	frei							
Rohes Blei in Blöcken, Mulden u. s. w. (Plomb brut en masses, saumons etc.) .	. (.	7½ 26¼)	frei					
Gewalztes und gerolltes Blei (Plomb laminé et en feuilles roulées)	. (1	25 27½)	. (.	15 52½)				
5. Zinn, auch mit Spiessglanz legirt (**Etain**, même allié d'antimoine).								
Zinnerz (Minerai d'étain)	frei							
Zinn in Blöcken und Stangen; altes Bruchzinn; Zinnfeile (Etain en masses, blocs, barres, débris de vieux ouvrages en étain, limailles)	frei							
Zinn, gewalztes (Etain laminé) . .	. (1	25 27½)	. (.	15 52½)				
6. Nickel, auch mit andern unedeln Metallen legirt (**Nickel** même allié d'autres métaux communs).								
Nickel in Barren oder rohen Stücken (Nickel en barres ou blocs bruts) . .	frei							
Nickel, geschmiedet oder gewalzt (Nickel forgé ou laminé)	2 (3	. 30)	. .	. .	1 (3	22½ 3¾)		
7. Andere Metalle, nämlich: Kadmium, rohes; Quecksilber; Wismuth; Spiessglanz, rohes und Spiessglanz-König; Arsenik, gediegenes (**Métaux autres**, savoir: Cadmium brut; mercure; bismuth, antimoine brut et régule d'antimoine; arsénic métallique).	frei							

No. 426. (XVI). Handelsvertrag, Tarif B. 2. August 1862.

Benennung der Gegenstände.	Zollsätze. 1862. Thlr. (fl.)	1862. Sgr. (kr.)	1864. Thlr. (fl.)	1864. Sgr. (kr.)	1865. Thlr. (fl.)	1865. Sgr. (kr.)	1866. Thlr. (fl.)	1866. Sgr. (kr.)
Metallwaaren (Ouvrages en Métaux).								
1. Aus Eisen und Stahl (En fer et acier). Ganz grobe Gusswaaren, in Oefen, Platten, Gittern und dergleichen (Ouvrages en fonte très-grossiers, tels que fourneaux, plaques, grilles etc.)	. (.	15 52½)	. .	. .	. (.	12 42)		
Grobe, die aus geschmiedetem Eisen oder Eisenguss, aus Eisen und Stahl, Eisenblech, Stahl und Eisendraht, auch in Verbindung mit Holz, gefertigt, jedoch nicht polirt sind, und zwar (Ouvrages communs en fer forgé ou coulé en fer et acier, en tôle, en fil d'acier et de fer; idem en combinaison avec du bois, mais non polis, savoir:								
a) Ambosse, Bratspiesse, Brecheisen, Drahtgewebe, Dreifüsse, Fallen und Fangeisen, Dung-, Heu- und Ofengabeln, Harken, Hemmschuhe, Hufeisen, Klammern, Kellen, Kessel, Ketten (mit Ausschluss der Anker- und Schiffsketten), Kochgeschirre, Nägel, Drahtstifte, Gussstifte und Holzschrauben, Pfannen, Plätteisen, grobe Ringe, Roste, Schaufeln, gepresste oder gegossene rohe Schlüssel, Schmiedehämmer, Schraubenbolzen und Muttern, Schürhaken, grosse Waagebalken, Wagen-, Thür- und Truhenbeschläge, Wagenfedern und gleichartige Gegenstände, alle diese Waaren nicht vollständig abgeschliffen, gefirnisst, verkupfert oder verzinnt (a. Enclumes, broches, leviers, toiles métalliques, trépieds, pièges et chausses-trappes, fourches, râteaux, sabots, fers à cheval, crampons, truelles, chaudrons, chaînes [à l'exception des chaînes-câbles], ustensiles de cuisine, clous, pointes, vis à bois, poêles, fers à repasser gros anneaux, grils, pelles, clefs moulées ou découpées, marteaux de forge, écrous et boulons à vis, ringards, gros fléaux de balance, ferrures et pentures de portes, de meubles et de voitures, ressorts de voitures et autres similaires, tous ces objets non complétement tournés ou limés, ni vernis, ni cuivrés, ni étamés)	2 (3	. 30)	. .	. .	1 (2	10 20)		
b) Andere, auch vollständig abgeschliffene, gefirnisste, verkupferte oder verzinnte, als: Aexte, Degenklingen, Feilen, Hämmer, Haspeln, Hecheln, Hobeleisen, Kaffeetrommeln und Mühlen, Schlösser, Schraubstöcke, grobe Messer zum Handwerksgebrauch, Sensen, Sicheln, Stemmeisen, Striegeln, Thurmuhren, Tuchmacher- und Schneider-Scheeren, Zangen u. s. w. (b. Autres et tous ceux complétement tournés ou limés, vernis, cuivrés ou étamés, tels que haches, cognées, lames de sabre ou d'épée, limes, marteaux, rabots, sérans, dévidoirs, fers								

No. 486. (XVI.) Handelsvertrag. Tarif B. 2. August 1862.

Benennung der Gegenstände.	Zollsätze. 1862. Thlr. (fl.)	Sgr. (kr.)	1864. Thlr. (fl.)	Sgr. (kr.)	1865. Thlr. (fl.)	Sgr. (kr.)	1866. Thlr. (fl.)	Sgr. (kr.)
de rabot, tambours et moulins à café, serrures, étaux, coutellerie commune pour artisans, faux, faucilles, fermoirs [ébauchoirs], étrilles, horloges de monuments publics et d'église, ciseaux de drapier et de tailleur, tenailles etc.)	4 (7	. .)	. .	. .	2 (4	20 40)		
Feine, aus feinem Eisenguss, polirtem Eisen oder Stahl, als: Gusswaaren (feine), lackirte Eisenwaaren, Messer, Scheeren, Schwertfeger-Arbeit u. s. w., jedoch mit Ausnahme der nachstehend genannten: (Ouvrages fins de fonte fine, en fer poli ou acier poli, tels que articles en fonte fine, ouvrages en fer vernis, coutellerie, ciseaux, ouvrages du fourbisseur etc. à l'exception des articles suivants: . .	8 (14	. .)	. .	. .	4 (7	. .)		
Nähnadeln; Schreibfedern aus Stahl und andern unedeln Metallen; Uhrfournituren; Gewehre aller Art; Schmucksachen, soweit sie nicht unter den feinen Galanterie- und Quincailleriewaaren begriffen sind (Aiguilles, plumes à écrire en acier ou autres métaux communs, fournitures d'horlogerie, armes à feu de toute sorte, objets de parure, en tant qu'ils ne sont pas compris dans la rubrique de la mercerie fine et quincaillerie de luxe)	10 (17	. 30)						
2. Aus Kupfer, Bronze und Messing (En cuivre, bronze ou laiton).								
Walzen zum Zeugdruck, nicht gravirt (Cylindres à impression non gravés) .	. (.	15 52½)						
Walzen zum Zeugdruck, gravirt (Cylindres à impression gravés)	2 (3	. 30)						
Drahtgewebe (Toiles métalliques) . .	3 (5	. 15)						
Kupferschmiede- und Gelbgiesserwaaren (Ouvrages de chaudronnier et de fondeur en cuivre)	4 (7	. .)	. .	. .	2 (4	20 40)		
Andere Kupfer-, Bronze- und Messingwaaren (Autres Ouvrages en cuivre, bronze ou laiton)	6 (10	. 30)	. .	. .	4 (7	. .)		
3. Aus Zink (En zinc).								
grobe (communs)	1 (1	. 45)						
feine, auch lackirte (fins, même vernis) .	4 (7	. .)						
4. Aus Blei (En plomb).								
grobe, als: Kessel, Röhren, Schroot, etc. (communs tels que chaudrons, tuyaux; plomb de chasse etc.)	1 (1	. 45)						
feine, auch lackirte (fins, même vernis) .	6 (10	. 30)	. .	. .	4 (7	. .)		
5. Aus Zinn, auch mit Spiessglanz legirt: grobe, als Schüsseln, Teller, Kessel und andere Gefässe, Röhren (En étain, même allié d'antimoine: communs tels que plats, assiettes, chaudrons et autres vases, tuyaux).	1 (1	. 45)						
feine, auch lackirte, Spielzeug und dergleichen (fins, même vernis, jouets et autres ouvrages)	6 (10	. 30)	. .	. .	4 (7	. .)		

No. 486 (XVI.) Handelsvertrag, Tarif B. 2. August 1862.

Benennung der Gegenstände.	1862. Thlr. (fl.)	1862. Sgr (kr.)	1864. Thlr. (fl.)	1864. Sgr. (kr.)	1865. Thlr. (fl.)	1865. Sgr (kr.)	1866. Thlr. (fl.)	1866. Sgr. (kr.)
6. **Aus Nickel**, mit Kupfer oder Zink legirt (**En nickel** allié de cuivre ou de zinc [argentan])	6	.	.	.	4	.		
	(10	30)	.	.	(7	.)		
7. **Waaren** ganz oder theilweise aus unedeln, echt vergoldeten oder versilberten, oder mit Gold oder Silber belegten Metallen gefertigt; Stutz- und Wanduhren, letztere mit Ausnahme der hölzernen Hangeuhren; unechtes Blattgold & Blattsilber (**Ouvrages** composés en tout ou en partie de *métaux communs* finement dorés ou argentés, ou plaqués d'or ou d'argent; pendules et horloges, à l'exception des horloges en bois; or et argent en feuilles faux)	25	.	.	.	15	.		
	(43	45)		.	(26	15)		
8. **Waaren** ganz oder theilweise aus *edeln Metallen*, echten Perlen, Korallen oder Steinen gefertigt; Taschenuhren; echtes Blattgold und Blattsilber (**Ouvrages** composés en tout ou en partie de *métaux précieux*, de perles fines, de corail ou de pierres fines; montres de poche; or et argent battus en feuilles fins) . .	50							
	87	30)						
Instrumente, chirurgische, optische, mathematische, physikalische, chemische (für Laboratorien) (**Instruments** de chirurgie, d'optique, de mathematique, de physique, de chimie [pour laboratoires]) .	frei							
Brillen und Operngucker sind unter den feinen Galanterie- und Quincaillerie-Waaren begriffen (Les lunettes et les lorgnettes sont comprises dans l'article mercerie fine & quincaillerie de luxe).								
Maschinen, und zwar: (**Machines**, savoir): Locomotiven und Dampfkessel (Locomotives et chaudières) . . .	2	.		.	1	15		
	(3	30)		.	(2	37½)		
Andere, und zwar, je nachdem der nach dem Gewichte überwiegende Bestandtheil besteht: (Autres suivant que la matière qui domine est:								
aus Holz (en bois) . .	.	15						
	(.	52½)						
„ Gusseisen (en fonte)	.	25	.		.	15		
	(1	27½)	.		(.	52½)		
„ Schmiedeeisen oder Stahl (en fer forgé ou acier)	1	15		.	.	25		
	(2	37½)		.	(1	27½)		
„ andern unedeln Metallen (en d'autres métaux communs)	2	.	.	.	1	10		
	(3	30)	.	.	(2	20)		
Maschinentheile, und zwar (**Parties ou pièces détachées de machines**, savoir): Kratzenbeschläge (Plaques et rubans de cardes)	8	.	.	.	6	.		
	(14	.)	.	.	(10	30)		
Weberblätterzähne, Weberblätter und Weberkämme aus Eisen oder Kupfer (Dents de rôts, rôts, ferrures ou peignes à tisser, à dents en fer ou en cuivre) . . .	4	.	.	.	2	20		
	(7	.)	.	.	(4	40)		
Kratzenleder, künstliches für Kratzenfabriken auf Erlaubnissscheine unter Kontrole (Cuir à cardes artificiel, importé sur								

No. [illegible]. (XVI.) Handelsvertrag, Tarif B. 2. August 1862.

Benennung der Gegenstände.	Zollsätze. 1862. Thlr. (fl.)	1862. Sgr. (kr.)	1864. Thlr (fl.)	1864. Sgr. (kr.)	1865. Thlr. (fl.)	1865. Sgr. (kr.)	1866. Thlr. (fl.)	1866. Sgr. (kr.)
autorisation spéciale et sous contrôle pour fabriques de cardes à carder)	3 (5	. 15)						
Wagen (Voitures).								
Eisenbahnwagen (wagons pour chemin de fer) . . . . vom Stück (la pièce)	200 (350	. .)	. .	. .	. .	. .	100 (175	. .)
andere, auch mit Polsterarbeit jeder Art (autres quelle que soit la garniture intérieure) . . vom Stück (la pièce)	75 (131	. 15)	. .	. .	. .	. .	50 (87	. 30)
Leder und Lederwaaren (Cuir et ouvrages en cuir).								
Lohgare oder nur lohroth gearbeitete Häute, Fahlleder, Sohlleder, Kalbleder, Sattlerleder, Stiefelschäfte, Juchten, sämisch- und weissgares Leder (Cuirs tannés ou simplement rougis, cuirs à la jusée, cuirs de semelle, cuirs de veaux, cuirs de sellier, tiges de bottes, cuir de Russie, peaux chamoisées et mégissées) .	2 (3	. 30)						
Brüsseler und Dänisches Handschuhleder, Korduan, Marokin, Saffian und alles gefärbte und lackirte Leder (Peaux de Bruxelles et de Danemark apprêtées pour la ganterie, cordouan, maroquin et toutes espèces de peaux teintes et vernies) .	8 (14	. .)						
Grobe Schuhmacher-, Sattler- und Täschnerwaaren (Ouvrages communs de cordonnier, de sellier et de malletier) . .	5 (8	. 45)	. .	. .	4 (7	. .)		
Feine Lederwaaren von Korduan, Saffian, Marokin, Brüsseler und Dänischem Leder, von sämisch und weissgarem Leder, von lackirtem Leder und Pergament; Sattel- und Reitzeuge und Geschirre mit Schnallen & Ringen, ganz oder theilweise von feinen Metallen und Metallgemischen; feine Schuhe aller Art (Ouvrages en cuir fins, en cordouan, en maroquin, citron et autre maroquin, en peau de Bruxelles et de Danemark, en peau chamoisée ou mégie, en cuir verni et en parchemin; selles, brides et harnais garnis de boucles et d'anneaux, en tout ou en partie de métaux précieux et d'alliages de métaux fins; souliers fins de toute espèce) . .	10 (17	. 30)						
Handschuhe (Gants de peau)	13 (23	10 20)						
Holz und Holzwaaren (Bois et ouvrages en bois).								
Brennholz (Bois à brûler)	frei							
Bau- und Nutzholz (Bois de construction et d'usage de toute sorte)	frei							
Farbholz, gemahlenes (Bois de teinture moulu)	frei							
Grobe, rohe, ungefärbte Böttcher-, Drechsler-, Tischler- und bloss gehobelte Holzwaaren und Wagner-Arbeiten; grobe Böttcherwaaren mit eisernen Reifen, sofern sie gebraucht sind; grobe Korbflechterwaaren (Ouvrages en bois, communs, bruts								

No. [illegible]. (XVI) Handelsvertrag. Tarif B. 2. August 1862.

Benennung der Gegenstände.	Zollsätze. 1862. Thlr. (fl.)	1862. Sgr. (kr.)	1864. Thlr. (fl.)	1864. Sgr. (kr.)	1866. Thlr. (fl.)	1866. Sgr. (kr.)	1866. Thlr. (fl.)	1866. Sgr. (kr.)
et non teints, de tonnelier, de menuisier, de tourneur et de charron simplement rabotés; articles de tonnellerie communs cerclés en fer mais ayant déjà servi; vannerie commune	frei							
Holz in geschnittenen Fournieren: Korkplatten, Korkscheiben, Korksohlen, Korkstöpsel (Bois sciés en feuilles pour placage, liège en planches, feuilles et semelles ainsi que les bouchons)	. (.	15 $52\frac{1}{2}$)						
Hölzerne Hausgeräthe (Meubel) und andere Tischler-, Drechsler- und Böttcherwaaren, welche gefärbt, gebeizt, lackirt, polirt oder auch in einzelnen Theilen in Verbindung mit Eisen, Messing und lohgarem Leder verarbeitet sind; ungebrauchte Böttcherwaaren mit eisernen Reifen (Ustensiles de ménage [meubles] et autres ouvrages de menuisier, tourneur et tonnelier teints, passés au mordant, vernis, polis ou en combinaison partielle avec du fer, du laiton, du cuir tanné, ainsi que les articles de tonnellerie neufs cerclés en fer) . . .	1 (1	. 45)						
Gepolsterte, auch überzogene Meubel (Meubles rembourrés, même recouverts d'étoffe)	3 (5	10 50)						
Feine Korbflechterwaaren (Vannerie fine).	6 (10	. 30)	. .	. .	4 (7	. .)		
Feine Holzwaaren (ausgelegte Arbeit), sogenannte Nürnberger Waaren aller Art; Spielzeug; feine Drechsler-, Schnitz- und Kammmacherwaaren, Meerschaum-Arbeit; ferner dergleichen Waaren in Verbindung mit anderen Materialien (mit Ausnahme von edeln Metallen, echt vergoldetem oder versilbertem Metall, Schildpatt, echten Perlen, Korallen oder Steinen); Holzbronze; Hölzerne Hangeuhren; Fourniere mit eingelegter Arbeit; Bleistifte, Rothstifte und ähnliche (Articles en bois, fins [marqueterie] articles dits de Nuremberg de toute sorte; bimbeloterie et tabletterie, autre que d'écaille; tous ouvrages fins de tourneur, de sculpteur et de peignier; ouvrages en écume de mer, de même que tous ces ouvrages en combinaison avec d'autres matières [mais à l'exception de métaux précieux, de métaux dorés ou argentés, de l'écaille, des perles fines, des coraux ou pierres précieuses]; articles en bois bronzé; horloges en bois; feuilles de placage avec marqueterie; crayons de toute sorte) .	8 (14	. .)	. .	. .	4 (7	. .)		
Waaren, ganz oder theilweise aus Schildpatt (Tabletterie d'écaille ou en combinaison avec d'autres matières) . .	25 (43	. 45)	. .	. .	15 (26	. 15)		
See- und Fluss-Schiffe, hölzerne (Bâtiments de mer en bois)	vom Werth 5%	vom Werth 5%						
See- und Fluss-Schiffe, eiserne (Bâtiments de mer en fer)	vom Werth 8%	vom Werth 8%						

No. [illegible]. (XVI.) Handelsvertrag. Tarif B. 2. August 1862.

Benennung der Gegenstände.	Zollsätze. 1862. Thlr. (fl.)	Sgr. (kr.)	1864. Thlr. (fl.)	Sgr. (kr.)	1865. Thlr. (fl.)	Sgr. (kr.)	1866. Thlr. (fl.)	Sgr. (kr.)
Bemerkung (Remarque). Die Anker, Anker- und sonstigen Ketten, ingleichen alle nicht zu den gewöhnlichen Schiffs-Utensilien gehörigen beweglichen Inventarienstücke, sowie bei den Dampfschiffen die Dampfmaschinen, unterliegen den für diese Gegenstände festgesetzten Zollsätzen (Les droits précités ne comprennent pas ceux dont seraient passibles les ancres, les chaînes-câbles et autres chaînes, ainsi que tous les objets ne faisant pas partie des apparaux ou articles d'armement ordinaire des navires, ni ceux applicables aux machines à vapeur installées dans les navires).								
Gespinnste und Gewebe (Fils et tissus).								
1. Von Flachs oder Hanf (De lin ou chanvre).								
Flachs und Hanf in Stengeln und Bunden, geröstet oder ungeröstet (Lin et chanvre en tiges ou bottes, brut ou roui) . .	frei							
Flachs und Hanf gebrochen oder gehechelt (Lin et chanvre peigné ou taillé) . .	. (.	5 $17\frac{1}{2}$)						
Garn (Fils simples): rohes (écrus): Maschinengespinnst (filés à la mécanique, .	2 (3	. 30)						
Garn (Fils simples): rohes (écrus): Handgespinnst (filés à la main, .	. (.	5 $17\frac{1}{2}$)						
Garn (Fils simples): gebleichtes, dergleichen bloss abgekochtes oder gebüktes (geäschertes) Garn, ferner gefärbtes Garn (blanchis, simplement débouillis ou lessivés, et teints)	3 (5	. 15)						
Zwirn, roh, gebleicht oder gefärbt (Fils retors de toute espèce, écrus, blanchis ou teints)	4 (7	. .)						
Graue Packleinwand und Segeltuch (Toile d'emballage grise et toile à voiles) . .	. (1	20 10)						
Als Packleinwand ist nur diejenige zu betrachten, welche nicht über 24 Fäden in der Kette auf einen Preussischen Zoll enthält (N'est à considérer comme toile d'emballage que celle qui ne contient pas plus de 24 fils en chaîne par pouce de Prusse).								
Rohe Leinwand, roher Zwillich und Drillich (Toiles, coutils et treillis écrus) .	4 (7	. .)						
Gebleichte, gefärbte, gedruckte oder in anderer Art zugerichtete, auch aus gebleichtem Garn gewebte Leinwand; gebleichter oder in anderer Art zugerichteter Zwillich und Drillich; rohes und gebleichtes, auch verarbeitetes Tisch-, Bett- und Handtücherzeug; leinene Kittel; neue Leibwäsche; Battist und Linon (Toiles blanchies, teintes, imprimées ou apprêtées de								

No. 43[illegible]. (XVI.) Handelsvertrag, Tarif B. 2. August 1862.

Benennung der Gegenstände.	Zollsätze. 1863. Thlr. (fl.)	Sgr (kr.)	1864. Thlr. (fl.)	Sgr. (kr.)	1866. Thlr. (fl.)	Sgr. (kr.)	[illegible] Thlr. (fl.)	Sgr. (kr.)
toute autre manière; toiles tissées avec des fils blanchis; coutils et treillis blanchis ou autrement apprêtés, linge de table, de lit et essuie-main écrus, blanchis et confectionnés, blouses de toile et linge de corps neuf; batistes et linons) . .	12 (21	. .)	. .	. .	. .	. .	10 (17	. 30)
Bänder, Borten, Franzen, Gaze, Kammertuch, gewebte Kanten, Schnüre; Strumpfwaaren; Gespinnste und Tressenwaaren aus Metallfäden und Leinen (Rubans, bordures, franges, gazes, toile de Cambrai, tulle en bandes façonné et tissé, lacets, bonneterie, métaux filés sur lin et passementerie en métal et lin) . . .	24 (42	. .)	. .	. .	. .	. .	20 (35	. .)
Zwirnspitzen (Dentelles de fil de lin) .	40 (70	. .)						
2. Von Jute und anderen, nicht besonders genannten vegetabilischen Spinnstoffen (De Jute et tous autres filaments végétaux non spécialement dénommés).								
Jute und andere, nicht besonders genannte vegetabilische Spinnstoffe, roh, gebrochen oder gehechelt (Jute et tous autres filaments végétaux non spécialement dénommés, écrus, peignés ou teillés) . . .	frei							
Rohes Garn (Fils simples, écrus) . .	. (.	15 52½)						
Gebleichtes, gefärbtes und gezwirntes Garn: wie Garne von Flachs und Hanf (Fils simples, blanchis ou teints et fils retors de toute espèce: taxés comme les fils de lin et de chanvre).								
3. Von Thierhaaren, mit Ausnahme der Wolle und der Ziegenhaare (De Poils d'animaux, à l'exception de la laine & du poil de chèvres).								
Rohe, ausgekochte, sortirte, gehechelte, gesottene, gefärbte, auch in Lockenform gelegte Haare (Poils bruts, débouillis, assortis, peignés, blanchis, teints ou frisés).	frei							
Gewebe, auch mit andern Gespinnsten gemischte, sofern mindestens die ganze Kette oder der ganze Einschlag aus diesen Haaren besteht (Tissus purs ou mélangés avec d'autres matières pourvu que soit la chaîne soit la trame tout entière se compose exclusivement de poils purs)	8 (14	. .)						
4. Von Baumwolle (De Coton).								
Baumwolle, rohe (Coton en laine, brut) .	frei							
Watte (Ouate)	1 (2	15 37½)						
Garn, ungemischt oder gemischt mit Wolle oder Leinen (Fils purs ou mélangés avec de la laine ou du lin). — ein- und zweidrähtiges (à 1 ou 2 bouts) — rohes (écrus) .	2 (3	. 30)						
Garn, ungemischt oder gemischt mit Wolle oder Leinen — ein- und zweidrähtiges (à 1 ou 2 bouts) — gebleichtes und gefärbtes (blanchis ou teints) .	4 (7	. .)						
Garn, ungemischt oder gemischt mit Wolle oder Leinen — drei- und mehrdrähtiges, roh, gebleicht oder gefärbt (à 3 bouts ou plus, écrus, blanchis ou teints)	6 (10	. 30)						

No. 435. (XVI.) Handelsvertrag. Tarif B. 2. August 1862.

Benennung der Gegenstände.	Zollsätze. 1862. Thlr. (fl.)	1862. Sgr. (kr.)	1864. Thlr. (fl.)	1864. Sgr. (kr.)	1865. Thlr. (fl.)	1865. Sgr. (kr.)	1866. Thlr. (fl.)	1866. Sgr. (kr.)
Waaren aus Baumwolle, allein oder in Verbindung mit Leinen oder Metallfäden, ohne Beimischung von Seide, Wolle oder Ziegenhaaren (Tissus de coton purs ou mêlés avec des fils de lin ou de métal, à l'exclusion de tout mélange de soie, de laine ou de poil de chèvre): a) rohe (aus rohem Garn verfertigte) und gebleichte dichte Gewebe, auch appretirt, mit Ausschluss der sammtartigen Gewebe (Épais non transparents, écrus [tissés avec fils écrus] blanchis, apprêtés, à l'exclusion des tissus veloutés)	12 (21	. .)	. .	. .	. .	. .	10 (17	. 30)
b) alle nicht unter lit. a und lit. c begriffene dichte Gewebe; rohe (aus rohem Garn verfertigte) undichte Gewebe; Strumpfwaaren; Posamentier- und Knopfmacher-Waaren (tous les tissus épais, non transparents qui ne rentrent pas dans les rubriques a et c; tous les tissus légers, transparents à l'état écru; bonneterie, passementerie et boutonnerie)	24 (42	. .)	. .	. .	. .	. .	16 (28	. .)
c) alle undichte Gewebe, wie Jaconet, Musselin, Tüll, Marly, Gaze, soweit sie nicht unter lit. b begriffen sind; Spitzen; alle Stickereien und Putzwaaren (tous les tissus légers, transparents, tels que jaconas, mousseline, tulle, marly, gaze en tant qu'ils ne rentrent pas sous la rubrique b; dentelles, broderies et articles de mode) . .	34 (59	. 30)	. .	. .	. .	. .	30 (52	. 30)
5. Von Wolle, einschliesslich der Ziegenhaare (De laine ou de poil de chèvre).								
Wolle und Ziegenhaare, rohe (Laine en masse et poil de chèvre brut) . . .	frei							
Garn aus Wolle oder Ziegenhaaren, auch mit Seide gemischt (Fils de laine ou de poil de chèvre purs ou mélangés avec de la soie): einfaches, ungefärbt oder gefärbt; dublirtes ungefärbt (simples, non teints ou teints, et retors à 2 bouts non teints) .	. (.	15 52½)						
dublirtes gefärbt; drei- oder mehrfach gezwirntes, ungefärbt oder gefärbt (retors à 2 bouts teints, et retors à 3 bouts ou plus non teints ou teints).	4 (7	. .)						
Waaren aus Wolle, einschliesslich der Ziegenhaare allein oder in Verbindung mit anderen, nicht seidenen Spinnmaterialien (Tissus en laine ou en poil de chèvre, purs ou mélangés avec d'autres filaments à l'exclusion de la soie):								
Tuchleisten (Lisières de drap) . .	frei							
Fussteppiche (Tapis de pied) . .	15 (26	. 15)	10 (17	. 30)				
Unbedruckte, gewalkte Tuch-, Zeug- und								

№ 486. (XVI.) Handelsvertrag, Tarif B. 2. August 1862.

Benennung der Gegenstände.	Zollsätze. 1862. Thlr. (fl.)	Sgr. (kr.)	1864. Thlr. (fl.)	Sgr. (kr.)	1865. Thlr. (fl.)	Sgr. (kr.)	1866. Thlr. (fl.)	Sgr. (kr.)
Filzwaaren; Strumpfwaaren (Draps et tous autres tissus foulés ou feutrés, non imprimés et bonneterie)	10 (17	. 30)						
Unbedruckte, ungewalkte Waaren; Posamentier- und Knopfmacherwaaren (Tissus non foulés, non imprimés; passementerie et boutonnerie)	24 (42	. .)	. .	. .	. .	. .	20 (35	. .)
Bedruckte Waaren aller Art (Tissus imprimés de toute sorte)	30 (52	. 30)	. .	. .	. .	. .	25 (43	. 45)
Stickereien und Putzwaaren (Broderies à la main & articles de modes) . . .	34 (59	. 30)	. .	. .	. .	. .	30 (52	. 30)
6. Von Seide (De soie).								
Seiden-Cocons (Soies en cocons) . .	frei							
Seide, abgehaspelt (Grege) oder gesponnen; Floretseide, gekämmt, gesponnen oder gezwirnt, alle diese Seide nicht gefärbt (Soies grèges ou moulinées, bourres de soie, cardées, filées, simples ou retorses, mais non teintes)	frei							
Seide und Floretseide, gefärbt (Soie et bourre de soie teintes)	4 (7	. .)						
Seidene Zeug- und Strumpfwaaren, Tücher (Shawls), Blonden, Spitzen, Petinet, Flor (Gaze), Posamentier-, Knopfmacher-, Sticker- und Putzwaaren; Gespinnste und Tressenwaaren aus Metallfäden und Seide, Gold- und Silberstoffe (echt oder unecht); Bänder, Borten und Tülle; endlich die vorgenannten Waaren aus Floretseide, oder Seide u. Floretseide (Tissus de soie et bonneterie [châles], blondes, dentelles, petinet, gaze de soie, passementerie, boutonnerie, broderies et articles de mode; métaux filés sur soie et passementerie en métal, étoffes brochées d'or ou d'argent [fin ou faux]; rubans, bandes et tulles en soie pure; enfin les mêmes articles en bourre de soie ou soie et bourre de soie pure) . . .	50 (87	. 30)	. .	. .	. .	. .	40 (70	. .)
Alle vorstehend genannten Waaren, in welchen ausser Seide und Floretseide auch andere Spinnmaterialien: Wolle od. andere Thierhaare, Baumwolle, Leinen, einzeln oder verbunden enthalten sind, mit Ausschluss der Gold- und Silberstoffe (Tous les articles susmentionnés dans lesquels entre la soie et la bourre de soie entrent également d'autres matières textiles, telles que la laine ou d'autres poils d'animaux, le coton, le lin, isolément ou faisant corps avec la soie [à l'exception des étoffes d'or et d'argent])	34 (59	. 30)	. .	. .	. .	. .	30 (52	. 20)
7. In Verbindung mit Kautschuk oder Guttapercha (Combinés avec du caoutchouc ou du gutta percha).								
Gewebe aller Art mit Kautschuk oder Gutta percha überzogen (Tissus de toute								

Benennung der Gegenstände.	Zollsätze. 1862. Thlr. (fl.)	Sgr. (kr.)	1864. Thlr. (fl.)	Sgr. (kr.)	1865. Thlr. (fl.)	Sgr. (kr.)	1866. Thlr. (fl.)	Sgr. (kr.)
sorte enduits de caoutchouc ou de gutta percha)	15 (26	. 15)						
Gewebe aus Gummifäden und anderen Spinnmaterialien, auch Kleidungsstücke aus solchen Geweben (Tissus composés de fils de caoutchouc et d'autres matières textiles, et vêtements confectionnés de même espèce)	25 (43	. 45)						
8. Wachstuch, Wachsmusselin, Wachstafft (Toiles cirées, mousselines cirées, taffetas cirés).								
Grobes, unbedrucktes Wachstuch (Packtuch) (Toiles cirées grossières non imprimées [pour emballage])	. (1	20 10)						
Alles andere (Toutes autres toiles cirées).	2 (3	. 30)						
9. Fertige Kleider (Vêtements confectionnés).								
von Seide (de soie)	50 (87	. 30)						
andere, soweit sie nicht vorstehend unter No. 1 und 7 genannt sind (autres s'ils ne sont pas spécialement désignés sous les No. 1 et 7)	34 (59	. 30)						
Chemische Producte (Producits chimiques).								
Jod und Brom (Iode et Brôme) .	frei							
Schwefel-Säure (Acide sulfurique) .	frei							
Salpeter-Säure (Acide nitrique) . .	. (.	15 52½)	frei					
Weinsteinsäure, Benzoësäure, Borsäure, Citronensäure, arsenige Säure (Acides Tartrique, Benzoïque, Borique, Arsénieux et citrique)	frei							
Citronensaft in Fässern und Flaschen (Jus de citron en cercles ou cruchons) . .	frei							
Eisenoxyd (Eisenmohr, Eisensaffran, Kolkothar) (Oxydes de fer [éthiops martial, oxyde de fer brun, colcothar]) . .	frei							
graues Zinkoxyd (Oxyde de zinc gris) .	1 (1	. 45)						
Zinnoxyd, Uranoxyd, Kupferox., (Kupfer-Asche) (Oxydes d'étain, d'urance, de cuivre [cendres de cuivre])	frei							
Zaffer u. andere Kobaltverbindungen (Safre et autres composés du cobalt) . .	frei							
Schwefel-Arsenik (Sulfure d'arsénic) .	. (.	7½ 26¼)	frei					
Salzsaures Kali und schwefelsaures Kali (Chlorure de potassium, sulfate de potasse)	frei							
Jodkalium (Iodure de potassium) . .	frei							
Pottasche, einschliesslich der Runkelrübenpottasche (Potasse [y compris les salins de betteraves])	. (.	5 17½)						

Benennung der Gegenstände.	Zollsätze. 1862. Thlr. (fl.)	1862. Sgr. (kr.)	1864. Thlr. (fl.)	1864. Sgr. (kr.)	1865. Thlr. (fl.)	1865. Sgr. (kr.)	1866. Thlr. (fl.)	1866. Sgr. (kr.)
Kalisalpeter, weinsteinsaures Kali (Nitrate de potasse, tartrate de potasse) . .	frei							
Pflanzenasche, natürliche und ausgelaugte (Cendres végétales vives ou lessivées) .	frei							
Weinhefe, gebrannte (Lies de vin, brûlées) .	. (.	5 17½)						
Borax, roher (Borax brut) .	frei							
Natron-Salpeter (Nitrate de soude) .	frei							
Beinschwarz (Noir d'os)	frei							
Weissgebrannte Knochen (Os calcinés blancs)	frei							
Phosphorsaure Salze, wie solche in der Natur vorkommen (Phosphates naturels) .	frei							
Citronensaurer Kalk (Citrate de chaux) .	frei							
Schwefelsaure und kohlensaure Magnesia, Chlormagnesium (Sulfate de magnésie, carbonate de magnésie, chlorure de magnésium)	3 (5	10 50)	. .	. .	. .	. .	2 (3	. 30)
Eisenbeizen, einschliesslich Eisenrostwasser (Acétate de fer liquide [y compris la fleur de fer]) . , . . .	frei							
Garancine, Milchzucker, Albumin (Garancine, sucre de lait, albumine) . .	frei							
Kurkuma gemahlene; Lackmus; Berlinerblau; Karmin aller Art; blaue und grüne Kupferfarben; Stocklack und Körnerlack; Berggrün; Schüttgelb; Alkermes in Körnern und gemahlen (Curcuma en poudre, maurelle, bleu de Prusse, carmins de toute sorte, cendres bleues ou vertes, laque en teinture ou en trochisques, vert de montagne, stil de grain, kermès en grains et en poudre)	frei							
Steinkohlentheeröl und Producte desselben (Essence de houille et ses dérivés) . .	frei							
Phosphor, weisser und rother (Phosphore blanc et rouge)	3 (5	10 50)						
Zinkoxyd (Zinkweiss) (Oxyde de zinc [blanc de zinc])	1 (1	. 45)						
Bleiglätte und Mennige (Oxyde de plomb [litharge et minium])	. (.	7½ 26¼)						
Bleiweiss (Carbonate de plomb [céruse])	1 (1	. 45)						
Oelsäure (Acide oléique)	. (.	15 52½)						
Oxalsäure und oxalsaures Kali (Acide oxalique, oxalate de potasse) . .	2 (3	. 30)	1 (2	10 20)				
Blausaures Kali, gelbes u. rothes (Prussiate de potasse jaune et rouge) . . .	3 (5	10 50)						
Farbholz-Extracte aller Art (Extraits de bois de teinture de toute sorte) . .	. (.	15 52½)						

Benennung der Gegenstände.	Zollsätze. 1862. Thlr. (fl.)	Sgr. (kr.)	1864. Thlr. (fl.)	Sgr. (kr.)	1865. Thlr. (fl.)	Sgr. (kr.)	1866. Thlr. (fl.)	Sg.) (kr.)
Salzsäure (Acide hydrochlorique [acide muriatique])	.	2½						
	(.	8¾)						
Aetznatron (Soude caustique)	1	.						
	(1	45)						
Kohlensaures Natron (Soda-Salz) v. jedem Gehalt (Carbonate de soude [sel de soude] à tous les degrés)	.	20						
	(1	10)						
Rohe Soda, natürliche und künstliche; kristallisirte Soda (Soude brute naturelle et artificielle, carbonate de soude cristallisé [cristaux de soude])	.	20	.		.	.	.	7½
	(1	10)	.		.	.	(.	26¼)
Schwefelsaures u. schwefligsaures Natron, auch kristallisirt (Glaubersalz) (Sulfate et sulfite de soude cristallisé [sel de Glauber] ou non)	.	5						
	(.	17½)						
Doppeltkohlensaures Natron (Bicarbonate de soude)	.	20						
	(1	10)						
Chlorkalk (Chlorure de chaux)	.	15						
	(.	52½)						
Chlorsaures Kali (Chlorate de potasse)	3	10						
	(5	50)						
Seife: grüne, schwarze u. andere Schmiers. (Savons: verts, noirs et autres savons gras)	1	.	.	.	.	.	.	25
	(1	45)	.	.	.	.	(1	27½)
gemeine weisse (blancs ordinaires)	2	.	.	.	.	.	.	25
	(3	30)	.	.	.	.	(1	27½)
feine, in Täfelchen, Kugeln, Büchsen, Krügen, Töpfen (fins, en pains, boules, boîtes, cruchons, pots)	3	10	.	.	.	.	2	.
	(5	50)	.	.	.	.	(3	30)
Wenn die Umhüllungen, in welchen die feine Seife eingeht, für sich höher belegt sind, als die letztere, so wird dieser höhere Satz erhoben (Lorsque les enveloppes ou boîtes qui renferment le savon sont assujetties à une taxe plus élevée que le savon, c'est cette taxe plus élevée qui devra être acquittée).								
Ultramarin (Outremer)	2	.						
	(3	30)						
Aluminium (Aluminium)	.	15						
	(.	52½)						
Thonsaures Natron (Aluminate de soude)	.	20						
	(1	10)						
Chloraluminium (Chlorure d'aluminium	.	20						
	(1	10)						
Chromsaures Kali (Chromate de potasse)	1	.						
	(1	45)						
ChromsauresBleioxyd(Chromate de plomb)	1	15						
	(2	37½)						
Stearinsäure (Acide stéarique)	1	15		.	.	.	1	.
	(2	37½)		.	.	.	(1	45)
Leim und Gelatine (Colle forte, gélatine)	.	15						
	(.	52½)						
Oelfirniss (Vernis à l'huile)	1	.						
	(1	45)						
Firnisse, andere (Vernis, autres)	3	10						
	(5	50)						
Orseille, einschl. derj. in Teigform, u. Persio (Orseilles, même celles en pâtes et persio)	1	15						
	(2	37½)						

No. 436. (XVI.) Handelsvertrag. Tarif B. 2. August 1862.

Benennung der Gegenstände.	Zollsätze. 1862. Thlr. (fl.)	Sgr. (kr.)	1864. Thlr. (fl.)	Sgr. (kr.)	1865. Thlr. (fl.)	Sgr. (kr.)	1866. Thlr. (fl.)	Sgr. (kr.)
Bleizucker (Acétate de plomb) . . .	1 (1	. 45)						
Grünspan, raffinirter (destillirter, kristallisirter) oder gemahlener (Vert de gris épuré [distillé, cristallisé] ou moulu [en poudre])	1 (1	. 45)						
Kermes, mineralischer (Kermès minéral)	. (.	15 $52^1/_2$)						
Alaun (Alun) . . .	. (1	20 10)						
Schwefelsaurer Baryt (Sulfate de baryte)	. (.	15 $52^1/_2$)						
Eisenvitriol (Sulfate de fer) . . .	. (.	5 $17^1/_2$)						
Kupfervitriol, gemischter Kupfer- und Eisenvitriol (Sulfate de cuivre, sulfate double de cuivre et de fer) . . .	. (.	15 $52^1/_2$)						
Zündhölzer, auch chemisch zubereitete (Allumettes chimiques en bois) . .	. (.	15 $52^1/_2$)						
Bemerkung. Auf die vorstehend nicht genannten chemischen Fabrikate u. Farbewaaren finden, je nach deren Beschaffenheit, die Zollsätze von $3^1/_3$ Thlr. — 5 fl. 50 kr. — od. 15 Sgr. — $52^1/_2$ kr. — vom Zentner, beziehungsweise die, für gleichartige Waaren festgesetzten Zollsätze auch ferner Anwendung. (N. B. Les produits chimiques et couleurs, non dénommés ci-dessus, resteront soumis, selon leur nature, soit aux taux de $3^1/_3$ écus — 5 flor. 50 kr. — ou de 15 gros — $52^1/_2$ kr. — par quintal, soit au régime convenu pour les produits similaires).								
Glas und Glaswaaren (Verre et ouvrages en verre).								
Spiegelglas, rohes, ungeschliffenes (Glaces brutes, non polies)	. (.	15 $52^1/_2$)						
geschliffenes, belegt od. unbelegt, wenn das Stück nicht über 288 Preuss. Q.-Zoll gross ist (polies, étamées ou non lorsque la pièce ne dépasse pas 288 pouces ☐ prussiens .	4 (7	. .)						
wenn das Stück über 288 Preussische Q.-Zoll gross ist (lorsque la pièce dépasse 288 pouces ☐ prussiens								
Grünes Hohlglas (Glasgeschirr) (Verre creux vert [vases et bouteilles]) . .	. (.	5 $17^1/_2$)						
Weisses Hohlglas, ungemustertes, ungeschliffenes, oder nur mit abgeschliffenen Stöpseln, Böden oder Rändern; Fenster- und Tafelglas in seiner natürlichen Farbe (grün, halb und ganz weiss) (Verre creux blanc, non moulé, non poli ou seulement poli aux bouchons au fond ou au bord; verre à vitre et verre en tables de couleur naturelle [vert, blanc ou mi-blanc]) .	1 (3	$22^1/_2$) $3^3/_4$)	. .	. .	. (1	20 10)		
Gepresstes, geschliffenes, abgeriebenes, geschnittenes, gemustertes weisses Glas; auch Behänge zu Kronleuchtern von Glas; Glasknöpfe, Glasperlen, Glasschmelz (Verre blanc, pressé, poli, dépoli, taillé, moulé;								

No. 436. (XVI.) Handelsvertrag. Tarif B. 2. August 1862.

Benennung der Gegenstände.	Zollsätze. 1862. Thlr. (fl.)	Sgr. (kr.)	1864. Thlr. (fl.)	Sgr. (kr.)	1865. Thlr. (fl.)	Sgr. (kr.)	1866. Thlr. (fl.)	Sgr. (kr.)
pendants pour lustres [ornements]; boutons en verre, perles, vitrifications) . . .	4 (7	. .)						
Farbiges, bemaltes oder vergoldetes Glas ohne Unterschied der Form; Glaswaaren in Verbindung mit andern Materialien (mit Ausnahme von edeln Metallen, echt vergoldetem oder versilbertem Metall, Schildpatt, echten Perlen, Korallen od. Steinen) (Verre de couleur, peint ou doré, sans distinction de forme; ouvrages en verre en combinaison avec d'autres matières [à l'exception de métaux précieux, de métaux finement dorés ou argentés, d'écaille, de perles fines, de corail ou pierres fines) .	6 (10	. 30)						
Glasscherben und Strenglas (Groisil et verre cassé)	frei							
Email (künstliche Glasurmasse, feine) (Emaux)	. (.	15 52½)						
Thonwaaren (Poteries).								
Gemeine Töpferwaaren, Fliesen, Schmelztiegel, irdene Pfeifen (Poterie grossière, carreaux de terre cuite, creusets, pipes en terre)	frei							
Einfarbiges oder weisses Fayence oder Steingut (Faience unicolore ou blanche et poterie de grès fin)	1 (3	22½ 3¾)						
Bemaltes, bedrucktes, vergoldetes oder versilbertes Fayence oder Steingut (Faience et poterie de grès fin, peinte, imprimée, dorée ou argentée)	3 (5	5 32½)	. .	. .	2 (3	. 30)		
Porzellan, weisses (Porcelaine blanche) .	3 (5	5 32½)	. .	. .	1 (3	22½) 3¾)		
Porzellan, farbiges u. weisses mit farbigen Streifen, auch bemaltes oder vergoldetes; Thonwaaren aller Art in Verbindung mit anderen Materialien (mit Ausnahme von edeln Metallen, echt vergoldetem oder versilbertem Metall, Schildpatt, echten Perlen, Korallen oder Steinen) (Porcelaine de couleur, et blanche avec bandes ou raies de couleur, peinte ou dorée; ouvrages en terre cuite de toute sorte en combinaison avec d'autres matières [à l'exception de métaux précieux, de métaux finement dorés ou argentés, d'écaille, de perles fines, de corail ou de pierres fines]) .	5 (8	. 45)	. .	. .	. .	4 (7	. .)	
Verschiedene Waaren (Produits divers).								
Künstliche Blumen (Fleurs artificielles) .	34 (59	. 30)	. .	. .	. .	. .	30 (52	. 30)
Zugerichtete Schmuckfedern (Plumes de parure apprêtées	34 (59	. 30)	. .	. .	. .	. .	30 (52	. 30)
Herrenhüte (Chapeaux pour hommes) von Filz, aus Wolle od. Haaren unstaffirt, staffirt oder garnirt (de feutre, de laine ou de poil [non montés, montés ou garnis])	25 (43	. 45)	. .	. .	15 (26	. 15)		
Herrenhüte (Chapeaux pour hommes) Seidenhüte, unstaffirt, staffirt, od. garnirt (de soie [non montés] ou garnis)	34 (59	. 30)	. .	. .	. .	. .	30 (52	. 30)

No. 436 (XVI.) Handelsvertrag, Tarif B. 2. August 1862.

Benennung der Gegenstände.	Zollsätze. 1862. Thlr. (fl.)	Sgr (kr.)	1864. Thlr. (fl.)	Sgr. (kr.)	1865. Thlr. (fl.)	Sgr. (kr.)	1866. Thlr. (fl.)	Sgr. (kr.)
Strohbänder aller Art (Tresses en paille de toute sorte)	. (1	20 10)						
Span-, Rohr-, Bast-, Palm-, Strohhüte ohne Garnitur (Chapeaux en paille, jonc, tresses de bois, écorce, palmier, sans garniture) . vom Stück (la pièce)	. (.	2 7)						
Feine Galanterie- u. Quincaillerie-Waaren (Herren- u. Frauenschmuck, Toiletten- u. sogenannte Nippestischsachen etc.) aus unedeln Metallen, jedoch fein gearbeitet und entweder mehr oder weniger vergoldet oder versilbert oder auch vernirt, oder in Verbindung mit Alabaster, Elfenbein, Email, Lava, Perlmutter, Schildpatt, Achat und ähnlichen Steinarten, unechten Steinen, oder auch mit Schnitzarbeiten, Pasten, Kameen, Ornamenten in Metallguss und dergl.; Regen- und Sonnenschirme; Fächer; überhaupt alle zur Gattung der Kurzen-, Quincaillerie- od. Galanteriewaaren gehörigen, nicht besonders tarifirten Gegenstände; in gleichen Waaren aus Gespinnsten von Baumwolle, Leinen, Seide, Wolle, welche mit Bein (einschliesslich Elfenbein und Fischbein), Eisen, Glas, Holz, Horn, Leder, Ledertuch (leather-cloth), Messing, Papier, Pappe, Porzellan, Stahl od. Thonwaaren verbunden und nicht besonders tarifirt sind, z. B. Knöpfe auf Holzformen u. dergl (Mercerie fine et quincaillerie de luxe, objets servant à la parure des hommes et des femmes, objets propres à garnir les toilettes et les étagères), en métaux communs, mais d'un travail fin et plus ou moins dorés ou argentés ou vernissés, ou en combinaison avec de l'albâtre, de l'ivoire, de l'émail, du corail, de la lave, de la nacre, de l'écaille, de l'agathe et de pierres analogues, de pierres fausses, ou enfin avec des sculptures, des pâtes de verre fines, des camées, des ornements en métaux fondus etc.; parapluies et parasols, éventails, et généralement tous objets qui appartiennent à la mercerie fine, quincaillerie ou au commerce de luxe et qui ne sont pas spécialement tarifés; de même les ouvrages composés en partie de tissus de coton, de lin, de soie, de laine, en partie d'os [y compris l'ivoire et la baleine], de fer, de verre, de bois, de corne, de cuir, de moleskine [leather-cloth], de laiton, de papier, de carton, d'acier ou de poterie et qui ne sont pas spécialement tarifés, tels que boutons sur moules de bois, d'os, de corne, de cuir, de métal etc.) . .	25 (43	. 45)	. .	. .	15 (26	. 15)		

Benennung der Gegenstände.	Zollsätze.							
	1862.		1864.		1865.		1866.	
	Thlr. (fl.)	Sgr. (kr.)	Thlr. (fl.)	Sgr. (kr.)	Thlr. (fl.)	Sgr. (kr.)	Thlr. (fl.)	Sgr. (kr.)
Bürstenbinderwaaren (Brosserie) grobe in Verbindung mit Holz od. Eisen ohne Politur u. Lack (commune, unie au bois ou au fer, non polie ni vernissée) .	2 (3	30)						
feine, in Verbindung mit anderen Materialien (mit Ausnahme von edeln Metallen, nicht vergoldetem oder versilbertem Metall, Schildpatt, echten Perlen, Korallen oder Steinen) (fine, unie à d'autres matières [à l'exclusion des métaux précieux, métaux dorés ou argentés, perles fines, coraux ou pierres précieuses]) .	4 (7	.)						
Musikalische Instrumente (Instruments de musique) .	6 (10	30)	.	.	4 (7	.)	.	.
Kautschuck (Caoutchouc) In der ursprünglichen Form von Schuhen, Flaschen u. dgl. (brut sous la forme de souliers, bouteilles etc.)	frei							
Fäden ausser Verbindung mit andern Materialien (en fils sans mélanges avec d'autres matières)	3 (5	15)						
Waaren, siehe: Lederwaaren und Gewebe (ouvré, voir: tissus et cuir).								
Gutta percha wird wie Kautschuk behandelt. (La gutta percha suit le régime du caoutchouc.)								
Siegellack (Cire à cacheter) . .	3 (5	10 50)						
Schuhwichse (Cirage) (.	15 52½)						
Tinte, Schreib- und Zeichen- (Encre, à écrire ou à dessiner) . . .	3 (5	10 50)						
Buchdruckerschwärze (Encre d'imprimerie)	. (.	15 52½)						
Fischernetze v. ungebleichtem Garn (Filets de pêche fabriqués avec des fils non blanchis)	. (.	15 52½)						
Süsswasserfische, frische (Poissons d'eau douce, frais)	frei							
zubereitete (Poissons d'eau douce, préparés)	7 (12	. 15)						
Saucen (Sauces)								
Branntwein aller Art, auch Arrak, Rum, versetzte Branntweine i. Fässern u. Flaschen (Eau-de-vie de toute espèce, arac, rhum et toutes eaux-de-vie composées, en cercles ou bouteilles)	6 (10	30)						
Wein in Fässern und Flaschen (Vins en cercles et en bouteilles) . . .	4 (7	.)						
Schiefer Ardoises Dachschiefer (pour toitures) .	frei							
polirte Platten (en tables polies)	frei							
Schreibfedern, rohe und gezogene (Plumes à écrire, brutes ou préparées) . .	frei

No. [illegible]. (XVI.)
Handelsvertrag,
Tarif B.
2. August
1862.

Benennung der Gegenstände.	Zollsätze. 1862. Thlr. (fl.)	Sgr. (kr.)	1864. Thlr. (fl.)	Sgr. (kr.)	1865. Thlr. (fl.)	Sgr. (kr.)	1866. Thlr. (fl.)	Sgr. (kr.)
Bettfedern (Plumes à lit)	. (.	15 52½)						
Milch (Lait) . .	frei							
Honig (Miel)	. (.	10 35)						
Abfälle und Theile von rohen Häuten und Fellen, abgenutzte alte Lederstücke und sonstige lediglich zur Leimfabrikation geeignete Lederabfälle (Oreillons et débris ou parties de peaux, ou cuirs bruts vieux, morceaux de cuirs usés, et tous autres déchets analogues exclusivement propres à la fabrication de la colle forte) . .	frei							
Seefische, frische (Poissons de mer, frais).	frei							
getrocknete, gesalzene, geräucherte (Poissons de mer, secs, salés, fumés) . .	. (.	15 52½)						
Hummern und Austern, frische (Homards et huîtres, frais)	2 (3	. 30)						
Muscheln, frische, unausgeschälte (Moules et coquillages, non écaillés, frais) . .	frei							
Fischthran, Wallrath (Huile de poisson, blanc de baleine)	. (.	15 52½)						
Talg (eingeschmolzenes Fett von Rind- u. Schaafvieh) (Suif [graisse fondue de moutons et autres bêtes à cornes]) . .	. (.	15 52½)	.	.	.	.	frei	
Anderes eingeschmolzenes, auch alles ungeschmolzene Thierfett (Toutes autres graisses animales, fondues ou non) . .	2 (3	. 30)	.	.	.	.	frei	
Degras (Abfall bei der Sämischgerberei und von Thiercadavern) (Dégras de peaux, [déchets de corroyerie et graisses de cadavres d'animaux])	. (.	15 52½)						
Wallfischbarden, rohe (Fanons de baleine bruts)	frei							
Seehund- und Robbenfelle, rohe, frisch oder getrocknet (Peaux de chiens de mer & de phoques, brutes, fraiches ou sèches).	frei							
Korallen, rohe, nicht gefasste (Corail brut non monté)	. (.	15 52½)						
Waschschwämme aller Art (Eponges de toute sorte)	. (.	15 52½)						
Thierknochen, Hufe und Hörner, Wolfszähne (Os, sabots & cornes de bétail, dents de loup)	frei							
Harze aller Art, Theer und Pech (Résines de toute sorte, goudron et poix) . .	frei							
Lakritzensaft (Jus de réglisse) .	2 (3	. 30)						
Korkholz, rohes und geraspelt (Liège brut et râpé)	frei							

No. 486. (XVI.) Handelsvertrag. Tarif B. 2. August 1862.

Benennung der Gegenstände.	Zollsätze. 1862. Thlr. (fl.)	Sgr. (kr.)	1864. Thlr. (fl.)	Sgr. (kr.)	1865. Thlr. (fl.)	Sgr. (kr.)	1866. Thlr. (fl.)	Sgr. (kr.)
Rohr und Schilf, rohes (Joncs et roseaux bruts)	frei							
Lohrinde, auch gemahlene (Écorces à tan, même moulues)	frei							
Runkelrüben, Kartoffeln (Betteraves et pommes de terre)	frei							
Hopfen (Houblon)	2 (4	15 $22^1/_2$)						
Garten-Sämereien, Kleesaat, Waldholzsaamen (Graines à ensemencer, de jardin, de trèfle, et forestales)	frei							
Oelsaat (Graines oléagineuses) . .	. (.	$1^1/_4$ $4^1/_4$)						
Gemüse, mit Zucker, Essig, Oel oder sonst, namentlich alle in Flaschen, Büchsen und dergl. eingemachte, eingedämpfte oder auch eingesalzene, sowie in Blechbüchsen u. s. w. hermetisch verschlossene (Légumes confits au sucre, au vinaigre, à l'huile ou autrement; étuvés, salés, en bouteilles, boites ou vases similaires, ainsi que ceux renfermés dans des boites en fer blanc hermétiquement closes) . .	7 (12	. 15)						
Gemüse, bloss gesalzene in andern Gefässen, sowie bloss getrocknete oder comprimirte (Légumes simplement salés en tous autres contenants, ainsi que tous les légumes simplement séchés ou comprimés).	. (.	15 $52^1/_2$)						
Obst, gebackenes u. getrocknetes (Fruits secs ou tapés)	. (.	15 $52^1/_2$)						
Cichorienwurzeln, frische (Racines de chicorée, fraîches)	frei							
getrocknete (sèches)	. (.	15 $52^1/_2$)						
Kastanien, Maronen (Châtaignes et marrons)	. (.	15 $52^1/_2$)						
Kali oder natronhaltige Pflanzen, auch Pflanzen zum Medicinalgebrauch (Plantes alcalines et médicinales):								
frische (fraîches)	frei							
getrocknete (sèches)	. (.	15 $52^1/_2$)						
Waaren v. Marmor od. Alabaster aller Art, mit Ausnahme der Statuen, ausser Verbindung mit andern Materialien (Ouvrages en marbre ou albâtre de toute sorte à l'exception des statues et sans combinaison avec d'autres matières)	. (.	5 $17^1/_2$)						
Bausteine, bearbeitete (Pierres à bâtir taillées)	frei							
Edelsteine aller Art, ohne Fassung (Pierres gemmes de toute sorte non montées) .	. (.	15 $52^1/_2$)						
Waaren aus Achat und andern ähnlichen Steinen (Ouvrages en agathe et autres pierres de même espèce)	8 (14	. .)						
Mühlsteine, auch mit eisernen Reifen;								

No. 438. (XVI.) Handelsvertrag. Tarif B. 2. August 1862.

Benennung der Gegenstände.	Zollsätze. 1862. Thlr. (fl.)	Sgr. (kr.)	1864. Thlr. (fl.)	Sgr. (kr.)	1865. Thlr. (fl.)	Sgr. (kr.)	1866. Thlr. (fl.)	Sg.) (kr.)
Schleif- und Wetzsteine aller Art, Kalk u. Gips; Graphit (Meules, même cerclées en fer, pierres à aiguiser de toute sorte, chaux et plâtre, graphite) . . .	frei							
Parfümerien (Parfumerie) . . .	3 (5	10 50)						
Wenn die Umhüllungen, in welchen die Parfümerien eingehen, für sich allein höher belegt sind, so wird der höhere Satz erhoben. (N.B. Lorsque les vases ou boîtes qui renferment la parfumerie sont passibles de taxes plus élevées que leur contenu, c'est la taxe la plus élevée qui sera appliquée)								
Cichorien, gebrannter oder gemahlener (Chicorée brûlée ou moulue) . . .	. (1	20 10)						
Lichte (Bougies) { Talg- und Stearin (de suif ou stéarine)	2 (3	. 30)	. .	. .	. .	. .	1 (2	15 37½)
Lichte (Bougies) { andere (autres [cire, blanc de baleine])	2 (3	. 30)						
Hausenblase (Colle de poisson) . .	. (.	15 52½)						
Mineralwasser, auch künstliches, einschliesslich der Krüge (Eaux minérales, même factices, cruchons compris) . .	frei							
Papier (Papier) { graues Lösch- und Packpapier, Pappdeckel, Presspähne (brouillard et à emballage; cartons de simple moulage et lustrés) .	. (.	15 52½)						
Papier (Papier) { ungeleimtes ordinaires (grobes, graues und halbweisses) Druckpapier, auch grobes (weisses und gefärbtes) Packpapier (non collé ordinaire [gris et mi-blanc] à imprimer, à emballage blanc ou de couleur)	1 (1	 45)						
Papier (Papier) { alles andere, auch Malerpappe (tous autres, ainsi que cartons préparés pour peinture) . . Papiertapeten (de tenture) . Waaren aus Papier und Pappe ausser Verbindung mit andern Materialien (ouvrages en papier ou carton non combiné avec d'autres matieres) . . .	3 (5	10 50)	. .	. .	. .	. .	1 (2	10 20)
Statuen von Marmor od. andern Steinarten (Statues en marbre ou autres pierres) von Metall, mindestens in natürlicher Grösse (idem en métal de grandeur naturelle au moins)	frei							
Besen aus Reisig (Balais de ramilles) .	frei							
Asphalt, Bergtheer (Asphalte et bitumes).	frei							
Stärke (Amidon) . . .	2 (3	. 30)						

No. 436. (XVI.) Handelsvertrag, Tarif B. 2. August 1862.

Benennung der Gegenstände.	Zollsätze.							
	1862.		1864.		1865.		1866.	
	Thlr. (fl.)	Sgr. (kr.)	Thlr. (fl.)	Sgr. (kr.)	Thlr. (fl.)	Sgr. (kr.)	Thlr. (fl.)	Sgr. (kr.)
Oel aller Art in Flaschen (Huiles de toute sorte en bouteilles)	. (1	25 27½)						
Baumöl in Fässern (Huiles d'olives en cercles)	. (1	25 27½)						
Baumöl in Fässern, nach den Vorschriften der Zollverwaltung denaturirt (Huiles d'olives en cercles, dénaturées suivant les prescriptions de la douane) . . .	frei							
Anderes Oel in Fässern (Huiles, autres, en cercles)	. (.	15 52½)						
Schwefel, roher, gereinigter, Schwefelblumen (Soufre brut, épuré et sublimé) .	frei							
Stricke und Taue (Cordes et cordages) .	. (.	15 52½)						
Steinkohlen, Koaks, geformte Kohlen (Houilles, cokes et briquettes de charbon).	. (.	½ 1¾)						

No. 436. (XVII.)

PREUSSEN und **FRANKREICH**. — Schifffahrtsvertrag, unterzeichnet am 2. August 1862. —

Schifffahrts-Vertrag.

No. 436. (XVII.) Schifffahrts-Vertrag. 2. August 1862.

Seine Majestät der König von Preussen, sowohl und Seine Majestät der Kaiser der Franzosen von dem gleichen Wunsche beseelt, die Entwickelung der Handels- und Schifffahrts-Beziehungen zwischen den Zollvereinsstaaten und Frankreich zu fördern, haben beschlossen, einen Vertrag zu diesem Zwecke abzuschliessen und zu ihren Bevollmächtigten ernannt etc. etc., welche, nach Austausch ihrer in guter und gehöriger Form befundenen Vollmachten, über nachstehende Artikel übereingekommen sind:

Artikel 1. — Französische Schiffe, welche mit Ladung oder mit Ballast in die Häfen der Zollvereinsstaaten einlaufen, sollen, woher sie auch kommen mögen, in diesen Häfen weder bei ihrem Eingange, noch bei ihrem Ausgange, noch während ihres Aufenthalts andere oder höhere Tonnen-, Lootsen-, Quarantaine-, Hafen-, Leuchtthurms-Gelder oder sonstige, gleichviel unter welchem Namen auf dem Schiffskörper ruhende Abgaben entrichten, diese Abgaben mögen für den Staat, Gemeinden, örtliche Corporationen, Privatpersonen oder irgend welche Anstalten erhoben werden, als diejenigen, welchen die von denselben Orten kommenden und nach denselben Orten bestimmten Schiffe der Zollvereinsstaaten daselbst unterliegen.

Bis dahin, dass die Zollvereinsstaaten es für angemessen erachten, ihre eigenen Schiffe von jedem Tonnengelde, wie Frankreich die seinigen, zu befreien, sollen die Schiffe der Zollvereinsstaaten, welche direct aus den Häfen dieser Staaten mit Ladung und von irgend einem andern Hafen ohne Ladung kommen, in den Häfen Frankreichs als Tonnengeld, für den Eingang und Ausgang zusammengenommen, Einen Franc für die Tonne, einschliesslich der Decimen, bezahlen. Im Uebrigen sollen sie hinsichtlich aller im gegenwärtigen Artikel aufgezählten Abgaben oder Auflagen den französischen Schiffen gleichgestellt sein.

In den Fällen, wo die von anderswoher als vom Zollverein kommenden französischen Schiffe vom Tonnengelde nicht befreit sind, sollen auch die Schiffe der Zollvereinsstaaten, welche dieselben Reisen machen, in gleicher Weise betroffen werden.

Artikel 2. — In Bezug auf das Aufstellen der Schiffe, ihr Einladen und Ausladen in den Häfen, Rheden, Plätzen und Bassins, sowie überhaupt in Hinsicht aller Förmlichkeiten und sonstigen Bestimmungen, welchen die Handelsschiffe, ihre Mannschaften und ihre Ladungen unterworfen werden können, ist man übereingekommen, dass den eigenen Schiffen des einen der Hohen vertragenden Theile kein Vorrecht und keine Begünstigung zugestanden werden soll, welche nicht in gleicher Weise den Schiffen des anderen zukämen, indem der Wille der Hohen vertragenden Theile dahin geht, dass auch in dieser Beziehung ihre Schiffe auf dem Fusse einer vollkommenen Gleichstellung behandelt werden sollen.

TRAITÉ DE NAVIGATION.

No. 438. (XVII.) Schifffahrts-Vertrag. 2. August 1862.

Sa Majesté le Roi de Prusse, agissant et Sa Majesté l'Empereur des Français animés d'un égal désir de contribuer au développement des relations commerciales et maritimes entre les États du Zollverein et la France, ont résolu de conclure un traité à cet effet, et ont nommé pour leurs Plénipotentiaires etc. etc. lesquels, après avoir échangé leurs pleins pouvoirs, trouvés en bonne et due forme, sont convenus des articles suivants:

Article 1. — Les navires Français, de quelque lieu qu'ils viennent, qui entreront chargés ou sur lest dans les ports du Zollverein, ne payeront dans ces ports, soit à l'entrée, soit à la sortie, soit durant leur séjour, d'autres ni de plus forts droits de tonnage, de pilotage, de quarantaine, de port, de phare, ou autres charges qui pèsent sur la coque du navire, sous quelque dénomination que ce soit, perçus au profit de l'État, des communes, des corporations locales, de particuliers ou d'établissements quelconques, que ceux dont y sont ou seront passibles les navires des États du Zollverein venant des mêmes lieux et ayant la même destination.

Jusqu'à ce qu'il convienne aux États du Zollverein d'exempter leurs propres navires de tout droit de tonnage, comme la France le fait pour les siens, les navires des États du Zollverein, venant directement des ports du Zollverein avec chargement et sans chargement de tout port quelconque, payeront dans les ports de France comme droit de tonnage, pour l'entrée et la sortie réunies, un franc par tonneau décimes compris. Ils seront d'ailleurs assimilés aux navires Français pour tous les autres droits ou charges énumérés dans le présent article.

Les exceptions à la franchise de pavillon qui atteindraient en France les navires Français venant d'ailleurs que du Zollverein, seront communes aux navires des États du Zollverein faisant les mêmes voyages.

Article 2. — En ce qui concerne le placement des navires, leur chargement et leur déchargement dans les ports, rades, havres et bassins et généralement pour toutes les formalités et dispositions quelconques auxquelles peuvent être soumis les navires de commerce, leurs équipages et leurs cargaisons, il est convenu qu'il ne sera accordé aux navires nationaux de l'une des Hautes Parties contractantes, aucun privilége, ni aucune faveur qui ne le soit également aux navires de l'autre; la volonté des Hautes Parties contractantes étant, que sous ce rapport aussi, leurs bâtiments soient traités sur le pied d'une parfaite égalité.

No. 436. (XVII) Schifffahrts-Vertrag. 2. August 1862.

Artikel 3. — Die Staatsangehörigkeit und Tragfähigkeit der Schiffe soll beiderseitig nach den jedem Theile eigenthümlichen Gesetzen und Reglements, auf Grund der durch die zuständigen Behörden den Capitainen, Schiffspatronen und Schiffern ausgefertigten Papiere anerkannt werden.

Die Erhebung der Schifffahrts-Abgaben soll gegenseitig, nach der Wahl des Schiffsführers, entweder nach der in den obengenannten Papieren angegebenen Tragfähigkeit oder nach dem in dem Hafen, in welchem das Schiff sich befindet, üblichen Vermessungs-Verfahren erfolgen.

Artikel 4. — Alle Erzeugnisse und andere Handelsgegenstände, deren Einfuhr oder Ausfuhr auf Nationalschiffen in den Staaten des einen der Hohen vertragenden Theile gesetzlich Statt finden darf, sollen auch auf den Schiffen des anderen Theiles daselbst eingeführt oder von dort ausgeführt werden dürfen.

Die auf den Schiffen des einen oder des anderen Theils in die beiderseitigen Häfen eingeführten Waaren sollen daselbst zum Verbrauch, zum Durchgange oder zur Wiederausfuhr declarirt, oder endlich nach dem Belieben des Eigenthümers oder seiner Machthaber zur Niederlage gebracht werden können, und zwar Alles dies, ohne höheren Magazingebühren, Aufsichts- oder sonstigen Kosten dieser Art unterworfen zu werden, als denjenigen, welchen die auf Nationalschiffen eingegangenen Waaren jetzt oder in Zukunft unterliegen.

Artikel 5. — Der vorstehende Artikel soll nicht Anwendung finden auf die Küstenschifffahrt, das heisst auf die Beförderung von Erzeugnissen oder Waaren, welche in einem Hafen geladen und nach einem andern Hafen desselben Landesgebiets bestimmt sind, insofern nicht solche Beförderung nach den Landesgesetzen der fremden Flagge erlaubt ist.

Artikel 6. — Waaren jeder Art, welche unter der Flagge der Zollvereinsstaaten direct aus einem Hafen der Zollvereinsstaaten nach Frankreich, und umgekehrt Waaren jeder Art, welche unter französischer Flagge, woher es auch sei, nach dem Zollverein eingeführt werden, sollen derselben Befreiungen, Zollvergütungen, Prämien oder sonstigen Begünstigungen irgend welcher Art theilhaftig, auch gegenseitig keinen anderen noch höheren Zoll-, Schifffahrts- oder Wege-Abgaben unterworfen sein, mögen solche für den Staat, Gemeinden, örtliche Corporationen, Privatpersonen oder irgend welche Anstalten erhoben werden, und keiner anderen Förmlichkeit unterliegen, als wenn die Einfuhr unter der Landesflagge Statt fände.

Man ist übereingekommen, dass der Aufenthalt eines Schiffes der Zollvereinsstaaten in einem oder mehreren Zwischenhäfen dasselbe der Vortheile der directen Einfuhr nicht verlustig macht, vorausgesetzt dass dieses Schiff in diesen Zwischenhäfen keine Einladung vornimmt, und dass die Vortheile der directen Einfuhr denjenigen Schiffen der Zollvereinsstaaten, welche einen Theil ihrer Ladung in einem Zwischenhafen ausgeladen haben, in Frankreich erhalten bleiben.

Es ist ausdrücklich verabredet, dass die besonderen Bedingungen, welche in Frankreich für die Einfuhren unter französischer Flagge aus anderen, als den Ursprungsländern bestehen, auch auf die aus den Entrepots des Zollvereins unter der Flagge der Zollvereinsstaaten nach Frankreich kommenden Waaren Anwendung finden sollen.

Article 3. — La nationalité et la capacité des navires seront admises, de part et d'autre, d'après les lois et règlements, sparticuliers à chaque partie, au moyen des documents, délivrés par les Autorités compétentes aux capitaines, patrons et bateliers. No. 430. (XVII.) Schiffahrts-Vertrag. 2. August 1862.

La perception des droits de navigation se fera respectivement au choix du capitaine soit d'après le chiffre de tonnage inscrit sur les documents sus-mentionnés, soit d'après le mode de jaugeage usité dans le port où se trouve le navire.

Article 4. — Tous les produits et autres objets de commerce dont l'importation ou l'exportation pourra légalement avoir lieu dans les États de l'une des Hautes Parties contractantes par navires nationaux, pourront également y être importés ou en être exportés par des navires de l'autre Puissance.

Les marchandises importées dans les ports des deux Parties par des navires de l'une ou de l'autre Puissance, pourront y être livrées à la consommation, au transit ou à la réexportation, ou enfin être mises en entrepôt, au gré du propriétaire ou de ses ayants-cause, le tout sans être assujetties à des droits de magasinage, de surveillance ou autres charges de même nature plus forts que ceux auxquels sont ou seront soumises les marchandises apportées par navires nationaux.

Article 5. — L'Article précédent n'est pas applicable au cabotage, c'est à dire au transport de produits ou marchandises chargés dans un port avec destination pour un autre port du même territoire en autant que d'après les lois du pays ce transport n'est pas autorisé sous pavillon étranger.

Article 6. — Les marchandises de toute nature, importées directement d'un port des États du Zollverein en France, sous pavillon d'un des États du Zollverein et réciproquement, les marchandises de toute nature importées de quelque lieu que ce soit dans le Zollverein sous pavillon français jouiront des mêmes exemptions, restitutions de droits, primes ou autres faveurs quelconques; elles ne payeront respectivement d'autres ni de plus forts droits de douane, de navigation ou de péage, perçus au profit de l'État, des communes, des corporations locales, de particuliers ou d'établissements quelconques et ne seront assujetties à aucune autre formalité que si l'importation en avait lieu sous pavillon national.

Il est entendu que la relâche d'un navire des États du Zollverein dans un ou plusieurs ports intermédiaires, ne lui fera pas perdre le bénéfice de l'importation directe, à la condition que ce navire n'aura fait aucune opération d'embarquement dans ces ports d'escale, et que le bénéfice du transport en droiture restera acquis en France aux navires des États du Zollverein qui auraient débarqué dans un port intermédiaire une partie de leur cargaison.

Il est expressément entendu que les conditions spéciales imposées, en France, aux importations effectuées sous pavillon Français, d'ailleurs que des pays d'origine, s'appliqueront aux produits expédiés en France des entrepôts du Zollverein sous pavillon des États du Zollverein.

No. 430. (XVII.) Schifffahrts-Vertrag. 2. August 1862.

Artikel 7. — In Anbetracht der nach den Artikeln 1 und 6 der französischen Flagge in den Häfen der Zollvereinsstaaten bewilligten besonderen Vortheile, sind die Hohen vertragenden Theile übereingekommen, dass, vom Austausch der Ratificationen des gegenwärtigen Vertrages an,

1. die Erzeugnisse des Bodens und des Gewerbfleisses der Zollvereinsstaaten, bei ihrer Einfuhr in die französischen Colonieen, aller Vortheile und Begünstigungen theilhaftig sein sollen, welche den gleichartigen Erzeugnissen irgend welcher anderen begünstigtsten europäischen Nation jetzt oder in Zukunft bewilligt werden, und dass die Schiffe der Zollvereinsstaaten in den französischen Colonieen bei ihrem Eingange, während ihres Aufenthaltes, so wie bei ihrem Ausgange, mögen sie beladen sein oder in Ballast, und ohne Unterschied der Herkunft, in allen Stücken wie die Schiffe jeder anderen begünstigtsten europäischen Nation behandelt werden sollen;
2. die Schiffe der Zollvereinsstaaten, welche direct von einem Hafen dieser Staaten nach einem Hafen von Algerien kommen, sollen nur ein festes Tonnengeld von zwei Francs für die Tonne bezahlen, und es soll diese Abgabe, sobald sie einmal in einem Hafen von Algerien bezahlt ist, in den anderen Häfen dieser Besitzung, in welche das Schiff zur Vervollständigung seiner Aus- oder Einladung einlaufen möchte, nicht weiter gefordert werden;
3. die Bestimmungen der Artikel 1 und 6 des gegenwärtigen Vertrages, so wie des vorstehenden Absatzes sollen auf die Schiffe der Zollvereinsstaaten und auf deren Ladungen auch dann Anwendung finden, wenn diese Schiffe aus den Häfen der Hansestädte an der Elbe und Weser kommen. Diese Abrede soll in Wirksamkeit treten, sobald die französischen Schiffe in eben diesen Häfen den Nationalschiffen gleichgestellt sind.

Ueberdies verpflichtet sich Seine Majestät der Kaiser der Franzosen, die Schiffe der Zollvereinsstaaten an jedem Vortheil Theil nehmen zu lassen, welchen er in Zukunft in den Häfen seiner Staaten den Schiffen einer anderen europäischen Nation hinsichtlich der indirecten Schifffahrt gewähren möchte.

Artikel 8. — Waaren jeder Art, welche auf französischen Schiffen aus dem Zollvereine oder auf Schiffen der Zollvereinsstaaten aus Frankreich, nach welchem Bestimmungsorte es auch sein möge, ausgeführt werden, sollen keinen anderen Abgaben noch Ausgangsförmlichkeiten unterliegen, als wenn die Ausfuhr auf Nationalschiffen erfolgte, und sie sollen unter der einen wie unter der anderen Flagge aller Prämien, Zollvergütungen und sonstigen Begünstigungen theilhaftig werden, welche von jedem der beiden Theile der eigenen Schifffahrt jetzt oder in Zukunft bewilligt werden.

Indessen bleiben von der vorstehenden, so wie von der im Artikel 6 enthaltenen Bestimmung diejenigen Begünstigungen ausgenommen, welche den Erzeugnissen des eigenen Fischfanges jetzt oder in Zukunft gewährt werden.

Artikel 9. — Die beiderseitigen Schiffe sowie deren Ladungen sollen auf dem Rhein und der Mosel jedweder Befreiung, Ermässigung und sonstigen

Article 7. — En considération des avantages spéciaux accordés au pavillon français dans les ports des États du Zollverein par les articles 1 et 6, il a été convenu entre les Hautes Parties contractantes qu'à partir de l'échange des ratifications du présent traité, No. 436. (XVII.) Schifffahrts-Vertrag, 2. August 1862.

1° Les produits du sol et de l'industrie des États du Zollverein jouiront, à leur importation dans les colonies françaises, de tous les avantages et faveurs qui sont actuellement ou seront par la suite accordés aux produits similaires de toute autre nation européenne la plus favorisée, et qu'en tous points les bâtiments des États du Zollverein seront, dans les Colonies Françaises, à leur entrée, pendant leur séjour, ainsi qu'à leur sortie, qu'ils soient chargés ou sur lest, et sans distinction de provenance, traités comme ceux de toute autre nation européenne la plus favorisée.

2° Les navires des États du Zollverein venant directement d'un port des États du Zollverein dans un port de l'Algérie, ne payeront qu'un droit fixe de tonnage de deux francs par tonneau, et ce droit, une fois payé dans un port de l'Algérie, ne sera plus exigé dans les autres ports de cette possession dans lesquels le navire pourrait entrer pour compléter son déchargement ou son chargement.

3° Les stipulations des articles 1 et 6 du présent traité, ainsi que du paragraphe précédent s'appliqueront également aux navires des États du Zollverein, ainsi qu'à leurs cargaisons, arrivant des ports hanséatiques de l'Elbe et du Weser. Cette disposition entrera en vigueur aussitôt que les navires français jouiront dans ces mêmes ports du bénéfice du traitement national.

En outre Sa Majesté l'Empereur des Français s'engage à faire jouir les bâtiments des États du Zollverein de tout avantage qu'il serait dans le cas d'accorder par la suite dans les ports de ses États, aux bâtiments d'une autre nation européenne, par rapport à la navigation indirecte.

Article 8. — Les marchandises de toute nature qui seront exportées du Zollverein par navires français ou de France par navires des États du Zollverein, pour quelque destination que ce soit, ne seront pas assujetties à d'autres droits ni formalités de sortie que si elles étaient exportées par navires nationaux, et elles jouiront, sous l'un et l'autre pavillon, de toute prime ou restitution de droits et autres faveurs qui sont ou seront accordées par chacune des deux Parties à la navigation nationale.

Toutefois il est fait exception à ce qui précède et à la stipulation de l'article 6 en ce qui concerne les avantages dont les produits de la pêche nationale sont ou pourront être l'objet.

Article 9. — Les bateaux respectifs ainsi que leurs chargements jouiront sur le Rhin et la Moselle de toute exemption, réduction et faveur quelconque de

No. 436. (XVII.) Schifffahrts-Vertrag, 2. August 1862. Begünstigung an Schifffahrts-, Zoll- und anderen Abgaben theilhaftig werden, welche, sei es den Nationalschiffen und deren Ladungen, sei es denen eines anderen Uferstaates jetzt oder in Zukunft bewilligt werden.

Demzufolge sollen die in Artikel 22 des französischen Gesetzes vom 28. April 1816 verzeichneten Waaren bei ihrer Einfuhr aus einem Rheinhafen unter deutscher Flagge auf dem Rhein und über das Zollamt Strassburg, zum inneren Verbrauch in Frankreich gegen Entrichtung der Abgaben zugelassen werden, welche für die Einfuhren unter französischer Flagge aus anderen als den Ursprungsländern bestehen.

Die Schiffer der Zollvereinsstaaten, welche auf den inneren Gewässern Frankreichs, und umgekehrt die französischen Schiffer, welche auf den inneren Gewässern des Zollvereins Schifffahrt treiben, sollen hinsichtlich der Patent-(Gewerbe-) Steuer beiderseitig den eigenen Schiffern gleichgestellt werden.

Artikel 10. — Die Schiffe des einen der Hohen vertragenden Theile, welche nach einem der Häfen des anderen Theils kommen und daselbst nur einen Theil ihrer Ladung löschen wollen, können, vorausgesetzt dass sie sich nach den Gesetzen und Reglements der beiderseitigen Staaten richten, den nach einem anderen Hafen desselben oder eines anderen Landes bestimmten Theil der Ladung an Bord behalten und ihn wieder ausführen, ohne für diesen letzteren Theil der Ladung irgend eine Abgabe zu bezahlen, ausser den Aufsichtskosten, welche übrigens nur nach dem für die eigene Schifffahrt bestehenden Satze erhoben werden dürfen.

Artikel 11. — Die Schiffe des einen der Hohen vertragenden Theile, welche in einen der Häfen des andern Theils im Nothfalle einlaufen, sollen daselbst weder für das Schiff noch für dessen Ladung andere Abgaben bezahlen, als diejenigen, welchen die Nationalschiffe in gleichem Falle unterworfen sind, und daselbst die nämlichen Begünstigungen und Befreiungen geniessen, vorausgesetzt, dass die Nothwendigkeit des Einlaufens gesetzlich festgestellt ist, dass ferner diese Schiffe keinen Handelsverkehr treiben und dass sie sich in dem Hafen nicht länger aufhalten, als die Umstände, welche das Einlaufen nothwendig gemacht haben, erheischen. Die zum Zwecke der Ausbesserung der Schiffe erforderlichen Löschungen und Wiedereinladungen sollen nicht als Handelsverkehr angesehen werden.

Artikel 12. — Die Hohen vertragenden Theile bewilligen sich gegenseitig das Recht, in den Häfen und Handelsplätzen des anderen Theils General-Consuln, Consuln, Vice-Consuln und Consular-Agenten zu ernennen, mit dem Vorbehalte jedoch, dergleichen an solchen Orten nicht zuzulassen, welche sie allgemein davon ausnehmen wollen. Diese General-Consuln, Consuln, Vice-Consuln und Agenten, sowie deren Kanzler sollen, unter dem Beding der Reciprocität, dieselben Vorrechte, Befugnisse und Befreiungen geniessen, deren sich diejenigen der meist begünstigten Nationen erfreuen oder erfreuen werden; im Falle aber, dass sie Handel treiben wollen, sollen sie gehalten sein, sich denselben Gesetzen und Gebräuchen zu unterwerfen, welchen die eigenen Staatsangehörigen an demselben Orte in Bezug auf ihre Handelsgeschäfte unterworfen sind.

Artikel 13. — Die gedachten General-Consuln, Consuln, Vice-Consuln

droits de navigation, de douane, qui sont ou seront accordés soit aux bateaux et chargements nationaux, soit à ceux de toute autre État co-riverain. No. 436. (XVII.) Schiffahrts-Vertrag, 2. August 1862.

En conséquence les marchandises spécifiées à l'article 22 de la loi française du 28 avril 1816, importées d'un port du Rhin sous pavillon Allemand par la navigation du Rhin et par le bureau de Strasbourg seront admises pour la consommation intérieure de la France aux droits établis par les importations sous pavillon Français d'ailleurs que des pays d'origine.

Les bateliers des États du Zollverein naviguant sur les eaux intérieures de la France et réciproquement les bateliers français naviguant sur les eaux intérieures du Zollverein seront de part et d'autre assimilés aux nationaux quant au droit de patente.

Article 10. — Les navires de l'une des Hautes Parties contractantes entrant dans un des ports de l'autre et qui n'y voudraient décharger qu'une partie de leur cargaison, pourront, en se conformant aux lois et réglements des États respectifs, conserver à leur bord la partie de la cargaison qui serait destinée à un autre port, soit du même pays, soit d'un autre et la réexporter sans être astreints à payer pour cette dernière partie de leur cargaison aucun droit de douane, sauf ceux de surveillance, lesquels d'ailleurs ne pourront être perçus qu'au taux fixé pour la navigation nationale.

Article 11. — Les navires de l'une des Hautes Parties contractantes entrant en relâche forcée dans l'un des ports de l'autre, n'y payeront soit pour le navire soit pour son chargement que les droits auxquels les nationaux sont assujettis dans le même cas, et y jouiront des mêmes faveurs et immunités, pourvu que la nécessité de la relâche soit légalement constatée, que ces navires ne fassent aucune opération de commerce et qu'ils ne séjournent pas dans le port plus longtemps que ne l'exige le motif qui a nécessité la relâche. Les déchargements et rechargements motivés par le besoin de réparer les bâtiments ne seront point considérés comme opération de commerce.

Article 12. — Les Hautes Parties contractantes s'accordent réciproquement le droit de nommer dans les ports et places de commerce de l'autre des consuls généraux, consuls, vice-consuls et agents-consulaires, se réservant toutefois de n'en pas admettre dans tels lieux qu'elles jugeront convenable d'en excepter généralement. Ces consuls-généraux, consuls, vice-consuls et agents ainsi que leurs chanceliers jouiront, à charge de réciprocité, des mêmes priviléges, pouvoirs et exemptions, dont jouissent ou jouiront ceux des nations les plus favorisées; mais dans le cas où ils voudraient exercer le commerce, ils seront tenus de se soumettre aux mêmes lois et usages auxquels sont soumis dans le même lieu, par rapport à leurs transactions commerciales les particuliers de leur nation.

Article 13. — Les dits consuls-généraux, consuls, vice-consuls et agents-

No 436. (XVII.) Schifffahrts-Vertrag. 2. August 1862.

und Consular-Agenten eines jeden der Hohen vertragenden Theile, welche in den Staaten des anderen wohnen, sollen bei den Ortsbehörden jede Hülfe und jeden Beistand für die Ermittelung, Verhaftung und Festhaltung der Seeleute und anderer zur Mannschaft der Kriegs- oder Handelsschiffe ihrer beiderseitigen Länder gehörenden Personen finden, gleichviel ob solche sich Verbrechen, Vergehen oder Uebertretungen am Bord der gedachten Schiffe haben zu Schulden kommen lassen oder nicht.

Zu diesem Zwecke werden sie sich schriftlich an die Gerichte, Einzelrichter oder zuständigen Beamten wenden und durch Mittheilung der Schiffsregister, der Musterrolle oder anderer amtlicher Documente, oder, im Falle das Schiff bereits abgereist ist, durch gehörig von ihnen beglaubigte Abschrift der genannten Papiere oder durch einen Auszug aus selbigen den Beweis führen, dass die reclamirten Personen wirklich zu der Mannschaft gehört haben.

Auf den in solcher Weise begründeten Antrag soll ihnen die Auslieferung nicht versagt werden.

Die gedachten Deserteurs sollen, sobald sie verhaftet sind, zur Verfügung der General-Consuln, Consuln, Vice-Consuln und Consular-Agenten bleiben, und können selbst auf den Antrag und auf Kosten der genannten Consular-Beamten in den Landesgefängnissen so lange festgehalten und bewahrt werden, bis sie am Bord des Schiffes, welchem sie angehören, wieder eingestellt sein werden, oder bis sich eine Gelegenheit zu ihrer Rücksendung in das Land jener Consular-Beamten auf einem Schiffe desselben oder eines anderen Landes darbietet.

Wenn eine solche Gelegenheit sich jedoch innerhalb einer Frist von drei Monaten, von dem Tage der Verhaftung an gerechnet, nicht darbieten sollte, oder wenn die Kosten ihrer Haft nicht regelmässig von dem Theile, auf dessen Antrag die Verhaftung geschehen ist, entrichtet werden, so sollen die gedachten Deserteurs in Freiheit gesetzt werden, ohne dass sie wegen derselben Ursache wieder verhaftet werden können.

Wenn aber der Deserteur ausserdem irgend ein Verbrechen oder Vergehen am Lande begangen haben sollte, so soll seine Auslieferung von der Ortsbehörde bis dahin hinausgeschoben werden können, dass die zuständige Gerichtsbehörde ihr Urtheil über die That gefällt hat und das Urtheil vollständig in Ausführung gebracht ist.

Man ist gleichmässig übereingekommen, dass die Seeleute oder andere zur Schiffsmannschaft gehörende Personen, welche Unterthanen des Landes sind, wo die Desertion stattgefunden hat, von den Bestimmungen des gegenwärtigen Artikels ausgenommen sein sollen.

Artikel 14. — Alle Massregeln in Betreff der Rettung französischer Schiffe, welche an den Küsten des Zollvereins gescheitert oder gestrandet sind, sollen von den General-Consuln, Consuln, Vice-Consuln oder Consular-Agenten Frankreichs geleitet werden, und ebenso sollen die General-Consuln, Consuln, Vice-Consuln oder Consular-Agenten der Zollvereinsstaaten die Massregeln in Betreff der Rettung der an den französischen Küsten gescheiterten oder gestrandeten Schiffe ihres Landes leiten. Die Einwirkung der Ortsbehörden in den Ge-

consulaires de chacune des Hautes Parties contractantes résidant dans les États de l'autre recevront des Autorités locales toute aide et assistance pour la recherche, saisie et arrestation des marins et autres individus faisant partie de l'équipage des navires de guerre ou de commerce de leurs pays respectifs, qu'ils soient ou non inculpés de crimes, délits ou contraventions commis à bord des dits bâtiments. No. 436. (XVII.) Schifffahrts-Vertrag. 2. August 1862.

A cet effet ils s'adresseront par écrit aux tribunaux, juges ou fonctionnaires compétents et justifieront par l'exhibition des registres du bâtiment, rôle d'équipage ou autres documents officiels, ou bien, si le navire était parti, par la copie ou un extrait des dites pièces, dûment certifié par eux, que les hommes qu'ils réclament ont réellement fait partie du dit équipage.

Sur cette demande ainsi justifiée la remise ne pourra leur être refusée.

Les dits déserteurs, lorsqu'ils auront été arrêtés, resteront à la disposition des dits consuls-généraux, consuls, vice-consuls et agents-consulaires et pourront même être détenus et gardés dans les prisons du pays, à la réquisition et aux frais des agents précités jusqu'au moment où ils seront réintégrés à bord du bâtiment auquel ils appartiennent ou jusqu'à ce qu'une occasion se présente de les renvoyer dans les pays des dits agents, sur un navire de la même ou de toute autre nation.

Si pourtant cette occasion ne se présentait point dans le délai de trois mois, à compter du jour de l'arrestation, ou, si les frais de leur emprisonnement n'étaient pas régulièrement acquittés par la partie à la requête de laquelle l'arrestation a été opérée, les dits déserteurs seront remis en liberté sans qu'ils puissent être arrêtés de nouveau pour la même cause.

Néanmoins, si le déserteur avait commis en outre quelque crime ou délit à terre, son extradition pourra être différée par les Autorités locales jusqu'à ce que le tribunal compétent ait dûment statué sur ce fait et que le jugement intervenu ait reçu son entière exécution.

Il est également entendu que les marins ou autres individus faisant partie de l'équipage, sujets du pays où la désertion a eu lieu, sont exceptés des stipulations du présent article.

Article 14. — Toutes les opérations relatives au sauvetage des navires français naufragés ou échoués sur les côtes du Zollverein seront dirigées par les consuls-généraux, consuls, vice-consuls ou agents-consulaires de France, et, réciproquement, les consuls-généraux, consuls, vice-consuls ou agents-consulaires des États du Zollverein dirigeront les opérations relatives au sauvetage des navires de leur nation, naufragés ou échoués sur les côtes de France. L'intervention des Autorités locales aura seulement lieu dans les territoires des Hautes Parties con-

No. 436. (XVII.) Schifffahrts-Vertrag. 2. August 1862.

bieten der Hohen vertragenden Theile soll nur stattfinden, um die Ordnung aufrecht zu erhalten, um die Interessen derjenigen zu wahren, welche die Rettung geleistet haben, vorausgesetzt, dass sie nicht zu der verunglückten Mannschaft gehören, und um die Ausführung der für den Eingang und den Ausgang der geborgenen Waaren zu beobachtenden Bestimmungen sicher zu stellen. In Abwesenheit und bis zur Ankunft der Consuln, Vice-Consuln oder Consular-Agenten sollen übrigens die Ortsbehörden alle zum Schutze der Schiffbrüchigen und zur Aufbewahrung der gestrandeten Sachen erforderlichen Maasregeln treffen.

Ueberdies ist verabredet, dass die geborgenen Waaren keiner Zollabgabe unterliegen sollen, es sei denn, dass sie in den inneren Verbrauch übergehen.

Artikel 15. — Gegenwärtiger Vertrag soll einen Monat nach dem Austausche der Ratifications-Urkunden in Kraft treten und die nämliche Dauer haben, wie der unter den Hohen vertragenden Theilen am heutigen Tage abgeschlossene Handels-Vertrag. Er findet auf jeden deutschen Staat Anwendung, welcher später dem Zollverein beitritt.

Artikel 16. — Die Ratifications-Urkunden des gegenwärtigen Vertrages sollen gleichzeitig mit denen des vorgedachten Handels-Vertrages in Berlin ausgetauscht werden.

Zu Urkund dessen haben die beiderseitigen Bevollmächtigten denselben unterzeichnet und ihre Siegel beigedruckt.

So geschehen zu Berlin am 2. August 1862.

(L. S.) Unterschriften.

No. 437. (XVIII.)

PREUSSEN und FRANKREICH. — Uebereinkunft über die Zollabfertigung auf den Eisenbahnen, unterzeichnet am 2. August 1862. —

Uebereinkunft

betreffend die Zollabfertigung des internationalen Verkehrs auf den Eisenbahnen.

No. 437. (XVIII.) Eisenbahn-Convention. 2. August 1862.

Die unterzeichneten Bevollmächtigten haben zur Ausführung des Artikel 29 des heute zwischen dem Zollvereine und Frankreich abgeschlossenen Handelsvertrages, und zur Erleichterung des internationalen Verkehrs mittelst der Eisenbahnen in Beziehung auf die Zoll-Abfertigung, folgende Verabredungen getroffen:

I. Bestimmungen über die Güter-Züge.

Artikel 1. — Alle Waaren, welche sich in Wagen, die von allen Seiten mit festen Wänden geschlossen (Coulissen-Wagen) oder in Wagen der unten bezeichneten Art, die mit Schutzdecken versehen sind, verpackt finden, sollen, bei gehörigem Verschlusse dieser Wagen mittelst Bleie oder Vorlegeschlösser, sowohl bei dem Eingange, als bei dem Ausgange, bei Nacht wie bei Tage, an

tractantes pour maintenir l'ordre, garantir les intérêts des sauveteurs, s'ils sont étrangers aux équipages naufragés, et assurer l'exécution des dispositions à observer pour l'entrée et la sortie des marchandises sauvées. En l'absence et jusqu'à l'arrivée des consuls, vice-consuls et agents-consulaires, les Autorités locales devront, d'ailleurs, prendre toutes les mesures nécessaires pour la protection des individus et la conservation des effets naufragés. No. 436. (XVII.) Schifffahrts-Vertrag, 2. August 1862.

Il est de plus convenu que les marchandises sauvées ne seront tenues à aucun droit de douane, à moins qu'elles ne soient admises à la consommation intérieure.

Article 15. — Le présent traité entrera en vigueur un mois après l'échange de ses ratifications. Il aura la même durée que le traité de commerce conclu entre les Hautes Parties contractantes à la date de ce jour. Il sera étendu à tout État allemand qui viendrait ultérieurement à faire partie du Zollverein.

Article 16. — Les ratifications du présent traité seront échangées à Berlin en même temps que celles du traité de commerce précité.

En foi de quoi les Plénipotentiaires respectifs l'ont signé et y ont apposé le cachet de leurs armes.

Fait à Berlin, le 2 du mois d'août de l'an 1862.

(L. S.) Signatures.

CONVENTION

relative au service international des chemins de fer dans ses rapports avec la douane.

Les Plénipotentiaires soussignés pour assurer l'exécution de l'article 29 du traité de commerce conclu à la date de ce jour entre le Zollverein et la France et faciliter les relations internationales par chemins de fer, dans leurs rapports avec la Douane, sont convenus des stipulations suivantes: No. 437. (XVIII.) Eisenbahn-Convention, 2. August 1862.

I. Convois de marchandises.

Article 1. — Toutes marchandises placées dans des wagons fermés de tous côtés au moyen de parois solides (wagons à coulisses) ou dans des wagons de la forme ci-après décrite, munis de bâches, et fermés à l'aide de plombs ou de cadenas, seront dispensées de la visite par la douane aux bureaux-frontières respectifs, soit à l'entrée, soit à la sortie, tant de nuit que de jour, les dimanches

No 497. (XVIII.) Eisenbahn-Convention, 2. August 1862.

Sonn- und Festtagen wie an jedem andern Tage der Revision bei den betreffenden Grenz-Zoll-Aemtern nicht unterliegen, wenn die in den folgenden Artikeln bezeichneten Vorbehalte, Bedingungen und Förmlichkeiten erfüllt sind.

Die Wagen mit Schutzdecken müssen, wenn für sie die vorgedachten Erleichterungen in Anspruch genommen werden, mit festen, durch eine starke Stange mit einander verbundenen Vorder- und Hinterwänden, ferner an den Vorder- und Hinterwänden, mit $2^1/_2$ Fuss breiten Verdeckstücken und an den Langseiten mit $1^1/_2$ Fuss hohen Seitenwänden versehen sein. An die Vorder- und Hinterwände und an die Seitenwände muss sich die Decke glatt und ohne Falten anschliessen.

Füllen die bei der Beladung der Coulissen-Wagen oder der vorbezeichneten Wagen mit Schutzdecken übrig gebliebenen, oder die überhaupt vorhandenen Colli keinen solchen Wagen aus, so können sie, mit dem Anspruch auf die vorerwähnten Erleichterungen, in Wagen-Abtheilungen oder in abhebbare Kasten oder Körbe von mindestens zehn Kubikfuss Inhalt, deren Benutzung zuvor von der Zollverwaltung gestattet worden ist, verladen und unter Verschluss durch Vorlegeschlösser oder Bleie befördert werden. Für die von der Postbehörde benutzten Kasten, Körbe oder Felleisen findet eine Beschränkung hinsichtlich der Grösse nicht statt.

Jeder der vertragenden Theile behält sich vor, für sein Gebiet die oben erwähnten Erleichterungen auf Waaren auszudehnen, die unverpackt oder auf andere, als die vorgedachten Wagen mit oder ohne Schutzdecken, jedoch unter amtlicher Verschnürung oder Verbleiung verladen sind; schon jetzt aber sollen, die gehörige Verschnürung und Verbleiung vorausgesetzt, solche Gegenstände und Colli, deren Verladung in Coulissen-Wagen oder in die vorstehend im Absatz 2 gedachten Wagen wegen ihres Umfanges (grosse Maschinen, Maschinentheile, Dampfkessel u. s. w.) oder wegen ihrer Beschaffenheit (Steinkohlen, Koaks, Sand, Steine, Erze, Roheisen, Stabeisen, Häringe u. s. w.) unzulässig ist, von den vorbezeichneten Erleichterungen nicht ausgeschlossen werden.

Colli, welche weniger, als einen halben Centner (25 Kilogramm) wiegen, dürfen, sofern die erleichterte Abfertigung auf sie Anwendung finden soll, in der Regel nur in Coulissen-Wagen und ausnahmsweise nur dann in Wagen der vorstehend im Absatze 2 erwähnten Art mit Schutzdecken verladen werden, wenn sie in den Frachtbriefen als Zubehör von grossen Stücken und Maschinen sich bezeichnet finden, die in anderen Wagen als Coulissen-Wagen verladen sind.

Artikel 2. — Die Bestimmungsorte, nach welchen die, über die Zollgrenze zwischen dem Zollverein und Frankreich eingehenden Güterzüge mit den im Artikel 1 erwähnten Erleichterungen befördert werden können, werden gegenseitig vor Ablauf desjenigen Monats mitgetheilt werden, welcher auf die Unterzeichnung der gegenwärtigen Uebereinkunft folgt.

Jeder der vertragenden Theile behält sich die Vermehrung dieser Orte und die Mittheilung hierüber an den anderen Theil vor.

Artikel 3. — Die beim Ausgange in dem einen Staate etwa beigegebenen Begleitungsbeamten haben die Züge auf das Gebiet des benachbarten

et jours fériés comme tout autre jour, le tout sous les réserves et moyennant les conditions et formalités déterminées par les articles suivants.

Les wagons à bâches pour être admis à jouir des facilités précitées, devront avoir deux parois solides (devant et derrière) reliées par une forte barre, et en outre être pourvus d'un relèvement de $2^1/_2$ pieds de largeur, fixé à chacune de ces parois, formant toiture partielle, ainsi que sur les côtés d'un rebord montant à la hauteur de $1^1/_2$ pieds. A partir des pièces de relèvement et sur les rebords des côtés la bâche devra se fixer sans plis.

Les colis qui, après le chargement des wagons à coulisses ou des wagons à bâches ci-dessus désignés formeront excédant de charge ou qui ne seront pas en assez grand nombre pour remplir un de ces wagons, pourront, sans perdre le bénéfice de la dispense de visite, être placés, soit dans un compartiment de wagon, soit dans des caisses ou paniers d'une contenance d'au moins dix pieds cubiques, agréés préalablement par la douane et mis sous plombs ou cadenas.

Aucune limite, quant à la dimension, n'est exigée pour les caisses, paniers ou sacs employés par l'administration des postes respectives.

Chacune des Parties contractantes se réserve d'étendre sur son territoire les facilités précitées aux marchandises chargées en vrac ou placées dans des wagons découverts de toute autre forme, avec ou sans bâches, mais cordés et plombés; toutefois une exception aux règles susmentionnées est dès à présent convenue en faveur des objets ou colis qui, à cause de leur dimension (tels que grandes machines, pièces détachées de machines, chaudières à vapeur etc.), ou à cause de leur nature (tels que houilles, cokes, sables, pierres, minerais, fonte en gueuses ou fer en barres, harengs etc.) ne pourraient être chargés sur des wagons à coulisses ou à bâches de la forme indiquée plus haut, sous réserve de l'apposition de cordes et de plombs.

Les colis pesant moins d'un demi quintal (25 kilogrammes), ne pourront, en règle générale, être admis à jouir de la dispense de visite qu'autant qu'ils seront placés dans des wagons à coulisses. Il sera cependant exceptionnellement permis de les placer dans des wagons à bâches de la forme indiquée au second paragraphe du présent article pourvu qu'ils soient désignés sur la lettre de voiture comme faisant partie de grandes pièces de machines ou de machines entières chargées dans des wagons autres qu'à coulisses.

Article 2. — Les localités sur lesquelles les convois de marchandises qui franchissent les frontières respectives du Zollverein et de la France pourront être dirigés sous le bénéfice de la dispense de visite stipulée par l'article 1, seront réciproquement désignées dans le mois qui suivra la signature de la présente convention.

Chacune des Parties contractantes se réserve d'étendre la liste de ces localités et d'en donner connaissance à l'autre.

Article 3. — Les employés d'escorte qui, à la sortie de l'un des États, seraient chargés de la surveillance du convoi, devront accompagner le train sur

No. 437. (XVIII.) Eisenbahn-Convention, 1. August [illegible].

Staates bis zur ersten Station, wo sich ein Zollamt befindet, zu begleiten. Sie dürfen den Zug nicht eher verlassen, als bis sie die in jedem Lande vorgeschriebenen Förmlichkeiten erfüllt haben.

Artikel 4. — Jeder Zug muss von Ladungsverzeichnissen, getrennt nach den Bestimmungsorten, begleitet sein. Diese Ladungsverzeichnisse, denen alle erforderlichen Papiere beizufügen sind, werden durch die Eisenbahnverwaltungen nach den darüber für jedes Land bestehenden Vorschriften angefertigt.

Artikel 5. — Die Zollverwaltung jedes der vertragenden Staaten wird den Verschluss, welchen die Zollverwaltung des anderen Theils angelegt hat, für genügend anerkennen, sobald sie sich für gewissert hat, dass derselbe auf die in ihrem Zollgebiete zulässige Art angelegt ist und den verabredeten Bedingungen entspricht, dieselbe ist aber befugt, soweit sie es für erforderlich erachtet, eine Vervollständigung des Verschlusses vorzunehmen.

Artikel 6. — Die Coulissen-Wagen und die im Artikel 1, Absatz 2, bezeichneten Wagen mit Schutzdecken müssen für die Anlegung sowohl von Bleien, als von Vorlegeschlössern eingerichtet sein und beim Uebergange aus einem Gebiete in das andere sich in einem solchen Zustande befinden, dass die Zollbehörde nur die Bleie oder Vorlegeschlösser anzulegen braucht, nachdem sie sich von der guten Beschaffenheit der Verschluss-Einrichtungen überzeugt hat.

Auf den Bleien muss die Bezeichnung des Amtes ersichtlich sein, welches dieselben angelegt hat.

Artikel 7. — In wieweit die Züge unter Begleitung von Zollbeamten gestellt werden sollen, bleibt dem Ermessen der Zollverwaltung jedes der vertragenden Theile überlassen. Die Eisenbahnverwaltungen haben den Begleitungsbeamten sowohl bei der Hin-, als bei der Rückreise ihre Plätze unentgeldlich und so nahe wie möglich bei den Güterwagen einzuräumen.

II. Bestimmungen über die Personenzüge.

Artikel 8. — Die im Artikel 1 für die Güterzüge zugestandene Befugniss, die Landesgrenze während der Nacht und an Sonn- und Festtagen zu überschreiten, wird auf die Personenzüge ausgedehnt.

Artikel 9. — Bei Ueberschreitung der Zollgrenze dürfen in den Personenwagen nur solche nicht zollpflichtige Kleinigkeiten sich befinden, welche Reisende in der Hand oder sonst unverpackt bei sich zu führen pflegen.

Artikel 10. — Das Gepäck der Reisenden wird in der Regel bei dem Grenz-Zollamte revidirt. Jedoch kann eine Ausnahme da zugelassen werden, wo dies im Interesse des Reiseverkehrs erforderlich erscheint. Soweit dergleichen Ausnahmen angeordnet werden, werden darüber sogleich gegenseitige Mittheilungen erfolgen.

Artikel 11. — Die bei dem Grenz-Zollamte nicht revidirten Reiseeffecten müssen auf Grund einer dem Zollamte zu machenden Anmeldung von diesem mit einer Bezettelung versehen werden, welche die Effecten nach deren

le territoire du pays voisin jusqu'à la premiere station où il y aura un bureau de douane. Ils ne pourront abandonner les convois qu'après avoir rempli les formalités prescrites dans chacun des États contractants.

No. 437 (XVIII.) Eisenbahn-Convention, 2. August 1862.

Article 4. — Chaque convoi sera accompagné de feuilles de route distinctes par lieux de destination. Ces feuilles auxquelles devront être joints tous les documents et papiers nécessaires, seront préparées par les soins des administrations des chemins de fer respectifs d'après la forme prescrite dans chacun des États contractants.

Article 5. — L'administration des douanes de chacun des États contractants respectera les fermetures de l'autre lorsqu'elle se sera assurée que les conditions exigées par ses propres réglements et déterminées par la présente convention, ont été remplies; elle aura d'ailleurs, en tant qu'elle le jugera nécessaire, la faculté de compléter, s'il y a lieu, la fermeture.

Article 6. — Les wagons à coulisse et à bâches mentionnés dans l'article 1 §. 2 devront être construits de façon à pouvoir recevoir des plombs ou des cadenas, et, au passage d'un territoire sur l'autre, être fermés ou bâchés de telle sorte que la douane n'ait plus qu'à y apposer les plombs ou cadenas, après s'être assurée du bon conditionnement.

Les plombs présenteront l'indication des bureaux où ils ont été apposés.

Article 7. — L'administration des douanes de chacun des États contractants reste libre de faire escorter les convois par ses employés. Les administrations de chemins de fer respectives seront tenues de placer les employés d'escorte, soit à l'aller soit au retour, et ce gratuitement, aussi près que possible des wagons de marchandises.

II. Convois de voyageurs.

Article 8. — La faculté accordée par l'article 1 aux convois de marchandises de franchir la frontière pendant la nuit, les dimanches et jours fériés, est étendue aux convois des voyageurs.

Article 9. — Au passage de la frontière les voyageurs ne pourront laisser dans les voitures que les menus objets non soumis aux droits que l'on peut tenir à la main ou qu'il est d'usage de garder non emballés auprès de soi en voyage.

Article 10. — En principe les bagages des voyageurs seront visités au bureau frontière. Toutefois des exceptions pourront être admises dans l'intérêt des voyageurs. Celui des États contractants qui aura établi des exceptions de ce genre, en donnera immédiatement connaissance à l'autre.

Article 11. — Les bagages de voyageurs non visités au bureau frontière devront, après avoir été déclarés en douane, être accompagnés d'une feuille de route de douane, distincte par destination et indiquant le nombre des colis. Ces

No. 437. (XVIII.) Eisenbahn-Convention. 2. August 1863. Stückzahl und getrennt nach den Orten, an welchen deren Abfertigung erfolgen soll, nachweiset. Sie werden in die durch Bleie oder Schlösser zu verschliessenden Coulissen-Wagen verladen.

Artikel 12. — Alle nicht zu den Passagier-Effecten zu rechnende zollpflichtige Gegenstände, welche mit Personenzügen befördert werden, sind denselben Bedingungen und Förmlichkeiten unterworfen, welche für die mit den Güterzügen beförderten derartigen Gegenstände gelten.

III. Allgemeine Bestimmungen.

Artikel 13. — Die Waaren müssen, nach ihrem Eintreffen am Bestimmungsorte, in Räumen niedergelegt werden, welche die Eisenbahn-Verwaltungen zu diesem Behufe herzugeben haben, und welche von der Zollverwaltung gut befunden und verschlussfähig sind. Die Waaren verbleiben in diesen Räumen unter der ununterbrochenen Aufsicht der Zollbeamten und werden von dort, je nach ihrer Bestimmung, — zum inneren Verbrauche, zur öffentlichen Niederlage oder zur weiteren Versendung in das Ausland, — auf Grund einer speciellen, innerhalb der dafür vorgeschriebenen Frist abzugebenden Declaration und nach Erfüllung der vorgeschriebenen Förmlichkeiten entnommen. Das Abladen der Wagen muss, wenn möglich, unmittelbar nach dem Eintreffen der Züge Statt finden.

Artikel 14. — Auf den Stationen, wo Gebäude mit Räumen von der im vorhergehenden Artikel bezeichneten Beschaffenheit noch nicht vorhanden sind, soll das Abladen der Wagen, wenn möglich, spätestens innerhalb einer Frist von 36 Stunden nach dem Eintreffen des Zuges erfolgen.

Artikel 15. — Die Eisenbahn-Verwaltungen sind verpflichtet, die Zoll-Verwaltungen von den Veränderungen, welche sie hinsichtlich der Stunden der Abfahrt, des Grenz-Ueberganges oder der Ankunft der Züge, sei es der Tag- oder der Nachtzüge, vornehmen wollen, sobald als möglich und spätestens acht Tage vor dem Eintritt der Veränderungen in Kenntniss zu setzen, widrigenfalls die Eisenbahn-Verwaltungen gehalten sein sollen, auf der Grenze alle gewöhnlichen Zoll-Förmlichkeiten zu erfüllen.

Artikel 16. — Als Grundsatz ist angenommen, dass eine Theilung der nach derselben Richtung zu befördernden Züge, wenn darum nachgesucht wird, von den Grenz-Zollämtern, jedoch nicht unter zehn Wagen für jeden Theilzug, bewilligt werden darf. Eine noch weiter gehende Theilung der Züge kann von dem obersten Zoll-Beamten am Orte erlaubt werden, wenn ein Nothfall eintritt, der als solcher von dem gedachten Beamten, im Einvernehmen mit dem ersten Eisenbahnbetriebs-Beamten der Station, anerkannt wird.

Artikel 17. — Die im Artikel 1 bezeichneten Erleichterungen sollen der Regel nach nur auf diejenigen Güter Anwendung finden, welche ohne Veränderung der Wagen und ohne Abnahme des angelegten Verschlusses, von der Grenze bis zum Bestimmungsorte befördert werden.

Ausnahmsweise ist jedoch eine Umladung dieser Güter, ohne dass damit die zollordnungsmässige Abfertigung verbunden zu werden braucht, zulässig an Orten:

bagages devront être placés dans des wagons à coulisses munis de plombs ou cadenas. No. 437. (XVIII.) Eisenbahn-Convention, 2. August 1862.

Article 12. — Tous objets passibles de droits, transportés par les convois de voyageurs, restent soumis aux conditions et formalités établies pour ceux dont le transport s'effectue par les convois de marchandises. Cette disposition ne s'applique point aux bagages des voyageurs.

III. Dispositions générales.

Article 13. — A l'arrivée des marchandises au lieu de destination elles seront déposées dans des bâtiments fournis par les administrations de chemins de fer, agréés par la douane et susceptibles d'être fermés; les marchandises y resteront sous la surveillance non interrompue des employés de douane et en seront enlevées soit pour la consommation, soit pour l'entrepôt, soit pour le transit sur une déclaration en détail à faire dans le délai voulu et après l'accomplissement des formalités prescrites.

Le déchargement des wagons s'effectuera, autant que possible, immédiatement après l'arrivée des convois.

Article 14. — Dans les stations où il n'y a pas encore de bâtiments se trouvant dans les conditions indiquées à l'article précédent, le déchargement devra, autant que possible, se faire au plus tard dans le délai de 36 heures après l'arrivée du convoi.

Article 15. — Les administrations des chemins de fer devront informer le plus tôt possible et au moins huit jours à l'avance, les administrations des douanes des changements qu'elles voudront apporter dans les heures de départ, de passage aux frontières et d'arrivée des trains de jour et de nuit sous peine d'être tenues de remplir à la frontière toutes les formalités ordinaires de douane.

Article 16. — En principe la division des convois allant dans la même direction pourra, lorsqu'elle sera demandée, être accordée par les bureaux frontières respectifs jusqu'à concurrence de dix wagons. Cependant en cas de nécessité reconnue de concert entre le chef de station et l'agent supérieur de la douane locale, celui-ci est autorisé à accorder une plus grande subdivision.

Article 17. — Les facilités consacrées par l'article 1 ne s'appliqueront en général qu'aux marchandises transportées de la frontière jusqu'au lieu de leur destination, sans changement de wagons, et sans enlèvement des plombs ou cadenas.

Exceptionnellement il sera toutefois permis dans les lieux ou dans les cas ci-après spécifiés de transborder les marchandises sans remplir l'ensemble des formalités ordinaires de douane, savoir:

No 437. (XVIII.) Eisenbahn-Convention. 2. August 1862.

1. wo zwei Eisenbahnen zusammentreffen, deren Constructionen den Uebergang der Güterwagen der einen auf die andere nicht gestatten,

2. wo das Durchlaufen der über die Zollgrenze eingegangenen Güterwagen bis zum Bestimmungsorte ihrer Ladung vermöge zu grosser Länge des Weges in Rücksicht entweder auf die Sicherheit des Transportes (Haltbarkeit des Fuhrwerks), oder auf zu grosse Verwickelung zwischen verschiedenen Eisenbahn-Verwaltungen, welche einander die Transportwagen zu stellen hätten, für unthunlich zu erachten ist.

Ueber die Orte, für welche eine Ausnahme zugelassen wird, wird man sich gegenseitig vor Ablauf desjenigen Monats Mittheilung machen, welcher auf die Unterzeichnung der gegenwärtigen Uebereinkunft folgt. Jeder der vertragenden Theile behält sich die Vermehrung dieser Orte je nach dem wohlerwogenen Bedürfniss des internationalen Verkehrs vor.

Artikel 18. — Soweit nicht äussere Hindernisse oder Landesgesetze entgegenstehen, sind die Begleitungsbeamten befugt, Sitzplätze auf einem der Wagen, und zwar unentgeldlich einzunehmen. Jedenfalls müssen ihnen auf dem Hin-, wie auf dem Rückwege Sitzplätze in einem der Personenwagen zweiter Klasse, oder bei Güterzügen in den für die Schaffner bestimmten Räumlichkeiten, unentgeldlich eingeräumt werden.

Artikel 19. — Man ist darüber einverstanden, dass durch die gegenwärtige Uebereinkunft den Gesetzen eines jeden Landes in Betreff der wegen Zolldefraudation oder Contravention verwirkten Strafen, oder denen, in welchen Verbote oder Beschränkungen der Einfuhr, der Ausfuhr oder des Durchgangsverkehrs angeordnet sind, in keiner Weise Eintrag geschehen, so wie, dass es in jedem Lande der Zollverwaltung unbenommen bleiben soll, in Fällen, in denen erhebliche Gründe des Verdachts, dass eine Defraude versucht werde, obwalten, zur Revision der Waaren und zu den anderen Förmlichkeiten bei dem Grenzzollamte sowohl, als auch nöthigenfalls bei anderen Aemtern schreiten zu lassen.

Artikel 20. — Die Zollverwaltungen der vertragenden Staaten werden sich die hinsichtlich der Ausführung der gegenwärtigen Uebereinkunft an ihre Beamten ergehenden Instructionen und Anweisungen gegenseitig mittheilen

Dieselben werden in Uebereinstimmung dahin wirken, dass die Abfertigungsstunden für die Zoll-Beamten so viel als möglich im Einklange mit den richtig bemessenen Bedürfnissen des Eisenbahndienstes geregelt werden.

Artikel 21. — Denjenigen Staaten, deren Eisenbahnen für den Verkehr zwischen dem Zollvereine und Frankreich Durchfuhrstrassen bilden, wird der Beitritt zu der gegenwärtigen Uebereinkunft vorbehalten.

Diejenigen Staaten, deren Eisenbahnen mit denen eines der vertragenden Theile in unmittelbarem Zusammenhang stehen, können gleichergestalt zur Theilnahme an den Vortheilen der gegenwärtigen Uebereinkunft verstattet werden. Die in dieser Beziehung mit jenen Staaten von einem der vertragenden Theile getroffenen Verabredungen sollen auf den andern Theil ohne Weiteres Anwendung finden.

Artikel 22. — Wenn einer der vertragenden Theile wünschen möchte,

1. au point de jonction de deux lignes de chemins de fer, lorsque la construction de ces lignes ne permet pas de faire passer les wagons de l'un sur l'autre, Nr. 437. (XVIII.) Eisenbahn-Convention, 2. August 1862.

2. lorsque la longueur des distances à parcourir rendrait impraticable l'expédition des wagons qui ont franchi la frontière jusqu'au lieu de destination de leur chargement, soit à cause de la sécurité des transports ou de la solidité du matériel (wagons), soit à cause de graves complications de service entre les différentes administrations des chemins de fer qui auraient à fournir le matériel.

Quant aux localités où ces transbordements exceptionnels seront autorisés, elles seront désignées de part et d'autre dans le mois qui suivra la signature de la présente convention, chacune des Parties contractantes se réservant d'étendre le même bénéfice à d'autres localités selon les besoins sainement appréciés du service des transports internationaux.

Article 18. — Lorsque des obstacles matériels ou les lois du pays ne s'y opposeront pas, les douaniers convoyeurs seront autorisés sans frais à se placer sur le siége extérieur des wagons. Ces agents seront dans tous les cas, à l'aller comme au retour, admis gratuitement dans les voitures de 2. classe des convois de voyageurs et dans les compartiments des gardes des convois de marchandises.

Article 19. — Il est bien entendu que par la présente convention il n'est dérogé en rien aux lois des États contractants en ce qui concerne les pénalités encourues en cas de fraude ou de contravention pas plus qu'à celles qui ont prononcé des prohibitions ou des restrictions en matière d'importation, d'exportation ou de transit et qu'il reste libre aux administrations des douanes respectives, en cas de graves soupçons, de faire procéder à la vérification des marchandises et aux autres formalités dans le bureau frontière, et, s'il y a lieu, dans tout autre bureau.

Article 20. — Les administrations des douanes des États contractants se communiqueront respectivement les instructions et circulaires adressées à leur agents concernant l'exécution des présentes dispositions.

Elles prendront de concert les mesures nécessaires pour que les heures de travail des employés des douanes soient mises, autant que possible, en rapport avec les besoins sainement appréciés du service des chemins de fer.

Article 21. — Le droit d'accéder à la présente convention est réservé aux États dont les chemins de fers sont empruntés en transit pour les échanges commerciaux du Zollverein et de la France.

Les États dont les chemins de fer aboutissent à ceux de l'un des pays contractants seront également admis à participer au bénéfice de ce régime. Les stipulations de l'une des Parties contractantes avec ces États, seront de plein droit applicables à l'autre.

Article 22. — Dans le cas où l'une des Parties contractantes voudrait

No. 437. (XVIII.) Eisenbahn-Convention, 2 August 1862. dass die Wirksamkeit der gegenwärtigen Uebereinkunft aufhöre, so hat derselbe zur Erreichung dieses Zweckes den andern Theil davon wenigstens sechs Monate vorher in Kenntniss zu setzen.

Die gegenwärtige Uebereinkunft, welche einen Monat nach erfolgter Auswechselung der Ratificationen in Kraft treten wird, ist in zwei Exemplaren zu Berlin am 2. August 1862 ausgefertigt, und die Bevollmächtigten haben dieselbe nach erfolgter Durchlesung unterzeichnet.

(L. S.) Unterschriften.

No. 438. (XIX.)

PREUSSEN und FRANKREICH. — Schlussprotokoll, aufgenommen bei Unterzeichnung der commerciellen Verträge am 2. August 1862. —

Schlussprotokoll.

No. 438. (XIX.) Schlussprotok., 2. August 1862. Bei der Unterzeichnung des Handels-Vertrages, des Schifffahrts-Vertrages und der Uebereinkunft wegen des internationalen Verkehrs auf den Eisenbahnen, welche am heutigen Tage zwischen dem Zollverein und Frankreich abgeschlossen worden sind, haben die unterzeichneten Bevollmächtigten Seiner Majestät des Königs von Preussen und Seiner Majestät des Kaisers der Franzosen die nachstehenden Vorbehalte und Erklärungen niedergelegt:

I. In Betreff des Handels-Vertrages.

A. Die Bevollmächtigten Seiner Majestät des Kaisers der Franzosen erklärten, dass ihre Regierung die allgemeine Förmlichkeit der Ursprungs-Zeugnisse nur bis zum vollständigen Abschluss der mit anderen Staaten noch schwebenden Verhandlungen aufrecht erhalten wolle, dass sie aber, um die Verkehrs-Beziehungen zwischen Frankreich und dem Zollverein zu erleichtern, die Absicht habe, sobald der Vertrag in Kraft getreten sei, die Verpflichtung zur Beibringung von Ursprungs-Nachweisen für die nachstehend genannten Gegenstände aufzuheben, nämlich:

Eisen.
Kupfer, rein oder legirt, gewalzt oder geschmiedet, in Stangen oder Platten.
Zink, gewalztes.
Blei, gewalztes;
  mit Antimon legirt, in Mulden.
Zinn, mit Antimon legirt, in Barren;
  rein oder legirt, gehämmert oder gewalzt.
Quecksilber, gediegenes.
Antimon, Schwefel-, gegossenes;
  metallisches oder regulinisches.
Nickel.
Eisengusswaaren, Waaren aus Schmiedeeisen und Stahlwaaren.
Messerschmiedewaaren aller Art.

faire cesser les effets de la présente convention elle devrait en prévenir l'autre au moins 6 mois à l'avance. No. 437. (XVIII.) Eisenbahn-Convention, 2. August 1862.

La présente convention qui entrera en vigueur un mois après l'échange de ses ratifications, a été dressée en double exemplaire à Berlin le 2 du mois d'août de l'an 1862 et les Plénipotentiaires respectifs l'ont signée après lecture faite.

(L. S.) Signatures.

PROTOCOLE DE CLOTURE.

Au moment de procéder à la signature du traité de commerce, du traité de navigation et de la convention sur le service international des chemins de fer conclus à la date de ce jour entre le Zollverein et la France, les Plénipotentiaires soussignés de Sa Majesté le Roi de Prusse et de Sa Majesté l'Empereur des Français ont énoncé les réserves et déclarations suivantes: No. 438. (XIX.) Schlussprotok., 2. August 1862.

I. En ce qui concerne le traité de commerce.

A. Les Plénipotentiaires de Sa Majesté l'Empereur des Français ont déclaré que leur gouvernement avait l'intention de ne maintenir la formalité générale des certificats d'origine que jusqu'au complet achèvement des négociations encore pendantes avec d'autres États; mais que, pour faciliter les relations commerciales entre la France et le Zollverein, il se proposait dès la mise en vigueur du traité, de supprimer l'obligation des justifications d'origine pour les produits ci-après énumérés, savoir:

Fer et fonte.
Cuivre, pur ou allié, laminé ou battu, en barres ou en planches.

Zinc, lamine.
Plomb, laminé;
allié d'antimoine en masse.
Étain, allié d'antimoine en lingots;
pur ou allié, battu ou laminé.
Mercure natif.
Antimoine sulfuré fondu;
métallique ou régule.
Nickel.
Ouvrages en fonte, fer ou acier.
Coutellerie de toute espèce.

No. 438. (XIX.) Schlussprotok., 2. August 1862.

Instrumente, chirurgische, optische und chemische.
Werkzeuge von Schmiedeeisen, verstählte.
Waaren von Guss- und Schmiedeeisen, nicht polirt und polirt.
Metalltücher von Eisen, Kupfer, Messing oder Stahl.
Druckwalzen.
Kupferschmiedewaaren.
Waaren aus reinem oder legirtem Kupfer.
Bleiwaaren.
Buchdruckerlettern, neue, Clichés und gestochene Druckplatten.
Zinnwaaren, Nickelwaaren, plattirte Waaren und Metallwaaren, vergoldet oder versilbert.
Taschenuhren.
Maschinen und mechanische Geräthe: vollständige Werke, oder Maschinentheile.
Wagen.
Leder.
Fässer, leere.
Schaufeln, Gabeln u. s. w. von Holz.
Ruder.
Schüsseln, Löffel u. s. w. von Holz.
Bauholz.
Wagner-Arbeiten.
Holzwaaren, andere.
Möbel.
Verpackungsmaterialien, gebrauchte.
Leinen- oder Hanfgespinnst.
Zwirnspitzen.
Jute, gehechelte.
Jutegarne.
Gewebe von Neuseeländer Flachs u. s. w.
Baumwollwatte.
Baumwollengarne.
Baumwollene Spitzen und Blonden.
Wollengarne, mit Ausnahme der gezwirnten Tapisseriegarne.
Filz.
Alpaca- und Vigogne-Garne, sowie Garne aus Ziegenhaaren und anderen Haaren.
Ziegenhaare, gekämmte.
Seide, Grege und moulinirte;
gefärbte.
Floretseide, nicht gesponnene, gefärbte;
gekämmte.
Chemische Producte, mit Ausnahme von:
Schwefelsäure, Citronensäure, Citronensaft, Schwefel-Arsenik, Runkelrüben-Pottasche, kohlensaurem, salpetersaurem und weinsteinsau-

No. 436. (XIX.) Schlussprotok., 2. August 1862.

Instruments de chirurgie, d'optique et de chimie.
Outils en fer, rechargés d'acier.
Objets en fonte et fer, non polis et polis.
Toiles métalliques en fer, acier, cuivre ou laiton.
Cylindres pour impression.
Chaudronnerie.
Ouvrages en cuivre pur ou allié.
Ouvrages en plomb.
Caractères d'imprimerie neufs, clichés et planches gravées pour impression.
Ouvrages en étain, nickel, plaqué ou métaux dorés ou argentés.

Montres.
Machines et mécaniques: Appareils complets ou pièces détachées.

Carrosserie.
Peaux prépares.
Futailles vides.
Pelles, fourches etc. en bois.
Avirons.
Plats, cuillers etc. en bois.
Pièces de charpente.
Pièces de charronnage.
Autres ouvrages en bois.
Meubles.
Articles d'emballage ayant déjà servi.
Fils de lin ou de chanvre.
Dentelles de lin.
Jute peigné.
Fils de jute.
Tissus de phormium tenax etc.
Coton en feuilles cardées ou gommées.
Fils de coton.
Dentelles et blondes de coton.
Fils de laine, sauf les fils de laine retors pour tapisserie.
Feutres.
Fils d'alpaca et de vigogne, de poil de chèvre et d'autres poils.

Poils de chèvre, peignés.
Soies grèges et moulinées;
    teintes.
Bourre de soie en masse, teinte;
    peignée.
Produits chimiques, sauf:
acide sulfurique, acide citrique, jus de citron, sulfure d'arsenic, salin de betteraves, carbonate, nitrate et tartrate de potasse, nitrate de

No 438. (XIX.) Schlussprotok., 2. August 1862.

rem Kali, salpetersaurem Natron, Milchzucker, Stoffen aus Steinkohlentheeröl, Bleioxyd, Oelsäure, wohlriechender Seife und Zinnober.

Glasflaschen.

Fensterglas.

Uhrgläser und optische Gläser.

Email.

Grobe Töpferwaare und Steinzeug.

Fayence, ordinaires.

Künstliche Blumen.

Modewaaren.

Instrumente, musikalische.

Bearbeiteter Kautschuck und Gutta percha.

Siegellack.

Wichse.

Schreib- und Zeichen-Tinte, Druckerschwärze.

Süsswasserfische, zubereitete und Seefische, frische.

Zubereitete Würzen.

Schiefer.

Alkalinische Pflanzen.

Ecaussines.

Parfümerien.

Cichorien, geröstet oder gemahlen.

Lichte.

Hausenblase.

Papier.

Pappe.

Sonnen- und Regenschirme.

Stärke.

Die Bevollmächtigten Seiner Majestät des Königs von Preussen erklärten ihrerseits, dass der Zollverein nicht die Absicht habe, die Anwendung der in dem Tarif B vereinbarten Zollsätze auf die aus Frankreich eingehenden Waaren von dem Nachweise des Ursprungs der letzteren abhängig zu machen. Für's Erste sei es jedoch nothwendig, die Anwendung der vereinbarten Zollsätze auf die folgenden Gegenstände, nämlich:

Eisen,

Eisen- und Stahlwaaren,

Uhren und Uhrfournituren,

Leder,

Garne und Gewebe von Flachs, Hanf, Baumwolle und Wolle,

seidene Gewebe,

Glaswaaren,

Fayence, feines Steingut und Porzellan

von Beibringung einer Bescheinigung des zuständigen französischen Zollamts abhängig zu machen, durch welche festgestellt wird, dass die bezeichneten Gegenstände nicht zur Durchfuhr abgefertigt sind.

soude, sucre de lait, dérivés de l'essence de houille, oxyde de plomb, acide oléique, savons de parfumerie et sulfure de mercure. No. 438 (XIX.) Schlussprotok., 2. August 1862.

Bouteilles.

Verres à vitres.

de montre et d'optique.

Émaux.

Poterie grossière de terre et grès commun.

Faïence commune.

Fleurs artificielles.

Objets de mode.

Instruments de musique.

Caoutchouc et gutta-percha ouvré.

Cire à cacheter.

Cirage.

Encre à écrire, à dessiner ou imprimer.

Poisson d'eau douce, préparé et poisson de mer frais.

Épices préparées.

Ardoises.

Plantes alcalines.

Écaussines.

Parfumeries.

Chicorée brûlée ou moulue.

Chandelles.

Colle de poisson.

Papier.

Cartons.

Parasols et parapluies.

Amidon.

Les Plénipotentiaires de Sa Majesté le Roi de Prusse ont, de leur côté, déclaré que le Zollverein n'avait point l'intention de faire dépendre de la production de certificats d'origine, l'application aux marchandises venant de France, des droits fixés par le tarif *B*; mais que, provisoirement, il serait nécessaire de subordonner pour les articles suivants:

fer et fonte,
ouvrages en fonte, fer et acier,
horlogerie et fournitures d'horlogerie,
peaux préparées,
fils et tissus, de lin, chanvre, coton et laine,
tissus de soie,
verrerie et cristallerie,
faïence, grès fins et porcelaines,

l'application des droits convenus à la production d'un certificat émané du bureau de douane français compétent et attestant que lesdits articles ne proviennent pas du transit.

No. 438 (XIX.) Schlussprotok., 2. August 1862.

B. In Betreff der zollamtlichen Behandlung, welche in Frankreich auf die in die Departements der Ardennen und der Mosel eingehenden Steinkohlen und Coaks Anwendung findet, erklärten die Bevollmächtigten Seiner Majestät des Kaisers der Franzosen, dass der Zollsatz von 1 Fr. 50 Cts. für die Tonne, einschliesslich der Decimen, welchem diese beiden Gegenstände zur Zeit unterworfen sind, während der Dauer des Vertrages nicht erhöht werden soll.

Rücksichtlich der zollamtlichen Behandlung der in Frankreich eingeführten ausländischen Weine erklärten die gedachten Bevollmächtigten, dass es nicht in der Absicht ihrer Regierung liege, für diesen Artikel in dem bestehenden Zustande, d. h. der Eingangsabgabe von 25 Centimes für den Hectoliter, ausschliesslich der Decimen, eine Aenderung eintreten zu lassen.

Ihrerseits erklärten die Bevollmächtigten Seiner Majestät des Königs von Preussen, dass es nicht in der Absicht der Zollvereinsstaaten liege, während der Dauer des Vertrages die in dem gegenwärtigen Tarife des Zollvereins angenommenen Tarasätze für französische Weine und Branntweine abzuändern.

C. Um der im Artikel 26 des Vertrages vereinbarten Gewerbesteuer-Freiheit theilhaftig zu werden, müssen die französischen Handlungsreisenden mit einem dem anliegenden Muster I. entsprechenden Gewerbesteuer-Certificat und die Handlungsreisenden, welche einem Zollvereinsstaat angehören, mit einem Legitimationsschein versehen sein, welcher für die Fabrikanten und Kaufleute nach dem anliegenden Muster A., für die reisenden Diener nach dem anliegenden Muster B. auszustellen ist.

Diese Bescheinigungen sind während des Kalenderjahres gültig, für welches sie ausgestellt sind. Sie müssen die Personal-Beschreibung und die Unterschrift des Inhabers enthalten und mit dem Siegel der Behörde, von welcher sie ausgestellt sind, versehen sein.

Gegen Vorzeigung dieser Bescheinigungen erhalten die Handlungsreisenden, nachdem ihre Identität anerkannt ist, von der zuständigen Behörde des anderen Staates einen Gewerbschein, und zwar in den Staaten des Zollvereins nach dem Muster C., in Frankreich nach dem Muster II. Die französischen Handlungsreisenden sind verpflichtet, in jedem Staate des Zollvereins, welchen sie ihrer Geschäfte wegen bereisen, sich mit einem besonderen Gewerbschein nach dem Muster C. zu versehen, ohne jedoch dieserhalb anderen Förmlichkeiten oder Gebühren unterworfen zu sein, als denjenigen, welche den Unterthanen der Zollvereinsstaaten, die wegen ihrer Geschäfte in diesen Staaten reisen, auferlegt sind.

D. Zur Ausführung der Verabredung im Artikel 27 des Vertrages, nach welcher zollpflichtige Waaren, die als Muster dienen, wenn sie durch Handlungsreisende aus Frankreich in den Zollverein oder aus dem Zollverein nach Frankreich eingebracht werden, zollfrei abgelassen werden sollen, hat man sich über folgende Massregeln verständigt:

1. Welche Aemter befugt sind, die vorerwähnten Muster bei der Ein- und Ausfuhr abzufertigen, bestimmt jeder der vertragenden Staaten für sein Gebiet. Die Ausfuhr darf auch über ein anderes Amt als dasjenige, über welches die Einfuhr bewirkt ist, erfolgen.

B. Relativement au régime de douane applicable en France aux houilles et cokes importés par les départements des Ardennes et de la Moselle, les Plénipotentiaires de Sa Majesté l'Empereur des Français ont déclaré que le droit de 1 fr. 20 cts. par tonne, décimes compris, auquel ces deux produits sont aujourd'hui assujettis, ne sera pas augmenté pendant la durée du traité.

En ce qui concerne le régime des vins étrangers importés en France, les mêmes Plénipotentiaires ont déclaré qu'il n'entrait pas dans les vues de leur gouvernement de modifier pour cet article le statuquo, c'est-à-dire la taxe de 25 centimes par hectolitre, décimes non compris.

De leur côté les Plénipotentiaires de Sa Majesté le Roi de Prusse ont déclaré qu'il n'entrait pas dans les intentions des États du Zollverein de modifier pendant la durée du traité les tares déterminées par le tarif actuel du Zollverein pour les vins et eaux-de-vie d'origine française.

C. Pour jouir de l'immunité des droits de patente, stipulée par l'article 26 du traité les voyageurs de commerce français devront être munis d'un certificat de patente conforme au modèle *I.* ci-joint, et les voyageurs de commerce du Zollverein d'un acte de légitimation qui sera délivré conformément aux modèles ci-joints sous la lettre *A.* pour les fabricants ou marchands, et sous la lettre *B.* pour les commis-voyageurs.

Ces documents seront valables pour le cours de l'année pour laquelle ils ont été expédiés. Ils présenteront le signalement et la signature du porteur et seront revêtus du sceau ou cachet de l'autorité compétente qui les a délivrés.

Sur l'exhibition de ces voyageurs de commerce respectifs, après que leur identité aura été reconnue, obtiendront de l'autorité compétente de l'autre État, savoir: dans les États du Zollverein une patente modèle *C.*, en France une patente modèle *II.* Les voyageurs de commerce français seront tenus de se munir de la patente modèle *C.* dans chacun des États du Zollverein qu'ils parcourront pour leurs affaires, sans être, de ce chef, assujettis à aucune formalité ou taxe autre que celles qui sont imposées aux sujets des États du Zollverein voyageant pour leur commerce dans les divers États du Zollverein.

D. Pour assurer l'exécution de l'article 27 du traité qui autorise l'admission réciproque en franchise des échantillons importés par des voyageurs de commerce de France dans le Zollverein ou du Zollverein en France, il a été convenu ce qui suit:

1°. Chacun des États contractants désignera sur son territoire les bureaux ouverts à l'importation ou à la réexportation des échantillons précités. La réexportation pourra également avoir lieu par un bureau autre que celui d'importation.

No 438 (XIX.) Schlussprotok., 2. August 1862

2. Bei der Einfuhr ist der Betrag des auf den Mustern haftenden Eingangszolls zu ermitteln und von dem Handlungsreisenden bei dem abfertigenden Amte entweder baar niederzulegen oder vollständig sicher zu stellen.

3. Zum Zweck der Festhaltung der Identität sind die einzelnen Musterstücke, so weit es angeht, durch aufgedruckte Stempel oder durch angehängte Siegel oder Bleie kostenfrei zu bezeichnen.

3. Das Abfertigungs-Papier, über welches die näheren Anordnungen von jedem der vertragenden Staaten ergehen, soll enthalten:

a) ein Verzeichniss der eingebrachten Musterstücke, in welchem die Gattung der Waare und solche Merkmale sich angegeben finden, die zur Festhaltung der Identität geeignet sind;

b) die Angabe des auf den Mustern haftenden Eingangszolls, so wie darüber, ob derselbe niedergelegt oder sichergestellt worden ist;

c) die Angabe über die Art der Bezeichnung;

d) die Bestimmung der Frist, nach deren Ablaufe, so weit nicht vorher die Wiederausfuhr der Muster nach dem Auslande oder deren Niederlegung in einem Packhofe nachgewiesen wird, der niedergelegte Eingangszoll verrechnet oder der Zoll aus der bestellten Sicherheit eingezogen werden soll. Die Frist darf den Zeitraum eines Jahres nicht überschreiten.

5. Werden vor Ablauf der gestellten Frist (4. d.) die Muster einem zur Ertheilung der Abfertigung befugten Amte zum Zweck der Wiederausfuhr oder der Niederlegung in einem Packhofe vorgeführt, so hat dieses Amt sich durch die vorzunehmende Prüfung davon zu überzeugen, ob ihm dieselben Gegenstände vorgeführt worden sind, welche bei der Eingangs-Abfertigung vorgelegen haben. So weit in dieser Beziehung keine Bedenken entstehen, bescheinigt das Amt die Ausfuhr oder Niederlegung und erstattet den bei der Einbringung niedergelegten Eingangszoll oder trifft wegen Freigabe der bestellten Sicherheit die erforderliche Einleitung.

E. Um die praktische Bedeutung einzelner Bestimmungen in den dem Vertrage unter A und B beigefügten Tarifen näher zu bestimmen, ist man über Nachstehendes übereingekommen und einverstanden gewesen:

1. dass vereinsländische Posamentierwaaren und Schnürriemen von Seide, Floretseide, Seide und Floretseide oder Seide oder Floretseide in Verbindung mit anderen Gespinnsten, sofern die Seide oder Floretseide im Gewichte überwiegt, bei ihrer Einfuhr in Frankreich daselbst wie die „Gewebe" aus den vorgedachten Materialien zu behandeln sind;

2. dass die für französische, in den Zollverein eingeführte Metalle und Metallwaaren angenommenen neuen Zollsätze den Verabredungen keinen Eintrag thun, welche unter den Zollvereins-Staaten über die zollfreie Zulassung metallener Materialien zum Bau und zur Ausrüstung von Seeschiffen getroffen sind;

3. dass, nach Analogie des bei den ledernen Handschuhen bestehenden Grundsatzes, wollene Handschuhe, mit seidenen Steppnäthen oder Gummihaltern versehen, bei ihrer Einfuhr aus Frankreich in den Zollverein demjenigen Zollsatze zu unterwerfen sind, welcher ohne diese Verbindung eintreten würde;

No. 438. (XIX.) Schlussprotok., 2. August 1862.

2°. A l'importation, on devra fixer le montant des droits à acquitter pour ces échantillons, montant qui devra ou être déposé en espèces ou duement cautionné.

3°. Afin de bien constater leur identité, les échantillons seront, autant que possible, marqués par l'apposition de timbres, de plombs ou de cachets, le tout sans frais.

4°. Le bordereau qui sera dressé de ces échantillons et dont les États contractants auront à déterminer la forme, devra contenir:

a) l'énumération des échantillons importés, leur espèce et les indications propres à faire reconnaitre leur identité;

b) l'indication du droit qui frappe les échantillons ainsi que la mention que le montant des droits a été acquitté en espèces ou cautionné;

c) l'indication de la manière dont les échantillons ont été marqués;

d) la fixation du délai à l'expiration duquel le montant du droit payé d'avance sera définitivement acquis à la douane, ou, s'il a été cautionné, réclamé à la personne garante, à moins que la preuve de la réexportation des échantillons ou leur réintégration en entrepôt ne soit fournie. Ce délai ne devra pas dépasser une année.

5°. Lorsque avant l'expiration du délai fixé (4. *d.*) les échantillons seront présentés à un bureau ouvert à cet effet, pour être réexportés ou réintégrés en entrepôt, ce bureau devra s'assurer que les objets dont la réexportation doit avoir lieu sont identiquement les mêmes que ceux présentés à l'importation. Lorsqu'il n'y aura aucun doute à cet égard le bureau constatera la réexportation ou la réintégration en entrepôt et restituera le montant des droits déposés en espèces à l'entrée ou prendra les mesures nécessaires pour décharger la caution.

E. Afin de mieux préciser la portée pratique de certaines parties des tarifs annexés sub lit. *A.* et *B.* au traité, il a été convenu et entendu:

1°. que la passementerie et les lacets de soie, de bourre de soie, de soie et bourre de soie, et de soie ou bourre de soie mélangés, la soie ou la bourre dominant en poids, originaires du Zollverein, seront à leur importation en France traités dans ce pays comme les tissus composés des mêmes matières;

2°. que les nouvelles tarifications adoptées pour les métaux et ouvrages en métaux d'origine française importés dans le Zollverein ne dérogent en rien aux stipulations arrêtées entre les États du Zollverein pour l'admission en franchise des métaux et ouvrages en métaux destinés aux constructions et armements maritimes;

3°. que, suivant le principe établi pour les gants de peau, les gants de laine, originaires de France, cousus avec de la soie ou munis de bandes de caoutchouc, seront traités dans le Zollverein comme les gants de laine pure:

No 438. (XIX.) Schlussprotok., 2. August 1862.

4. dass der für die französischen Steinkohlen, Coaks und geformten Kohlen festgesetzte Eingangszoll dem an der badischen Grenze zur Zeit bestehenden ermässigten Zollsatze keinen Eintrag thut.

II. In Betreff des Schifffahrts-Vertrages.

Um die Anwendung des Artikels 3 dieses Vertrages zu erleichtern und jeder zollamtlichen Schwierigkeit bei Erhebung der, nach Massgabe der Tragfähigkeit, auf dem Schiffskörper ruhenden Abgaben vorzubeugen, ist man übereingekommen, dass bei dem Austausche der Ratifications-Urkunden oder wo möglich früher, im gegenseitigen Einverständniss ein bestimmtes Verhältniss für die Umrechnung des französischen Tonnengehalts in preussische, hannoversche und oldenburgische Lasten festgestellt werden und dass das in solcher Weise festgestellte Verhältniss beiderseitig für die in den Häfen zu erhebenden Schifffahrts-Abgaben zur Richtschnur dienen soll.

III. In Betreff der Uebereinkunft wegen der Zollabfertigung des internationalen Verkehrs auf den Eisenbahnen.

Die durch den Artikel 15 dieser Uebereinkunft vorgeschriebene achttägige Frist, binnen deren die Eisenbahn-Gesellschaften verpflichtet sind, die Zoll-Verwaltungen von den Veränderungen in Kenntniss zu setzen, welche sie hinsichtlich der Stunden der Abfahrt, des Grenz-Ueberganges oder der Ankunft der Züge vornehmen wollen, soll auf diejenigen Extra-Güter-Züge, welche jene Gesellschaften in Folge höherer Gewalt und in ausnahmsweisen Fällen einrichten möchten, keine Anwendung finden.

Die durch die Uebereinkunft vorgeschriebenen Erleichterungen sollen bei diesen Extra-Zügen eintreten, sobald deren Grenz-Uebergang wenigstens zwölf Stunden zuvor den gegenseitigen Grenz-Zollämtern angekündigt ist.

Zu Urkund dessen haben die unterzeichneten Bevollmächtigten das gegenwärtige Protokoll in doppelter Ausfertigung aufgenommen und solches nach erfolgter Verlesung vollzogen.

Berlin, den 2. August 1862.

(L. S.) Unterschriften.

4°. que le droit fixé pour les houilles, cokes et briquettes d'origine française ne déroge pas au droit réduit existant aujourd'hui sur la frontière badoise. No. 438. (XIX.) Schlussprotok., 2. August 1862.

II. En ce qui concerne le traité de navigation.

Pour faciliter l'application de l'article 3 de ce traité et pour prévenir toute difficulté en douane dans la perception des droits qui grèvent la coque des bâtiments respectifs en raison de la capacité de ceux-ci, il est convenu, qu'au moment de l'échange des ratifications ou plus tôt si faire se peut, on établira de commun accord une base fixe pour la conversion du tonneau de jauge français en lasts de jauge prussien, hanovrien et oldenbourgeois, et que cette base ainsi arrêtée servira réciproquement de règle pour les droits de navigation à prélever dans les ports respectifs.

III. En ce qui concerne la convention sur le service international des chemins de fer.

Le délai de huit jours imposé par l'article 15 de cette convention aux compagnies de chemins de fer pour prévenir les administrations des douanes respectives des changements qu'elles voudraient apporter dans les heures de départ, de passage et d'arrivée des trains, ne s'appliquera pas aux convois supplémentaires de marchandises que, par force majeure et dans des cas exceptionnels, ces compagnies seraient amenées à organiser.

Le bénéfice de la convention demeurera acquis à ces convois extra-réglementaires lorsque leur passage aura été notifié au moins douze heures à l'avance aux bureaux frontières respectifs.

En foi de quoi les Plénipotentiaires soussignés ont dressé le présent protocole en double expédition et y ont apposé leur signature après lecture faite, à Berlin le 2 du mois d'août 1862.

(L. S.) Signatures.

No. 438. (XIX.) Schlussprotok. 2. August 1862.

No. I. Empire Français.

Département de . . . . . .
Commune de . . . .

Certificat de patente

valable pour l'année mil huit cent . . . . . .

Le Receveur des contributions directes, etc. au bureau de . . . . certifie, que le Sieur N . . . demeurant à . . . . . **est** imposé sous le No. au rôle des patentes de la commune de . . . . **ou a** fait sa déclaration de patentes, aux fins de pouvoir exercer pendant l'année courante, la profession de

en son propre nom, . . . **ou** . . . **sous la raison sociale de** . . .

Le présent certificat a été délivré au dit Sieur N . . . . pour obtenir la patente nécessaire dans les États du Zollverein.

Fait à le 18

Signalement et signature du patenté. *(L. S.)* Le Receveur

No. II. Empire Français.

Département de . . . . . .
Commune de . . . . . .

Patente

valable pour l'année mil huit cent . . . .

Le . . . . (préfet du département de . . . . .) vu l'acte de légitimation produit par le Sieur N . . . demeurant à . . . lequel lui a été délivré par l'autorité compétente à . . . . . . (État du Zollverein) le . . . . dernier
constatant que le dit Sieur N . . . y est patenté comme exerçant la profession de

Délivre au dit Sieur N . . . la présente patente pour l'autoriser a se livrer en France et en Algérie, aux achats, ainsi qu'à la vente sur échantillons ou sur commande des marchandises de son commerce ou industrie, mentionnée ci-dessus.

Le porteur de la présente patente ne pourra toutefois colporter avec lui que des échantillons et nullement des marchandises. Il lui est également interdit de prendre des commissions autres que pour son propre compte ou, suivant le cas, pour la maison de commerce qu'il représente.

Fait à le 18

Signalement et signature du patenté. *(L. S.)* Le Préfet

Formular A.

No. 438 (XIX.)
Schlussprotok.,
2. August
1862.

Dem N., welcher als (Woll-Fabrikant) in N. . . . {wohnhaft / ansässig} ist, wird hierdurch Behufs seiner Gewerbe-Legitimation bei den einschlägigen französischen Behörden bescheinigt, dass er für sein vorgedachtes Gewerbe, im hiesigen Lande, die gesetzlich bestehenden Steuern zu entrichten hat.

Dies Zeugniss ist gültig . . . . Monat.

Ort. Datum. Firma der Behörde.

Personal-Beschreibung
und Unterschrift des Reisenden.

Formular B.

Dem N., welcher als Handlungs-Commis in Diensten des zu N. . . . etablirten Handelshauses (oder der Fabrik) des Herrn N. steht, wird hierdurch, Behufs seiner Gewerbe-Legitimation bei den einschlägigen französischen Behörden bescheinigt, dass das ebengedachte Handelshaus (die ebengedachte Fabrik-Anstalt) für seinen (ihren) Gewerbebetrieb im hiesigen Lande die gesetzlich bestehenden Steuern zu entrichten hat. Dies Zeugniss ist gültig auf . . . . Monat.

Personal-Beschreibung
und Unterschrift des Reisenden.

Formular C.

Dem Herrn N., Fabrik-Inhaber zu N. (oder Handels-Reisenden in Diensten des N. zu N.), wird hierdurch, auf den Grund des beigebrachten, von der französischen Behörde unterm . . . . . ten . . . . . . ausgefertigten Gewerbe-Legitimations-Zeugnisses, die Befugniss ertheilt: in den (Königlich Preussischen) Landen für das von ihm (seinem obengedachten Principal) betriebene Geschäft, Waarenbestellungen aufzusuchen und Waarenankäufe zu machen.

Derselbe darf jedoch von den Waaren, auf welche er Bestellung suchen will, nur Proben, aufgekaufte Waaren aber darf er gar nicht mit sich herumführen, letztere muss er vielmehr frachtweise an ihren Bestimmungsort befördern lassen.

Nicht minder ist ihm verboten, Commissionen für andere als seine eigene (seines vorgedachten Principals) Rechnung aufzusuchen.

Gegenwärtige Ermächtigung ist gültig auf die Dauer von . . . Monaten, also bis zum

Ort, Datum, Firma der Behörde.

Personal-Beschreibung
und Unterschrift des Reisenden.

No. 439. (XX.)

PREUSSEN und **FRANKREICH.** — Literarisch-artistischer Vertrag, unterzeichnet am 2. August 1862. —

Uebereinkunft

wegen gegenseitigen Schutzes der Rechte an literarischen Erzeugnissen und Werken der Kunst.

No 439 (XX.) Liter. Vertrag. 2. August 1862.

Seine Majestät der König von Preussen und Seine Majestät der Kaiser der Franzosen, gleichmässig von dem Wunsche beseelt, in gemeinsamem Einverständniss solche Massregeln zu treffen, welche Ihnen zum gegenseitigen Schutze der Rechte an literarischen Erzeugnissen und Werken der Kunst vorzugsweise geeignet erschienen sind, haben den Abschluss einer Uebereinkunft zu diesem Zwecke beschlossen und zu Ihren Bevollmächtigten ernannt: etc. etc., welche, nach Austausch ihrer in guter und gehöriger Form befundenen Vollmachten, über nachstehende Artikel übereingekommen sind:

Artikel 1. — Die Urheber von Büchern, Broschüren und anderen Schriften, von musikalischen Compositionen und Arrangements, von Werken der Zeichenkunst, der Malerei, der Bildhauerei, des Kupferstichs, der Lithographie und allen anderen ähnlichen Erzeugnissen aus dem Gebiete der Literatur oder Kunst, sollen in jedem der beiden Staaten gegenseitig sich der Vortheile zu erfreuen haben, welche daselbst dem Eigenthum an Werken der Literatur oder Kunst gesetzlich eingeräumt sind oder eingeräumt werden. Sie sollen denselben Schutz und dieselbe Rechtshülfe gegen jede Beeinträchtigung ihrer Rechte geniessen, als wenn diese Beeinträchtigung gegen die Urheber solcher Werke begangen wäre, welche zum ersten Mal in dem Lande selbst veröffentlicht worden sind.

Es sollen ihnen jedoch diese Vortheile gegenseitig nur so lange zustehen, als ihre Rechte in dem Lande, in welchem die erste Veröffentlichung erfolgt ist, in Kraft sind, und sie sollen in dem andern Lande nicht über die Frist hinaus dauern, welche für den Schutz der einheimischen Autoren gesetzlich festgestellt ist.

Artikel 2. — Es soll gegenseitig erlaubt sein, in jedem der beiden Länder aus Werken, oder ganze Stücke von Werken, welche zum ersten Mal in dem anderen Lande erschienen sind, zu veröffentlichen, vorausgesetzt, dass diese Veröffentlichungen ausdrücklich für den Schulgebrauch oder Unterricht bestimmt und eingerichtet und in der Landessprache mit erläuternden Anmerkungen oder mit Uebersetzungen zwischen den Zeilen oder am Rande versehen sind.

Artikel 3. — Der Genuss des im Artikel 1 festgestellten Rechts ist dadurch bedingt, dass in dem Ursprungslande die zum Schutz des Eigenthums an Werken der Literatur oder Kunst gesetzlich vorgeschriebenen Förmlichkeiten erfüllt sind.

Für die Bücher, Karten, Kupferstiche, Stiche anderer Art, Lithographien oder musikalischen Werke, welche zum ersten Mal in dem einen der beiden Staaten veröffentlicht sind, soll die Ausübung des Eigenthumsrechtes in dem

CONVENTION

pour la garantie réciproque de la propriété des œuvres d'esprit et d'art.

No. 430. (XX.) Liter. Vertrag. 2. August 1862.

Sa Majesté le Roi de Prusse et Sa Majesté l'Empereur des Français, également animés du désir d'adopter, d'un commun accord, les mesures qui leur ont paru les plus propres à garantir réciproquement la propriété des œuvres d'esprit et d'art, ont résolu de conclure une convention à cet effet, et ont nommé pour leurs plénipotentiaires, savoir etc. etc. lesquels, après avoir échangé leurs pleins pouvoirs, trouvés en bonne et due forme, sont convenus des articles suivants:

Article 1. — Les auteurs de livres, brochures ou autres écrits, de compositions musicales ou d'arrangements de musique, d'œuvres de dessin, de peinture, de sculpture, de gravure, de lithographie et de toutes autres productions analogues du domaine littéraire ou artistique, jouiront dans chacun des deux États réciproquement des avantages qui y sont ou y seront attribués par la loi à la propriété des ouvrages de littérature ou d'art, et ils auront la même protection et le même recours légal contre toute atteinte portée à leurs droits, que si cette atteinte avait été commise à l'égard d'auteurs d'ouvrages publiés pour la première fois dans le pays même.

Toutefois ces avantages ne leur seront réciproquement assurés que pendant l'existence de leurs droits dans le pays où la publication originale a été faite, et la durée de leur jouissance dans l'autre pays ne pourra excéder celle fixée par la loi pour les auteurs nationaux.

Article 2. — Sera réciproquement licite la publication dans chacun des deux pays d'extraits ou de morceaux entiers d'ouvrages, ayant paru pour la première fois dans l'autre, pourvu que ces publications soient spécialement appropriées et adaptées pour l'enseignement ou l'étude, et soient accompagnées de notes explicatives, ou de traductions interlinéaires ou marginales dans la langue du pays où elles sont imprimées.

Article 3. — La jouissance du bénéfice de l'article 1 est subordonnée à l'accomplissement, dans le pays d'origine, des formalités qui sont prescrites par la loi, pour assurer la propriété des ouvrages de littérature ou d'art.

Pour les livres, cartes, estampes, gravures, lithographies, ou œuvres musicales publiés pour la première fois dans l'un des deux États, l'exercice du droit de propriété dans l'autre État sera, en outre, subordonné à l'accomplisse-

No. 430 (XX.) Liter. Vertrag. 2. August 1862. anderen Staate ausserdem dadurch bedingt sein, dass in diesem letzteren die Förmlichkeit der Eintragung vorgängig auf folgende Weise erfüllt ist:

Wenn das Werk zum ersten Mal in Preussen erschienen ist, so muss es in Paris auf dem Ministerium des Innern eingetragen sein.

Wenn das Werk zum ersten Mal in Frankreich erschienen ist, so muss es zu Berlin auf dem Ministerium der geistlichen Angelegenheiten eingetragen sein.

Die Eintragung soll auf die schriftliche Anmeldung der Betheiligten erfolgen. Diese Anmeldung kann beziehungsweise an die genannten Ministerien oder an die Gesandtschaften in beiden Ländern gerichtet werden.

Die Anmeldung muss bei Werken, welche nach Eintritt der Wirksamkeit der gegenwärtigen Uebereinkunft erscheinen, binnen drei Monaten nach dem Erscheinen, bei vorher erschienenen Werken binnen drei Monaten nach dem Eintritt der Wirksamkeit der gegenwärtigen Uebereinkunft eingereicht werden.

Für die in Lieferungen erscheinenden Werke soll die dreimonatliche Frist erst mit dem Erscheinen der letzten Lieferung beginnen, es sei denn, dass der Autor die Absicht, sich das Recht der Uebersetzung vorzubehalten, nach Massgabe der Bestimmungen im Artikel 6 zu erkennen gegeben hat, in welchem Falle jede Lieferung als ein besonderes Werk angesehen werden soll.

Die Förmlichkeit der Eintragung, welche letztere in besondere, zu diesem Zwecke geführte Register erfolgt, soll weder auf der einen noch auf der andern Seite Anlass zur Erhebung irgend einer Gebühr geben.

Die Betheiligten erhalten eine urkundliche Bescheinigung über die Eintragung; diese Bescheinigung wird kostenfrei ausgestellt werden, vorbehaltlich der gesetzlichen Stempel-Abgabe.

Die Bescheinigung soll den Tag der Anmeldung enthalten; sie soll in der ganzen Ausdehnung der beiderseitigen Gebiete Glauben haben und das ausschliessliche Recht des Eigenthums und der Vervielfältigung so lange beweisen, als nicht irgend ein Anderer ein besser begründetes Recht vor Gericht erstritten haben wird.

Artikel 4. — Die Bestimmungen des Artikels 1 sollen gleiche Anwendung auf die Darstellung oder Aufführung dramatischer oder musikalischer Werke finden, welche, nach Eintritt der Wirksamkeit der gegenwärtigen Uebereinkunft, zum ersten Mal in einem der beiden Länder veröffentlicht, aufgeführt oder dargestellt werden.

Artikel 5. — Den Originalwerken werden die, in einem der beiden Staaten veranstalteten Uebersetzungen inländischer oder fremder Werke ausdrücklich gleichgestellt. Demzufolge sollen diese Uebersetzungen, rücksichtlich ihrer unbefugten Vervielfältigung in dem anderen Staate, den im Artikel 1 festgesetzten Schutz geniessen. Es ist indess wohlverstanden, dass der Zweck des gegenwärtigen Artikels nur dahin geht, den Uebersetzer in Beziehung auf seine eigene Uebersetzung zu schützen, keineswegs aber, dem ersten Uebersetzer irgend eines

ment préalable dans ce dernier, de la formalité de l'enregistrement effectuée de la manière suivante : No. 439. (XX.) Liter. Vertrag, 2. August 1862.

Si l'ouvrage a paru pour la première fois en Prusse, il devra être enregistré à Paris, au ministère de l'Intérieur.

Si l'ouvrage a paru pour la première fois en France, il devra être enregistré à Berlin, au ministère des Cultes.

L'enregistrement se fera, de part et d'autre sur la déclaration écrite des intéressés, laquelle pourra être respectivement adressée soit aux susdits ministères, soit aux légations dans les deux pays.

Dans tous les cas, la déclaration devra être présentee dans les trois mois qui suivront la publication de l'ouvrage dans l'autre pays, pour les ouvrages publiés postérieurement à la mise en vigueur de la présente convention, et dans les trois mois qui suivront cette mise en vigueur, pour les ouvrages publiés antérieurement.

A l'égard des ouvrages qui paraissent par livraisons, le délai de trois mois ne commencera à courir qu'à dater de la publication de la dernière livraison, à moins que l'auteur n'ait indiqué, conformément aux dispositions de l'article 6, son intention de se réserver le droit de traduction, auquel cas chaque livraison sera considérée comme un ouvrage séparé.

La formalité de l'enregistrement qui en sera fait sur des registres spéciaux tenus à cet effet ne donnera, de part et d'autre, ouverture à la perception d'aucune taxe.

Les intéressés recevront un certificat authentique de l'enregistrement: ce certificat sera délivré gratis, sauf, s'il y a lieu, les frais de timbre.

Le certificat relatera la date précise à laquelle la déclaration aura eu lieu; il fera foi dans toute l'étendue des territoires respectifs et constatera le droit exclusif de propriété et de reproduction aussi longtemps que quelque autre personne n'aura pas fait admettre en justice un droit mieux établi.

Article 4. — Les stipulations de l'article 1 s'appliqueront également à la représentation ou exécution des œuvres dramatiques ou musicales, publiées, exécutées ou représentées pour la première fois dans l'un des deux pays, après la mise en vigueur de la présente convention.

Article 5. — Sont expressément assimilées aux ouvrages originaux les traductions faites, dans l'un des deux États, d'ouvrages nationaux ou étrangers. Ces traductions jouiront à ce titre, de la protection stipulée par l'article 1, en ce qui concerne leur reproduction non autorisée dans l'autre État. Il est bien entendu, toutefois, que l'objet du présent article est simplement de protéger le traducteur par rapport à la version qu'il a donnée de l'ouvrage original, et non pas de conférer le droit exclusif de traduction au premier traducteur d'un ouvrage

No. 430 (XX.) Liter. Vertrag, 2. August 1862. in todter oder lebender Sprache geschriebenen Werkes das ausschliessliche Uebersetzungsrecht zu übertragen, ausgenommen in dem im folgenden Artikel vorgesehenen Falle und Umfang.

Artikel 6. — Der Autor eines jeden in einem der beiden Länder veröffentlichten Werkes, welcher sich das Recht auf die Uebersetzung vorbehalten hat, soll, von dem Tage des ersten Erscheinens der mit seiner Ermächtigung herausgegebenen Uebersetzung seines Werkes an gerechnet, fünf Jahre lang das Vorrecht geniessen, gegen die Veröffentlichung jeder ohne seine Ermächtigung veranstalteten Uebersetzung desselben Werkes in dem anderen Lande geschützt zu sein, und zwar unter folgenden Bedingungen:

1. Das Originalwerk muss in einem der beiden Länder, auf die binnen drei Monaten, vom Tage des ersten Erscheinens in dem anderen Lande an gerechnet, erfolgte Anmeldung, eingetragen werden, nach Massgabe der Bestimmungen des Artikels 3.

2. Der Autor muss an der Spitze seines Werkes die Absicht, sich das Recht der Uebersetzung vorzubehalten, angezeigt haben.

3. Die erwähnte, mit seiner Ermächtigung veranstaltete Uebersetzung muss innerhalb Jahresfrist, vom Tage der nach Massgabe der bevorstehenden Bestimmung erfolgten Anmeldung des Originals an gerechnet, wenigstens zum Theil, und binnen eines Zeitraums von drei Jahren, vom Tage der Anmeldung an gerechnet, vollständig erschienen sein.

4. Die Uebersetzung muss in einem der beiden Länder veröffentlicht und nach Massgabe der Bestimmungen des Artikels 3 eingetragen werden.

Bei den in Lieferungen erscheinenden Werken soll es genügen, wenn die Erklärung des Autors, dass er sich das Recht der Uebersetzung vorbehalten habe, auf der ersten Lieferung ausgedrückt ist.

Es soll jedoch hinsichtlich der, für die Ausübung des ausschliesslichen Uebersetzungsrechtes in diesem Artikel festgesetzten fünfjährigen Frist, jede Lieferung als ein besonderes Werk angesehen werden; jede derselben soll auf die, binnen drei Monaten, von ihrem ersten Erscheinen in dem einen Lande an gerechnet, erfolgte Anmeldung, in dem anderen Lande eingetragen werden.

Der Autor dramatischer Werke, welcher sich für die Uebersetzung derselben oder die Aufführung der Uebersetzung das in den Artikeln 4 und 6 bestimmte ausschliessliche Recht vorbehalten will, muss seine Uebersetzung drei Monate nach der Eintragung des Originalwerkes erscheinen und aufführen lassen.

Artikel 7. — Wenn der Urheber eines im Artikel 1 bezeichneten Werkes das Recht zur Herausgabe oder Vervielfältigung einem Verleger in dem Gebiete eines jeden der Hohen vertragenden Theile mit der Massgabe übertragen hat, dass die Exemplare oder Ausgaben des solchergestalt herausgegebenen oder vervielfältigten Werkes in dem anderen Lande nicht verkauft werden dürfen, so sollen die in dem einen Lande erschienenen Exemplare oder Ausgaben in dem anderen Lande als unbefugte Nachbildung angesehen und behandelt werden.

Artikel 8. — Die gesetzlichen Vertreter oder Rechtsnachfolger der Autoren, Uebersetzer, Componisten, Zeichner, Maler, Bildhauer, Kupferstecher, Lithographen u. s. w. sollen gegenseitig in allen Beziehungen derselben Rechte

quelconque, écrit en langue morte ou vivante, hormis le cas et les limites prévus par l'article ci-après. No. 439. (XX.) Liter. Vertrag, 2. August 1862.

Article 6. — L'auteur de tout ouvrage publié dans l'un des deux pays, qui aura entendu se réserver le droit de traduction, jouira pendant cinq années, à partir du jour de la première publication de la traduction de son ouvrage autorisée par lui, du privilége de protection contre la publication, dans l'autre pays, de toute traduction du même ouvrage non autorisée par lui, et ce sous les conditions suivantes:

1°. L'ouvrage original sera enregistré dans l'un des deux pays, sur la déclaration faite dans un délai de trois mois, à partir du jour de la première publication dans l'autre pays, conformément aux dispositions de l'article 3.

2°. L'auteur devra indiquer, en tête de son ouvrage, l'intention de se réserver le droit de traduction.

3°. Il faudra que ladite traduction autorisée ait paru, au moins en partie, dans le délai d'un an, à compter de la date de la déclaration de l'original effectuée ainsi qu'il vient d'être prescrit, et, en totalité, dans le délai de trois ans, à partir de ladite déclaration.

4°. La traduction devra être publiée dans l'un des deux pays, et être elle-même enregistrée conformément aux dispositions de l'article 3.

Pour les ouvrages publiés par livraisons, il suffira que la déclaration de l'auteur qu'il entend se réserver le droit de traduction, soit exprimée dans la première livraison.

Toutefois, en ce qui concerne le terme de cinq ans, assigné par cet article pour l'exercice du droit privilégié de traduction, chaque livraison sera considérée comme un ouvrage séparé; chacune d'elles sera enregistrée dans l'un des deux pays, sur la déclaration faite dans les trois mois, à partir de sa première publication dans l'autre.

Relativement à la traduction des ouvrages dramatiques ou à la représentation de ces traductions, l'auteur qui voudra se réserver le droit exclusif dont il s'agit aux articles 4 et 6, devra faire paraître ou représenter sa traduction trois mois après l'enregistrement de l'ouvrage original.

Article 7. — Lorsque l'auteur d'une œuvre spécifiée dans l'article 1 aura cédé son droit de publication ou de reproduction à un éditeur dans le territoire de chacune des Hautes Parties contractantes, sous la réserve que les exemplaires ou éditions de cette œuvre ainsi publiés ou reproduits ne pourront être vendus dans l'autre pays, ces exemplaires ou éditions seront respectivement considérés et traités dans ce pays comme reproduction illicite.

Article 8. — Les mandataires légaux, ou ayants-cause des auteurs, traducteurs, compositeurs, dessinateurs, peintres, sculpteurs, graveurs, lithographes etc. jouiront réciproquement et à tous égards, des mêmes droits que ceux

No. 430. (XX.) Liter. Vertrag. 2 August 1862.

theilhaftig sein, welche die gegenwärtige Uebereinkunft den Autoren, Uebersetzern, Componisten, Zeichnern, Malern, Bildhauern, Kupferstechern und Lithographen selbst bewilligt.

Artikel 9. — Ungeachtet der in den Artikeln 1 und 5 der gegenwärtigen Uebereinkunft enthaltenen Bestimmungen dürfen Artikel, welche aus den in einem der beiden Länder erscheinenden Journalen oder periodischen Sammelwerken entnommen sind, in den Journalen oder periodischen Sammelwerken des anderen Landes abgedruckt oder übersetzt werden, wenn nur die Quelle, aus der die Artikel geschöpft worden sind, dabei angegeben wird.

Inzwischen soll diese Befugniss auf den Abdruck von Artikeln aus Journalen oder periodischen Sammelwerken, welche in dem anderen Lande erschienen sind, in dem Falle keine Anwendung finden, wenn die Autoren in dem Journal oder in dem Sammelwerk selbst, in welchem sie dieselben haben erscheinen lassen, förmlich erklärt haben, dass sie deren Abdruck untersagen. In keinem Fall soll diese Untersagung bei Artikeln politischen Inhalts Platz greifen können.

Artikel 10. — Der Verkauf und das Feilbieten von Werken oder Gegenständen, welche im Sinne der Artikel 1, 4, 5 und 6 auf unbefugte Weise vervielfältigt sind, ist, vorbehaltlich der im Artikel 12 enthaltenen Bestimmung, in jedem der beiden Staaten verboten, sei es dass die unbefugte Vervielfältigung in einem der beiden Länder oder in irgend einem fremden Lande Statt gefunden hat.

Artikel 11. — Im Falle von Zuwiderhandlungen gegen die Bestimmungen der voranstehenden Artikel soll mit Beschlagnahme der nachgebildeten Gegenstände verfahren werden, und die Gerichte sollen auf die durch die beiderseitigen Gesetzgebungen bestimmten Strafen in derselben Weise erkennen, als wenn die Zuwiderhandlung gegen ein Werk oder Erzeugniss inländischen Ursprungs gerichtet wäre.

Die Merkmale, welche die unbefugte Nachbildung begründen, sollen durch die Gerichte des einen oder des anderen Landes nach der in jedem der beiden Staaten bestehenden Gesetzgebung bestimmt werden.

Artikel 12. — Beide Regierungen werden im Verwaltungswege die nöthigen Anordnungen zur Verhütung aller Schwierigkeiten und Verwickelungen treffen, in welche die Verleger, Buchdrucker oder Buchhändler beider Länder durch den Besitz und Verkauf solcher Vervielfältigungen der im Eigenthum von Unterthanen des anderen Landes befindlichen, noch nicht zum Gemeingut gewordenen Werke gerathen könnten, welche sie vor Eintritt der Wirksamkeit gegenwärtiger Uebereinkunft veranstaltet oder eingeführt haben, oder welche gegenwärtig ohne Ermächtigung des Berechtigten veranstaltet oder abgedruckt werden.

Diese Anordnungen sollen sich auch auf Clichés, Holzstöcke und gestochene Platten aller Art, sowie auf lithographische Steine erstrecken, welche sich in den Magazinen bei den preussischen oder französischen Verlegern oder Druckern befinden und preussischen oder französischen Originalien ohne Ermächtigung des Berechtigten nachgebildet sind.

Indessen sollen diese Clichés, Holzstöcke und gestochene Platten aller

que la présente convention accorde aux auteurs, traducteurs, compositeurs, dessinateurs, peintres, sculpteurs, graveurs et lithographes eux-mêmes.

No. 430. (XX.) Liter. Vertrag. 2. August 1862.

Article 9. — Non-obstant les stipulations des articles 1 et 5 de la présente convention, les articles extraits des journaux ou recueils périodiques publiés dans l'un des deux pays, pourront être reproduits ou traduits dans les journaux ou recueils périodiques de l'autre pays, pourvu qu'on y indique la source à laquelle on les aura puisés.

Toutefois cette faculté ne s'étendra pas à la reproduction, dans l'un des deux pays, des articles de journaux ou de recueils périodiques publiés dans l'autre, lorsque les auteurs auront formellement déclaré, dans le journal ou le recueil même où ils les auront fait paraître, qu'ils en interdisent la reproduction. En aucun cas, cette interdiction ne pourra atteindre les articles de discussion politiques.

Article 10. — La vente et l'exposition, dans chacun des deux États, d'ouvrages ou objets de reproduction non autorisés, définis par les articles 1, 4, 5 et 6 sont prohibées, sauf ce qui est dit à l'article 12, soit que lesdites reproductions non autorisées proviennent de l'un des deux pays, soit qu'elles proviennent d'un pays étranger quelconque.

Article 11. — En cas de contravention aux dispositions des articles précédents, la saisie des objets de contrefaçon sera opérée, et les tribunaux appliqueront les peines déterminées par les législations respectives, de la même manière que si l'infraction avait été commise au préjudice d'un ouvrage ou d'une production d'origine nationale.

Les caractères constituant la contrefaçon seront déterminés par les tribunaux de l'un ou de l'autre pays, d'après la législation en vigueur dans chacun des deux États.

Article 12. — Les deux gouvernements prendront par voie de réglement d'administration publique, les mesures nécessaires pour prévenir toute difficulté ou complication à raison de la possession et de la vente par les éditeurs, imprimeurs ou libraires de l'un ou de l'autre des deux pays, de réimpressions d'ouvrages de propriété des sujets respectifs et non tombés dans le domaine public, fabriqués ou importés par eux antérieurement à la mise en vigueur de la présente convention, ou actuellement en cours de fabrication et de réimpression non autorisée.

Ces réglements s'appliqueront également aux clichés, bois et planches gravées de toute sorte, ainsi qu'aux pierres lithographiques existant en magasin, chez les éditeurs ou imprimeurs prussiens ou français, et constituant une reproduction non autorisée de modèles prussiens ou français.

Toutefois ces clichés, bois et planches gravées de toute sorte ainsi que

No 420. (XX.) Liter. Vertrag. 2. August 1862.

Art, sowie die lithographischen Steine nur innerhalb vier Jahre, vom Beginn der Wirksamkeit der gegenwärtigen Uebereinkunft an gerechnet, benutzt werden dürfen.

Artikel 13. — Während der Dauer der gegenwärtigen Uebereinkunft sollen die folgenden Gegenstände, nämlich:

Bücher in allen Sprachen,
Kupferstiche,
Stiche anderer Art, sowie Holzschnitte,
Lithographien und Photographien,
Geographische oder See-Karten,
Musikalien,
Gestochene Kupfer- und Stahlplatten, geschnittene Holzstöcke, sowie lithographische Steine mit Zeichnungen, Stichen oder Schrift zum Gebrauch für den Umdruck auf Papier,
Gemälde und Zeichnungen,

gegenseitig, ohne Ursprungs-Zeugnisse, zollfrei zugelassen werden.

Artikel 14. — Die zur Einfuhr erlaubten Bücher, welche aus Preussen kommen, sollen in Frankreich sowohl zum Eingange als auch zur unmittelbaren Durchfuhr oder zur Niederlage bei folgenden Zollämtern abgefertigt werden, nämlich:

1. Bücher in französischer Sprache in Forbach, Weissenburg, Strassburg, Pontarlier, Bellegarde, Pont-de-la-Caille, St. Jean de Maurienne, Chambéry, Nizza, Marseille, Bayonne, St. Nazaire, Havre, Lille, Valenciennes, Thionville und Bastia;

2. Bücher in anderer, als französischer Sprache bei den nämlichen Zollämtern und ausserdem in Saargemünd, St. Louis, Verrières de Joux, Perpignan (über la Perthus), la Perthus, Béhobie, Bordeaux, Nantes, St. Malo, Caen, Rouen, Dieppe, Boulogne, Calais, Dünkirchen, Apach und Ajaccio.

Es bleibt vorbehalten, in der Folge noch andere Zollämter dafür zu bestimmen.

In Preussen sollen die zur Einfuhr erlaubten Bücher, welche aus Frankreich kommen, über alle Zollämter zugelassen werden.

Artikel 15. — Für den Fall, dass in dem einen der beiden Länder eine Verbrauchs-Abgabe auf Papier gelegt werden sollte, ist man übereingekommen, dass die aus dem anderen Lande eingehenden Bücher, Kupferstiche, Stiche anderer Art und Lithographien von dieser Abgabe verhältnissmässig betroffen werden sollen.

Auf Bücher soll indessen diese Abgabe eintretenden Falles nur insoweit Anwendung finden, als dieselben nach Einführung einer solchen Verbrauchs-Abgabe in dem anderen Lande veröffentlicht worden sind.

Artikel 16. — Die Bestimmungen der gegenwärtigen Uebereinkunft sollen in keiner Beziehung das einem jeden der beiden Hohen vertragenden Theile zustehende Recht beeinträchtigen, durch Massregeln der Gesetzgebung oder inneren Verwaltung, den Vertrieb, die Darstellung oder das Feilbieten eines jeden

les pierres lithographiques ne pourront être utilisés que pendant quatre ans à dater de la mise en vigueur de la présente convention. No. 430. (XX.) Liter. Vertrag. 2. August 1862

Article 13. — Pendant la durée de la présente convention les objets suivants, savoir:

livres en toutes langues,
estampes,
gravures,
lithographies et photographies,
cartes géographiques ou marines,
musique,
planches gravées en cuivre, acier ou bois et pierres lithographiques couvertes de dessins, gravures ou écritures, destinées à l'imprimerie sur papier,
tableaux et dessins,

seront réciproquement admis en franchise de droits, sans certificats d'origine.

Article 14. — Les livres d'importation licite venant de Prusse seront admis en France, tant à l'entrée qu'au transit direct ou par entrepôt, savoir:

1. les livres en langue française par les bureaux de Forbach, Wissembourg, Strasbourg, Pontarlier, Bellegarde, Pont-de-la-Caille, St. Jean de Maurienne, Chambéry, Nice, Marseille, Bayonne, St. Nazaire, le Hâvre, Lille, Valenciennes, Thionville et Bastia;

2. les livres en toute autre langue que française par les mêmes bureaux et en outre par les bureaux de Sarreguemines, St. Louis, Verrières de Joux, Perpignan (par le Perthus), le Perthus, Béhobie, Bordeaux, Nantes, St. Malo, Caen, Rouen, Dieppe, Boulogne, Calais, Dunkerque, Apach et Ajaccio,

sans préjudice toutefois des autres bureaux qui pourraient être ultérieurement désignés pour le même effet.

En Prusse les livres d'importation licite venant de France seront admis par tous les bureaux de douane.

Article 15. — Dans le cas où un impôt de consommation viendrait à être établi sur le papier dans l'un des deux pays, il est bien entendu que cet impôt atteindrait proportionnellement les livres, estampes, gravures et lithographies, importés de l'autre pays.

Néanmoins, en ce qui concerne les livres, cet impôt ne sera éventuellement appliqué qu'à ceux qui auront été publiés dans l'un ou l'autre pays postérieurement à la création de l'impôt de consommation dont il s'agit.

Article 16. — Les dispositions de la présente convention ne pourront porter préjudice, en quoi que ce soit, au droit qui appartient à chacune des deux Hautes Parties contractantes de permettre, de surveiller ou d'interdire, par des mesures de législation ou de police intérieure, la circulation, la représentation ou

No. 439 (XX.) Liter. Vertrag, 2. August 1862. Werkes oder Erzeugnisses, in Betreff dessen die befugte Behörde dies Recht auszuüben haben würde, zu gestatten, zu überwachen oder zu untersagen.

Diese Uebereinkunft soll in keiner Weise das Recht des einen oder des anderen der Hohen vertragenden Theile beschränken, die Einfuhr solcher Bücher nach seinen eigenen Staaten zu verbieten, welche nach seinen inneren Gesetzen oder in Gemässheit seiner Verabredungen mit anderen Staaten für Nachdrücke erklärt sind oder erklärt werden.

Artikel 17. — Das Recht des Beitritts zu gegenwärtiger Uebereinkunft bleibt einem jeden jetzt zum Zollverein gehörenden, oder sich später demselben anschliessenden Staate vorbehalten.

Dieser Beitritt kann durch den Austausch von Erklärungen zwischen den beitretenden Staaten und Frankreich bewirkt werden.

Artikel 18. — Gegenwärtige Uebereinkunft soll zwei Monate nach dem Austausch der Ratifications-Urkunden in Kraft treten.

Sie soll die nämliche Dauer haben, wie die am heutigen Tage zwischen den Staaten des Zollvereins und Frankreich abgeschlossenen Handels- und Schifffahrts-Verträge.

Artikel 19. — Gegenwärtige Uebereinkunft soll ratificirt und die Ratifications-Urkunden sollen in Berlin gleichzeitig mit denjenigen der vorgedachten Verträge ausgetauscht werden.

Zu Urkund dessen haben die beiderseitigen Bevollmächtigten dieselbe unterzeichnet und ihre Siegel beigedrückt.

So geschehen zu Berlin am 2. August 1862.

(L. S.) Unterschriften.

No. 440. (XXI.)

PREUSSEN und **FRANKREICH**. — Besonderes Protokoll, betreffend die eventuelle Gültigkeit der Namens des Zollvereins abgeschlossenen Verträge für Preussen allein unterzeichnet am 2. August 1862. —

No. 440 (XXI.) Besonderes Protokoll, 2. August 1862. Im Laufe der Verhandlungen über die heute unterzeichneten Verträge haben die Bevollmächtigten Seiner Majestät des Kaisers der Franzosen erklärt, dass die Beschränkung der Dauer dieser Verträge auf einen Zeitraum von nur wenigen Jahren mit dem Umfange und der Tragweite der Verabredungen unvereinbar sei, welche den Gegenstand der Verhandlungen gebildet haben.

Die von ihnen aus diesem Gesichtspunkte und nach dem Vorgange der Verträge Frankreichs mit Grossbritannien und Belgien wiederholt beantragte Festsetzung einer geräumigen Vertrags-Periode haben sie insbesondere als eine Gegenleistung für ihre Zustimmung zu dem Vermittelungs-Vorschlage in Anspruch genommen, nach welchem der Zollverein weitere Zollermässigungen für eine Reihe wichtiger Verkehrsgegenstände erst mit dem 1. Januar 1865 und 1. Januar 1866, also ein Jahr vor dem Ablaufe, beziehungsweise mit dem Ablaufe der Zollvereinsverträge eintreten lassen wird. Sie haben deshalb erklärt, dass sie von ihrer Regierung zur Unterzeichnung der von ihnen verhandelten und heute

l'exposition de tout ouvrage ou production à l'égard desquels l'autorité compétente aurait à exercer ce droit. No. 439. (XX.) Litter. Vertrag. 2. August 1862.

La présente convention ne portera aucune atteinte au droit de l'une ou de l'autre des deux Hautes Parties contractantes de prohiber l'importation dans ses propres États des livres qui, d'après ses lois intérieures ou des stipulations souscrites avec d'autres puissances, sont ou seraient déclarés être des contrefaçons.

Article 17. — Le droit d'accession à la présente convention est réservé à tout État qui appartient actuellement ou qui appartiendra par la suite au Zollverein.

Cette accession pourra se faire par un échange de déclarations entre les États contractants et la France.

Article 18. — La présente convention sera mise en vigueur deux mois après l'échange de ses ratifications.

Elle aura la même durée que les traités de commerce et de navigation conclus à la date de ce jour entre les États du Zollverein et la France.

Article 19. — La présente convention sera ratifiée et les ratifications en seront échangées à Berlin en même temps que celles des traités précités.

En foi de quoi les Plénipotentiaires respectifs l'ont signée et y ont apposé le cachet de leurs armes.

Fait à Berlin le 2 du mois d'août de l'an 1862.

(L. S.) Signatures.

Dans le cours de négociations relatives aux traités signés à la date de ce jour les Plénipotentiaires de Sa Majesté l'Empereur des Français ont déclaré que la limitation de la durée de ces traités à une période de quelques années seulement ne pouvait se concilier avec l'importance et la portée des stipulations qui ont fait l'objet des négociations. No. 440. (XXI.) Besonderes Protokoll. 2. August 1862.

Ils ont tout particulièrement insisté sur ces considérations et en invoquant les précédents sacrés par les traités que la France a conclus avec la Grande Bretagne et la Belgique ils ont maintenu leurs demandes antérieures pour la fixation d'une période plus longue comme compensation et équivalent de leur adhésion à la combinaison transactionnelle en vertu de laquelle le Zollverein n'accorderait de dégrèvements ultérieurs pour une série d'articles importants qu'à partir, soit du 1er janvier 1865, soit du 1er janvier 1866, c'est-à-dire une année avant l'expiration ou à l'expiration même du Zollverein. Dans cet état de choses les Plénipotentiaires de Sa Majesté l'Empereur des Français ont déclaré que leur gouvernement ne les

No 440. (XXI.) Besonderes Protokoll. 2. August 1862.

abgeschlossenen Verträge nur unter der Voraussetzung ermächtigt worden seien, dass Seine Majestät der König von Preussen für Seine Staaten mit Ausnahme der Hohenzollerschen Lande und des Jahdegebietes, an den Handelsvertrag, sowie an den Schifffahrtsvertrag und die Nachdrucksconvention in der durch den Absatz 1 des Artikels 32 des Handelsvertrages festgestellten Weise für alle Fälle und auch über die Dauer der Zollvereins-Verträge hinaus gebunden sein wolle.

Die Bevollmächtigten Seiner Majestät des Königs von Preussen nahmen, zufolge ausdrücklicher Ermächtigung, diese Voraussetzungen an.

Gegenwärtiges, von den beiderseitigen Bevollmächtigten nach erfolgter Verlesung vollzogene Protokoll wird zugleich mit den oben erwähnten Verträgen und Conventionen zur Allerhöchsten Genehmigung der beiden Souveraine vorgelegt, und im Falle der Ratification derselben, ohne eine besondere Ratification als genehmigt und ratificirt angesehen werden.

So geschehen zu Berlin, den 2. des Monats August des Jahres 1862.

(L. S.) Unterschriften.

autorisait à apposer leur signature au bas des traités négociés par eux et conclus à la date de ce jour qu'autant que Sa Majesté le Roi de Prusse se considérerait en tout état de cause comme lié pour tous ses États, à l'exception de ceux de Hohenzollern et du territoire de Jahde, par le traité de commerce, ainsi que par le traité de navigation et par la convention littéraire susmentionnés même au delà de la durée des traités constitutifs du Zollverein et ce dans la mesure énoncée dans le premier alinéa de l'art. 32 du Traité de commerce

No. 440. (XXI.) Besonderes Protokoll, 2. August 1862.

Les Plénipotentiaires de Sa Majesté le Roi de Prusse après y avoir été expressément autorisés ont accepté cette réserve.

Le présent protocole signé par les Plénipotentiaires respectifs après lecture, sera soumis à la Haute approbation des souverains respectifs en même temps que les traités et conventions sus énoncés et en cas de ratification de ceux-ci, le présent protocole sera sans autre ratification expresse considéré comme approuvé et ratifié.

Fait à Berlin, le deux du mois d'août de l'an 1862.

(L. S.) Signatures.

No. 441. (XXII.)

PREUSSEN. — Min. d. Ausw. an den königl. Gesandten in Wien. — Erwiderung auf die österreichische Depesche vom 26. Juli 1862. —

No. 441. (XXII.) Preussen, 6. August 1862.

Berlin, den 6. August 1862.

Hochwohlgeborener Freiherr! Graf Károlyi hat mir die auf die Zollangelegenheit bezügliche Depesche des Herrn Grafen v. Rechberg am 26. v. M. mitgetheilt, die Ew. Excellenz kennen.

Der kaiserlich österreichische Herr Minister der auswärtigen Angelegenheiten führt darin aus, dass Preussen durch die mit Frankreich getroffenen Abreden bei mangelndem Einverständniss der übrigen Zollvereinsstaaten nicht gebunden sei, dass ferner der Anschluss Oesterreichs die Handelspolitik des Zollvereins nicht hemmen, sondern fördern würde, endlich — und hierauf wird das entscheidende Gewicht gelegt — dass Oesterreich auf Grund des Art. 25 des Vertrages vom 19. Februar 1853 die Eröffnung von Verhandlungen über sein Anerbieten nicht bloss aus Zweckmässigkeits-Rücksichten, sondern auch als ein ihm zustehendes Recht in Anspruch nehmen zu können glaube.

Ich vermag die Auffassung des Herrn Grafen von Rechberg nicht zu theilen.

Die königliche Regierung ist ausser Stande, an einem gegebenen Worte zu deuteln; sie hat die Verträge mit Frankreich allerdings nicht nur im eigenen Namen, sondern zugleich im Namen der übrigen Mitglieder des Zollvereins unterhandelt; sie rechnet aber auch fortdauernd darauf, dass ihr die Zustimmung ihrer Vereinsgenossen, wie ihr solche zur Eröffnung der Unterhandlung allseitig ertheilt worden, so auch schliesslich, nach Ueberwindung aller noch bestehenden Schwierigkeiten, zur Vollendung des Werkes nicht fehlen werde. Wenn in der Depesche bemerkt wird, dass notorisch in dem weitaus grösseren Theile des nichtpreussischen Zollvereinsgebiets, bei den Regierungen wie bei den Bevölkerungen, eine entschiedene Abneigung gegen die mit Frankreich getroffenen Vereinbarungen herrsche, so kann ich die Richtigkeit dieser Annahme nach allen meinen Wahrnehmungen nicht zugeben. Im Gegentheil darf ich anführen, dass mannigfache Bedenken, welche Anfangs laut geworden waren, erledigt sind, und dass die Ansicht von der inneren Nothwendigkeit des gethanen Schrittes immer allgemeineren Boden gewinnt. Ich hege die Ueberzeugung, dass auch die Discussion und die daraus hervorgegangene Annahme der Verträge in beiden Häusern unseres Landtages nicht ohne Nachwirkung bleiben werde. Hierauf gestützt haben wir die am 29. März d. J. paraphirten Verträge und Uebereinkünfte am 2. d. M. unterzeichnet.

Indem ich mich hiernach zu dem ferneren Inhalte der mehrerwähnten Depesche wende, kann ich zunächst nur auf die Darlegungen Bezug nehmen, welche dem kaiserlichen Cabinet aus meinen früheren Mittheilungen bekannt sind. Ich möchte ungern Gesagtes wiederholen; nur dies kann ich nicht umhin von Neuem hervorzuheben, dass es Gründe des unabweislichen, durch die Zeit gebotenen Bedürfnisses sind, welche uns zu dem Entschlusse geleitet haben, an den bisherigen Vereins-Zolltarif nicht über die mit dem 31. December 1865 ablaufende Vereinsperiode hinaus uns binden zu wollen, und dass in dieser Beziehung ganz davon abzusehen ist, ob Verhandlungen mit Frankreich stattgefunden haben oder nicht. Dass wir damit nicht auf eine Sprengung des Zollvereins hinaus kommen wollen, darüber wird man eine Versicherung nicht erst von uns erwarten; im Gegentheil, wir hofften und hoffen unausgesetzt, dass der Zollverein verjüngt und aufs Neue gestärkt auch aus dieser Krisis hervorgehen werde. Wir sind aufrichtig fern davon, Verhandlungen mit der uns befreundeten Macht grundsätzlich abweisen zu wollen; aber wir vermögen den gegenwärtigen Zeitpunkt nicht als geeignet anzuerkennen, um in solche Verhandlungen einzutreten, da dieselben nach unserer Ueberzeugung jetzt zu einem gedeihlichen Ziele nicht führen, vielmehr nur neue Verwickelungen im Gefolge haben würden. Erst nachdem die Verträge mit Frankreich durch die allseitige Annahme der Zollvereinsstaaten in ihrer Ausführung gesichert sein werden, wird nach unserer Auffassung der Augenblick gekommen sein, um die anderweite Regelung der handelspolitischen Beziehungen zu Oesterreich zu erwägen. No. 441. (XXII.) Preussen, 6. August 1862.

Hiermit komme ich zu dem Schlusse der Depesche des Herrn von Rechberg. Meiner Erwiderung hierauf habe ich einige thatsächliche Bemerkungen vorauszuschicken.

In dem Vertrage vom 19. Februar 1853 waren weitere commercielle Verhandlungen zwischen dem Zollverein und Oesterreich in zwei Abstufungen in Aussicht genommen. Zunächst für das Jahr 1854 über eine Erweiterung der in der Anlage I. des Vertrages vereinbarten Verkehrs-Erleichterungen — Artikel 3 — sodann für das Jahr 1860 über eine Zolleinigung, oder, falls eine solche Einigung noch nicht zu Stande gebracht werden könnte, über weitergehende, als die bereits vereinbarten und durch die Verhandlungen des Jahres 1854 festzustellenden Verkehrs-Erleichterungen, so wie über möglichste Annäherung und Gleichstellung der beiderseitigen Zolltarife — Art. 25. — Die für das Jahr 1854 vorgesehenen Verhandlungen, deren Eröffnung sich bis zum Januar 1858 verzögerte, wurden im April desselben Jahres sistirt, ohne dass sie zu der gewünschten Verständigung geführt hatten. Die kaiserliche Regierung, welcher die Entschliessung über die Wiederaufnahme derselben von Seiten des Zollvereins anheimgestellt war, erklärte im October 1859, dass auf diese Wiederaufnahme ohne erhebliche Unterbrechung der vertragsmässigen Bestrebungen zur weiteren gegenseitigen Annäherung verzichtet werden könne, da bereits das Jahr 1860 herannahe, in welchem zu den im Art. 25 des Vertrages vorgesehenen umfangreicheren Verhandlungen zu schreiten sein werde. Sie constatirte in einem, im Juli 1860 uns übergebenen Promemoria von Neuem, dass die Einleitung dieser letzteren Verhandlungen an der Reihe stehe, und wir beeilten uns, unser Einverständniss mit dieser Auffassung zu erklären. Wir glaubten es der kaiserlichen Regierung schuldig zu sein, gleich bei dieser Erklärung offen auszusprechen, dass wir bei dem Eintreten in jenen Verhandlungen in der Lage sein würden, den Abschluss einer Zolleinigung, wenn solcher in Antrag gebracht werden sollte, bestimmt abzulehnen.

Es war hiernach im Jahre 1860 volles gegenseitiges Einverständniss darüber vorhanden, dass die für dieses Jahr vorgesehenen Verhandlungen fällig

No. 441. (XXII.) Preussen, 6. August 1862. seien; die kaiserliche Regierung hat indessen damals die Eröffnung derselben anscheinend nicht für angezeigt erachtet, jedenfalls nicht angeregt. Unsere, auf die Eventualität einer Zolleinigung bezügliche Erklärung ist dabei nicht bestimmend gewesen, da in der Denkschrift der kaiserlichen Ministerien der Finanzen und des Handels, welche uns Graf Chotek im September v. J. mittheilte, die fast unübersteigbaren Hindernisse anerkannt werden, mit welchen gerade im gegenwärtigen Augenblicke die gänzliche Zolleinigung Oesterreichs und der Zollvereinsstaaten zu kämpfen hätte.

Ich bin weit davon entfernt, hieraus folgern zu wollen, dass die im Art. 25 eingegangene gegenseitige Verpflichtung erloschen sei, weil sie zu der, für ihre Ausführung bestimmten Zeit nicht in Anspruch genommen worden ist. Nachdem aber diese Zeit verstrichen ist, ohne dass Oesterreich die Erfüllung jener Verpflichtung in Anspruch genommen hat, kann ich ihm die Befugniss nicht zugestehen, zu jedem ihm angemessen erscheinenden Zeitpunkte die Erfüllung zu fordern, und nehme auch für uns eine Stimme bei der Wahl des geeigneten Zeitpunktes in Anspruch. Wann dieser Zeitpunkt eingetreten sein wird, habe ich oben bemerkt.

Ew. Excellenz wollen den kaiserlichen Herrn Minister der auswärtigen Angelegenheiten in meinem Namen angelegentlich ersuchen, vorstehende Bemerkungen in Erwägung zu nehmen. Ich gebe die Hoffnung nicht auf, dass diese Erwägung zu dem Anerkenntniss führen werde, dass eine Verhandlung zwischen dem Zollverein und Oesterreich vor Feststellung unserer Vertrags-Verhältnisse mit Frankreich keine Aussicht auf ein befriedigendes Ergebniss darbieten kann.

Ew. Excellenz ersuche ich ergebenst, Sich hiernach gegen den Herrn Grafen von Rechberg gefälligst zu äussern und demselben Abschrift der gegenwärtigen Depesche mitzutheilen.

Empfangen Ew. Excellenz die erneuerte Versicherung meiner ausgezeichneten Hochachtung.

Bernstorff.

Freiherrn **von Werther**, *Wien.*

No. 442. (XXIII.)

BAIERN. — Min. d. Ausw. an den königl. Preussischen Gesandten in München. — Erklärung, dem Handelsvertrage nicht beizutreten. —

No. 442 (XXIII.) Bayern, 8. August 1862. Wie der königlich preussischen Regierung ohnedies bekannt ist, hat die königlich baierische Regierung sich seit dem Empfang der Entwürfe des Zoll- und Handelsvertrages mit Frankreich und der damit in Verbindung gebrachten Vereinbarungen auf das lebhafteste mit dieser wichtigen Angelegenheit beschäftigt und eifrigst bestrebt, sich über die Folgen dieses Vertrages für die Entwicklung und Zukunft des Zollvereins, über seine unausbleiblichen und wahrscheinlichen Rückwirkungen für die industrielle Wohlfahrt ihrer Angehörigen ein richtiges, durch keine Nebenrücksichten getrübtes Urtheil zu bilden. Wenn sie hierbei zu einem Resultate gelangt ist, welches zum Theil wesentlich von den Anschauungen der königlich preussischen Regierung abweicht, so muss sie dieses zwar auf das lebhafteste bedauern, sie ist es jedoch ihren Pflichten gegen den Verein, wie gegen ihre eigenen Unterthanen, ihrer moralischen Verantwortlichkeit, wie ihrer bisher eingenommenen Stellung schuldig, diese ihre Ueberzeugung, so wie die Gründe, welche sie dazu geführt haben, offen und ohne allen Rückhalt darzulegen, und hierin dem Beispiele der königlich preussischen Regierung zu folgen, welche auch ihrer Seits ihre Zwecke und Absichten, welche sie in dieser Verhandlung geleitet haben, selbst wenn dieselben mit den Ansichten anderer verbündeten Regierungen nicht übereinstimmten, offen dargelegt hat. Die baierische Regierung braucht hierbei kaum daran zu erinnern, dass sie in allen bisherigen Vereinsangelegenheiten ihre correcte föderative Gesinnung genugsam thatsächlich erprobt und stets Sonder-Interessen anerkannten höheren Vereinszwecken untergeordnet hat, so dass gewiss alle Vereinsmitglieder ohne Ausnahme davon überzeugt sind, dass die baierische Regierung die gleichen Gesinnungen auch in der vorliegenden Frage wieder als leitend betrachtet und daher nur mit Widerstreben und aufrichtigem Bedauern durch eine gewissenhafte Prüfung zu einer Ueberzeugung geleitet worden ist, welche von jener der königlichen preussischen Regierung wesentlich differirt. Um dieses näher zu belegen, muss der ergebenst Unterzeichnete auf den thatsächlichen Verlauf der Verhandlungen etwas zurückgreifen.

Nr. 442. (XXIII.) Baiern. 2. August 1862.

Als die königlich preussische Regierung im April v. J. ihren Zollverbündeten die erste Mittheilung über die Ergebnisse der Verhandlungen mit Frankreich machte, beschränkte sich dieselbe auf eine Reihe von Tarifspositionen, und obwohl damals der bezeichnete Termin viel zu kurz war, als dass eine genaue Prüfung hätte Platz greifen können, so unterliess die baierische Regierung gleichwohl nicht, sich über die proponirten Tarifsänderungen zu äussern und sowohl diejenigen, welchen sie beistimmen zu können glaubte, als auch die Grenzen zu bezeichnen, über welche hinaus sie jede Concession für unzulässig erachtete.

Zugleich hat sie damals bestimmt und genau die Voraussetzungen und Bedingungen hervorgehoben, welche nach ihrer Ueberzeugung jedem Vertrag mit Frankreich vorausgehen müssten. Sie hatte namentlich damals auf eine Special-Conferenz der Zollvereins-Regierungen angetragen, um die Ansichten derselben in Bezug auf die Verhandlungen mit Frankreich zu constatiren und eine sichere Grundlage für dieselben zu erhalten. Die königlich preussische Regierung hat letzteren Antrag abgelehnt und die baierische Regierung hat denselben aus Rücksicht für den Wunsch Preussens nicht weiter verfolgt, obwohl sie von dessen Zweckmässigkeit vollkommen überzeugt war. Auch hat der Verlauf der Dinge gezeigt, dass die damals von Preussen gegen diesen Antrag geltend gemachte Dringlichkeit nicht in dem Masse bestand, als von preussischer Seite angenommen worden war.

Die zweite grössere Mittheilung über den Verlauf der Berliner Verhandlungen erfolgte im September v. J. Es ist in derselben ausdrücklich hervorgehoben, dass Frankreich kaum bei einem Gegenstande von Wichtigkeit sich durch die Anerbietungen von Seite des Zollvereins befriedigt finde, und kaum auf

No. 142. (XXIII.) Baiern, 8. August 1862.

eine von dessen Gegenforderungen eingehe, dass die königlich preussische Regierung nicht vermocht habe, der Mehrzahl der Forderungen Frankreichs zuzustimmen, dass daher die Sachlage es erheische, auch das Misslingen einer Verständigung schon jetzt in's Auge zu fassen und die Frage zu erwähnen, was in diesem Falle von Seite des Zollvereins zu geschehen habe. In dieser Voraussicht brachte die königlich preussische Regierung den übrigen Vereinsregierungen eine wesentliche auf Erleichterung des Verkehrs gerichtete Revision des Vereins-Zolltarifs zu Gunsten des Verkehrs mit denjenigen Ländern, welche den Zollverein auf dem Fusse des meistbegünstigten Landes behandeln, in Vorschlag.

In ihrer Rückantwort hierauf vom 29. September v. J. erklärte sich die baierische Regierung entschieden gegen jedes weitere Zugeständniss an Frankreich, mit dem Beifügen, dass sie schon in ihrer ersten Erklärung die äusserste für zulässig erachtete Grenze hierfür bezeichnet habe. Alle weiter gehenden Ansprüche Frankreichs seien nach dem Erachten der königlich baierischen Regierung durch keine entsprechenden Concessionen begründet und daher unbillig; sie seien ferner zum grössten Theile im Interesse der Zollvereins-Industrie unzulässig. Es werde daher das Misslingen einer Verständigung auf Seite des Zollvereins wenig zu beklagen sein, und der Vorschlag der königlich preussischen Regierung in diesem Falle eine selbstständige Revision des Vereinstarifs eintreten zu lassen, stimme so vollkommen mit den Ansichten der baierischen Regierung überein, dass sie demselben mit voller Anerkennung und lebhafter Befriedigung beistimme. Wie der königlich baierischen Regierung erst unlängst bekannt geworden, haben damals auch andere Vereinsregierungen sich in ganz gleichem Sinne geäussert.

Nach diesem Stande der Sache, nachdem die königlich preussische Regierung selbst mit aller Bestimmtheit weitere Concessionen an Frankreich für unzulässig erachtet, eine selbstständige Tarifsrevision vorgeschlagen, und dieser Vorschlag mehrfache Zustimmung erhalten hatte, konnte von baierischer Seite eine solche Wendung der Verhandlungen, wie dieselbe später eingetreten ist, nicht wohl vermuthet werden. Der Unterzeichnete glaubte diese im September v. J. gewechselten Erklärungen hier ausdrücklich kurz wiederholen zu sollen, weil in jüngster Zeit im grösseren Publicum vielfach die Meinung verbreitet worden ist, als hätten damals die Vereinsregierungen bereits nähere Kenntniss von der Tendenz und dem Umfange des nachmaligen Vertrags-Entwurfs gehabt und ihre Uebereinstimmung mit demselben ausgesprochen, sonach die königlich preussische Regierung zum Abschlusse desselben ermächtigt. Nach der damaligen Sachlage mussten vielmehr die Vereinsregierungen weitere Zugeständnisse an Frankreich für völlig unzulässig und die Wahrscheinlichkeit eines Abschlusses als eine sehr entfernte und geringe betrachten. Da weitere Mittheilungen nicht erfolgten, so war auch die baierische Regierung durch die im März l. J. eintreffende Nachricht der wirklichen Paraphirung eines vollständigen Vertrags-Entwurfs einigermassen überrascht.

Durch die am 7. April d. J. erfolgte Mittheilung der verschiedenen hierauf bezüglichen Urkunden lernte die königlich baierische Regierung zum ersten Male die Fassung und Tragweite des Zoll- und Handelsvertrags kennen;

eine Menge und grade die wichtigsten Bestimmungen desselben waren bisher unbekannt und unerörtert geblieben; selbst die beigefügten Tarife differirten wesentlich von den früher mitgetheilten Tarifpropositionen und die königlich bayerische Regierung konnte daher erst jetzt zu einer eigentlichen Prüfung des Vertrages und seiner einzelnen Bestimmungen schreiten. Der Natur der Sache nach musste sich diese Prüfung zunächst der Frage zuwenden, welche Motive überhaupt für den Zollverein vorliegen, sowohl ein vertragsmässiges Verhältniss mit Frankreich einzugehen, als auch bei der Feststellung desselben, sein ganzes bisheriges Tarifsystem aufzugeben und zu dem entgegengesetzten Principe, nämlich einem mehr oder minder modificirten Freihandelsysteme überzugehen. Die königlich preussische Regierung hat in ersterer Beziehung mehrfach auf den Umstand hingewiesen, dass Frankreich nunmehr durch seine Verträge mit England und Belgien den Einfuhren aus diesen beiden Ländern wesentliche Vortheile eingeräumt und dadurch diejenigen vereinsländischen Productionszweige, deren Erzeugnisse bereits gegenwärtig einen Markt in Frankreich finden, nothwendig einem erheblichen Verluste ausgesetzt würden, wenn sie einem höheren Eingangszoll in Frankreich ausgesetzt bleiben würden, als die gleichartigen englischen und belgischen Producte. Von bayerischer Seite war dagegen in der Erwiderung vom 29. September v. J. bemerkt worden, dass die dermaligen Handelsbeziehungen des Zollvereins zu Frankreich von der Art sind, dass nur äusserst wenige deutsche Fabrikartikel von höherem Werthe nach Frankreich gelangen, vielmehr der bei weitem überwiegende Theil des Verkehrs dahin in Rohproducten und geringeren Fabrikaten besteht, welche von dieser Zolldifferenz nicht oder nur wenig betroffen werden. — Gleichwohl war die bayerische Regierung einer vertragsmässigen Verständigung mit Frankreich nicht unbedingt entgegen, sie war jedoch der Ansicht, es dürfe dieselbe nur unter der Voraussetzung stattfinden, dass vom Vereine keine Concessionen verlangt würden, welche in dem eigenen wohlverstandenen Interesse desselben als unzulässig erachtet werden müssten, und dass die Gegenconcessionen von Seite Frankreichs den ersteren adäquat sein müssten. Dass beide Voraussetzungen im September v. J. nicht vorhanden waren, hat die königlich preussische Regierung in der gesandtschaftlichen Note vom 8. dess. M. ausdrücklich anerkannt, und wurde von baierischer Seite in der Erwiderung vom 29. September v. Js. wiederholt bestätigt. — In dem Vertrags-Entwurfe vom 29. März d. Js. aber sind nicht nur der französischen Regierung alle diejenigen Concessionen, welche im September v. Js. allseitig als durchaus unzulässig erklärt worden waren, sondern noch eine Menge anderer, zum Theil viel wichtigere und bedeutendere, eingeräumt, ohne dass von französischer Seite irgend eine weitere erhebliche Einräumung gemacht worden wäre. Die nachträglich als solche bezeichneten sechs Artikel, die eine Tariferleichterung in Frankreich geniessen sollen, sind so unbedeutend, dass sie gegen die Zugeständnisse von Seite des Vereins gar nicht in Betracht kommen können. Welche Motive die königlich preussische Regierung zu dieser Abweichung von ihrer eigenen Ansicht veranlasst haben, ist der baierischen Regierung unbekannt, jedenfalls mussten dieselben neu und sehr dringlich gewesen sein. Denn bestanden dieselben schon im September 1861, so musste sie die

No. 442. (XXIII.) Baiern, 8. August 1862.

No. 412. (XXIII.) Baiern, 8. August 1862. königlich preussische Regierung schon damals gewürdigt und für nicht zureichend erachtet haben, da sie selbst zu der Ansicht gelangt war, dass schon die damaligen Forderungen Frankreichs zuweitgehend, und nicht durch genügende Gegen-Concessionen ausgeglichen seien, und daher eventuell eine selbstständige Tarifsrevision einem Vertrage mit Frankreich vorzuziehen wäre.

Sind aber diese Motive erst seit dem September v. Js. hervorgetreten, so ist es schwer erklärlich, wie die königlich preussische Regierung sich nicht veranlasst sah, dieselben ihren Zollverbündeten unumwunden vorzulegen, vielmehr den Vertrags-Entwurf mit den neuen noch gar nicht erörterten Concessionen, im Widerspruche mit der bisherigen eigenen, sowie der Ansicht mehrerer Vereins-Regierungen sofort zur Paraphirung zu bringen. — Für die baierische Regierung aber sind die Motive der Beurtheilung offenbar noch dieselben, wie im September v. Js.: dieselben Gründe, welche sie damals veranlasst haben, die Ueberzeugung auszusprechen, dass die geforderten Reductionen des Vereinstarifs höchst bedenklich erscheinen und tief in die wichtigsten und bedeutendsten Industrien eingreifen, dass die dagegen in Aussicht gestellten französischen Zugeständnisse nicht genügen, und dass es nicht für räthlich erachtet werden könne, an Frankreich weitere Zugeständnisse zu machen, vielmehr die von der königlich preussischen Regierung vorgeschlagene selbstständige Tarifs-Revision den Vorzug vor der vertragsmässigen Feststellung desselben verdiene, bestehen auch jetzt noch ihrem ganzen Umfange nach, gegenüber den bedeutend erweiterten Concessionen, wie selbe der Entwurf vom 29. März d. Js. aufstellt. —

Auch der Umstand kann hierbei nicht ausser Acht gelassen werden, dass durch letzteren Entwurf nicht einmal die Gleichstellung mit Belgien erlangt werden würde, vielmehr letzteres Land bei viel geringeren Gegenleistungen namhafte Vorzüge bei der Einfuhr nach Frankreich behalten würde.

Das zweite Hauptargument, welches die königlich preussische Regierung als dringendes Motiv für den Vertrag mit Frankreich angeführt hat, besteht in dem Satze, dass der Zollverein, nachdem alle seine westlichen Nachbarn ihr bisheriges Prohibitiv- und Schutzzollsystem aufgehoben haben, seinen dermaligen Tarif, der im Wesentlichen noch auf den Grundlagen von 1833 beruht, nicht mehr beibehalten könne, sondern modificiren müsse. Auch dieser Ansicht ist die königlich baierische Regierung im Allgemeinen beigetreten und hat dieselbe speciell dahin näher präcisirt, dass der Zollverein jetzt nicht mehr starr an seinen bisherigen Tarifsätzen festhalten könne, vielmehr der neueren Richtung wesentliche Zugeständnisse und zwar zunächst in seinem eigenen Interesse machen müsse. Die Grundsätze des Schutzes der einheimischen Industrie, welche er bisher befolgt habe, werde er jedoch auch fernerhin als leitende betrachten können, umsomehr, als auch diejenigen Staaten, welche zur Tarifreform geschritten, in allen denjenigen Tarifsätzen, in welchen eine wichtige einheimische Industrie von fremder Concurrenz bedroht werden könnte, noch ziemlich ausreichende Schutzzölle beibehalten haben.

Abgesehen davon, dass dieses Motiv an und für sich wohl zunächst für eine selbstständige Tarif-Revision des Zollvereins, nicht aber für einen Vertrag mit Frankreich sprechen würde, kann dabei nicht unbeachtet bleiben, dass dasselbe für den vorliegenden Fall entweder zu viel oder zu wenig beweisen würde. — Der Zollverein hat während Decennien allein unter allen grösseren Zollkörpern ein verhältnissmässig sehr liberales Tarifsystem beibehalten, ohne dass seine westlichen Nachbarn sich beeilt hätten, seinem Beispiele zu folgen, oder dass im Zollvereine das Prohibitivsystem dieser Nachbarn als ein Grund geltend gemacht worden wäre, diesen Systemen gleichfalls beizutreten. — Jetzt wo diese Nachbarn lediglich in ihrem eigenen Interesse zu einem anderen Systeme übergegangen sind, soll dies für den Verein ein dringendes Motiv werden, sein bisheriges System ohne weiteres über Bord zu werfen. — Und welchem Tarifsystem sollte er folgen, dem englischen, das offenbar auf continentale Verhältnisse nicht passt, oder dem französischen, das ebenfalls von dem bisherigen Vereinssysteme so principiell verschieden ist, dass eine nur einigermassen merkliche Annäherung nicht möglich ist? Eine Tarif-Revision des Zollvereins, wenn dieselbe mit Umsicht und Beachtung der bestehenden Verhältnisse und Interessen vorgenommen werden soll, kann nicht darin bestehen, dass eine oder die andere Position vermindert oder erhöht, oder auch wohl ganz beseitigt wird, sondern dieselbe muss den ganzen Tarif nach gewissen leitenden Grundsätzen umfassen und auf eine sorgfältige Erörterung aller industriellen Bedürfnisse und Interessen begründet sein. Diese Kriterien aber trägt der proponirte Vertrags-Tarif keineswegs an sich. Es sind vielfach geringere Waaren verhältnissmässig höher besteuert als feinere, Luxuswaaren geringer, als Gegenstände des allgemeinen Verbrauches, Rohproducte verhältnissmässig höher als die daraus gefertigten Waaren, Tarifsätze, die den Charakter von reinen Finanzzöllen an sich tragen, ohne genügenden Grund bedeutend gemindert und eine billige und consequente Beschützung der einheimischen Industrie, welche doch die königlich preussische Regierung in ihren früheren Mittheilungen als ihren leitenden Grundsatz anerkannt hatte, in vielen Fällen gänzlich ausser Acht gelassen. Wenn die königlich preussische Regierung nach den Erklärungen der Vereins-Regierungen versichert sein konnte, dass dieselben zu einer angemessenen und auch ergiebigen Tarifrevision gerne die Hand bieten würde, so konnte dieselbe doch auch nach eben diesen Erklärungen nicht den mindesten Zweifel darüber hegen, dass manche derselben solchen Reductionen, wie sie der Vertrags-Entwurf darbietet, und einem so plötzlichen Umsturze des bisherigen Vereinszollsystems nimmermehr beizustimmen vermöchten, sich also einem solchen Vertrage jedenfalls nur widerwillig und in Folge eines äusseren Druckes fügen würden. Es wird nicht nöthig sein, hier auf die einzelnen Tarifpositionen näher einzugehen, der Unterzeichnete erlaubt sich nur, summarisch zu erinnern, dass die baierische Regierung in ihrer Erklärung vom Juni v. Js. sich gegen die Ermässigung des Ausgangszolles von Lumpen von 3 auf 2 Thlr. pr. Ctn., dass sie ferner die Ermässigung des Eingangszolles für Wein in Flaschen von 8 auf 6 Thlr. und für Wein in Fässern von 6 auf 4 Thlr. nur unter gewissen Voraussetzungen für annehmbar, jede weitere Ermässigung für durchaus unzulässig erklärt hatte; dass sie endlich noch die Zollermässigung für die feineren Gattungen der dichten Baumwollengewebe, für fertige Kleider, Uhrgläser, feine Parfümerien, künstliche Blumen und feine Seife beanstandet habe.

No. 413. (XXIII.) Baiern, 8. August 1862.

No 142. (XXIII.) Baiern. 8. August 1862.

Unter den weiteren Zollermässigungen, welche bei den vorgängigen Verhandlungen nicht in Aussicht gestellt waren, sondern, welche erst bei der Feststellung des Vertrags-Entwurfes hinzukamen, sind es vorzugsweise jene für Eisen und Eisenwaaren, Baumwollen- und Leinengarne und Waaren, dann einige Chemikalien, welchen die königlich bairische Regierung in Uebereinstimmung mit ihren schon früher kundgegebenen Ansichten, nicht zustimmen zu können glaubt. In gleicher Weise erlaubt sich der Unterzeichnete bezüglich der einzelnen Vertrags-Artikel nur diejenigen hervorzuheben, welche vorzugsweise zu Bedenken Anlass geben, da ohnedies eine detaillirte Erörterung nach der jetzigen Sachlage weder nothwendig erscheint, noch auch von preussischer Seite verlangt wird. Hier sind es zunächst die Artikel 5 und 6, welche die in Frankreich ausser den Zöllen noch zur Erhebung kommenden Verbrauchsabgaben betreffen, die wegen ihrer Unklarheit zu Zweifeln Anlass geben. Während hiernach Frankreich von vielen Artikeln neben den Zöllen noch zum Theil übermässige Consumtions-Abgaben erhebt, soll nach Artikel 8 der Zollverein sich des Rechts begeben, von französischen Weinen, Branntweinen und Fetten irgend eine Consumtionsabgabe für Rechnung des Vereins, einzelner Vereinsstaaten oder einer Commune oder Corporation zu erheben. Zu einer solchen ungleichen, dem National-Gefühle widerstrebenden Concession lag nach der Ansicht der bairischen Regierung kein genügender Grund vor, besonders da ohne dies der jetzige factische Zustand für Frankreich schon sehr günstig ist, und keine Wahrscheinlichkeit besteht, dass die Zollvereinsstaaten sobald zur Nachahmung des französischen Octrois übergehen werden. Uebrigens bestehen im Vereine an einzelnen Orten dergleichen Abgaben, welche allenfalls in diese Kategorie gerechnet werden können, deren Bewilligung bisher als kein Ausfluss des Zollregals, sondern vielmehr als ein Theil der Territorial-Souverainität betrachtet wurde.

Der Artikel 15 giebt der französischen Zollbehörde das Recht, in Fällen, in welchen sie eine Werths-Declaration für zu gering erachtet, die Waaren gegen Zahlung des declarirten Preises mit einem Zuschlag von 5 % zu behalten. Bekanntlich gab diese Bestimmung mit einem Zuschlage von 10 % schon bisher zu so vielen Klagen und Beschwerden Anlass, dass sie mehr als sogar viel höhere Zölle die fremde Einfuhr nach Frankreich hemmte. Bei einer Herabsetzung auf 5 % würde diese Bestimmung allein hinreichen, den Werth der betreffenden französischen Zollermässigungen illusorisch zu machen.

Nach Artikel 23 hält die französische Regierung das Verbot der Durchfuhr von Schiesspulver aufrecht und behält sich vor, die Durchfuhr von Kriegswaffen zu verbieten. Der Zollverein aber soll dieses Recht nicht haben, sondern nur die Salzdurchfuhr verbieten dürfen. Die baierische Regierung muss gestehen, dass sie den Grund einer solchen Verschiedenheit nicht einzusehen vermag und theils mit Rücksicht auf die Würde des Vereins, theils aus anderen Gründen nicht im Stande wäre, derselben ihre Zustimmung zu ertheilen.

Auch die Bestimmung des Artikels 25 erscheint nicht ohne Bedenken und würde kaum mit der dermaligen Gesetzgebung einzelner Vereinsstaaten in Einklang zu bringen sein.

Der Artikel 31 berührt das Verhältniss zu den übrigen noch nicht im

Zollvereine inbegriffenen deutschen Staaten, namentlich zu Oesterreich. Die bai- No. 412. (XXIII.) Baiern. 8. August 1862.
rische Regierung hat aus den hierüber veröffentlichten Erklärungen Preussens zu ihrem Bedauern ersehen, dass die königlich preussische Regierung diese Frage in ganz anderer Weise auffasst, als dies von baierischer Seite geschieht; indessen kann sie nicht umhin, wiederholt zu bemerken, dass die von Preussen vorgebrachten Gründe ihr keineswegs entscheidend scheinen, vielmehr die königlich baierische Regierung nach wie vor an ihrer Ueberzeugung festhalte. Der Vertrag mit Oesterreich vom 19. Februar 1853 nimmt nämlich die demnächstige völlige Zolleinigung mit diesem Staate in Aussicht und gründete zur Anbahnung derselben einstweilen eine engere handelspolitische Verbindung zwischen dem Zollvereine und Oesterreich dadurch, dass man sich gegenseitig möglichst weitgehende auf andere Länder nicht ausgedehnte Zollbegünstigungen für den Zwischen-Verkehr bewilligte. Die Verschiedenheit der allgemeinen Tarife beider Theile nöthigte noch zu einer unerwünschten Beschränkung dieser Begünstigungen.

Es wurde aber im Artikel 25 vereinbart, dass spätere Verhandlungen stattfinden sollten, um, wenn die Zolleinigung noch nicht zu Stande gebracht werden könnte, sich über gegenseitige weitergehende Verkehrserleichterungen und möglichste Annäherung und Gleichstellung der Tarife zu verständigen. Nach dem Zusammenhange des Vertrages kann nicht wohl ein Zweifel darüber bestehen, dass unter jenen weitergehenden Verkehrserleichterungen nicht solche, welche allen anderen Staaten gewährt werden, sondern vielmehr solche, die man sich wie die im Jahre 1853 vereinbarten, gegenseitig als besondere Begünstigungen bewilligt, gemeint sind und gerade zu dem Zwecke möglichster Ausdehnung solcher besonderen Begünstigungen soll auch über die Gleichstellung der allgemeinen Tarife verhandelt werden. Die Verpflichtung zu den letzteren Verhandlungen schliesst nun zwar die Befugniss nicht aus, vorher selbstständige Tarifänderungen beliebiger Art vorzunehmen, obwohl jeder Theil billigen Anspruch darauf machen kann, dass der andere bei seinen Entschliessungen nicht ohne Rücksicht auf die Zwecke des Vertrages von 1853 verfahre; dagegen widerstreitet es aber der übernommenen Verbindlichkeit über weitergehende Verkehrs-Erleichterungen im Sinne des gedachten Vertrages mit Oesterreich zu verhandeln, wenn der Zollverein durch Verträge mit anderen Staaten sich in die Unmöglichkeit versetzt, Oesterreich weitere besondere Verkehrs-Erleichterungen zu gewähren. Dies würde durch die hier in Rede stehende Vertragsbestimmung geschehen. Durch dieselbe wäre im Widerspruche mit dem Geiste des Vertrages vom 19. Februar 1853 und mit dem Sinne der Bestimmung im Artikel 25 desselben jede fernere Ausbildung der engeren handelspolitischen Verbindung mit Oesterreich, so lange sie noch nicht zur völligen Zolleinigung werden kann, und vielleicht auch diese letztere abgeschnitten. Dass aber die Ausbildung jener Verbindung nicht unmöglich gemacht, der Gedanke des Vertrages vom 19. Februar 1853 nicht aufgegeben werde, ist eine Forderung, die nicht nur aus dem Vertrage abgeleitet werden kann, sondern die auch aus einer richtigen Erkenntniss der handelspolitischen Interessen des Zollvereins entspringt. Dieselben Gründe, welche im Jahre 1853 zum Abschlusse des Vertrages mit Oesterreich bewogen haben, sprechen auch heute noch dafür, dass man ihn nicht dem Prin-

No. 448. (XXIII.) Baiern, 8 August 1862. cipe nach wieder fallen lasse, vielmehr sich bemühe, ihn zu erweitern und folgenreicher zu machen. Auch in Bezug auf andere nicht zum Zollvereine gehörige Staaten erfordert es eine gesunde deutsche Handelspolitik, ausser deutschen Staaten gegenüber keine Verpflichtungen einzugehen, welche die Gewährung besonderer Verkehrs-Erleichterungen, wie solche z. B. durch den Vertrag mit Bremen bewilligt worden sind, in Zukunft hindern würden.

Diese Erwägungen hatten die k. baierische Regierung schon bei Eröffnung der Verhandlungen mit Frankreich zu der bestimmten Erklärung veranlasst, wie sie diese Verhandlungen nur unter der ausdrücklichen Voraussetzung für zulässig erachte, dass vor dem Abschlusse derselben ein Verständniss mit Oesterreich eingeleitet und erzielt werde, und der bisherige Verlauf der Sache hat sie nur in der Ueberzeugung bekräftigen können, dass diese Erwägungen mit dem Geiste des Vertrages von 1853 und den Forderungen einer diesem Geiste entsprechenden Ausführung desselben in voller Uebereinstimmung stehen. Auch der Bestimmung im III. Absatze des Art. 31, durch welche sich der Zollverein des Rechtes eines Ausfuhrverbotes für Steinkohlen begeben würde, vermag die baierische Regierung nicht beizustimmen, da Frankreich seinerseits jede Begünstigung für die aus der Rheinpfalz kommenden Kohlen, sogar die Gleichstellung mit den aus Rheinpreussen kommenden verweigert hat und sonach keine Veranlassung gegeben ist, an Frankreich ein solches Zugeständniss zu machen.

Der ergebenst Unterzeichnete ist daher zu der Erklärung ermächtigt, dass die k. baierische Regierung nach gewissenhafter Erwägung aller Momente in Uebereinstimmung mit der grossen Mehrheit der von ihr vernommenen Vertreter des Handels-, Fabriks- und Gewerbestandes zu der Ueberzeugung gelangt sei, dass der vorliegende am 29. März c. zu Berlin paraphirte Entwurf eines Zoll- und Handelsvertrages mit Frankreich mit den Interessen Bayerns, sowie des gesammten Zollvereins, sowie mit den durch den Vertrag vom 19. Febr. 1853 übernommenen vertragsmässigen Pflichten nicht vereinbarlich sei und sie sich daher zu ihrem lebhaften Bedauern ausser Stand sehe, denselben in Gemässheit der Bestimmung des Separat-Artikels 20 zum Art. 39 des Vertrages vom 4. April 1853 wegen Fortdauer und Erweiterung des Zollvereins ihre Zustimmung zu ertheilen.

Was die, diesem Entwurfe beigefügten weiteren Entwürfe, nämlich

eines Schifffahrtsvertrages,

einer Vereinbarung über Zollabfertigung auf Eisenbahnen,

eines Vertrages zum Schutze literarischer und artistischer Werke gegen den Nachdruck

betrifft, so erscheint eine specielle Erörterung derselben kaum mehr nothwendig, da dieselben, wenigstens theilweise, als integrirende Bestandtheile oder Anhänge des Hauptvertrages erklärt worden sind. Der Unterzeichnete glaubt jedoch nicht unerwähnt lassen zu sollen, dass der erstere, nämlich der Entwurf eines Schifffahrtsvertrages, die Interessen Baierns direct so wenig berührt, dass die k. Regierung dessen nähere Beurtheilung zunächst den betreffenden Seestaaten des Zollvereins anheimstellt, und sich gegebenen Falls vorbehält, dem Votum derselben beizutreten. Die Vereinbarung über Zollabfertigung auf Eisenbahnen wird von baierischer Seite nicht beanstandet, vielmehr könnte derselben sofort zugestimmt werden. No. 442. (XXIII.) Baiern, 8. August 1862.

Was dagegen den Vertrag zum Schutze literarischer und artistischer Werke gegen den Nachdruck betrifft, so könnte demselben die baierische Regierung nach den zur Zeit bestehenden verfassungsmässigen Bestimmungen nicht einseitig beitreten, sondern müsste über die hiernach erforderlichen Abänderungen in der Gesetzgebung zuvor eine übereinstimmende Beschlussnahme ihrer beiden Stände-Kammern veranlassen.

Der Unterzeichnete kann seine gegenwärtige Erklärung nicht schliessen, ohne im Namen seiner hohen Regierung deren aufrichtiges Bedauern auszudrücken, dass diese wichtige Angelegenheit allmählich durch verschiedene Umstände bis in eine Lage gerückt worden ist, in welcher ein anderer Ausgang als der gegenwärtige für alle Theile unbefriedigende sich unerreichbar darstellte.

Gleichwohl kann dieselbe sich dem Troste nicht versagen, dass der Zollverein, diese wahrhaft deutsche grossartige Schöpfung, welcher bisher so manche andere gefährliche Krisis siegreich überstanden und die Principien, auf welchen er gegründet worden, allenthalben vollkommen bewährt hat, auch in seiner jetzigen Lage keiner ernstlichen Gefahr entgegengehen, sondern durch das einmüthige Bestreben aller seiner Theilnehmer vor jeder Verkümmerung werde bewahrt werden.

Die k. baierische Regierung aber ist sich bewusst, sowie überhaupt in allen Fragen seit Gründung dieses Vereins, so auch in der vorliegenden, nur in wahrhaft föderativer Gesinnung, nach ihrem besten Wissen und Gewissen, ohne alle Nebengedanken ihrer aufrichtigen Ueberzeugung gefolgt und dieselbe jederzeit offen und klar dargelegt zu haben.

Der Unterzeichnete benutzt etc. etc.

München, den 8. August 1862. Frhr. v. *Schrenck*.

No. 443. (XXIV.)

WÜRTTEMBERG. — Min. d. Ausw. an den königl. Preussischen Gesandten in Stuttgart. — Erklärung, dem Handelsvertrage nicht beitreten zu wollen. —

Nachdem die Prüfung der mittelst verehrlicher Note Seiner Hochwohlgeboren des Königlich Preussischen ausserordentlichen Gesandten und bevollmächtigten Ministers, Herrn v. der Schulenburg-Priemern, am 7. April d. J. hierher übergebenen Entwürfe der verschiedenen, am 29. März d. J. zu Berlin paraphirten Verträge mit Frankreich von Seiten der Königlichen Regierung nunmehr beendigt ist, hat der Unterzeichnete das Ergebniss dieser Prüfung Seiner Hochwohlgeboren mit Folgendem mitzutheilen die Ehre. No. 443. (XXIV.) Württemberg, 11. August 1862.

Zunächst konnte die Königliche Regierung darüber nicht im Zweifel sein, dass von sämmtlichen Verträgen der Handelsvertrag nicht nur der wichtigste, sondern dass derselbe zugleich auch so eng und wesentlich mit den andern Verträgen verbunden sei, dass die Genehmigung der letzteren wohl nicht mehr in Frage kam, wenn der Handelsvertrag abzulehnen war.

No. 443. (XXIV.) Württemberg. 11. August 1862.

Nach reiflichster Ueberlegung, sowie nach Vernehmung der zur Vertretung der landwirthschaftlichen und industriellen Interessen des Landes berufenen Organe gelangte nun auch die Königliche Regierung wirklich zu diesem Entschluss. Sie glaubt dem Handelsvertrag ihre Zustimmung versagen zu sollen und zwar aus folgenden Gründen.

In der Note vom 24. Mai v. J., worin die vorläufigen Anschauungen der Königlichen Regierung über diesen Gegenstand dargelegt sind, hatte der Unterzeichnete diejenigen Wünsche zu bezeichnen die Ehre, auf deren Berücksichtigung in dem abzuschliessenden Handelsvertrage die Königliche Regierung Werth legen müsse. Desgleichen wurden daselbst die Einräumungen aufgeführt, zu welchen man diesseits äussersten Falls sich verstehen zu können glaube.

Der am 29. März d. J. zu Berlin paraphirte Handelsvertrag hat aber jene Wünsche mehrfach nicht erfüllt, und andererseits in wesentlichen Punkten das Mass der diesseitigen Einräumungen weit überschritten. Zwar ist, wie die Königliche Regierung aus der neuesten Mittheilung des Herrn Gesandten vom 7. d. Mts. mit lebhafter Befriedigung zu entnehmen hatte, die von ihr als Bedingung ihrer Zustimmung zur Herabsetzung der Wein-Eingangszölle in Anspruch genommene Beseitigung der Weinübergangssteuer von Preussen für den Fall allseitiger Annahme des Handelsvertrages nunmehr zugesagt worden. Allein das Werthzollsystem ist der in der Note vom 24. Mai d. J. hiergegen gerichteten Anträge unerachtet im französischen Tarif bestehen geblieben und die Königliche Regierung kann es nicht räthlich finden, sich vertragsmässig in Gewichtszollsätzen zu binden, wenn solchen Zöllen bei den anderen Contrahenten Werthzölle gegenüberstehen. Was die angeführte Ueberschreitung der diesseitigen Concessionen betrifft, so ergiebt sich dieselbe aus einer Vergleichung der letzteren mit dem Vertragstarife B. Die Königliche Regierung aber kann sich mit einer Reihe von Positionen dieses Tarifs um so weniger einverstanden erklären, als denselben entsprechende Gegenleistungen Frankreichs nicht gegenüberstehen und als durch den Vertrag die Autonomie des Zollvereins auf lange Zeit gebunden werden würde.

Gewichtige Bedenken haben überdies einzelne Vertragsartikel hervorrufen müssen. So namentlich die Bestimmung des Artikels 8, Absatz 2, Artikel 23, Absatz 2, die in Artikel 25 erfolgte Ausdehnung des entsprechenden Inhalts des französisch-russischen Handelsvertrags, endlich aber und hauptsächlich die Bestimmung des Artikels 31. Die königliche Regierung vermochte sich der Ueberzeugung nicht zu erwehren, dass, während der zweite und dritte Satz dieses Artikels auch nach der dem ersteren durch die königlich preussische Regierung im Einverständniss mit dem kaiserlich französischen Cabinet gegebenen Erläuterung noch mögliche Gefahren politischer Art für den Zollverein in sich schliessen, die Bestimmung des ersten Satzes weder mit den aus dem Februarvertrage von 1853 sich ergebenden Verbindlichkeiten noch mit richtigen handelspolitischen Grundsätzen des Zollvereins sich vereinigen lasse.

Indem daher der Unterzeichnete zu seinem Bedauern in die Lage versetzt ist, die Ablehnung der für den Zollverein abgeschlossenen Verträge sowie den Nichtbeitritt zu dem zwischen Preussen und Frankreich vereinbarten literarischen Vertrag Namens der königlichen Regierung zu erklären, hat er noch Folgendes ergebenst beizufügen die Ehre. No. 443. (XXIV.) Württemberg. 11. August 1862.

Die Zustimmung der königlich preussischen Regierung zu den Bestimmungen des Vertragstarifs B beruhte Allem nach nicht bloss auf der Absicht, der kaiserlich-französischen Regierung damit Gegenconcessionen zu machen, sondern ging wesentlich auch aus der Ueberzeugung hervor, dass diese Bestimmungen an sich dem Interesse des Zollvereins und seiner Angehörigen entsprechen. Hierin kann aber die königliche Regierung nur einen Grund mehr für den Wunsch finden, dass die der Regel nach ohnehin demnächst vorzunehmenden Berathungen über etwaige theilweise Aenderungen des Zollvereinstarifs bald beginnen und dass dabei auf den Grund umfassender Erhebungen die einzelnen Zollsätze zum Gegenstand eingehender Erörterungen gemacht werden möchten.

In Betracht sodann, dass einerseits sämmtliche Zollvereins-Regierungen in Folge der Ablehnung des Handelsvertrags mit Frankreich ihrer hierauf bezüglichen Verpflichtungen entledigt worden sind, sowie dass andererseits Oesterreich durch den Februarvertrag von 1853 Rechte erworben hat, deren Erfüllung seine jüngsten Anträge auf Beitritt zum Zollverein bezwecken, muss es die königliche Regierung für geboten erachten, dass auch Oesterreich eine Mitwirkung bei jenen Berathungen eingeräumt und dass dasselbe in die Lage versetzt werde, seine Wünsche und Interessen in geeigneter Weise dabei geltend zu machen. Von einem solchen Verfahren dürfte am sichersten die Kräftigung und gedeihliche Weiterentwickelung des Zollvereins, sowie die Herstellung eines allseitig befriedigenden Verhältnisses zwischen diesem und den übrigen deutschen Staaten sich erwarten lassen.

Der Unterzeichnete erlaubt sich nun, den königlich preussischen Herrn Gesandten ergebenst zu ersuchen, vorstehende Mittheilung gefälligst zur Kenntniss seiner höchsten Regierung bringen zu wollen, und benutzt zugleich auch den gegenwärtigen Anlass zur Erneuerung der Versicherung seiner vollkommensten Hochachtung.

Stuttgart, den 11. August 1862.

v. Hügel.

Herrn von der Schulenburg-Priemern, *Stuttgart.*

No. 444. (XXV.)

OESTERREICH. — Min. d. Ausw. an die kaiserl. königl. Gesandtschaft in Berlin. — Erwiderung auf die preussische Depesche vom 6. August 1862.

Wien, 21. August 1862.

Ew. ist die Depesche bekannt, mit welcher Herr Graf von Bernstorff unter dem 6. l. M. meinen in der Zollangelegenheit an Grafen Károlyi gerichteten Erlass vom 26. Juli beantwortet hat. Von allen Einwendungen absehend, zu welchen der Inhalt jener Rückäusserung mir Anlass geben könnte, will ich mit lebhafter Befriedigung nur davon Act nehmen, dass die königlich preussische Regierung die im Artikel 25 des Vertrages vom 19. Februar 1853 eingegangene Verpflichtung noch als bindend erachtet, und sonach die obschwebende Meinungs- No. 444. (XXV.) Oesterreich, 21. August 1862.

No. 444. (XXV.) Oesterreich, 21. August 1862. verschiedenheit sich gegenwärtig auf die Wahl des angemessenen Zeitpunktes zur Erfüllung dieser Verbindlichkeit beschränkt. Es ist uns nie in den Sinn gekommen, das Recht der Bestimmung eines solchen Zeitpunktes ausschliesslich für uns in Anspruch zu nehmen; wir hielten denselben aber für eingetreten, als die Kundgebungen der öffentlichen Meinung in Deutschland die allseitige Annahme der mit Frankreich vereinbarten Tractate nicht mehr erwarten liess. Herr Graf von Bernstorff hingegen stimmte dieser Auffassung nicht bei, indem er nicht nur die Abneigung der Bevölkerungen gegen den Handelsvertrag nach seinen Wahrnehmungen bestreiten zu müssen glaubte, sondern auch fortdauernd auf die Zustimmung sämmtlicher Vereinsregierungen zählte. Als den geeignetsten Termin zur Anknüpfung der Unterhandlungen mit Oesterreich bezeichnete deshalb das königliche Cabinet den Abschluss der Conventionen mit der kaiserlich französischen Regierung.

Seit dem 6. August hat sich die Sachlage vollkommen geklärt, die Würfel sind inzwischen gefallen, und da nunmehr unzweifelhaft feststeht, dass der Zollverein den Vertrag mit Frankreich verwirft, kann jene Vorbedingung nicht mehr eintreten, an welche Herr Graf von Bernstorff den Beginn der von uns beantragten Verhandlungen knüpfte. Es ist damit auch der aus den schwebenden Unterhandlungen mit den Zollvereinsstaaten hergeleitete Verhinderungsgrund sofort auf unseren Vorschlag einzugehen, beseitigt. Unter diesen Umständen und nachdem die königlich preussische Regierung wiederholt versichert hat, dass sie keineswegs eine Sprengung des Zollvereins beabsichtige, dürfen wir uns wohl der Hoffnung hingeben, das königliche Cabinet werde ferner keinen Anstand nehmen, auf unsern Antrag vom 10. Juli, den wir hiermit erneuern, einzugehen. Ew. wollen Herrn Grafen von Bernstorff, unter Mittheilung dieses Erlasses, dringend ersuchen, uns von dem Entschlusse der königlichen Regierung über diesen hochwichtigen Gegenstand so bald als möglich in Kenntniss zu setzen. Empfangen etc.

Rechberg.

An den Grafen **Chotek**, *Berlin*.

No. 445. (XXVI.)

PREUSSEN. — Min. d. Ausw. an den königl. Gesandten in München. — Erwiderung auf die baierische Ablehnung des Handelsvertrags vom 8. August 1862. —

Berlin, den 26. August 1862.

No. 445. (XXVI.) Preussen, 26. August 1862. Hochgeborener Graf! — Mit Eurer Hochgeboren gefälligem Bericht vom 9. d. M. habe ich die Note vom 8. d. M. erhalten, in welcher der Freiherr von Schrenck erklärt, dass die königlich baierische Regierung sich ausser Stande sehe, dem Handelsvertrage mit Frankreich ihre Zustimmung zu ertheilen.

Zur Begründung dieser Ansicht nimmt die gedachte Note zunächst auf die Aeusserungen Bezug, welche königlich baierischerseits auf die von Preussen im Verlauf der Verhandlung gemachten Mittheilungen erfolgt sind; es wird bemerkt, dass man in München durch die am 29. März d. J. erfolgte Paraphirung überrascht worden sei. Unter wiederholter Versicherung ihrer föderativen Ge-

sinnung und mit ausdrücklicher Fernhaltung aller politischen Motive hebt diese No. 443. (XXVI.) Preussen, 28. August 1862.
königlich baierische Regierung alsdann die sachlichen Bedenken hervor, welche für Baiern und nach der Ansicht Baierns für den Zollverein überhaupt, sowohl in Ansehung des Tarifs, wie in Betreff einiger Bestimmungen des Handelsvertrages, endlich und hauptsächlich mit Rücksicht auf das Verhältniss zu Oesterreich bestehen.

Wir haben uns den Verlauf unserer Verhandlungen mit Frankreich und insbesondere unseren während derselben mit der königlich baierischen Regierung geführten Schriftwechsel vergegenwärtigt. Wir haben die angefochtenen einzelnen Bestimmungen der Verträge nochmals geprüft. Wir haben aber weder aus dem Rückblick auf die Vergangenheit, noch aus der wiederholten Erwägung des jetzt vorliegenden Resultats die Ueberzeugung gewinnen können, dass die von dem königlich baierischen Herrn Minister hervorgehobenen Einwendungen und Bedenken begründet seien.

Als die königlich baierische Regierung uns im August 1860 ihre Zustimmung zum Eintreten in commercielle Verhandlungen mit Frankreich erklärte, mochte sie über die Tragweite dieser Verhandlungen in Zweifel sein. Unsere Mittheilung vom April v. J. musste jeden Zweifel lösen. So erklärte denn auch der Herr Freiherr von Schrenck in seiner, als Erwiderung auf diese Mittheilung erlassenen Depesche vom 7. Juni v. J.: „Zweck und Umfang der von französischer Seite eingeleiteten Verhandlungen sind hiernach viel wichtiger und umfassender, als früher von baierischer Seite erwartet worden war. Es handelt sich nicht, wie bei früheren Zoll- und Handels-Verträgen, um einige gegenseitige Zollbegünstigungen, sondern, wie in der preussischen Denkschrift ganz richtig bemerkt ist, um eine vollständige Revision und Umänderung des gesammten Zoll- und Tarifsystems des Zollvereins, der, nachdem nunmehr alle seine westlichen Nachbarn ihr Zollsystem vollständig geändert haben, seinen dermaligen Tarif, der im Wesentlichen noch auf den Grundlagen von 1833 beruht, nicht mehr beibehalten kann, sondern denselben nicht nur gegenüber von Frankreich, sondern auch allgemein modificiren und der neuen Lage der continentalen Zollverhältnisse anpassen muss.“ Die Depesche bemerkte weiter: „es liegt in der Natur der Sache, dass der Zollverein, wenn er durch einen Vertrag seinen Erzeugnissen in Frankreich die gleiche Zollbehandlung sichern will, wie selbe nunmehr England und Belgien erlangt haben, auch seinerseits Frankreich umfassende Zugeständnisse machen müsse, die nicht bloss die Abänderung einzelner Tarifsätze, sondern eine wesentliche Modificirung des gesammten Tarifs zur Folge haben werden.“ Endlich erklärte sich die Depesche auch damit einverstanden, dass, die Wiedererneuerung des Zollvereins vorausgesetzt, an Frankreich eine Garantie dafür gegeben werde, dass die contrahirenden deutschen Staaten mit Ablauf der Vereinsperiode einen ungünstigeren, als den vertragsmässig festzustellenden Zustand, gegenüber von Frankreich nicht würden eintreten lassen.

Der königlich baierische Herr Minister wird anerkennen, dass hiermit die Zustimmung Baierns zu einer, im Wege des Vertrages mit Frankreich festzustellenden, eventuell über den Ablauf der Vereinsperiode hinaus reichenden, vollständigen Revision des Vereins-Zolltarifs erklärt war.

No. 443. (XXVI.) Preussen, 26. August 1862.

Ueber die bei dieser Revision anzunehmenden einzelnen Zollsätze enthielt die Depesche mehrere eingehende Aeusserungen. Ich werde Gelegenheit haben, auf einzelne derselben zurückzukommen; im Allgemeinen konnten wir dieselben, nach der Natur der Sache und nach der ihnen gegebenen Form, nur als den Ausdruck von Gesichtspunkten betrachten, welche wir ernsthaft und so lange als möglich geltend zu machen hatten, nicht aber als den Ausdruck unabänderlicher Entschliessungen. Der Herr Freiherr von Schrenck wird mir zugeben, dass im letzteren Falle die auch von ihm gewünschte Fortsetzung der Verhandlungen unmöglich gewesen sein würde; denn ausser der Erklärung Baierns lagen uns noch die Erklärungen von elf anderen Vereins-Regierungen vor, welche weder unter einander, noch mit der baierischen übereinstimmten.

In der That zeigte der Erfolg, dass diese Auffassung auch von der königlich baierischen Regierung getheilt wurde.

Im September vorigen Jahres legten wir unseren Vereins-Genossen das Ergebniss der nach Eingang ihrer Erklärungen fortgesetzten Verhandlungen vor. Die Anlage I. unseres Circulars vom 4. September enthielt eine vollständige Uebersicht der von uns an Frankreich gemachten Zugeständnisse und liess ersehen, dass es uns nicht möglich gewesen war, bei zahlreichen, in der Depesche vom 7. Juni v. J. genannten Artikeln — feinen Baumwoll-Waaren, neuen Kleidern, Urgläsern, feinen Parfümerieen, künstlichen Blumen, Lichten, feiner Seife — an den in dieser Depesche bezeichneten Zollsätzen festzuhalten. Der Herr Freiherr von Schrenck erhob in seiner Note vom 29. September v. J. gegen die für diese Artikel gemachten, das in seiner Depesche vom 7. Juni bezeichnete Ausmass überschreitenden Zugeständnisse keine Einwendung. Wir begegneten vielmehr, zu unserer lebhaften Befriedigung, an der Spitze jener Note der Erklärung, „dass die königlich baierische Regierung vollkommen mit dem von der königlich preussischen Regierung bei den Verhandlungen bisher eingenommenen Standpunkte einverstanden sei, und derselben für die entschiedene Wahrung der Interessen und der Würde des deutschen Zollvereins zu dem lebhaftesten Danke sich verpflichtet fühle." Wir konnten hiernach an der Zustimmung Baierns zu den von uns an Frankreich gemachten Zugeständnissen um so weniger zweifeln, als im weiteren Verlaufe der Note zwar darauf hingewiesen wurde, dass diese Zugeständisse sehr bedeutend seien und manchen Industriezweig empfindlich berühren würden, ein Widerspruch gegen die Zugeständnisse selbst aber an diese Bemerkung nicht geknüpft war.

Der königlich baierische Herr Minister ist nun der Meinung, dass wir in dem letzten, in die ersten Monate des laufenden Jahres fallenden Stadium der Verhandlung sowohl den von uns selbst, in unserer Mittheilung vom September vorigen Jahres ausgesprochenen Ansichten untreu geworden seien, als auch die, von der königlich baierischen Regierung abgegebenen bestimmten Erklärungen unbeachtet gelassen haben. Ich kann weder das eine, noch das andere zugeben.

In unserem Circulare vom 4. September v. J. haben wir an keiner Stelle gesagt, dass wir eine Erweiterung der von uns bis dahin an Frankreich gemachten Zugeständnisse für unzulässig erachteten. Wir haben uns auf die Erklärung beschränkt, dass wir auf die Mehrzahl der damals von Frankreich gestellten Forderungen nicht einzugehen vermöchten. In der That sind wir auf die Mehrzahl der damals von Frankreich gestellten Forderungen in dem Vertrage vom 2. d. Mts. nicht eingegangen. 415. (XXVI.) Preussen, 26. August 1862.

Auch der Herr Freiherr von Schrenck hat in seiner Note vom 29. September v. J. einer Erweiterung der Zugeständnisse an Frankreich nicht widersprochen. Indem er, in vollem Einverständniss mit unserem Circular vom 4. dess. Mts., gegenüber den damaligen, auf ein vollständiges nivellement des tarifs gerichteten Forderungen Frankreichs, die Rücksicht auf das selbstständige Interesse des Vereins betont, führt er fort; „Die königlich baierische Regierung vermag es daher auch keineswegs für räthlich zu erachten, an Frankreich weitere Zugeständnisse zu machen und das System des vereinsländischen Zolltarifs ohne Rücksicht auf die concreten Verhältnisse der Production und des Verbrauchs nach einer von Frankreich willkürlich aufgestellten abstracten Regel oder nach dem Vorgange eines anderen Landes, wo ganz verschiedene Verhältnisse bestehen, durchgreifend zu reformiren.“ Wir konnten hierin nur eine Bestätigung unserer eigenen Ueberzeugung finden, dass die in den Forderungen Frankreichs liegende Umgestaltung des Vereins-Zolltarifs abzulehnen sei, nicht aber die Erklärung, dass Baiern die damals an Frankreich gemachten Zugeständnisse als ein Ultimatum ansehe.

Zur Klarlegung des Sachverhältnisses und zur Würdigung des uns in der vorliegenden Note gemachten Vorwurfs, „dass der französischen Regierung alle diejenigen Concessionen, welche im September v. J. allseitig als durchaus unzulässig erklärt worden waren, gemacht seien,“ wird es, wie ich glaube, beitragen, wenn ich für einige der wichtigsten Artikel diejenigen Zollermässigungen gegenüberstelle, welche wir bis zum September v. J. zugestanden hatten, welche Frankreich über diese Zugeständnisse hinaus verlangte, und welche endlich in den Vertrag vom 2. August aufgenommen sind. Ich beschränke diese Zusammenstellung auf die wichtigsten Artikel, theils um meiner gegenwärtigen Mittheilung nicht eine ungebührliche Ausdehnung zu geben, theils weil es dem königlich baierischen Herrn Minister nicht gefällig gewesen ist, diejenigen Gegenstände, welche er bei jenem Vorwurfe im Auge hatte, speciell zu bezeichnen.

Ich bin überzeugt, dass der Herr Freiherr von Schrenck, nach Prüfung der vorstehenden Zusammenstellung, bei dem Vorwurfe nicht beharren wird, als hätten wir die im September v. J. allseitig für unzulässig erklärten Zugeständnisse an Frankreich gemacht, und dass er anerkennen wird, wie die von uns im September v. J. bereits gemachten Zugeständisse, gegen welche er einen Widerspruch nicht erhoben hatte, soweit es sich um die sofort eintretenden Zollermässigungen handelt, nur bei wenigen Artikeln erheblich erweitert sind. Es wird ihm ferner nicht entgehen, dass die für die Jahre 1865 und 1866 vereinbarten Zollsätze fast durchweg höher sind, als die von Frankreich für das Jahr 1864 geforderten, und er wird bei Würdigung dieser Sätze gewiss nicht verkennen, welche Bedeutung das Hinausschieben der weiteren Ermässigungen um zwei Jahre für die betheiligten Industrieen hat. Dass gerade dieses Hinausschieben des Termins der erst im letzten Stadium der Verhandlungen erfasste Gesichtspunkt

No. 445. (XXVI.) Preussen, 26. August 1862.

Gegenstände.	September 1861				Vertrag vom 2. August			
	angestanden		gefordert					
	sofort	1864	sofort	1864	sofort	1864	1865	1866
Baumwollwaaren 1. Klasse	15 Thlr.	— Thlr.	11 Thlr. — Sgr.	8 Thlr. — Sgr.	12 Thlr.		— Thlr.	10 Thlr.
2. Klasse	25 ,,	— ,,	20 ,, — ,,	13 ,, 10 ,,	24 ,,		— ,,	16 ,,
3. Klasse	40 ,,	— ,,	26 ,, 20 ,,	20 ,, — ,,	34 ,,		— ,,	30 ,,
Leinenwaaren: gebleichte u. s. w.	15 ,,	— ,,	10 ,, — ,,	6 ,, 20 ,,	12 ,,		— ,,	10 ,,
Bänder, Borten u. s. w.	25 ,,	— ,,	20 ,, — ,,	13 ,, 10 ,,	24 ,,		— ,,	20 ,,
Wollenwaaren: Fussteppiche	15 ,,	10 ,,	15 ,, — ,,	10 ,, — ,,	15 ,,	10 ,,		— ,,
gewalkte etc.	15 ,,	— ,,	12 ,, — ,,	10 ,, — ,,	10 ,,	— ,,		— ,,
ungewalkte etc.	28 ,,	— ,,	22 ,, — ,,	20 ,, — ,,	24 ,,	— ,,		20 ,,
bedruckte	40 ,,	— ,,	25 ,, — ,,	20 ,, — ,,	30 ,,	— ,,		25 ,,
Stickereien etc.					34 ,,	— ,,		30 ,,
Seidenwaaren: ganz von Seide	60 ,,	— ,,	40 ,, — ,,	— ,, — ,,	50 ,,	— ,,		40 ,,
halbseidene	40 ,,	— ,,	15 bis 40 Thlr.	8 bis 20 Thlr.	34 ,,	— ,,		30 ,,
Glas: weisses Hohlglas etc. (Pos. 10 b u. Anmerkung)[1]	$1\frac{3}{4}$,,	— ,,	1 Thlr. — Sgr.	— Thlr. 18 Sgr.	$1\frac{3}{4}$,,		$\frac{2}{3}$,,	— ,,
Thonwaaren: Fayence, weiss	$1\frac{3}{4}$,,	— ,,	1 ,, — ,,	— ,, 18 ,,	$1\frac{3}{4}$,,		— ,,	— ,,
,, bemalt	$3\frac{2}{3}$,,	— ,,	2 ,, 20 ,,	2 ,, — ,,	$3\frac{1}{6}$,,		2 ,,	— ,,
Porzellan, weiss	$3\frac{1}{6}$,,	— ,,	2 ,, — ,,	1 ,, 15 ,,	$3\frac{1}{6}$,,		$1\frac{3}{4}$,,	— ,,
,, bemalt	8 ,,	— ,,	6 ,, — ,,	3 ,, 10 ,,	5 ,,		4 ,,	— ,,
Eisen: [2]) Stabeisen aller Art, Stahl	$1\frac{1}{3}$,,	1 ,,	1 ,, $7\frac{1}{2}$,,	— ,, 24 ,,	$1\frac{1}{4}$ Thlr.	1 Thlr.	— Thlr.	25 Sgr.
façonnirtes Eisen	2 ,,	$1\frac{1}{2}$,,	1 ,, 15 ,,	1 ,, 4 ,,	$1\frac{3}{4}$,,	$1\frac{1}{2}$,,	— ,,	$1\frac{1}{6}$,,
Draht, polirte etc. Bleche	3 ,,	$2\frac{1}{2}$,,	2 ,, 4 ,,	1 ,, 22 ,,	$2\frac{1}{3}$,,	— ,,	$1\frac{3}{4}$,,	— ,,
Weissblech					3 ,,	— ,,	$2\frac{1}{2}$,,	— ,,
Lederwaaren, grobe	5 ,,	— ,,	6 ,, — ,,	— ,, — ,,	5 ,,	— ,,	4 ,,	— ,,
feine	10 ,,				10 ,,	— ,,	— ,,	— ,,
Handschuhe	22 ,,				$13\frac{1}{3}$,,	— ,,	— ,,	— ,,

1) In Betreff der Spiegelgläser und des geschliffenen weissen Glases war schon im September Einverständniss vorhanden.
2) In Betreff des Roheisens war schon im September Einverständniss vorhanden.

war, welcher die Grundlage zu der endlichen Verständigung darbot, habe ich in meiner Depesche vom 3. April d. J. näher dargelegt. No. 445. (XXVI.) Preussen, 26. August 1863.

Der königlich baierische Herr Minister macht uns ferner den Vorwurf, dass wir, ausser den im September v. J. für unzulässig erklärten, noch „eine Menge anderer, zum Theil viel wichtigerer Concessionen“ an Frankreich gemacht hätten. Ich kann diese Bemerkung nur dahin verstehen, dass an Frankreich im letzten Stadium der Verhandlung Zugeständnisse für Artikel gemacht worden seien, welche, nach unserer Mittheilung vom September v. J., damals noch nicht zum Gegenstande der Verhandlung geworden waren. Ich kenne nur zwei solcher Artikel: rohes Baumwollgarn und rohes Jutegarn. Ich glaube nicht, dass die königlich baierische Regierung die von uns ganz unabhängig von den Verhandlungen mit Frankreich beantragte und von der Mehrzahl der Vereins-Regierungen im Correspondenzwege genehmigte Zollermässigung für Jutegarn zu den wichtigen Concessionen zählt, zumal die einzige Jutegarn-Spinnerei des Zollvereins einem Staate angehört, welcher den vorliegenden Verträgen bereits seine Genehmigung ertheilt hat. Es bleibt also die unzweifelhaft wichtige Zollermässigung für rohes Baumwollgarn übrig. Dass diese Ermässigung im eigenen Interesse des Zollvereins gerechtfertigt sei, habe ich in meinem Erlasse vom 3. April d. J. nachgewiesen. Ich kann mich auf meine damaligen Ausführungen beziehen, da ich eine Widerlegung derselben in der vorliegenden Note nicht finde, und kann hiernach auch den zweiten, uns gemachten Vorwurf als begründet nicht anerkennen.

Der Herr Freiherr von Schrenck hebt sodann eine Anzahl einzelner Artikel hervor, bei welchem wir den Widerspruch Baierns gegen weitere Zollermässigungen unbeachtet gelassen hätten. Ich gehe auf diese Artikel einzeln ein.

In Betreff des Ausgangszolls für Lumpen war in der Depesche vom 7. Juni v. J. bemerkt: „man erachtet es baierischerseits für wünschenswerth, dass die Ermässigung u. s. w. vermieden werde.“ Ich bin, auch bei nochmaliger Prüfung, ausser Stande, in dieser Bemerkung eine Erklärung zu finden, welche es für uns unzulässig gemacht hätte, die Ermässigung, wenn dieselbe nicht zu vermeiden war, zuzugestehen.

In der nämlichen Depesche war der, von uns im April v. J. vorgeschlagenen Classification der Baumwollgewebe zugestimmt, mit Ausnahme der feineren Gattungen der dichten Gewebe, namentlich der sammetartigen, welche sich zur Einreihung in die höchste Klasse eigneten. Nach Inhalt unserer Mittheilung vom September war in dieser Beziehung die Classification nicht verändert und für die bezügliche Klasse — die zweite — ein Zollsatz zugestanden worden, welcher sich von dem schliesslich vereinbarten um einen Thaler vom Centner unterscheidet. In der darauf erlassenen Note vom 29. September v. J. wurde hiergegen eine Erinnerung nicht erhoben.

Die Depesche vom 7. Juni v. J. erklärte ferner: „Auch für die Zollermässigung für fertige Kleider scheint es an einem genügenden Grunde zu fehlen, vielmehr spricht Alles dafür, in diesem Artikel den Arbeitsverdienst dem Inlande zu erhalten.“ Wir glaubten bei diesem Artikel die Bildung einer besonderen Klasse für nicht seidene Kleider nicht versagen und für diese Klasse einen Zoll-

No. 415 (XXVI) Preussen. 26. August 1864.

satz zugestehen zu können, welcher dem Zollsatze für die am höchsten belegte Klasse der nicht seidenen Gewebe gleichsteht, und wir hatten die Genugthuung, dass auch gegen diese Tarifirung in der Note vom 29. September v. J. ein Widerspruch nicht erhoben wurde.

Für Uhrgläser ist zum sofortigen Eintritt der nämliche Zollsatz vereinbart, welcher in unserer Mittheilung vom September v. J. von uns bereits bezeichnet war und einen Widerspruch nicht hervorgerufen hatte. Allerdings ist für diesen Artikel vom Jahre 1865 ab eine weitere Zollermässigung zugesagt, wir haben indess nicht geglaubt und können uns auch heute nicht zu der Voraussetzung entschliessen, dass diese Ermässigung Anlass zu einer ernstlichen Schwierigkeit darzubieten vermöge.

Der Zollsatz für feine Parfümerien ist der nämliche geblieben, wie er von uns laut unserer Mittheilung vom September v. J. zugestanden und in der Note vom 29. September einem Einspruche nicht begegnet war.

Für künstliche Blumen hatten wir, nach Inhalt unserer gedachten Mittheilung, einen Zollsatz von 35 Thlr. zugestanden. Die Note vom 29. September erhob gegen dieses Zugeständniss keinen Widerspruch. Der gegenwärtig vereinbarte Satz beträgt 34 Thlr., und von 1865 ab 30 Thlr.

Mit der feinen Seife verhält es sich wie mit den Uhrgläsern. Der für den sofortigen Eintritt vereinbarte Zollsatz ist der nämliche, welchen wir im September v. J. zugestanden hatten, ohne einem Widerspruche zu begegnen, und die für das Jahr 1866 zugestandene, mit der Aufhebung des Eingangszolles für Talg in Verbindung stehende weitere Ermässigung, auf welche von Frankreich aus nahe liegenden Gründen besonderer Werth gelegt wurde, konnte uns ebenfalls nicht als eine Veranlassung zu ernstlichen Bedenken erscheinen.

Was den Wein anlangt, so hatten wir bereits im März v. J. eine Zollermässigung, und zwar für Wein in Fässern auf 4 Thlr., für Wein in Flaschen auf 6 Thlr. an Frankreich in Aussicht gestellt. Der Herr Freiherr von Schrenck erachtete in seiner Depesche vom 7. Juni v. J. dieses Zugeständniss nicht für unbedenklich, erklärte indessen unter gewissen Voraussetzungen, dass Baiern demselben zustimme. Als äusserste Grenze bezeichnete er dasselbe nicht. Da wir bereit waren, der wichtigsten der von ihm gestellten Voraussetzungen — Ermässigung der Uebergangs-Abgabe für Wein — entgegenzukommen, und da wir davon ausgehen durften, dass es für Baiern vorzugsweise auf den Zollsatz für Wein in Fässern und nur in zweiter Linie auf den Zollsatz für Wein in Flaschen ankommen könne, so boten wir Frankreich, welches für beide Arten von Wein einen Zollsatz von $3^2/_3$ Thlr. sofort und von $3^1/_3$ Thlr. nach Ablauf eines Jahres verlangte, im August v. J. auch für Wein in Flaschen die Ermässigung auf 4 Thlr. an. Auf die hierüber an die königlich baierische Regierung gemachte Mittheilung erwiderte der Herr Freiherr von Schrenck in seiner Note vom 29. September: „was insbesondere die Weinzoll-Ermässigung betrifft, so hat die baierische Regierung schon in ihrer ersten Erklärung die äusserste Grenze hierfür bezeichnet und muss von ihrem Standpunkte aus jede weitere Ermässigung dieser Zölle mit voller Bestimmtheit ablehnen." Da, wie erwähnt, die Depesche vom 7. Juni v. J. keine Andeutungen darüber enthalten hatte, dass Baiern die Sätze von 4 Thlr. und 6 Thlr. als Ultimatum ansehe, dass auch die Note vom 29. September v. J. die einem Abbrechen der Verhandlungen gleichbedeutende Zurücknahme der von uns an Frankreich angebotenen Ermässigung nicht begehrte, so konnten wir in jener Erwiderung nur den Ausdruck der mit unserer eigenen Ansicht übereinstimmenden Meinung erkennen, dass die noch weiter gehenden Forderungen Frankreichs bestimmt abzulehnen seien, wie sie denn auch abgelehnt sind.

No. 445 (XXVI.) Preussen, 28. August 1862.

Wenn endlich der königlich baierische Minister in seiner Note vom 8. d. M. als Zollermässigungen, welche bei den vorgängigen Verhandlungen noch in Aussicht gestellt waren, sondern erst bei der Feststellung des Vertrages hinzukamen, diejenigen für Eisen und Eisenwaaren, Baumwollen- und Leinen-Garne und Waaren und einige Chemikalien erwähnt, so habe ich, zur Vermeidung von Missverständnissen, zweierlei zu bemerken. Zunächst dass für Leinengarne an Frankreich nichts weiter zugestanden ist, als die Aufrechthaltung des seit fünfzehn Jahren bestehenden allgemeinen Tarifs, und dass es deshalb füglich unterbleiben konnte, in unseren früheren Mittheilungen diesen Artikel zu erwähnen. Sodann dass alle übrigen, von dem königlich baierischen Herrn Minister bezeichneten Gegenstände — mit Ausnahme des bereits besprochenen rohen Baumwollgarns — nach Inhalt unserer Mittheilung vom September v. J. Gegenstand der Unterhandlung mit Frankreich und fast durchweg Gegenstand von Concessionen an Frankreich gewesen waren, gegen welche die Note vom 29. September v. J. nichts erinnert hatte. Zum Theil sind diese Concessionen unverändert in den Vertrag übergegangen, zum Theil sind sie — wie die oben enthaltene Zusammenstellung ergiebt — erweitert worden; überraschen konnten sie nicht. Weit eher könnten wir überrascht sein, unter den von dem Herrn Freiherrn von Schrenck als bedenklich bezeichneten Zugeständnissen diejenigen für Eisen und Eisenwaaren genannt zu sehen. Keine frühere Acusserung der königlich baierischen Regierung hatte diese Gegenstände, welche in unseren Mittheilungen vom April und September v. J. in der That nicht übergangen waren, auch nur genannt, und wir müssten die thatsächlichen Verhältnisse absichtlich ignoriren, wenn wir vergessen wollten, dass von der Hochofen-Production des Zollvereins im Jahre 1860 auf Baiern 6 pCt. und auf uns und diejenigen Vereinsstaaten, welche den Verträgen vom 2. d. Mts. zugestimmt haben, 80 pCt. fallen.

Die vorstehenden Bemerkungen ergeben, dass die königlich baierische Regierung sich mit der Richtung, in welcher wir die Verhandlungen geführt haben, einverstanden erklärt, dass sie gegen die von uns bis zum September vorigen Jahres gemachten Zugeständnisse, welche die Grundlage zu dem Vertrage vom 2. d. M. geblieben sind, keinen Einspruch erhoben, und dass sie zwar die, diesen Zugeständnissen entgegen gestellten Forderungen Frankreichs mit uns nicht für annehmbar erachtet, keineswegs aber eine Erweiterung unserer Zugeständnisse für unzulässig bezeichnet hatte. Es handelt sich also darum, ob in der Differenz zwischen dem, was wir bis zum September v. J. zugestanden hatten, und dem, was wir im März d. J. schliesslich zugestanden haben, für die königlich baierische Regierung ein Grund liegen kann, dem Vertrage ihre Zustimmung zu versagen.

No. 443 (XXVI.) Preussen, 26. August 1862. Wir sind, wie ich dies kaum zu bemerken brauche, uns wohl bewusst gewesen, dass wir zu der, durch diese Differenz ausgedrückten Erweiterung unserer Zugeständnisse der Zustimmung unserer Zollverbündeten bedürfen. Ich habe deshalb diese Erweiterung, soweit es sich um wichtigere Gegenstände handelt, in meinem Erlass vom 3. April d. J. motivirt, und ich werde gern bereit sein, diese Motivirung, sofern mir dazu Veranlassung dargeboten wird, zu vervollständigen. Ich kann aber eine Ablehnung nicht als begründet anerkennen, welche sich auf die Thatsache, dass wir unsere im Sept. v. J. mitgetheilten Zugeständnisse erweitert haben und auf die Behauptung stützt, dass wir durch diese Erweiterung zum Freihandelssystem übergegangen seien. Jene Thatsache würde nur dann von Gewicht sein, wenn wir in unserer Mittheilung vom September v. J. erklärt hätten, dass wir eine Erweiterung unserer damaligen Zugeständnisse für unzulässig hielten, oder wenn die königlich baierische Regierung ihrerseits eine solche Erklärung an uns hätte gelangen lassen. Keines von beiden ist geschehen. Dieser Behauptung aber möchte ich die Frage gegenüberstellen: welches Ausmass von Zöllen für Gewerbs-Erzeugnisse die Grenze zwischen dem Schutzzollsystem und dem Freihandelssystem bezeichnet. Ich kann mir nicht klar machen, dass der Verein zum Freihandelssystem übergeht, wenn er z. B. den Eingangszoll für rohes Baumwollengarn auf denjenigen Satz zurückführt, welcher vor der Errichtung des Vereins an 13 Jahre hindurch bestanden hat, oder wenn er, nach Verlauf einiger Jahre, für Materialeisen Zollsätze eintreten lässt, welche, nach den gegenwärtigen Preisen 25 pCt. vom Werthe übersteigen; ich kann nicht erkennen, dass z. B. der Zollsatz von 15 Thlr. für rohe Baumwollgewebe, gegen welchen die königlich baierische Regierung eine Einwendung nicht erhoben hatte, dem Schutzzollsystem und die von uns zugestandenen Zollsätze von 12 Thlr. und 10 Thlr. dem Freihandelssystem angehören. Ich kann überhaupt, sobald das auch von der königlich baierischen Regierung anerkannte Bedürfniss vorliegt, den Vereins-Zolltarif im Sinne einer Erleichterung des Verkehrs umzugestalten, eine Lösung der hierbei sich darbietenden Fragen nicht auf dem Boden principieller Discussionen über dieses oder jenes System, sondern nur auf Grundlage specieller Erörterung der einzelnen Zollsätze in ihrer wirthschaftlichen und finanziellen Bedeutung suchen. Eine solche Erörterung habe ich in der Note des Herrn Freiherrn von Schrenck nicht gefunden, und ich kann daher auch in materieller Beziehung die von der königlich baierischen Regierung ausgesprochene Ablehnung als begründet nicht anerkennen.

Ich habe endlich noch der Behauptung des königlich baierischen Herrn Ministers zu erwähnen, nach welcher Belgien, bei viel geringeren Gegenleistungen, als der Zollverein, namhafte Vorzüge vor dem letzteren bei der Einfuhr in Frankreich behalten würde.

In meinem Erlasse vom 3. April d. J. habe ich selbst die Gegenstände bezeichnet, welche in dem französisch-belgischen Tarif enthalten, aber in die Anlage A unseres Vertrages nicht aufgenommen sind. Einer von diesen Artikeln ist, nach Inhalt des Protokolls vom 2. d. M., nachträglich in diese Anlage einbegriffen worden. Hinsichtlich der übrigen habe ich bemerkt, dass ein wirklicher Unterschied zwischen der Behandlung Belgiens und des Zollvereins nur bei raffinirtem Zucker, Sirup, Jutegeweben und Chokolade obwalte, und ich habe diese Gründe entwickelt, aus welchen wir in Betreff dieser Gegenstände auf die Gleichstellung mit Belgien einen entschiedenen Werth nicht gelegt haben. Der königlich baierische Herr Minister ist auf eine Widerlegung dieser Gründe nicht eingegangen und hat insbesondere nicht behauptet, dass Baiern bei einer Einfuhr-Erleichterung für einen von jenen Gegenständen ein Interesse habe. No. 415 (XXVI.) Preussen, 26. August 1862.

Dass Belgien an Frankreich geringere Zugeständnisse gemacht habe, als der Zollverein, stelle ich entschieden in Abrede. Die in dem Tarife B zu dem Vertrage vom 1. Mai v. J. festgesetzten specifischen Zollsätze für Metalle, Metallwaaren, Maschinen und Maschinentheile, Leder, sammetartige Baumwollgewebe, Seidenwaaren, chemische Fabrikate, Glaswaaren, Papier und verschiedene unter den „articles divers" begriffene minder wichtige Gegenstände sind nirgends höher, bei den meisten und bedeutendsten Artikeln niedriger, als die von uns an Frankreich zugestandenen. Die für unbedruckte, nicht sammetartige Baumwollgewebe vereinbarten Zollsätze stehen, so weit die Verschiedenheit der Classification eine Vergleichung zulässt, den von uns zugestandenen gleich. Die Zollsätze für Leinen-, Baumwollen- und rohe ungezwirnte Wollengarne sind zwar höher, als die unserigen, wir haben aber an Frankreich für Leinengarne und rohe Wollengarne gar keine, für Baumwollgarne nur eine Ermässigung um 1 Thlr. vom Ctr. zugestanden, während die von Belgien zugestandene Ermässigung $8^{1}/_{4}$ Thlr. bis $11^{1}/_{2}$ Thlr. vom Ctr. beträgt. Die übrigen Waaren sind in Belgien Werthzöllen unterworfen, welche im Ganzen den im französischen Tarife enthaltenen entsprechen. Wegen Vergleichung dieser Zölle mit den unserigen hinsichtlich der wichtigeren Artikel kann ich daher auf meinen Erlass vom 3. April d. J. Bezug nehmen.

Ich gehe nun zu den Bedenken über, welche königlich baierischerseits in Bezug auf einzelne Bestimmungen des Handelsvertrages selbst gehegt werden.

In dieser Hinsicht wird zuvörderst zu den Artikeln 5, 6 und 8 die Erinnerung gezogen, dass, während Frankreich von einer Anzahl von Artikeln neben der Eingangs-Abgabe noch Verbrauchs-Abgaben erheben dürfe, der Zollverein sich des Rechts begebe, von französischen Weinen, Branntweinen und Fetten eine Verbrauchs-Abgabe zu erheben; eine solche Ungleichheit, so heisst es in der Note, widerstrebe dem Nationalgefühl. Allein diese Abrede enthält doch nur die gegenseitige Zusage, den bestehenden factischen Zustand, welcher für den Zollverein zu den Grundlagen seines Zoll- und Steuersystems gehört, aufrecht zu halten, und die Note erkennt selbst an, wie keine Wahrscheinlichkeit bestehe, dass der Zollverein das System des französischen Octrois nachahmen werde. Ich vermag daher nicht abzusehen, wie in jenen Bestimmungen etwas für das Nationalgefühl Verletzendes gefunden werden kann.

Ferner wird zum Artikel 15 der Vorwurf erhoben, dass das Recht der französischen Zollbehörde, bei zu geringer Werths-Declaration der Waaren, solche gegen Zahlung des declarirten Preises mit einem Zuschlage von fünf vom Hundert zu behalten, dazu führe, die französischen Zollermässigungen illusorisch zu machen. Auch wir würden gewünscht haben, einen grösseren, als den bezeichneten Zuschlag festgesetzt zu sehen; wir befanden uns indess hierbei gegen-

No. 446 (XXVI.) Preussen, 26. August 1862.

über einem fertigen, von Grossbritannien in seinem Vertrage mit Frankreich vom 23. Januar 1860 Artikel 4, und von Belgien in seinem Vertrage mit Frankreich vom 1. Mai 1861 Artikel 20 acceptirten System, und wir hielten es um so eher für zulässig, den hoffnungslosen Versuch zu einer Aenderung dieses Systems aufzugeben, als einerseits während der bereits seit längerer Zeit dauernden Wirksamkeit desselben nennenswerthe Unzuträglichkeiten sich nicht ergeben hatten, andererseits aber Frankreich in Beziehung auf die Zollabfertigung andere werthvolle Zugeständnisse machte.

In Bezug auf den Artikel 23 des Handelsvertrages wird es als mit der Würde des Vereins unvereinbar bezeichnet, dass Frankreich das Verbot der Durchfuhr von Schiesspulver bewahre und sich vorbehalte, die Durchfuhr von Kriegswaffen von besonderen Ermächtigungen abhängig zu machen, während der Zollverein nur die Durchfuhr von Salz solle verbieten dürfen. Dies Bedenken kann offenbar nur auf einem Missverständniss beruhen. Es liegt hier nichts weiter vor, als dass die vertragenden Theile sich beiderseits für Gegenstände des Monopols — der Zollverein für Salz, Frankreich für Schiesspulver — die Aufrechthaltung des bestehenden Zustandes vorbehalten haben. Hier ist also auch formell die Reciprocität gewahrt. Die Durchfuhr von Kriegswaffen, worunter in Frankreich nur Waffen von bestimmten Kalibern, beziehungsweise Formen verstanden worden, ist daselbst schon seit langer Zeit besonderen Controlen unterworfen. Dass es der Würde des Zollvereins entsprochen haben würde, diese von ihm bisher nicht für nöthig erachteten Controlen aus Rücksichten der Reciprocität einzuführen, kann ich nicht zugeben. Der Erwähnung bedarf es kaum, dass der Zollverein sich keineswegs des Rechts begeben hat, auch ein Verbot der Durchfuhr von Schiesspulver und Waffen zu erlassen.

Zum Artikel 25 wird königlich baierischerseits bemerkt, dass die darin enthaltenen Bestimmungen über die gegenseitigen Befugnisse der Unterthanen der vertragenden Theile nicht ohne Bedenken und kaum mit der dermaligen Gesetzgebung einzelner Vereinsstaaten in Einklang zu bringen seien. Diese Bemerkung entbehrt jedes inneren Grundes. Denn im letzten Absatze dieses Artikels ist ausdrücklich bestimmt, dass durch die getroffenen Abreden den besonderen Gesetzen, Verordnungen und Reglements kein Eintrag geschehe, welche in Bezug auf Handel, Gewerbe und Polizei in dem Gebiete jedes vertragenden Staates bestehen. Damit ist jede Particular-Gesetzgebung vollkommen gewahrt; nur die Zusage ist gegeben, die Unterthanen gegenseitig gleich denjenigen des meistbegünstigten Staates zu behandeln. Dies ist nicht nur bereits im Verlauf der Verhandlung durch ein besonderes Circular vom 5. Mai d. J. erläutert, welches Ew. Hochgeboren ohne Zweifel auch dort s. Z. mitgetheilt haben werden, sondern es ist auch seitdem durch die Erklärung zu 3 in dem bei Unterzeichnung der Verträge am 2. August aufgenommenen Protokoll jeder mögliche Zweifel vollkommen beseitigt.

Endlich wird im Anschluss an den Artikel 31 das Verhältniss des Zollvereins zu Oesterreich zum Gegenstande der Besprechung gemacht. Die Ansicht, von welcher die preussische Regierung in dieser Beziehung ausgeht, ist so oft und so klar dargelegt, dass ich mich enthalten darf, hier nochmals darauf zurück-

zukommen: ich darf insbesondere auf die Depesche, welche ich noch zuletzt am No. 44h. (XXV.) Preussen, 26. August 1862.
6. d. M. an den königlichen Gesandten in Wien gerichtet habe, Bezug nehmen. In dieser Depesche habe ich ausgesprochen, dass wir aufrichtig fern davon seien, Verhandlungen mit der uns befreundeten Macht grundsätzlich abweisen zu wollen, dass wir aber den gegenwärtigen Zeitpunkt nicht als geeignet anzuerkennen vermögen, um in solche Verhandlungen einzutreten, da dieselben nach unserer Ueberzeugung jetzt zu einem gedeihlichen Ziele nicht führen, vielmehr nur neue Verwickelungen im Gefolge haben würden; erst nachdem die Verträge mit Frankreich durch allseitige Annahme seitens der Zollvereinsstaaten in ihrer Ausführung gesichert seien, werde nach unserer Auffassung der Augenblick gekommen sein, um die anderweite Regelung der handelspolitischen Beziehungen zu Oesterreich zu erwägen.

Ich kann hierbei nicht unterlassen, einem Missverständniss vorzubeugen, zu welchem eine, das Verhältniss zu Oesterreich betreffende Bemerkung des königlich baierischen Herrn Ministers Veranlassung geben könnte. Er hebt nämlich hervor, dass die königlich baierische Regierung schon bei Eröffnung der Verhandlungen mit Frankreich bestimmt erklärt habe, wie sie diese Verhandlungen nur unter der ausdrücklichen Voraussetzung für zulässig erachte, dass vor dem Abschluss derselben ein Verständniss mit Oesterreich eingeleitet und erzielt werde. Es könnte diese Bemerkung zu der Annahme führen, als hätten wir eine in diesem Sinne abgegebene Erklärung Baierns unbeachtet gelassen, und ich muss daher auch hier näher auf den wirklichen Sachverhalt eingehen.

In der von mir wiederholt in Bezug genommenen Depesche vom 7. Juni v. J. erwähnt der Herr Freiherr von Schrenck des Verhältnisses zu Oesterreich an zwei Stellen. Zuerst im Eingange, wo er, nach Erklärung seines Einverständnisses mit der Generalisirung der an Frankreich zu machenden Zugeständnisse, fortfährt: „Die baierische Regierung betrachtet indessen diese Consequenz nicht als eine unbedingte und bloss thatsächliche, sondern sie glaubt, dass die Verhältnisse zu den übrigen Nachbarstaaten, insbesondere zu Oesterreich und zu der Schweiz, entweder gleichzeitig oder in Folge der Verhandlungen mit Frankreich vertragsmässig festgestellt werden müssen.“ Sodann gegen den Schluss, wo bemerkt wird: „Auch in Bezug auf die Verhältnisse zu Oesterreich ist bereits oben bemerkt worden, dass die baierische Regierung es für nothwendig erachte, noch vor dem Abschlusse mit Frankreich eine Verständigung mit Oesterreich zu versuchen, um auf Grundlage des Vertrages vom 19. Februar 1853 weitere Zollermässigungen für die zollvereinsländischen Erzeugnisse zu erlangen, weil sonst nach Art. 2 dieses Vertrages die an Frankreich gewährten Zollermässigungen auch an Oesterreich ohne Gegenreichniss gewährt werden müssten.“

Ich will kein Gewicht darauf legen, dass diese beiden Stellen der Depesche insofern mit einander nicht im Einklange stehen, als die Verhandlungen mit Oesterreich in der ersten gleichzeitig mit oder auch nach den Verhandlungen mit Frankreich, in der letzten vor Abschluss dieser Verhandlungen als nothwendig bezeichnet werden. Ich will ebensowenig Gewicht darauf legen, dass das Motiv, aus welchem die Nothwendigkeit solcher Verhandlungen hergeleitet wurde, nicht das in der Note vom 8. d. M. in den Vordergrund gestellte war,

No 445. (XXVI.) Preussen. 26. August 1862. sondern in der Besorgniss lag, dass Oesterreich Erleichterungen seiner Einfuhr in den Zollverein ohne Gegenleistungen erlangen könne. Entscheidend ist aber, dass wir, sobald uns die Depesche vom 7. Juni v. J. übergeben war, der königl. baierischen Regierung erklärten, dass wir Unterhandlungen mit Oesterreich zwar auch unsererseits für nothwendig, aber erst nach Abschluss der Verhandlungen mit Frankreich für an der Zeit erachteten, und dass die königlich baierische Regierung dieser Erklärung gegenüber, auf der in der Depesche vom 7. Juni ausgesprochenen Ansicht nicht beharrte.

In dieser Depesche war nämlich unter Anderem die sofortige Berufung einer Generalconferenz in Anregung gebracht. Wir sprachen uns in dem Erlasse an den Prinzen zu Löwenstein vom 18. Juni v. J. gegen eine solche Massregel aus und nahmen hierbei Veranlassung, uns auch über die Verhandlungen mit Oesterreich zu erklären. Wir bezeichneten dieselben als nothwendige Consequenz eines Vertrages mit Frankreich, wir erachteten aber gleichzeitige Unterhandlungen mit beiden Mächten nicht für zulässig. „Wir halten es," bemerkten wir, „für völlig unthunlich, zu der nämlichen Zeit, über die nämlichen Dinge nach zwei Seiten hin zu verhandeln. Soll auch die übrigens nahe genug liegende Eventualität unberücksichtigt bleiben, dass das gleichzeitige Auftreten zweier in einigen wichtigen Punkten ganz gleiche Interessen verfolgender Mächte die Stellung des Zollvereins jeder einzelnen gegenüber schwächen werde, so kann nicht unberücksichtigt bleiben, dass solche gleichzeitige Verhandlungen nothwendigerweise einander hemmen, durchkreuzen und zuletzt dergestalt verwickeln, dass irgend welche Verantwortlichkeit für einen befriedigenden Erfolg nicht übernommen werden kann." In der ausführlichen Rückäusserung, welche wir hierauf durch Mittheilung der Depesche des Herrn Freiherrn von Schrenck vom 24. Juni v. J. erhielten, kam der königlich baierische Herr Minister auf die Eröffnung von Verhandlungen mit Oesterreich vor Abschluss derjenigen mit Frankreich nicht zurück, und wir waren daher zu der Annahme berechtigt, dass Baiern damit einverstanden sei, diese Verhandlungen, unserem Vorschlage gemäss, nach jenem Abschlusse zu eröffnen.

Die Note vom 8. d. M. erwähnt noch des Umstandes, dass Frankreich jede Begünstigung für die aus der Rheinpfalz kommenden Kohlen, sogar die Gleichstellung mit den aus Rheinpreussen kommenden, verweigert habe, und leitet hieraus einen Widerspruch gegen die im 3. Absatze des Art. 31 getroffene Verabredung her. Die Verhandlungen, welche zwischen Baiern und Frankreich über die Eingangs-Abgaben für pfälzische Kohlen etwa stattgefunden haben, sind mir nicht bekannt; ich habe indessen darauf aufmerksam zu machen, dass der durch den Vertrag vom 2. d. M. für diesen Artikel nicht abgeänderte französische Zolltarif die Zollsätze für Kohlen nicht von dem Ursprunge der letzteren, sondern von den Eingangspunkten abhängig macht, und dass pfälzische Kohlen bei dem Eingange in die Departements der Ardennen und Mosel eben so wie Saarbrücker und Saarbrücker Kohlen bei dem Eingange in das Departement des Niederrheins ebenso behandelt werden, wie pfälzische.

In den vorstehenden Bemerkungen habe ich die von dem königlich baierischen Herrn Minister gegen den Vertrag vom 2. d. M. erhobenen Einwendungen und Bedenken, soweit dieselben bestimmt präcisirt waren, besprochen und, wie ich glaube, widerlegt. Wir können die Hoffnung nicht aufgeben, dass die königlich baierische Regierung bei nochmaliger Erwägung der Sache, um welche wir sie ersuchen, in Berücksichtigung dieser Bemerkungen und unserer, erst nach Abgang der Note vom 8. d. M. zu ihrer Kenntniss gelangten Mittheilungen vom 5. und 6. d. M. ihre Zustimmung einem Werke nicht werde vorenthalten wollen, welches nach unserer, von einem Theile unserer Zollverbündeten getheilten, durch die einmüthige Zustimmung unserer Landesvertretung befestigten Ueberzeugung den Interessen des Zollvereins entspricht. Wir für unseren Theil werden auf dem Boden der Verträge vom 2. August beharren. Wir halten dabei fest an dem Wunsche, dass der Zollverein auch die gegenwärtigen Schwierigkeiten überwinden möge und in seinem segensreichen Wirken erhalten bleibe; wir können aber die Grundlage dazu nur in der Durchführung der Grundsätze des Tarifs erblicken, welcher am 2. August unterzeichnet ist. Wir wünschen endlich auch unsererseits eine angemessene Regelung der commerciellen Verhältnisse des Zollvereins zu Oesterreich; aber von Verhandlungen darüber glauben wir uns einen Erfolg erst versprechen zu können, wenn die gegenwärtigen, aus jenen Verträgen hergeleiteten Schwierigkeiten geebnet sind. Ich kann daher die Ansicht des königlich baierischen Herrn Ministers nicht theilen, wenn er seine, die Verträge vom 2. August ablehnende Erklärung damit schliesst, dass die königlich baierische Regierung sich gleichwohl den Trost nicht versagen könne, dass der Zollverein auch in seiner jetzigen Lage keiner ernstlichen Gefahr entgegengehe. Ich bin es vielmehr dem Ernste der Lage schuldig, offen auszusprechen, dass wir eine definitive Ablehnung der Verträge vom 2. d. M. als den Ausdruck des Willens auffassen müssen, den Zollverein mit uns nicht fortzusetzen. No. 445. (XXVI.) Preussen, 26. August 1862.

Ew. Hochgeboren ersuche ich ergebenst, Sich hiernach ohne Verzug gegen den Herrn Freiherrn von Schrenck zu äussern und demselben Abschrift gegenwärtiger Depesche mitzutheilen.

Empfangen etc.

Bernstorff.

An den Grafen **Perponcher**, *München*.

No. 446. (XXVII.)

PREUSSEN. — Min. d. Ausw. an die königl. Gesandtschaft in Stuttgart. — Erwiderung auf die Württembergische Ablehnung des Handelsvertrags vom 11. August 1862. —

Berlin, den 26. August 1862.

Hochwohlgeborener Herr! — Mit dem Bericht des königlichen Gesandten vom 11. d. M. habe ich die Note des Herrn Freiherrn v. Hügel von demselben Datum in der Angelegenheit der mit Frankreich abgeschlossenen Verträge erhalten. No. 446. (XXVII.) Preussen, 26. August 1862.

Nach Inhalt dieser Note glaubt die königlich württembergische Regierung ihre Zustimmung zu jenen Verträgen nicht ertheilen zu können.

No. 446. (XXVII.) Preussen, 26 August 1862.

Zur Begründung dieser Ansicht wird zunächst ausgeführt, dass durch den Handelsvertrag vom 2. d. M. diejenigen Wünsche, auf deren Berücksichtigung die königlich württembergische Regierung Werth gelegt habe, mehrfach nicht erfüllt und diejenigen Zugeständnisse überschritten seien, zu welchen sich dieselbe äussersten Falles bereit erklärt habe.

Dass nicht alle in der Note des Herrn Freiherrn v. Hügel vom 24. Mai v. J. ausgesprochenen Wünsche zu erfüllen gewesen sind, ist richtig. Wie es indessen, bei Unterhandlungen wie die vorliegenden, wohl niemals gelungen ist, alle Wünsche des einen Theiles zur Geltung zu bringen, und wie wir selbst deshalb auf die Erreichung zahlreicher eigener Wünsche schliesslich verzichtet haben, so haben wir uns auch zu der Voraussetzung berechtigt halten dürfen, dass die königlich württembergische Regierung ihrerseits die Zustimmung zu den Verträgen nicht von der Durchsetzung aller ihrer Wünsche abhängig machen werde, zumal keiner dieser Wünsche -- einen inzwischen erfüllten ausgenommen -- als eine Bedingung bezeichnet war. Insbesondere war die Umwandlung der französischen Werthzölle in Gewichtszölle, welche der Herr Freiherr von Hügel besonders betont, zwar als ein dringender Wunsch, keineswegs aber als eine Bedingung bezeichnet. In der That war auch ernstlich nicht wohl zu erwarten, dass Frankreich, nachdem es so eben wieder in seinen Verträgen mit Grossbritannien und Belgien für einen Theil seines Tarifs die Grundlage der Werthsverzollung festgestellt hatte, dem Zollverein gegenüber ein anderes System adoptiren werde.

Ich erkenne ferner an, dass das in der Note vom 24. Mai v. J. bezeichnete Ausmass der Zugeständnisse überschritten ist. Ich kann aber nicht zugeben, dass dieses Ausmass als die äusserste, nicht zu überschreitende Grenze bezeichnet worden war, die Note schliesst vielmehr mit der ausdrücklichen Erklärung, dass die darin niedergelegten Anschauungen nur als vorläufige zu betrachten seien. In der blossen Thatsache, dass das Ausmass überschritten ist, kann ich daher keinen Grund zu einer Ablehnung der Verträge erkennen. Gegen welche Positionen des Tarifs B bei der königlich württembergischen Regierung sachliche Bedenken bestehen, ist aus der Note vom 11. d. M. nicht zu ersehen, und ich bin daher zu meinem Bedauern nicht in der Lage, in eine Discussion über diese Bedenken einzutreten. Ich bemerke hier nur noch, dass der königlich württembergische Herr Minister sich in seiner Note vom 24. Mai v. J. mit einer Vertragsdauer von etwa zehn Jahren, also mit der von ihm gegenwärtig für bedenklich erachteten Beschränkung der Autonomie des Zollvereins während einer solchen Periode ausdrücklich einverstanden erklärt hatte.

Die Bedenken, welche königlich württembergischerseits sodann in Bezug auf einige Bestimmungen des Handelsvertrages bestehen, sind nur durch Anführung der betreffenden Bestimmungen angedeutet. Ich glaube annehmen zu dürfen, dass damit dieselben oder doch ähnliche Bedenken gemeint sein werden, welche von Seiten der königlich baierischen Regierung erhoben sind. Mit Rücksicht hierauf denke ich dem Zwecke am besten zu entsprechen, indem ich die Depesche, welche ich heut an den königlichen Gesandten in München richte, abschriftlich beifüge. Aus dieser Depesche ergiebt sich zugleich die diesseitige Ansicht in Bezug auf diejenigen Bemerkungen, welche die Note des Freiherrn v. Hügel über das Verhältniss zu Oesterreich entwickelt. No. 446. (XXVII.) Preussen, 26 August 1862

Ich habe mich auf die vorstehenden Bemerkungen beschränken können, da die Note des Herrn Freiherrn v. Hügel zu einer eingehenden Erörterung Anhaltspunkte nicht darbietet. Um so weniger vermag ich die Hoffnung aufzugeben, dass die königlich württembergische Regierung, bei nochmaliger Erwägung der Sache, um welche wir sie ersuchen, ihre Zustimmung einem Werke nicht werde vorenthalten wollen, welches nach unserer, von einem Theile unserer Zollverbündeten getheilten, durch die einmüthige Zustimmung unserer Landesvertretung befestigten Ueberzeugung, den Interessen des Zollvereins entspricht. Wir für unseren Theil werden auf dem Boden der Verträge vom 2. August beharren. Wir halten dabei fest an dem Wunsche, dass der Zollverein auch die gegenwärtigen Schwierigkeiten überwinden möge und in seinem segensreichen Wirken erhalten bleibe; wir können aber die Grundlage dazu nur in der Durchführung der Grundsätze des Tarifs erblicken, welcher am 2. August unterzeichnet ist. Wir wünschen endlich auch unsererseits eine angemessene Regelung der commerciellen Verhältnisse des Zollvereins zu Oesterreich, aber von Verhandlungen darüber glauben wir uns einen Erfolg erst dann versprechen zu können, wenn die gegenwärtigen, aus jenen Verträgen hergeleiteten Schwierigkeiten geebnet sind. Wir können daher nicht der Ansicht sein, dass die Kräftigung und gedeihliche Weiterentwickelung des Zollvereins auf dem von dem Freiherrn v. Hügel bezeichneten Wege zu erwarten sei. Ich bin es vielmehr dem Ernst der Lage schuldig, offen auszusprechen, dass wir eine definitive Ablehnung der Verträge vom 2. d. M. als den Ausdruck des Willens auffassen müssen, den Zollverein mit uns nicht fortzusetzen.

Ew. etc. ersuche ich, sich hiernach ohne Verzug gegen den Herrn Freiherrn v. Hügel zu äussern und demselben Abschrift gegenwärtiger Depesche mitzutheilen.

Empfangen Ew. etc. etc.

Bernstorff.

Herrn v. **Zschock** in *Stuttgart.*

No. 447. (XXVIII.)

SACHSEN. — Min. d. Ausw. an die k. k. Gesandtschaft in Dresden. — Erklärung in Betreff der österreichischen Zolleinigungs-Vorschläge. —

Dresden, den 21. August 1862.

Mit geehrter Note vom 12. v. M. war es dem k. k. österreichischen ausserordentlichen Gesandten und bevollmächtigten Minister Herrn Freiherrn von Werner gefällig, zur Kenntniss des Unterzeichneten einen Erlass seiner höchsten Regierung zu bringen, durch dessen Inhalt und Beilage der Erwägung der Zollvereins-Regierungen bestimmte Vorschläge behufs der Gründung eines, den österreichischen Kaiserstaat und das Gebiet des Zollvereins umfassenden Handels- und Zollbundes unterstellt werden. No. 447. (XXVIII.) Sachsen, 21. August 1862

Die geehrte gesandtschaftliche Note lässt den Gesinnungen der diesseitigen Regierung nur Gerechtigkeit widerfahren, indem sie daran erinnert,

No 417 (XXVIII.) Sachsen, 21. August 1862.

dass hierseits bei jeder Gelegenheit der Wunsch allmählicher Herbeiführung eines Oesterreich mitbegreifenden deutschen Zollbundes betont worden sei. Die königlich sächsische Regierung ist in der That dieser Anschauungsweise zu keiner Zeit untreu geworden, und wenn sie zu ihrem Bedauern, in Bezug auf die zu Erreichung jenes Zieles einzuschlagenden Wege, sich mit der kaiserlichen Regierung nicht immer im Einklange befand, so hat sie darum dieses Ziel selbst nicht aus den Augen verloren und kann deshalb es nur mit Freuden begrüssen, wenn das kaiserliche Cabinet in so ernster Weise sich bemüht zeigt, die dessen Verwirklichung entgegenstehenden Schwierigkeiten zu beseitigen und somit die ganze Frage von dem Gebiete allgemeiner Wünsche und Betrachtungen auf das der praktischen Inangriffnahme überzuführen.

Es würde müssig sein, auf eine Erörterung der Umstände näher einzugehen, welche es verhinderten, dass die im Artikel 25 des Vertrages vom 19. Februar 1853 für das Jahr 1860 vorgesehenen Verhandlungen zu dieser Zeit den gehofften Verlauf und Abschluss finden konnten. Die diesseitige Regierung hat auf das Lebhafteste beklagt, dass damals zu einer Verständigung hierüber nicht zu gelangen war. Sie würde gleichwohl ihrer Ueberzeugung Gewalt anthun, wollte sie der königlich preussischen Regierung einen Vorwurf daraus machen, dass letztere im nächstfolgenden Jahre auf die von Frankreich angebotene Verhandlung, wegen Abschlusses eines Handelsvertrages, sich einliess, und die dazu der preussischen Regierung von sämmtlichen Zollvereinsstaaten ertheilte Ermächtigung legt Zeugniss dafür ab, dass ihre Anschauung in diesem Punkte keine vereinzelte war. Ohne daher sich überall die Einwendungen anzueignen, welche preussischerseits den gegenwärtigen Vorschlägen des kaiserlichen Cabinets entgegengestellt worden sind, konnte es doch die diesseitige Regierung der Sachlage nur entsprechend finden, wenn Preussen, während es noch den Erklärungen der übrigen Zollvereinsstaaten über den mit Frankreich abgeschlossenen Vertrag entgegensah und sich nicht im Besitze irgend einer Ablehnung befand, einem Eingehen auf die österreichischen Vorschläge Anstand gab.

Die neuesten Kundgebungen der Regierungen von Baiern und Württemberg haben diese Sachlage wesentlich verändert. Die diesseitige Regierung würde es an der, dem kaiserlichen Cabinet schuldigen Aufrichtigkeit ermangeln lassen und mit sich selbst in Widerspruch treten, wollte sie verhehlen, dass sie von Seiten dieser, wie von Seiten aller Zollvereinsregierungen den Beitritt zu dem mit Frankreich abgeschlossenen Handelsvertrage gewünscht hätte. Sie ist fortwährend der wiederholt ausgesprochenen Ansicht, dass das Zustandekommen dieses Vertrages ein wirkliches Hinderniss für eine grössere handelspolitische Einigung mit Oesterreich nicht gewesen sein würde, und die gegenwärtigen Vorschläge des kaiserlichen Cabinets haben ihre Voraussicht insoweit bestätigt, als sie der Meinung war, dass der französische Vertrag für Oesterreich ein kräftiger Impuls sein werde, auf dem Wege der Handelsfreiheit voranzugehen. Andererseits kann sie sich keiner Täuschung darüber hingeben, dass sie die ihr vor Allem am Herzen liegende Aufgabe der Erhaltung des Zollvereins nunmehr ernsteren Schwierigkeiten als zuvor gegenübergestellt sieht.

Gleichwie jedoch die sächsische Regierung andere Zollvereins-Regierungen zu Ablehnung des französischen Vertrages jederzeit für vollkommen befugt erachten musste, so auch vertraut dieselbe jetzt der königlich preussischen Regierung, dass dieselbe jenes Recht, seinem vollen Umfange nach, zu achten wissen und darauf bedacht sein werde, zu verhindern, dass die aus dessen Gebrauch entstandene Differenz bleibende Folgen auf die Erhaltung und Weiterbildung des Zollvereins äussere. No. 447 (XXVIII.) Sachsen, 21. August 1862.

Die diesseitige Regierung wird es an vermittelnden Bestrebungen in dieser Richtung nicht fehlen lassen. Sie wird insbesondere auch befürworten, dass die österreichischerseits gemachten Vorschläge einer gemeinsamen, vollkommen unbefangenen, rein sachlichen und, wenn der Ausdruck erlaubt ist, technischen Erörterung und Beurtheilung unterzogen werden. Auf diesem Wege wird man bald zur Erkenntniss des Erreichbaren, des dem Interesse der gegenwärtigen beiden Zollkörper Entsprechenden gelangen und somit eine positive Grundlage erreichen, welcher die Aufmerksamkeit der zuletzt in dieser Frage noch nüchtern denkenden commerciellen und industriellen Kreise sich zuwenden muss und vor welcher alsdann die leidenschaftliche Polemik politischer Agitation zurückweichen wird.

Indem der Unterzeichnete den kaiserlichen Geschäftsträger Herrn Ritter v. Pfusterschmid ersucht, vorstehende Erwiderung zur Kenntniss seiner höchsten Regierung bringen zu wollen, benutzt etc.

An den Ritter von Pfusterschmid, *Dresden*. *Beust*.

No. 448. (XXIX.)

SACHSEN. — Min. d. Ausw. an den königl. preussischen Gesandten in Dresden. — Erklärung in Betreff des Handelsvertrags und der österreichischen Zolleinigungsvorschläge. —

Dresden, den 21. August 1862

Für die schätzbaren Mittheilungen, welche der königlich preussische ausserordentliche Gesandte und bevollmächtigte Minister Herr v. Savigny dem Unterzeichneten durch geehrte Note vom 6. d. M. in Betreff des von Preussen im Namen des Zollvereins mit Frankreich unterzeichneten Vertrags zu machen die Gewogenheit hatte, unterlässt der Unterzeichnete nicht, den verbindlichsten Dank darzubringen. Es hat der diesseitigen Regierung nur zu aufrichtiger Befriedigung gereichen können, zu ersehen, in welcher Weise die königlich preussische Regierung bemüht gewesen ist, den diesseits ausgesprochenen Desiderien gerecht zu werden, und mit gleicher Genugthuung hatte sie daraus die den diesseitigen Wünschen ebenfalls entsprechende Geneigtheit der königlich preussischen Regierung zur Aufhebung der Uebergangssteuer auf Wein und der inneren Weinsteuer zu entnehmen. No. 448 (XXIX.) Sachsen, 21. August 1862.

Je mehr die diesseitige Regierung die von der königlich preussischen Regierung noch in ihrem jüngsten Circular-Erlasse ausgesprochene Erwartung theilte, dass der Beitritt sämmtlicher Zollvereinsstaaten zu dem gedachten Vertrage erfolgen werde, um so lebhafter hat dieselbe zu beklagen gehabt, dass diese Voraussetzung sich nicht verwirklicht hat. Ihre eigene rasche Beitrittserklärung,

No. 448. (XXIX.) Sachsen, 21. August 1862. die Wärme, mit der sie diese ihre Entschliessung sowohl vor den Kammern des Landes, als gegenüber den anderen Regierungen vertreten hat, sind der königlich preussischen Regierung Bürgschaften für die Aufrichtigkeit dieser Anschauungsweise. Muss nun aber die diesseitige Regierung ohne den Beweggründen beizupflichten, welche die Regierungen von Baiern und Württemberg zu einer ablehnenden Antwort bestimmt haben, gleichwohl das ihnen dazu zuständige Recht anerkennen, so vertraut sie auch nunmehr, dass es der Weisheit der königlich preussischen Regierung gelingen werde, den augenblicklich entstandenen Zwiespalt auszugleichen, dass sie ihre jederzeit der Erhaltung des Zollvereins in dankenswerthester Weise zugewendete Sorgfalt in verdoppeltem Masse werde zu bethätigen wissen. Auf die eifrigste Unterstützung Sachsens darf die königlich preussische Regierung dabei mit voller Zuversicht rechnen.

Dem königlich preussischen Herrn Gesandten war es gefällig, dem Unterzeichneten auch Mittheilung derjenigen Schriftstücke zugehen zu lassen, welche aus Anlass der von der k. k. österreichischen Regierung geschehenen Eröffnung wegen eines zwischen dem Zollvereine und Oesterreich zu vermittelnden Zollbundes von Berlin nach Wien ergangen sind. In der Anlage beehrt sich der Unterzeichnete zu dessen geneigter Kenntniss die Rückäusserung zu bringen, welche in gleichem Betreff diesseits so eben erfolgt ist. Der Herr Gesandte wolle daraus entnehmen, wie die diesseitige Regierung die bisher preussischerseits für angemessen erachtete Beanstandung eines Eingehens auf jene Vorschläge in den Umständen begründet befunden hat, bei der dermaligen Sachlage dagegen sich für die Inbetrachtnahme derselben aussprechen zu sollen glaubt, indem sie von der Ueberzeugung durchdrungen ist, dass hiermit nicht allein der durch den Vertrag vom 19. Februar 1853 an die Hand gegebene formelle Weg betreten, sondern auch in sachlicher Beziehung ein Boden gewonnen wird, auf dem Aussicht gegeben ist, allseits zu einer vorurtheilsfreien Erkenntniss und Würdigung der zuletzt doch entscheidenden materiellen Frage und somit zu der auch in politischer Hinsicht in so hohem Grade wünschenswerthen Verständigung zu gelangen.

Mit Vergnügen ergreift etc.

Herrn v. **Savigny**, *Dresden*. *Beust.*

No. 449. (XXX.)

BADEN. — Min. d. Ausw. an den grossherzogl. Gesandten in München. — Erwiderung auf die Notification in Betreff der Ablehnung des Handelsvertrags durch Baiern. —

Carlsruhe, den 1. September 1862.

No. 449. (XXX.) Baden, 1. Sept. 1862. Hochwohlgeborner Freiherr! — Der Königlich Baierische ausserordentliche Gesandte und bevollmächtigte Minister Freiherr von Malzen hat mir mittelst Note vom 11. d. Mts. im Auftrage seiner Regierung die Note mitgetheilt, womit die Königlich Baierische Regierung die Aufforderung, dem am 2. August in Berlin unterzeichneten Zoll- und Handelsvertrag zwischen dem Zollverein und Frankreich beizutreten, verneinend beantwortet.

Ich habe bisher gezögert, Euro Hochwohlgeboren zu beauftragen, dem Herrn Freiherrn von Schrenck diese gefällige Mittheilung verbindlichst zu verdanken, weil es von Werth erschien, zunächst den Eindruck abzuwarten, welchen diese Ablehnung und die Infragestellung des im gemeinsamen Interesse des Zollvereins unternommenen, im Auftrage und ohne erheblichen Widerspruch seitens der Zollvereinsstaaten zu Ende geführten Vertragswerkes, auf die Regierung machen musste, welcher die Leitung der Verhandlungen desselben zunächst obgelegen. No. 449. (XXX.) Baden. 1. Sept. 1861.

Es bedurfte für uns allerdings keineswegs der Bestätigung der in der Natur der Sache wohlbegründeten Befürchtung, es möchte Preussen die nachträgliche Ablehnung der Verträge als den Ausdruck des Willens der Königlich Baierischen Regierung auffassen, den Zollverein nicht ferner fortzusetzen. Wie sehr wir nämlich vorbereitet sein konnten, es dürfte die sich kundgegebene Abneigung, dem Vertrage ihre Zustimmung zu geben, die hohen Regierungen von Baiern und Württemberg dahin führen, auch mit der Eventualität einer Auflösung des Zollvereins sich vertraut zu machen, die Grossherzogliche Regierung hatte sich bis zuletzt der Hoffnung hingeben zu dürfen geglaubt, es würde die Königliche Regierung, nachdem das Votum von Staaten, welche weit über die Hälfte der Zollvereinsbevölkerung repräsentiren, zu Gunsten des Vertrages gefallen und die Zustimmung der Mehrzahl der übrigen Regierungen zu erwarten stand, ihre entgegengesetzte Auffassung dem kundgegeben wordenen Interesse der Mehrheit unterordnen.

Ich nehme keinen Anstand offen auszusprechen, dass die Gewissheit des Gegentheils von der Grossherzoglichen Regierung mit lebhaftem und tiefem Bedauern vernommen wurde und dass dieses Bedauern nicht nur den dadurch bedrohten Interessen des Grossherzogthums und der übrigen Zollvereinsstaaten gilt, sondern dass es vornehmlich seinen Grund in der Erkenntniss hat, dass ein so segensreicher Bund, als welcher der Zollverein sich erwiesen, unmöglich weiter bestehen kann, wenn durch Ausnutzung des Rechtes eines Veto's das Interesse der weitaus überwiegenden Mehrheit nicht zur Geltung kommen kann.

Wie sehr auch beiden ablehnenden hohen Regierungen dabei allein das Recht der Beurtheilung der Frage überlassen bleiben muss, welches das Interesse ihrer Bevölkerung in diesem Falle gewesen, so vermag doch die Thatsache nicht widersprochen zu werden, dass zur Zeit, wenn die Königliche Regierung ihre Ablehnung aufrecht hält, geschehen würde, was die Mehrheit für einen fast vernichtenden Schlag ihres Wohlstandes betrachten darf, und dass geschehe, was die Minderheit für sich von Vortheil erachtet.

Diese Thatsache documentirt einen so anormalen Zustand in einem Verein, dass derselbe schon mit einer solchen blossen Möglichkeit als tief bedroht betrachtet werden darf.

Wir vermögen unter diesen Umständen nicht den Ausdruck unserer Ueberraschung zurückzuhalten, dass der Herr Freiherr von Schrenck in der uns gefälligst mitgetheilten Note sich dem Troste nicht versagen kann, dass der Zollverein auch in seiner jetzigen Lage keiner ernstlichen Gefahr entgegen gehe. — Wir sind dazu um so weniger im Stande, als wir in der Motivirung der Ableh-

No. 440. (XXX Baden. 1. Sept. 1862.

nung durch die Königliche Regierung Ideengängen begegnen, welche weit weniger den Wunsch nachweisen, die unerwünschten Stipulationen des Vertrags durch bessere zu ersetzen, und demselben nach Eintritt solcher etwaigen Modificationen zuzustimmen, als vielmehr die bestimmte Abneigung documentiren, überhaupt einem Vertrage vor Regelung der handelspolitischen Beziehungen zu Oesterreich zuzutreten, somit vor dem Eintritt von Voraussetzungen, welche nicht nur an und für sich ein Aufgeben des Zollvereins zu Gunsten einer weiteren Zolleinigung mit Oesterreich enthalten, sondern auch nach Lage der Interessen eine fernere Erneuerung des Zollvereins nach Auffassung der Grossherzoglichen Regierung ernstlich zu bedrohen scheinen.

Gleichwohl schöpfen wir gerne aus dem Schlusssatze der Note vom 8. August die Hoffnung, dass die Einsicht, es werde durch definitive Auflösung des Zollvereins auch das Baierische Interesse gefährdet, bei der Königlichen Regierung mächtig genug sein wird, um ein Zurückkommen von dem gefassten Entschluss nicht auszuschliessen, wenn es auch ihr nicht mehr zweifelhaft sein kann, dass eine Ablehnung des Vertrags in der That einer Auflösung des Zollvereins gleichkommt. — Wir geben uns der Erwartung hin, dass die Königliche Regierung an der Stelle einer unbedingten Ablehnung dann den Weg betreten wird, die Bedingungen zu bezeichnen, unter denen sie dem Vertrage zutreten würde. — Es könnte allseitigem Zusammenwirken dann vielleicht gelingen, einzelnen derselben eine Aufnahme in den Vertrag etwa in einem Supplementar-Protokoll zu sichern und würde es der Grossherzgl. Regierung zur besonderen Befriedigung gereichen, könnte sie dazu mitwirken, den Wünschen der Königlichen Regierung in dieser Richtung unterstützend zur Seite zu treten.

Wir haben, indem wir diese Erwartung aussprechen, nicht etwa umfassende Veränderungen des Tarifs im Auge. — Diesen betrachten wir als feststehend und müssen ihn auch nach dem Urtheile der Sachverständigen in fast ganz Deutschland als der Zollvereins-Industrie vortheilhaft erkennen. — Indessen legen wir besonderen Werth darauf, das Zeugniss abgeben zu können, dass eine sorgfältige Prüfung seiner Wirkung auf die Industrie und den Wohlstand des Grossherzogthums nicht etwa den selbstverständlichen Vortheil von Consumenten und als Gegensatz die Benachtheiligung der Producenten, sondern vielmehr die Aussicht auf bedeutenden Gewinn für die weitaus zahlreichsten Productionszweige ergeben hat. — Die Möglichkeit der nachträglichen Aufnahme einzelner Modificationen auch in Betreff des Tarifes könnte demungeachtet unseres Ermessens von Seiten der Regierungen, welche sich beschwert finden, immerhin in Erwägung gezogen werden und schiene uns die Geltendmachung entsprechender Forderungen der unbedingten Ablehnung jedenfalls vorausgehen zu müssen.

Wohl sind andere Bedingungen nicht ausgeschlossen und von grösserer Erheblichkeit. — Eine derselben nach Kräften zu unterstützen, sind wir gern bereit. Es wäre dies das Verlangen, dass zum Deutschen Bunde gehörige Gebietstheile eine begünstigende Behandlung sollen erfahren können, ohne dass die Verpflichtung einer Generalisirung dieser Begünstigung ipso jure für alle meistbegünstigten Staaten eintrete. — Würde es der Königlichen Regierung gefallen, der vermittelnden Stellung getreu, welche wir so oft in der Lage waren, seitens derselben in ernsten Conflicten deutscher Angelegenheiten mit aufrichtigster Befriedigung anzuerkennen, wir würden eine solche Entschliessung als eine patriotische That begrüssen, welche die grosse, durch die unbedingte Ablehnung herbeigeführte Gefahr wieder zu beseitigen im Stande wäre. No. 449. (XXX.) Baden. 1. Sept. 1862.

Diese Gefahr liegt uns aber nicht etwa allein in der fast zur Gewissheit gesteigerten Wahrscheinlichkeit der Auflösung des Zollvereins und der darin liegenden politischen Zerreissung des Vaterlandes. Sie liegt vor Allem in dem Umstande, dass mit dem Scheitern des Vertragswerkes Deutschland einem materiellen Nachtheil ausgesetzt bleibt, der sich für die Gesammtheit unserer Industrie jährlich auf vier bis fünf Hundert Millionen berechnet, für den Einzelnen aber durch Vertheuerung der gerade den erwerbenden Klassen unentbehrlichsten Waaren einer Erhöhung, deren Steuerlast um mindestens dem doppelten und auch mehrfachen Betrag gleichkommt.

Ohne auf die keines besondern Nachweises bedürftige Untersuchung dieses die Consumenten unvermeidlich treffenden Nachtheils einzugehen, darf der Beweis des behaupteten, wenn gleich fast unberechenbaren und in obiger Summe wahrscheinlich unterschätzten Verlustes unseres Volkswohlstandes im Falle des Scheiterns des Vertrags in drei Richtungen angedeutet werden.

Der Zollverein verliert den grösseren Theil seines Exportes an Industrieproducten nach den durch Verträge geeinigten Gebieten England, Belgien, Frankreich mit deren Colonien.

Der Zollverein verliert den Vortheil des wohlfeileren Bezugs aller Artikel, für welche die Eingangszölle im Vertrage herabgesetzt sind, und kann denselben keineswegs durch einseitige Tarifrevision sich verschaffen, weil er dieselbe so lange nicht eintreten lassen kann, als die übrigen Staaten ihm nicht Concessionen gemacht haben, welche denen des Handelsvertrags ungefähr gleichkommen. Im Gegentheil dürfte der Zollverein, um sich solche zu verschaffen, zunächst auf den Weg differentieller Behandlung dieser Staaten wider Willen sich gedrängt sehen und damit genöthigt sein, sich sogar noch eine Preissteigerung der meisten Waaren aufzulegen.

Endlich verliert unsere Industrie den vollen Arbeitsverdienst, den dieselbe in den Jahren bis zu Ablauf der Zollvereinsverträge unter Herrschaft des Handelsvertrages und des damit gesicherten Zollvereins gemacht haben würde, und welchen sie nun bei der vollkommenen Unsicherheit der commerciellen Verhältnisse des Zollvereins und der dadurch herbeigeführten Lähmung industrieller Unternehmungen innerhalb und nach Ablauf der Zollvereinsverträge nicht macht.

Dass gegenüber dieser ungeheuern, alle Theile treffenden Verluste die Berücksichtigung der nach unsern Untersuchungen grösstentheils unbegründeten Klagen einzelner weniger Industriezweige nicht eintreten darf, deren entgehender Gewinn nicht so viele Millionen beträgt als Hunderte von Millionen im Falle einer Ablehnung der Verträge und Auflösung des Zollvereins verloren gehen, bedarf gegenüber einer volkswirthschaftlich so einsichtigen Regierung wie die königlich baierische keine weitere Ausführung.

Je zuversichtlicher wir uns der Erwartung hingeben, es werde die noch-

No. 449. (XXX.) Baiern, 1. Sept. 1862.

malige Erwägung aller dieser Momente dieselbe dann zu einer veränderten Stellung zu der ganzen Angelegenheit hinführen, um so weniger dürfen wir die Pflicht versäumen, uns mit der vollkommensten Offenheit in Betreff unserer eigenen Stellung in der ungünstigsten Eventualität des Gegentheils, des Beharrens bei unbedingter Ablehnung, auszusprechen.

Wir haben auch für diese unsere Entschliessungen gefasst, und wollen mit denselben gegen die königliche Regierung nicht zurückhalten, damit daraus das Bild der künftigen Lage klar hervorgehe, unter welchem zu handeln sein wird.

Wir glauben nicht, dass eine Frage, wobei es sich um Wohl und Wehe von Millionen, um die handelspolitische Zukunft Deutschlands und um die Erhaltung des nationalen Verbandes des Zollvereins handelt, in einem der Ueberzeugung und den Interessen der Gesammtheit entgegengesetzten Sinne entschieden werden könnte, ohne die gefährlichsten Folgen für Bestand und Wohlergehen des gegenwärtigen politischen Systems Deutschlands und sogar der Selbstständigkeit seiner Staaten.

Deshalb scheint uns, dass eine höhere Instanz zu Entscheidung dieser Frage, in die sich unseligerweise die politischen Gegensätze und Parteileidenschaften eingedrängt haben, gesucht und gefunden werden muss, und wir geben der Erwägung der königlichen Regierung anheim, ob solche nicht etwa in einem, aus allen Vertretungen nach Analogie der von einzelnen und auch von der königlich baierischen Regierung vorgeschlagenen Delegirten-Versammlungen zu bildenden freilich mit entscheidender Stimme auszurüstenden Zollparlamente sich bieten würde.

Seiner Entscheidung — wir sind es gewiss — könnten dann auch alle dissentirenden Regierungen sich mit Beruhigung unterwerfen und in seinem nach sorgfältiger Prüfung gegebenen Verdicte auch die sich bedroht glaubenden einzelnen Industriellen den Ausspruch des nationalen Gewissens über das wahre Wohl des Ganzen erkennen.

Müssten wir bei etwaiger Erfolglosigkeit auch dieses Auskunftsmittels in der ernstesten Katastrophe einer Auflösung des Zollvereins das Wohl des Landes und der unserer Pflege anvertrauten Interessen berathen, so werden wir allerdings auch für diese schlimmste Wendung unsere Entschlüsse fassen müssen. Es genügt für jetzt aber anzudeuten, dass wir dabei am wenigsten an einen uns von unserem natürlichen Verkehrswege, dem Rheine, abschliessenden Anschluss an einen andern Zollverband denken, sondern dass wir vorziehen müssten, uns der vollen Vortheile unserer geographischen Lage zu selbstständiger Ordnung unserer Verhältnisse zu bedienen.

Ich ersuche Euere Hochwohlgeboren, dem königlichen Herrn Minister des Aeussern Kenntniss dieser Depesche unter gleichzeitiger Mittheilung der beiliegenden Abschrift zu geben und den Wunsch auszusprechen, es möge dem Freiherrn von Schrenck gefällig sein, Euere Hochwohlgeboren mit einer Rückäusserung darüber zu versehen, ob wir die Hoffnung festhalten dürfen, die königliche Regierung den angedeuteten Weg der Ausgleichung widerstreitender Standpunkte betreten zu sehen, und ob sich dieselbe mit dem Vorschlag, eventuell einem Zoll-parlament die letzte Entscheidung anheim zu geben befreunden könnte. No. 449. (XXX.) Baden, 1. Sept. 1862.

Hochachtungsvoll verharrend

Roggenbach.

Freiherrn **von Berkheim**, *München.*

No. 450. (XXXI.)

BADEN. — Min. d. Ausw. an die grossherzogl. Gesandtschaft in Wien. — Erklärung über die österreichischen Zolleinigungsvorschläge. —

Carlsruhe, den 1. September 1862.

Hochwohlgeborener Freiherr! — Der k. k. Geschäftsträger Herr von Pilat hat mir seiner Zeit Mittheilung der unter dem 10. Juli d. J. ergangenen Depesche des k. k. Herrn Ministers der auswärtigen Angelegenheiten gemacht, welcher als Anlage die Euerer Hochwohlgeboren bekannten Vorschläge wegen Herstellung eines deutsch-österreichischen Zollbundes beigefügt waren. — No. 450. (XXXI.) Baden, 1. Sept. 1862.

Die kaiserliche Regierung befürchtet in dieser Depesche, dass der Hauptzweck des deutsch-österreichischen Zoll- und Handelsvertrages vom 19. Februar 1853 als vereitelt betrachtet werden müsste, wollte der deutsche Zollverein sich den projectirten Handelsvertrag mit Frankreich aneignen, und erklärt sich dadurch genöthigt, dieser ungünstigen Wendung der Dinge eine andere, die eines raschen und entscheidenden Schrittes zum Ziele einer deutsch-österreichischen Zolleinigung gegenüberzustellen.

Das kaiserliche Cabinet hat zu diesem Ende seine Entschlüsse rasch gefasst und ist mit Vorschlägen hervorgetreten, als deren Wesen die Depesche schon jetzt den Abschluss eines Präliminar-Vertrages behufs Gründung eines den Kaiserstaat und das Zollvereinsgebiet umfassenden Handels- und Zollbundes bezeichnet. — Es wird hinzugefügt, dass die kaiserliche Regierung bereit sei, um diesen grossen Bund zu ermöglichen, den Tarif und die Einrichtungen des Zollvereins anzunehmen, soweit letzterer sich nicht mit ihr über eine zeitgemässe Revision derselben einigen würde.

Diese Vorschläge des kaiserlichen Cabinets finden ihre Begründung ausser in dem Wunsche, eine Lockerung der bestehenden Bande zwischen Oesterreich und den Staaten des Zollvereins möglichst zu vermeiden, insbesondere auch durch die Aufstellung, dass den Bedürfnissen eines allgemein wirthschaftlichen Fortschrittes, welche zu dem Abschluss des Handelsvertrags mit Frankreich geführt haben, durch die österreichischen Vorschläge in vollem Masse genügt, dabei aber gleichzeitig die nationalen Interessen gewahrt blieben. —

Schliesslich suchen diese Vorschläge in der Bezugnahme auf die im Vertrag vom 19. Februar 1853 ausgesprochene Bereitwilligkeit der Contrahenten, bis zum Jahre 1860 auf Verhandlungen behufs Herbeiführung einer Zolleinigung einzugehen, einen rechtlichen Anhalt für die Anschauung, dass dem Anerbieten Oesterreichs, mit Ausschluss der Frankreich gegenüber eingegangenen Vertragsverhältnisse der Vorrang in der Discussion, wie die Priorität des Anspruchs auf Berücksichtigung gebühre. —

No 430 (XXXI.) Baden, 1. Sept. 1864.

Die grossherzogliche Regierung hat diese Mittheilung der k. k. Regierung mit dem Ernste und der Gewissenhaftigkeit geprüft, wie solche einerseits dem Werthe angemessen sind, welcher denselben von Seiten einer verbündeten Regierung beigelegt wird, und welche andererseits der Bedeutung der Interessen entspricht, welche bei der einen oder anderen Entscheidung für unser Land, die Wohlfahrt unseres Volkes und die Zukunft der nationalen Schöpfung des Zollvereins in Frage kommen. —

Was den Wunsch des k. k. Cabinets betrifft, dass von Seite des Zollvereins sofort in die vorgeschlagenen Verhandlungen eingetreten werden möge, vor dass der mit Frankreich Namens aller Zollvereins-Regierungen abgeschlossene Vertrag ratificirt worden sein würde, so müssen wir bedauern, dass die Anträge der k. k. Regierung nicht in einem Zeitpunkte gemacht worden sind, in welchem der für dieselben beanspruchte Vorrang sich durch den Umstand von selbst ergeben hätte, dass die Verhandlungen mit Frankreich noch nicht aufgenommen waren. — Nachdem dies geschehen, war es unzweifelhaft vor der Paraphirung der Verträge geschäftlich unthunlich, während des Laufes einer Verhandlung gleichzeitig eine zweite aufzunehmen, welche die Grundlage der ersteren wesentlich zu verändern drohte. — Nicht minder war dafür nach erfolgter Paraphirung für alle Zollvereins-Regierungen, welche das Mandat zu diesen Unterhandlungen ertheilt hatten und in deren Namen sie geführt worden waren, so lange eine formelle Unmöglichkeit geschaffen, bis nicht etwa durch definitive Ablehnung einzelner Zollvereinsstaaten der Gesammtheit ihre freie Wahl wiedergegeben, oder bis sich nicht herausgestellt haben würde, dass frühere Vertragsverhältnisse mit Oesterreich den Abschluss des Vertrags mit Frankreich unmöglich machten. —

Die grossherzogliche Regierung, welche ihren Kammern gegenüber unter Hinweisung auf die für das Land daraus erwachsenden wirthschaftlichen Vortheile, die Absicht ihrer Zustimmung zu dem Vertrag mit Frankreich ausgesprochen, fand sich in ihren Entschlüssen nur um so mehr gebunden, und wie wichtig die Veränderung der Sachlage dadurch geworden sein mochte, dass die kaiserliche Regierung abweichend von früheren Erklärungen nunmehr einen Zollbund anbot, so durfte sie sich nicht für berechtigt halten, selbst bei der Annahme zu hoffender grösserer Vortheile, sich bereits bestehenden, mit ihrer Vollmacht übernommenen Vertragsverhältnissen zu entschlagen. —

In dieser Lage der Dinge habe ich gezögert, unsere Erwiderung auf die Aufforderung der kaiserlichen Regierung abgehen zu lassen, vor dass eine bestimmte Wendung der Angelegenheit, sei es durch allseitige Annahme der Verträge eingetreten, oder durch definitive Ablehnung einzelner Regierungen umgangen werden konnte, auf so wichtige materielle Anerbietungen mit bloss formellen Ablehnungsgründen zu antworten.

Nachdem nunmehr die Erklärungen der beiden Regierungen von Baiern und Württemberg vorliegen, so ist allerdings auch den Regierungen, welche bereits ihren Beitritt erklärt hatten, freie Hand geschaffen, allein nachdem die inzwischen erfolgte Rückäusserung Preussens keinen Zweifel mehr lässt, dass eine solche definitive Nichtannahme der Auflösung des Zollvereins gleichkäme, so fällt es uns schwer, in den Entschlüssen der beiden Regierungen die Absicht der Endgültigkeit zu finden, welche allein uns zur Zeit schon berechtigen würde, von dem Scheitern des Vertrages als von einer Thatsache auszugehen. — Auch können wir uns nicht verhehlen, dass selbst im Falle wir genöthigt würden, in den Erklärungen beider Regierungen die definitive Entscheidung anerkennen zu müssen, nunmehr die Complication geschaffen ist, dass der Contrahent, mit welchem die Gründung eines engeren Zollbundes versucht werden soll, der „Zollverein“, aufgehört hat, mit seiner Existenz rechnen zu können. —

No. 450. (XXXI.) Baden. 1. Sept. 1862.

Aus diesem Stande der Sache ergiebt sich mit Bestimmtheit, dass die Voraussetzung des Eintretens in Verhandlungen über die Vorschläge des kaiserlichen Cabinets nur noch die vorgängige allseitige Annahme der Verträge vom 2. August bilden kann, oder dass dieselbe überhaupt nicht mehr für die Form, in welcher das Anerbieten gestellt, vorhanden ist.

Die grossherzogliche Regierung, welche den Anspruch der kaiserlichen Regierung, auf Grund des Vertrages von 1853 in Verhandlungen über Herbeiführung einer grösseren handelspolitischen Annäherung an den Zollverein einzutreten, als voll begründet anerkennt, ist ihrerseits, wie mannigfach auch die Schwierigkeiten sind, welche sie für einen gedeihlichen Fortgang solcher Verhandlungen voraussieht, bereit, deren Eröffnung zuzustimmen, würde diese einzige übrig bleibende Eventualität eingetreten sein, für welche sie noch angezeigt sind. — Ist zunächst das dringende und unaufschiebliche Bedürfniss befriedigt, welches alle im Zollverein vertretenen Staaten zur ersten Ermächtigung Preussens, einen Handelsvertrag mit Frankreich zu verhandeln, gedrängt hat, so würden wir mit wahrer Befriedigung sein grosses und heilsames, unzweifelhaft alle europäische Staaten ergreifendes handespolitisches Princip auch in den Verkehrsbeziehungen Oesterreichs und des Zollvereins wirksam werden sehen.

Auf diesem Boden sich mit der kaiserlichen Regierung begegnen zu können, wird nicht aufhören Gegenstand unserer Bemühungen zu sein, und hoffen wir durch dieselben zu beweisen, wie strenge wir es mit den aus dem Vertrage von 1853 hervorgehenden Verpflichtungen nehmen.

Um aber dahin gelangen zu können, muss unser ganzes Streben zunächst auf Erhaltung des Zollvereins selbst, und somit auf allseitige Genehmigung des Handelsvertrags gerichtet bleiben.

Wir thun es aber mit um so grösserer Beruhigung, als aus der erklärten Bereitwilligkeit des kaiserlichen Cabinets auch auf Grund eines zu revidirenden Tarifes eine grössere Einigung mit dem Zollverein zu suchen, die Hoffnung geschöpft werden darf, dass damit das Mass der dem Handelsvertrag zu Grund liegenden Tarifessätze ihrem wesentlichen Inhalte nach nicht ausgeschlossen sein würde.

Wir können darum auch die Befürchtung nicht theilen, es würde durch Abschluss des französischen Handelsvertrages der Hauptzweck des deutsch-österreichischen Zoll- und Handelsvertrags vom 19. Februar 1853 gefährdet werden. — Das materielle Wohlbefinden der beiden grossen handelspolitischen Körper, welche in demselben sich näher traten, und welches den Hauptzweck der getroffenen Verabredungen bildete, würde nur dann gefährdet, wenn einem der Theile

No. 450 (XXXI.) Baden, 1. Sept. 1862. das Opfer freien Mitwerbens auf dem grossen Weltmarkte auferlegt werden sollte. — Wie der Zollverein sich nicht die Möglichkeit dazu, durch den Versuch, seinen alten Tarif zu behaupten, verscherzen kann, so wird die weit fortgeschrittene Industrie des Kaiserstaates am wenigsten von uns zu ihrer eigenen Unterstützung Forterhaltung von schützenden Tarifsätzen verlangen können, welche sie selbst in der That besser entbehren würde.

Auch von der Grundlage des Handelsvertrages aus kann einer Lockerung der bestehenden Bande zwischen Oesterreich und den Staaten des Zollvereins vorgebeugt werden. Dass die grossherzogliche Regierung gerne dazu bereit ist mitzuwirken, davon wird der k. k. Herr Minister des Aeussern sich aus einem Anerbieten überzeugen, welches wir an die königlich baierische Regierung in der abschriftlich anliegenden Depesche haben gelangen lassen und wodurch wir unsere Mitwirkung zusagen, um für die zum Deutschen Bunde gehörigen Gebietstheile die Zulässigkeit wechselseitiger begünstigender Behandlung ohne Verpflichtung sofortiger Generalisirung dieser Begünstigung zum Besten aller meistbegünstigten Staaten, nachträglich zu stipuliren.

Damit glauben wir zugleich der kaiserlichen Regierung den Beweis geliefert zu haben, dass unserem Festhalten am Vertrage und unserer Ablehnung vor seiner allseitigen Sicherung, bei Verhandlungen auf Begründung eines Zollbundes mitzuwirken, jeder politische Hintergedanke fern liegt und wir nur dem Gebote der zwingenden Verhältnisse und gebieterischen Interessen folgen.

Bei der entscheidenden Wichtigkeit, welche die Vorfrage gewonnen hat, ob in Verhandlungen eingetreten werden kann, darf, nachdem wir dieselbe verneinen mussten, Umgang genommen werden, auf den materiellen Theil der Vorschläge des kaiserlichen Cabinets einzugehen. Der Augenblick dazu wird gekommen sein, wenn, wie wir hoffen, die kaiserliche Regierung dieselben auch für die Voraussetzung des Zustandekommens des Handelsvertrages aufrecht erhalten würde.

Ich ersuche Eure Hochwohlgeboren, Seiner Erlaucht dem Herrn Grafen von Rechberg Kenntniss dieser Depesche unter gleichzeitiger Mittheilung einer Abschrift derselben und ihrer Anlage zu geben. —

Hochachtungsvoll verharrend

Roggenbach.

Freiherrn von Edelsheim, *Wien.*

No. 451. (XXXII.)

PREUSSEN. — Min. d. Ausw. an den königl. Gesandten in Wien. — Erwiderung auf die österreichische Depesche vom 21. August 1862. —

Berlin, den 19. September 1862.

No. 451. (XXXII.) Preussen, 19 Sept. 1862. Hochwohlgeborener Freiherr! — Graf Chotek hat mir die abschriftlich hier ganz ergebenst beigefügte Depesche des Herrn Grafen von Rechberg vom 21. v. M. mitgetheilt, worin der kaiserlich österreichische Herr Minister der auswärtigen Angelegenheiten meinen Erlass an Eure Excellenz vom 6. August beantwortet. No. 451 (XXXII.) Preussen, 19. Sept. 1862.

Indem Oesterreichischer Seits in diesem Schriftstücke die Ansicht ausgesprochen wird, dass die obschwebende Meinungsverschiedenheit sich gegenwärtig auf die Wahl des angemessenen Zeitpunktes zum Eintreten in die von Oesterreich beantragten Verhandlungen beschränke, wird es zugleich für unzweifelhaft feststehend erachtet, dass der Zollverein den Vertrag mit Frankreich verwerfe. Aus diesen beiden Prämissen folgert der Herr Graf von Rechberg, dass kein Grund mehr vorliege, welcher uns von dem Eintreten in die von Oesterreich beantragten Verhandlungen über einen Handels- und Zollbund zurückhalten könne, und er erneuert deshalb den Antrag auf Eröffnung dieser Verhandlungen. Wir vermögen uns dieser Auffassung jedoch nicht anzuschliessen.

Auf die Darlegung der zwischen uns und Oesterreich in der Zollangelegenheit zu meinem lebhaften Bedauern obwaltenden sachlichen Meinungsverschiedenheiten glaube ich hier verzichten zu dürfen. Auch der kaiserliche Herr Minister hat, von allen Einwendungen gegen den Inhalt meiner Depesche vom 6. v. M. absehend, nur den Zeitpunkt für die Eröffnung der im Art. 25 des Vertrages vom 19. Febr. 1853 in Aussicht gestellten Verhandlungen zum Gegenstand der Erörterung gemacht.

Wie ich bereits dem Herrn Grafen von Chotek mündlich erwidert habe, betrachten wir die Verträge vom 2. August keineswegs als gescheitert. Allerdings haben uns, seit meiner Depesche vom 6. v. M., zwei Vereinsregierungen ihre Gründe gegen die Zustimmung zu diesen Verträgen mitgetheilt. Es ist indessen nicht das erste Mal, dass die Angemessenheit einer grossen handelspolitischen Massregel von den einzelnen Vereinsregierungen in verschiedenem Sinne aufgefasst wird, und es würde nicht das erste Mal sein, wenn es gelänge, diese Meinungsverschiedenheiten im Wege weiterer Verhandlung auszugleichen. Wohl aber wäre es das erste Mal, wenn schon das Hervortreten einer Meinungsverschiedenheit als gleichbedeutend mit der Verwerfung der Massregel, auf welche sie sich bezieht, aufgefasst würde. Einer solchen Auffassung, welche die Möglichkeit jeder Entwickelung in der Gesetzgebung des Zollvereins verneinen würde, dürfen wir nicht Raum lassen. Wir glauben auch ferner, den durch meine Rückäusserungen nach München und Stuttgart betretenen Weg innehalten zu müssen, einen Weg, welcher in Angelegenheiten verwandter Art sich als ein dem Interesse des Zollvereins und dem Verhältniss der einzelnen Vereinsstaaten zu einander entsprechender bewährt hat.

Bei dieser Sachlage sind die Gründe, aus welchen wir früher den Zeitpunkt für die Eröffnung der Verhandlungen mit Oesterreich noch nicht für eingetreten erachteten, auch heute noch vorhanden. Da der Herr Graf von Rechberg es in Abrede stellt, dass es der kaiserlichen Regierung in den Sinn gekommen sei, das Recht der Bestimmung dieses Zeitpunktes ausschliesslich für sich in Anspruch zu nehmen, so wird es ihn nicht überraschen, wenn wir auch jetzt Bedenken tragen, in die Verhandlungen einzutreten.

Eure Excellenz ersuche ich ergebenst, sich nach Inhalt des Vorstehenden gegen den kaiserlichen Herrn Minister der auswärtigen Angelegenheiten äussern und demselben Abschrift dieser Depesche mittheilen zu wollen.

Empfangen etc.

Bernstorff.

Freiherrn **von Werther**, *Wien*.

Bei Otto Meissner in Hamburg erscheint seit Juli 1861:

Das Staatsarchiv.

Sammlung der officiellen Actenstücke zur Geschichte der Gegenwart

in fortlaufenden monatlichen Heften herausgegeben von

Ludwig Karl Aegidi und **Alfred Klauhold.**

Preis [illegible] Thlr jährlich. — Zu beziehen durch alle Buchhandlungen und Postanstalten.

Wer durch Beruf oder Neigung sich veranlasst findet, Urkunden der Zeitgeschichte als Quelle zu benutzen, der wird nicht selten in die Lage kommen, [illegible] vertrauen zu müssen. Denn in der Regel duldet solche Thätigkeit nicht den Aufschub mühsamer Nachforschung. Es ergiebt sich daraus Ungenauigkeit in der Auffassung, ein Schlussfolgern aus halbwahren Voraussetzungen, überhaupt aber ein nicht unterscheidbarer Widerspruch: die zu benutzenden Urkunden sind veröffentlicht, doch die veröffentlichten sind nicht benutzt.

Um hier Erleichterung und Abhülfe zu gewähren, haben wir es unternommen, was in Deutschland längst vermisst worden, eine Sammlung von officiellen Actenstücken, die in monatlichen Lieferungen erscheint, zu veranstalten. Die Grenze, die wir uns gesteckt haben, umschreibt alles dasjenige, was die Staatengeschichte der Gegenwart an urkundlichem Material zu näherem Verständniss erfordert: Thronreden, Manifeste, diplomatische Noten und Depeschen, wichtige Verträge und Gesetze (letztere beiden, soweit sie internationalen Werth haben), Adressen, Resolutionen. Vollständigkeit und sorgfältiges Ausscheiden von Unwesentlichem werden gleichmässig ins Auge gefasst, so dass der Geschichte kein Ereigniss entgehen und doch nicht jedes Geschehene als ein geschichtliches Ereigniss gelten darf.

Die Anknüpfung guter Verbindungen innerhalb und ausserhalb Deutschlands hat schon während der kurzen Zeit seines Bestehens die Erwartung bestätigt, dass das „Staatsarchiv" auch dazu dienen werde, bisher ungedruckte Urkunden vor die Oeffentlichkeit zu bringen.

Documente in deutscher, englischer und französischer Sprache werden im Originaltexte gegeben; auf die Uebersetzung des in anderen Idiomen Geschriebenen wird Sorgfalt verwandt.

Das Erscheinen in verhältnissmässig kurzen Zwischenräumen sichert die rasche Benutzung: der dadurch bedingte Nachtheil, dass auf systematische Anordnung zu verzichten ist, wird durch zweckmässig eingerichtete Register am Jahresschlusse ausgeglichen.

Die Herausgeber.